GU

XIANG

GU

SHI

张立富 上官修启◎著

崮乡崮事

新华出版社

图书在版编目（CIP）数据

崀乡崀事 / 张立富，上官修启著 . -- 北京：新华
出版社，2024. 9. -- ISBN 978-7-5166-7571-7

Ⅰ. K295.23

中国国家版本馆 CIP 数据核字第 20246NQ481 号

崀乡崀事

著者： 张立富　上官修启

出版发行： 新华出版社有限责任公司

（北京市石景山区京原路 8 号　邮编：100040）

印刷： 河北赛文印刷有限公司

成品尺寸： 170mm×240mm　1/16　　**印张：** 37.5　　**字数：** 600 千字

版次： 2024 年 9 月第 1 版　　**印次：** 2024 年 9 月第 1 次印刷

书号： ISBN 978-7-5166-7571-7　　**定价：** 98.00 元

微店　　视频号小店　　抖店　　京东旗舰店

微信公众号　　喜马拉雅　　小红书　　淘宝旗舰店　　扫码添加专属客服

崮，指四周陡峭、顶端比较平整的山，远处看像头顶着帽子的山或像书桌书案的山，因此又称"帽子山""方山"。崮的最显著特点是四周悬崖陡峭如削，崮顶平面如球场。

崮，形成于五六亿年前的寒武纪，但地球上而今分布很少，除非洲的埃塞俄比亚、肯尼亚偶见外，主要分布在中国山东省的沂蒙山区，是沂蒙山区的标志性景观。尤其在蒙阴县岱崮镇方圆10公里内就聚集了30多个崮，具有分布集中、类型齐全、造型秀美的突出特点，是中国崮形地貌最典型的区域，在我国造型地貌中独具特色，在世界造型地貌上也属罕见。2007年8月21日，在中国岱崮地貌研讨论证会上，经北京大学教授崔之久、中国科学院研究员杨逸畴等7位专家组成的评审委员会一致同意命名"岱崮地貌"，将其列为继张家界地貌、喀斯特地貌、嶂岩石地貌、丹霞地貌之后的中国第五大造型地貌。岱崮地貌是由寒武系海相碳酸盐岩作为标志层聚集型崮组成的一类方山。从侧面远看，顶部为岩石方山，下部为以页岩为主的锥形基座，稳固雄伟，蔚为壮观，在中国及世界上具有独特性。以蒙阴县岱崮镇南、北岱崮为代表的30多个崮的集中出现为典型核心区，向东和向南至临沂市境内的沂水县（以纪王崮为代表的崮群）、平邑（以曾子崮为代表）、费县（以柱子山为代表）等，在枣庄市、潍坊市、泰安市、济南市也偶见崮形地貌的山。

沂蒙山区的崮，有名字有故事的号称有72名崮，这个数字或许来自陈毅元帅的一首词。1947年春，在孟良崮战役大捷前夕，陈毅元帅被沂蒙崮景所感染，即景生情写了一首《如梦令·临沂蒙阴道中》："临沂蒙阴新泰，路转峰回石怪。一片好风光，七十二崮堪爱。堪爱，堪爱，蒋军进攻必败。"就这样，沂蒙72

崮随着陈毅元帅的千古绝唱，从山里传到山外。其实，沂蒙山区的崮远不止72座，据统计，能叫上名字的有近300座。每一座崮，都有风景；每一座崮，都蕴人文；每一座崮，都是一本厚重的书；每一座崮，都是一座馆藏丰富的博物馆。著者结合长期对崮文化的研究和亲身登崮探访的感受，对其中60座有影响的崮的地貌特征和文化蕴含、民间传说等进行了深入挖掘与整理，形成《崮乡崮事》一书。

本书以崮为切入点，60座崮构成60个篇章，每个篇章除对崮的名称、地理位置、海拔高度、崮形崮貌、占地面积等进行简要概述外，主要由"一见如崮""历史崮事""红色崮事""崮事传说""崮乡风情"等版块构成，用"崮"这一根线，将这座崮周边不同形态的地域文化串在一起，图文并茂。

"一见如崮"主要是作者登临这座崮的亲身体验和感受，内容包括崮的所处方位，崮的形态特点、高低大小及登崮过程中的所见、所闻、所思，以散文的笔法，给读者以真实的表述，给人以身临其境之感。

"历史崮事"重点介绍崮的本身或周边地域所盛载的历史文化，包括重大的历史事件、历史文化名人的介绍。崮的易守难攻的地形自古以来天然成为百姓的避乱之所或是土匪的盘踞之地，许多崮上至今仍留存当年民居和防御工事，有些事件和故事被称为"山寨文化"或"崮顶文化"，也放在了这一版块。

"红色崮事"重点写革命战争年代发生在崮上崮下的革命故事和红色人物，反映崮乡人民为新中国的成立英勇牺牲、无私奉献的精神。沂蒙地区是著名的革命老区，崮乡的红色文化尤其丰厚，因此这一版块在该书所占的比重较大。

"崮事传说"是将与崮有关的民间传说进行搜集整理。这些传说都是表达"弘扬真善美，鞭挞假丑恶"的崮乡人的朴素情感。

"崮乡风情"主要是展现当今崮乡人民的美好生活、精神风貌以及乡风民俗，重点突出崮乡人深入贯彻落实习近平总书记关于"三农"工作的重要论述，全面贯彻新发展理念，致力乡村振兴，加快构建新发展格局所带来的崮乡巨变。

由于成书仓促和著者水平所限，在浩瀚的崮文化宝库里，本书涉及只能是沧海一粟，书中难免错讹，敬请广大读者批评指正。

目 录

崮乡崮事

沂乡崮事

崮乡崮事

南北岱崮
浴血丰碑

南北岱崮远眺

崮乡崮事

　　岱崮有两座：南岱崮和北岱崮，均位于蒙阴县岱崮镇岱崮村西，两崮之间相距约 1.5 公里，两崮崮顶为圆形，四周壁如刀削，异常险峻。南岱崮海拔 705 米，崮顶岩石为中寒武纪石灰岩，高 25~30 米，周长 600 米，面积约 1.7 万平方米，远看该崮似巨人头上的一顶帽子。据说，在晴朗之日站在崮顶，可望见泰山，因称望岱南崮，简称南岱崮，东南侧有一线天可攀，崮顶有房屋、岗堡残址多处，掩体、防空设施残迹遍布。北岱崮海拔 679 米，崮顶岩石为中寒武纪石灰岩，高 25~30 米，周长 700 米，面积约 2 万平方米，崮顶上只有西南一"门"，需沿石缝向上攀爬，上亦有房屋、岗堡、掩体残迹多处。远看南北岱崮，崮形类似，堪称兄弟。这里因发生过两次南北岱崮保卫战而令世人熟知且敬仰。

在那桃花盛开的地方

　　南北岱崮所在之处，是桃花盛开的地方。山腰、崮下、平地、丘陵，凡能耕种的土地，都布满密密麻麻的桃林。桃花盛开之时，仿佛是粉红色的彩霞缠绕在崮腰，甚为美丽壮观。只可惜著者到时已是暮春，桃花刚刚凋落，这片山野已褪却粉黛，披上了绿装。桃林里多了劳作的桃农，或翻土、或除草、或施肥。

　　站在东北方的一个山包上遥看，因角度的原因，两座崮似乎挨得很近，崮的形状也十分相似，像是肩并肩的两兄弟。其实，南岱崮和北岱崮之间相隔有三四里地。

　　向崮而行，沿北岱崮东北方向的一条蜿蜒山路。路两边的桃林已绿叶满枝，凋落的花瓣撒了一地。

　　地里干活的老农不解："前些日子来看桃花的人可多了，现在桃花都已败落，这会儿过来还能看啥？"

　　著者指了指前方的崮："看它！"

　　老人说前面这座崮是北岱崮，沿此路能走到崮的半腰，再往上走很困难。问能不能登上崮顶，老人摇了摇头。

　　一路前行，来到北岱崮的半山腰。再往上就只有一条人们日常踩出的狭窄小道可走，十分陡峭。四周乱石遍布，灌木杂生，攀爬至"大帽子"崮顶下面，就难以上行了。上面四周都是垂直的悬崖峭壁，不借助绳索类的辅助工具，很难登顶。

　　据介绍，北岱崮崮顶面积大约2万平方米，如今还残存着一些石磨等过去人类生活的遗迹。据说在晴朗之日，站在崮顶，可北望泰山，这也正是岱崮名称的由来。

　　立于此处北望，虽不见泰山，而南望，巍峨雄壮、端庄秀丽的南岱崮就在眼前。

　　北岱崮西面突兀的山顶，耸立着岱崮保卫战纪念碑。背面镌刻的碑文，记录下两次岱崮保卫战的主要过程和重要战果。

　　"天地玄黄，宇宙洪荒。岱崮群崮，耸屏列嶂。岱崮地理，天下无双。两次岱崮保卫战，凭地之奇险，我军勇士居高临下，英勇顽强，浴血守阵地，舍身斗强梁。以少胜多，创战争奇迹，铸历史辉煌。"

　　沿北岱崮下的一条山脊往南走，就可到达南岱崮。山脊的页岩经过岁月的侵蚀，表面早已化为松软的泥土，被农人开垦耕种。

　　岱崮村 91 岁的老人伊永起（音）正在往地里施土杂肥。撂下手里的活计，聊起两座崮的历史，老人滔滔不绝。尤其是发生在这里的两次战斗，更是刻在了他的骨子里。

　　日军对沂蒙抗日根据地大"扫荡"，八路军坚守在崮上抗击日军，那年伊永起 11 岁。"日军用炮轰啊，飞机也往下撂炸弹，攻不下来就拿刀逼着村子里的老人、孩子到崮上，劝八路军投降啊，那能得逞嘛，八路军才不会投降来。虽然咱们兵少，打了十几天，后来还是咱们八路军胜利了。1947 年和国民党军队在这里打的时候我都 15 岁了，解放军得有百余人守在南北岱崮上，国民党军队在崮下面修了好多碉堡，多次往崮上攻都攻不上来，解放军在上面往下打好打啊，国民党兵被打急了往下撤，直接抱着枪往下滚。这次打了一个多月，最后国民党兵败，撤走了，咱们又打胜了。还是共产党领导的队伍厉害，南北岱崮打了两次大仗咱们都胜利了，没败过，这个地方可是风水宝地啊！"说到这里，老人一脸的自豪。

　　山地耕了一遍又一遍，桃花红了一年又一年，两次保卫战的胜利让老人自豪了一辈子，对共产党的恩情说也说不完。

91 岁的伊永起讲述南北岱崮保卫战
（2023 年 4 月 19 日拍摄于岱崮山下）

93 名八路军 18 天的坚守

第一次南北岱崮保卫战发生在 80 年前，八路军以少胜多，痛击日寇，"英雄岱崮连"就此诞生。

据岱崮保卫战纪念碑碑文记载：第一次岱崮保卫战打响的时间是 1943 年 11 月 13 日。

1943 年 11 月 9 日至 27 日，日军第三十二师团、五十九师团、独立混成第五旅团各一部及伪军共万余人，分别由临沂、蒙阴、莱芜、临朐和沂水等地出发，对鲁中沂蒙山区抗日根据地进行"大扫荡"。南北岱崮地势险要，正处在日军进犯沂蒙山区的咽喉。于是八路军鲁中军区决定，让鲁中第三军分区第十一团八连的 93 名指战员，借助岱崮天险地势，牵制日军主力，以保证党政指挥机关和主力部队转移到外线作战。

南北岱崮四周为悬崖绝壁，南北崮顶面积约有 3.7 万平方米。据守崮顶，居高临下，易守难攻。八路军在南岱崮附近的一个小崮顶上面，构筑了一座瞭望楼，由 8 名战士把守。

11 月 13 日，日军千余人在飞机、炮火配合下，向岱崮发起攻击。因为日军的突然到来，原本打算撤出去的八路军营部和七连都还没有来得及转移，于是紧急上了北岱崮。

日军在攻打北岱崮失败后，便将北岱崮团团包围，并同时攻打南岱崮。

13 日中午 11 时，大约有 400 名日军进攻南岱崮，被驻守在此的八连击退。随后，日军 5 架飞机对崮顶轮番轰炸，一直至太阳落山，方才停止空袭。

战斗持续进行了 2 天，八连 93 名指战员依托岱崮天险地势，顽强奋勇抗击。一到夜间，便派出战斗小组下崮袭扰日军，埋设地雷，杀伤日军众多。日军久攻

不克，于是就改变了进攻策略，将南、北岱崮全部牢牢围住，然后进行疯狂轰炸扫射，妄图将八路军战士饿死、困死在崮上。

被围困在崮顶上的八路军战士省吃俭用，依然坚守阵地。为节约子弹，八路军就地取材，从山顶往下滚巨石，以迅雷不及掩耳之势，把正往上攀登的日军砸得鬼哭狼嚎，毫无还击之力。

日军十分歹毒，软硬兼施，从村里抓来老人、妇女、小孩，强迫他们对山顶喊话劝降。他们让一个汉奸站在崮下，对八路军喊话。山上的八路军齐声高喊："只有战死的八路军，没有投降的八路军！"

八连战士众志成城，日军阴谋未能得逞。日军遂调来精锐部队，增派 8 架飞机、2 门重炮、40 汽车炮弹，对岱崮实行昼夜轰炸，并对守崮战士施放毒气。八连战士用成束手榴弹和滚地雷击退日军一次次的进攻，用石块和刺刀把爬上云梯的日军一个个砸下去。日军用尽各种方法，始终都攻不上岱崮。坚守到第 18 天，日伪军死伤 300 余人，精疲力竭。而八连虽然打光了子弹，粮食也所剩无几，但仅以牺牲 2 人、负伤 7 人的代价守住了岱崮。

27 日夜 12 时，战士们乘夜顺绳滑下崮顶，突围后与大部队胜利会师。八路军山东军区通令嘉奖，授予八连"英雄岱崮连"的光荣称号。

给解放军送信的小男孩

第二次南北岱崮保卫战打响于 1947 年 6 月。那年，蒙阴县岱崮镇十字涧村村民徐志本仅 10 岁。这场战役，徐志本不仅是见证者，还是一名参与者。

解放战争打响后的 1947 年 6 月中旬，为牵制国民党主力，给华东野战军提供在运动战中大量歼敌的机会，并保卫崮上存储的大量弹药，鲁中军区监护营一

连在民兵的配合下，毅然接受了固守岱崮阵地的任务。

战斗之前，一连做了充分的准备。80 余名民工帮助部队在山上修筑好工事，储备了粮、水、柴、食油、食盐等物资，在山下埋了 1000 多个地雷。全连 107 人分守在南北岱崮和卢崮 3 个山头。连长庞洪江带领一排守主峰南岱崮，指导员陈来喜和副排长贾凤起带领二排守卢崮，文化干事高兆田和三排排长李现林带领三排守北岱崮。卢崮正中还修筑一个防空工事，配置机枪 1 挺，对崮下可射击封锁，有空袭可对空射击。崮东南角安了一架滑车，在这里可靠绳索上下。

6 月 28 日战斗打响后，国民党军几次攻打都没有成功。

这期间，站在国民党反动阵营里的塘子村大地主鲍贵俊在丁家庄获得一条消息：国民党军准备派 18 架飞机对解放军驻守的崮进行轰炸。

得到这个消息后，可把鲍贵俊高兴坏了，回家就把国民党军要派出飞机轰炸崮的事对老婆说了，并得意扬扬地说："共产党被打跑了，以后这里又是咱们的天下了。"他的老婆嘴快，转眼就把这事给她的弟媳妇说了。很快，徐志本的舅舅公方振得到了这一消息后，第一时间向岱崮区副区长曹长法做了汇报。

曹副区长认为这个消息很重要，必须马上通知崮上的解放军指战员，让他们提前做好防空准备。可崮下都是国民党的军队，对崮严密封锁，成年人上崮根本不可能。于是决定让年仅 10 岁的徐志本把信送到崮上的解放军手里。

别看徐志本年纪小，但他胆大，根本不害怕。欣然接受了送信的任务。当时天气炎热，山里的男孩子夏天都光着屁股，一是因为贫穷，二是为了凉快。徐志本把信藏在草帽里扣在头上，大白天光着腚就奔崮去了。

一个光屁股的山里娃根本不会引起崮下国民党军的注意，徐志本很顺利地上了崮。因崮的四周是陡峭的悬崖，徒手难上。得知小孩是来送信的，指导员陈来喜续下一根绳子，徐志本把信系在绳上。就这样，信被圆满送到了阵地。得到这一消息，坚守在崮顶阵地上的指战员做好了充分的应对空袭的准备。

当年给解放军送信的小男孩徐志本，如今已是 86 岁的老人
（2023 年 4 月 19 日拍摄于徐志本家中）

果然，国民党军队对崮久攻不下，于是便派出 18 架飞机对崮上解放军阵地进行轮番轰炸、扫射，同时集中 3 个师和 1 个炮兵团的炮火轰击，崮上工事多被炸塌。

7 月 2 日，又有 8 架战斗机、4 架轰炸机向 3 个崮顶俯冲轰炸扫射，满山烟火升腾，碎石飞溅。因为提前得到情报，战士们做好了充分的应对，减少了伤亡。

这时，一连战士发现国民党军在山下贾庄河滩摆满白布，构成箭头形状指向崮顶。于是，战士们也照样用白布、绷带摆成箭头状指向贾庄，误导敌机投下的 7 枚重磅炸弹都落在崮下，炸毁了国民党军建在崮下小红山上的 3 个碉堡。

7 月 3 日，营长胡凤诰、营部侦察班班长王在连率营部侦察组星夜上了南岱崮，与连长庞洪江会合。

7 月中旬，阴雨连绵，给守崮增加了困难。饭霉了，盐化了，弹药怕湿放在锅里，

掩体积水不能睡觉。战士们咬紧牙关，坚守阵地。

7月下旬，中国人民解放军华东野战军主力在南麻、临朐同国民党军的战斗打响，围崮国民党军在郭家庄和贾庄各留下1个团，其余北上增援。守崮战士发觉后，庞洪江、朱育才带领6名战士袭击了五里沟96号兵站，使国民党军主力急速返回，牵制了国民党军。国民党军返回后加紧了对崮顶的轰击和封锁，各崮之间失去联系。粮食吃光了，战士们就用野菜充饥，弹药不多了，集中起来给优秀射手用，其余战士则用石头砸。就这样，击退了国民党军一次次进攻。茶局峪民兵指导员曹长法带领民兵向崮顶送粮350余公斤。指导员陈来喜和朱育才、许崇芳等到丰山村弄来些盐水解决缺盐困难。

国民党军见攻崮无望，只好于8月8日撤走。至此，历时42天的第二次岱崮保卫战胜利结束。其间，共打退国民党军百余次进攻，毙伤国民党军副团长吴开先以下官兵250余人。战斗结束后，鲁中军区党委授予一连"英勇顽强第二岱崮连"的光荣称号，给全连72名指战员记了功。

中华人民共和国成立后，在山东省省军区任职的陈来喜曾三次来到岱崮山下村庄，寻找当年给崮上阵地送信的光屁股小男孩。直到20世纪70年代末，已退休的陈来喜再次来到岱崮，才在十字涧村找到徐志本。当年的送信小男孩已经是身强力壮的生产队队长了。

★★★ 崮乡风情 ▶

我爱桃花我爱家

战争的硝烟退去，岱崮百姓倍加珍惜来之不易的幸福生活。崮乡以崭新的姿态展示其发展魅力。

岱崮整个山区地势高、无污染、土层深厚且疏松肥沃，非常适合种植桃树，

且有着悠久的种桃历史，这是大自然对这一方百姓的馈赠。

关于岱崮桃树栽植的历史，有这样一个传说。

相传西汉末年，民不聊生，王莽以"爵位益尊，节操愈谦，收赡名士，交结将相卿大夫甚众"，获得重臣的支持，废汉建新朝。王莽篡位后，身为汉室宗亲的刘秀起兵于宛城对抗王莽王朝。然刘秀士卒数量不过数千人。而王莽的"剿匪"力量十分强大。

刘秀起兵失败，南逃搬兵路过岱崮时，刚爬上一道桃花盛开的山梁，便被莽兵追上。眼看刘秀就要被莽兵擒获，忽遇一美貌女子，将刘秀拽入桃花丛中。

进入桃丛，才发现这是一间桌椅板凳、锅碗瓢盆俱全的屋子，桌上美味佳肴飘香，刘秀得以饱餐一顿。刘秀见该女子婀娜多姿，便生倾慕之心。

女子道："我乃桃花仙子，特来救殿下一命，与殿下并无合欢之缘。"话音刚落，人、屋都消失不见了，仍是一片桃花丛。

此处山梁，自古以来就遍布桃林，名叫桃树梁，位于南北岱崮山下。桃树梁与岱崮村和十字涧村相邻，如今是岱崮镇的一个行政村。

也正是这得天独厚的土壤、气候、海拔、温差等因素，造就了"岱崮蜜桃"的优良品质，以"鲜、香、脆、甜"蜚声中外。

春天，岱崮的宅边、田间、山冈、岭坡都被桃花所覆盖，成了粉红色的世界，全国各地的人来此游玩赏花；桃子成熟的七八月份，形美、色正、味甜、清脆爽口的蜜桃挂满枝头，全国各地的采购客商穿梭于山崮间，一车一车的蜜桃走向全国各地。

为了保证岱崮蜜桃的品质，岱崮镇定期对辖区合作社、种植大户、农资经营户进行业务培训和安全生产培训，对辖区 147 家果品专业合作社和 67 个家庭农场生产的果品进行抽检，不合格农产品不得进入市场，全力做好品牌保护工作。岱崮通过"三品一标"认证的农产品达到 5 个，"华蜜"和"蒙山脆"蜜桃驰名全国。

目前，岱崮镇种植无公害蜜桃 10 万亩，年产优质蜜桃 2.6 亿公斤，面积产量均居全国镇级首位。岱崮镇 2004 年被农业部授予"中华蜜桃第一镇"称号，

还获评"中国最美小镇""中国最美村镇""山东特色产业镇""乡村振兴示范镇"。

传承红色基因，赓续红色血脉。这里的百姓生活殷实，特色产业兴旺，一幅崮乡新画卷正徐徐展开。

岱崮乡民的品格，正如坚实敦厚的崮。乡民们勤劳朴实，日出而作，日落而息，呵护着这片青山绿水。他们爱崮上生长的每一株桃树，爱这片红色热土。

参考资料

①蒙阴史志办:《南北岱崮保卫战》，蒙阴县人民政府网 2018 年 2 月 12 日。

②中共临沂市委党史研究院:《坚不可摧的岱崮连》，临沂市党史史志网 2020 年 8 月 13 日。

大崮顶下的悬崖

崮乡崮事

　　大崮，位于蒙阴县岱崮镇大崮村西南。崮顶为中寒武纪石灰岩，高 23~25 米，像裙带一样绕崮一周，周长达 5 公里。崮上雄列 3 顶，即南顶海拔 645 米、中顶海拔 620 米、北顶海拔 628 米，总面积 230 万平方米。因山体庞大，气势磅礴，故名大崮。崮上房屋残址 100 余间，寨门遗址 4 处，其中北门尚好；岗堡残址 10 余处，掩体残址多处；崮顶南侧有泉，东门下有柳泉和龙王庙残址，北门有公石说、母石说景观。抗日战争时期，这里曾是八路军山东纵队后方机关所在地，著名的大崮保卫战发生地。崮顶亦有早期山寨文化遗存。

犹闻当年枪炮声

　　站在大崮村村西的山坡，坡下是刚刚落成的大崮保卫战纪念馆，放眼西南，便是大崮。大崮南北长，东西窄，地面开阔，崮周石壁如削。崮顶之下峭壁高10余米，是很好的天然屏障。

　　大崮村党支部书记王筠照介绍，大崮有三个顶，最北边的叫北顶子，依次往东南，中间的叫中顶子，另外一个叫大顶子，靠近大顶子伸出的那块平坦之处叫南翅子。南翅子上面较为平坦，面积很大，当年八路军山东纵队的兵工厂、弹药库、医院、粮库和蒙阴县委等后方机关都在南翅子上。

　　大崮崮顶四周悬崖拱峙，高数丈。过去上面有南门、东门、西门、北门四个

大顶子

门，只有通过这四个门方可登上崗顶。在大崗保卫战中，有三个门被日军的炮火炸毁，只有北门尚存，虽有部分坍塌，但形状基本完整。正在崗上采酸枣叶的村民公丕起说，过去他家就居住在东门下面的半山腰，家里开着豆腐坊，抗战时期，他的奶奶时常给崗顶上的八路军送豆腐。

从大崗北面沿布满碎石的崎岖山路攀行，快接近北顶子的地段，两块巨石出现在眼前。当地人把这两块高耸的巨石叫作"石说"。大的那块叫"母石说"，小的那块叫"公石说"。这名字有点奇怪，是怎么来的呢？

传说很久以前，在大崗山的半山腰，住着一位看山的言语残疾人，收养了一只耍猴人丢弃的母猴，从此便与猴相依为命。后来母猴给言语残疾人生下个儿子。这个孩子天资聪颖，25 岁那年中了举人。古时，中举后需要在先祖坟前立旗杆以光宗耀祖。可是，在言语残疾人的祖坟前，旗杆无论如何也立不起来。言语残疾人和儿子急得团团转。儿子不知道自己的身世，言语残疾人又说不出来。突然身边的大石头说话了："你娘是猴子，你要把旗杆立在它的坟上。"果然，旗杆在去世多年的母猴坟前立住了。后来，人们就把这两块会说话的石头叫"石说"。

北门

继续往上走就到了北门。这是一个用大石块垒起的拱门，虽年久有些残破，但尚可通行。只有走这道门，才能到达崗顶。

进了北门，左侧是悬崖，右侧靠近山体处有一个石洞，只

"公石说"和"母石说"

可容纳一人，据说是当年驻守在崀上的八路军修筑的掩体，战士置身洞内，崀下便一览无余，既能观察情况，又能对敌射击。在崀顶的四周，像这样的掩体非常多，都是当年八路军修筑的作战工事。

穿过北门向上走就是北顶子，顶部的悬崖峭壁数丈之高，据说上面布满当年战争留下的子弹洞，但只有借助绳索贴近崖壁方能瞧见。

北顶子到中顶子这段是一片平坦之地，上面长满了各种杂树和荆棵，葛根成片地疯长，将地面覆盖得严严实实。这片平坦之地上留有许多房屋的残垣断壁。房屋附近有一个石块垒砌的蓄水池，里面依然存有一些水。一个圆圆的石碾盘还支在那里，有长期使用磨损的陈旧痕迹。

过去残留的两处旧石屋又被加上了屋顶，成了护林员和养蜂人的栖身之处。

据大崀村的人讲，在民国时期，土匪猖獗，村里人白天下崀干活，夜里都回到崀顶居住，以防遭到土匪祸害。这些遗存大概都是那个时期的村民留下的。

在中顶子上，遇到了大崀村护林员刘贞全。刘贞全的父亲是大崀山的老护林员，他小时候常爬上崀顶给父亲送粮食、油盐等生活用品，从小就熟悉崀上的每一块石，每一棵树。五年前，父亲年迈退休后，刘贞全住进了崀顶父亲住了几十年的小石屋，成为新的护林员，守着这份寂寞，护着这片山林。

从中顶子到南翅子，有很长的一段路要走。南翅子地势平坦开阔，布满大大小小许多房子的残壁。从存留的轮廓看，这些屋子的面积都不大，最多也就十多平方米。因为当年八路军都是就地取材在崀顶建的这些房子，受材料所限，不可能盖大。

置身这样的环境，目睹这些遗存，仿佛又回到了那个战火纷飞的年代，听到了痛击日寇的枪炮声，看到了八路军战士奋勇杀敌的身影。

9天9夜的坚守

保卫大嵓的第一次战役发生在 1940 年，那时沂蒙抗日根据地刚刚建立不久。蒙阴县委、八路军山东纵队的兵工厂、粮库、医院等后方机关都建在大嵓顶的南翅子上。面对国民党军的围困、攻击，八路军在兵力很少的情况下，英勇抗敌，打败了国民党军，守住了大嵓。

1940 年 3 月 5 日，国民党第五十七军第六八〇团，配合新四师、保安九旅、蒙阴县县长郑小隐部共 8000 余人，对大嵓山革命根据地形成包围之势。

此时，大嵓山约 2 平方公里的嵓顶上，驻有中共蒙阴县委、蒙阴县大队及八路军山东纵队兵工厂人员，共有 260 余人。显然敌众我寡，形势十分危急。

大嵓被围困 3 天后，八路军山东纵队副指挥兼一旅旅长王建安、政委周赤萍，派通信员送来八路军第一纵队司令员徐向前的命令："大嵓山是沂蒙地区的战略要地，一定要坚守，要保护好兵工厂。"根据徐向前的指示，蒙阴县委立即组织力量筹集粮草，全力做好大嵓的保卫工作。

大嵓被围困的第 5 天，战斗正式打响。国民党军占领了大嵓山西北的獐子嵓，对大嵓山构成了极大威胁。为打破国民党军全面封锁大嵓山的阴谋，蒙阴县委决定夺取獐子嵓。

经详细侦察，八路军制定出夺嵓策略。由县大队张敬兰带领 7 名战士，绕道爬上獐子嵓东门隐蔽，乘国民党军次日拂晓下山换班之际，八路军战士快速冲上去，一举占领了獐子嵓。当晚，县大队的战士又袭击了獐子嵓下十字涧的国民党军。

次日天亮，国民党军集结 1 个团包围了被八路军占领的獐子嵓，集中火力进攻十字涧，县大队随即撤出十字涧。

国民党军封锁了大嵓山的大小通道，抓抗日军属带到山下，逼迫其向亲人喊

话，企图瓦解守崮战士的军心。守崮人员众志成城，丝毫不为所动。在县委领导下，坚持9天9夜，胜利完成了徐向前下达的守崮任务。

感天动地的民族女英雄

大崮是沂蒙山区最大的一座崮，地势险峻，八路军在最高的北顶子上修了一个岗楼，用于观察敌情。崮顶平坦之地面积足有四五百亩，土层松散，适合挖战壕，修掩体，周围都是十余丈高的悬崖峭壁，是阻挡日军进攻的最佳屏障。大崮东北脚下还有一处泉水，可保证守崮人的水源供应。

像大崮山这样拥有天然屏障易守难攻的区域，当时中共中央山东分局认为日寇"扫荡"不可能到这里。然而，没想到日军占领临沂后，发起总攻的第一个目标就是大崮。

1941年11月初，日本侵略者调集了5万精兵大举"扫荡"沂蒙山区，扬言在五天内，消灭抗日根据地的八路军和共产党领导下的抗日地方武装。

沂蒙山区是山东省抗日根据地的指挥中心，八路军第一一五师师部，中共中央山东分局，八路军山东纵队指挥部都驻扎在这里。所以这里成了日本侵略军实行"铁壁合围"的重点地区。

为了有效打击日军，指挥部决定，将那些来不及转移而又缺乏战斗力的人员暂时安排在大崮山上。当时在大崮山上有兵工厂、被服厂、皮革厂工人，医护人员和伤员，还有军区供给部、卫生部机关干部及家属共2000余人。军区领导决定，纵队第四旅大崮独立团坚守大崮，牵制日军，保护交通线和山上人员的生命财产安全。

独立团是一支由地方武装升级组建不久的年轻部队，当时团长是袁健，政委是余辉。中共中央山东分局书记朱瑞的妻子、怀孕8个月的山东省妇救会常委陈

若克，也转移在此隐蔽。纵队卫生部部长白备伍特意安排卫生班同志跟陈若克住在一起，以照顾她分娩。负责纵队卫生部安全保卫工作的是一个警卫排，下设一个便衣班、一个警卫班和一个勤务班。

大崮独立团全团共有三个营、九个连的战斗力量。当时的作战部署是：一营设防大崮一带，任务是扼守大崮，营部和一、二连由李营长带领，随团部坚守大崮山，三连由教导员展明带领，驻守安平崮；二营由团政治部张主任、钟营长、袁教导员带领，坚守龙须崮、油篓崮、板崮，关注坡里方向国民党五十一军的动向；三营由营长和教导员带领，坚守在坦埠、岱崮、夏蔚、岸堤一带进行反"扫荡"，与日军周旋迂回。原团部驻地河东和陈家坡，由二营抽调一个连队驻守。各营战斗部队斗志昂扬，争先进入阵地，抢修工事，严阵以待。

11月4日，日军一千余人，从夏蔚、坦埠、黄庄等地向大崮山、龙须崮等地实施分割包围，妄图强占大崮山，破坏交通线，毁我兵工厂。

11月已入寒冬，崮上房屋不足，有些战士露宿在野地，山风寒冷刺骨，冻得无法睡觉。大批伤员和没有战斗能力的家属及后勤人员，都隐藏在大崮山崖周围的山洞里。兵工厂、被服厂的人员没有多少战斗武器，只有自己兵工厂生产的杀伤力很差的手榴弹。

11月7日，日军千余人包围了大崮，飞机、大炮轮番对山顶进行轰炸。八路军战士和兵工厂工人，与日军展开激战。日军在实施第一次攻击时，被八路军埋设的地雷炸死炸伤多人，狼狈退回。

第二天，日军先用飞机、大炮轮番轰炸，然后步兵一次接一次地强攻。东门和南门曾一度被日军占领，八路军战士全力将日军歼灭，夺回阵地。

山上硝烟弥漫，弹片、土石横飞，枪声、炮声、冲杀声交织在一起，响彻大崮山。经

大崮山布满弹孔的绝壁

过 3 天的激战，八路军伤亡很大。山崮面积大，很难分兵把守，与外界联系早已中断。在日军大规模"扫荡"之时，到处都在战斗，寻求外援已无可能。此时，崮上出了叛徒，兵工厂内原俘虏来的技术人员乘机反叛，提着机枪去了最高的崮顶上，向八路军扫射；部分反叛人员还用绳索将日军拉上崮顶。这个时候敌人里应外合，大崮山守不住了，八路军被迫突围。

为保存有生力量，团首长决定于 9 日晚 11 时撤离大崮。临近分娩的陈若克主动要求带部分战士留在山顶掩护。大部队撤离后，陈若克又指挥几十名机关干部家属和群众用绳索从崮顶撤下。此时陈若克极度劳累，行动十分困难，在大雾中迷失了方向，天亮后，被搜山的日军发现，不幸被捕，关押到沂水日军监狱。

被俘后，陈若克被日军打得遍体鳞伤，两天后，在狱中产下一名女婴。

在狱中，陈若克饱受身体与精神上的双重折磨。日寇知道她身体虚弱，没有乳汁，无力喂养孩子，便把一瓶牛奶送进牢房，希望以此击垮她的精神防线。陈若克没有屈服，她毅然咬破自己的手指，送到孩子的嘴边说："孩子，妈妈不能让你喝敌人的牛奶，你就吸一口妈妈的血吧。"

"有一个汉奸提出要收养她的孩子，陈若克坚定地说：'宁愿让孩子和我一起死，也决不能让她当汉奸。'"讲到这段历史，十字涧村 86 岁的老人徐志本眼里闪着泪花。

最后，陈若克怀抱着刚出生几天的婴儿英勇就义，时年仅 22 岁。

★★★ 崮乡风情

崮山有酒祭英魂

大崮山下的大崮村，有一家用柿子酿酒的酒坊，用祖上传承的酿造秘方，把崮乡盛产的柿子，变成甘冽醇香的美酒。

酒坊的主人叫公丕起，就是抗日战争时期经常往大崮山顶给八路军送豆腐的那位老人的孙子。

今年62岁的公丕起从奶奶那里了解到那段战火经历，他一直在心中敬仰奋勇杀敌的英雄，更缅怀在战斗中牺牲的烈士。每次酿出的新酒，他都会来到大崮山，将酒洒向崮顶那片曾被烈士鲜血染红的土地，第一杯美酒敬英雄；每当逢年过节，他会来到大崮保卫战纪念碑前，用自己酿的柿子酒祭奠保卫战中牺牲的烈士。

大崮这一带自古就盛产柿子。附近有个村子叫十字涧，其实原来叫柿子涧，因多有柿子而得名。过去山区交通不发达，柿子收成好却运不出去，自己吃不了又容易烂掉，所以用柿子酿酒是再好不过的选择，既节省了粮食，又饮上了美酒。

但会用柿子酿酒的人不多，这方圆几百里只有大崮村的公家。

公丕起的曾祖父叫公林东，有着一手祖传的柿子酿酒手艺。每年的农历九月，柿子成熟后，公林东就开始酿造柿子酒。公家曾经在岱崮镇上开了一家公氏酒坊，专卖自家酿的柿子酒。

1937年10月，日军侵入山东境内，随后，沂蒙地区燃起战火，公氏酒坊也就开不下去了。公林东关掉了酒坊。将剩余的柿子酒送给了驻守大崮的八路军，用来给伤员消炎。柿子虽然是果品，但酿出的白酒酒精含量足有六十多度。

从那以后，公家再也没有酿造柿子酒。

山里的柿子

2010年，公丕起在翻看家谱时，无意中发现了几页发黄的纸，上面写满文字，仔细一看，正是祖传的柿子酒酿造方法。顿时，公丕起非常激动，立即决定重启公氏老酒坊。

虽然有了祖传的酿造秘方，但要想酿出口感甘醇、酒香浓郁的柿子酒，并非一蹴而就。一次次地摸索，反复试验，温度、湿度、发酵时间，不断改良，最终酿出味道甘醇、酒香浓郁、入口细腻丰满的柿子酒。

公丕起拎着第一锅蒸出的柿子酒，来到大崮山，用消失了几十年的公氏柿子酒祭奠英烈。

他说，没有共产党的领导，没有当年的浴血奋战，就没有今天的幸福生活，后人永远不能忘记革命先烈。

参考资料

①中共临沂市委党史委编:《历史的丰碑》，沈阳人民出版社1999年版，第238-239页。

②蒙阴县史志办:《大崮山保卫战》，蒙阴县人民政府网2018年2月12日。

小崮

小崮，位于蒙阴县岱崮镇笊篱坪村东南，南邻大崮，北与獐子崮对峙，海拔584米，崮顶呈三角形，面积约2000平方米。四周崖壁如刀削斧凿，耸立天表，为中寒武纪石灰岩，高25~30米。只有西南岩缝，可攀登崮顶。上有房屋遗址数间，岗堡遗址两处，为近代崮顶文化遗存。

崮乡崮事

两处与唐王有关的遗迹

　　小崮得名，皆因其紧挨着大崮。没有大崮的衬托，小崮也不见得在崮群当中就数其小。但在山体庞大、气势磅礴的大崮跟前，它自然是小弟。大哥叫大崮，小崮之名也就非小弟莫属了。

　　登小崮没有像样的路，在哪个方位上山，全凭个人感觉。著者选择在笊篱坪村东、小崮的西侧登山，此处有村民上山种地或是放羊踏出的一条小道，弯弯曲曲通往崮顶方向。

　　路极狭窄，不足半米，稍不留神便会被两边的酸枣、荆棵等杂树挂住裤脚。虽然由此处登顶的距离有些远，需要翻过一个小山包，但前半截的路程还算顺利，往后越往上爬就越艰难了。因为这里已没有果树、田地，村民很少有往上去的，也便没有了小路，全是密密的杂树野草，因无人打扰，就这么肆无忌惮地生长着。树是一棵挨着一棵的刺槐，草是深及膝盖的拉拉秧和狗尾巴草。地上铺满凋谢干枯的槐花，踩上去软软的，像铺了一层地毯。

　　一路扒拉着杂树枝向上攀爬，总算来到小崮"帽子"的帽檐处，才发现此处根本就没有攀上"帽子"顶的可能。抬头便是几十米高的悬崖，没有一点坡度，甚至还有些岩石往外突出、倾斜。即便是攀岩高手，不借助绳索等工具也绝不可能由此处登顶。

　　崮顶的岩壁下还算平坦，由此从北面慢行转到了南侧，终于寻到了可登顶之处。此处有不知是古人还是当下人们垒砌的石墙，石墙有部分坍塌，尚存部分靠着崖壁一侧，可借此攀登。

　　别看小崮个小，却不可小觑，整个"帽子"四周崖壁陡立，攀爬难度极大。这里便是唯一可以登上崮顶的通道。好在崖壁上有前人凿出的石窝，脚蹬手抓，

慢慢爬行，终抵崗顶。

或是登顶难度大，或是顶上面积小，这里没有太多的山寨石屋的遗迹，只是南边有屋子倒塌形成的乱石堆，想必当年在崗顶扎寨居住的顶多也就一两户人家，因为旁边就是崗顶面积宽大的大崗，百姓躲土匪大多都选择在那里，不知当年是何人不选择人多防御能力强的大崗，却孤独地选择了小崗。

崗顶长满侧柏和一些杂树，树间有小径可穿行。

在小崗崗顶，可环视大崗、板崗、油篓崗、瓮崗、龙须崗、獐子崗、卧龙崗。选择从崗的东北方向下山，翻过两个小山包，便到了与唐王李世民有关的娘娘庙。

娘娘庙建在一个山包的顶端，从山下的任何一个方向看都格外显眼。庙的东侧有一块古石碑，碑上方"重修碑记"四个字还算清晰，而碑文却因岁月的侵蚀浅淡得无法辨认。碑的左侧落款处上方能看清一个"大"字，由此猜测，或许是大清年间重修的娘娘庙。石碑的背面，上方刻有"同出财输各庄老者尊名开具于后"字样，下面是村名和出钱修庙人的名字。

这座娘娘庙的旧址在小崗下的核桃万村，传说是唐王李世民为他的救命恩人所修。老庙残存的石碑记载，老庙是泰山老母碧霞元君的行祠，由于年久失修，早已坍塌，只剩断壁残垣。山顶上的这座娘娘庙，是2004年小崗周边村庄的村民自发捐款重新修筑的。

娘娘庙的北面山下，是一处高数十米的悬崖峭壁，悬崖下面有一并不太深的洞。悬崖的北边，是一个水潭，附近有一个村落，叫公家庄。这个悬崖当地人叫唐王崖，名字同样出自唐王李世民的典故。传说当年采桑女搭救李世民时，就是把唐王藏在这个崖洞里，才躲过敌军的追杀。以后，这处悬崖便得名"唐王崖"。

娘娘庙

"蜜桃之都" 曾是 "桑蚕之乡"

关于民女救唐王的传说，在岱崮一带的乡村，人们耳熟能详。具体情节说法不一，但意思大致相同，是一个很凄美的故事。

这位救唐王的民女，有说是一位洗衣服的村姑，有说是一位在地里采桑叶的姑娘。著者最倾向于救唐王的是一位采桑女，因为据考证，在隋唐时期，岱崮这片区域的百姓主要以种桑养蚕为生。今天的蜜桃之都，过去可是个桑蚕之乡。

在小崮山下的十字涧村，曾经有座蚕姑庙。

历史上，我国很多植桑养蚕的地方，多建有蚕姑庙。这是祭祀轩辕黄帝之妻嫘祖的庙宇。嫘祖又称蚕姑、先蚕、蚕神，被誉为中华圣母。相传嫘祖教授百姓植桑养蚕技术，大兴蚕业，广授民间抽丝技术，让当地百姓过上了相对富庶的生活。为此，蚕农们世世代代敬奉嫘祖，香火兴盛不绝。

也有传说蚕姑庙是为纪念一位养蚕姑娘的。有一位蚕姑，她不但蚕养得好，而且心地善良，只要有百姓想跟她学养蚕的技术，她从不拒绝。没几年，蚕姑就带着周围村庄的百姓大规模养蚕，让大家过上了好日子。蚕姑死后，老百姓为了纪念她就在村中修建了蚕姑庙，供奉蚕姑的灵牌。据说，蚕姑庙特别灵验，只要养蚕的人家到庙中许过愿，这户人家养的蚕就不会遭受病疫。

蚕姑庙的主神是三尊女神像，面向南；有两尊宫女塑像，左边的拿着蚕茧，右边的捧着丝。《农桑杂录》中说："四孟年，大姑把蚕；四仲年，二姑把蚕；四季年，三姑把蚕。"所说的就是蚕姑庙里的神像。三姐妹按年份掌管养蚕，是代天地育化万物，以使万世百姓有衣穿，其功绩和对百姓的恩德都是一样的。祭祀她们，也是为了让人们不忘衣食之本。

与岱崮相邻的沂源县悦庄镇北鲍庄村也曾有一座蚕姑庙，同十字涧的蚕姑庙一样，均由于风蚀雨啃、日晒雷殛和20世纪60年代"破四旧"的人为毁坏，坍塌不存在了。这一区域蚕姑庙的历史存在，说明了过去这一带桑蚕业的兴盛。

据十字涧村老支书公方远回忆，他们村里的蚕姑庙虽然被毁坏，但遗留下了一块唐代的石碑。碑文有四句诗："养罢春蚕又饲秋，一年之计此中求。槲林更比桑林广，何须经商奔码头。"

这四句碑文的大致意思是：老百姓春秋忙着饲养桑蚕，一年到头的生计就全指望着这方面的收成。这个地方既有成片的桑树，又有大量的槲树生长，这些都是养蚕的天然条件，过上好日子还用得着东奔西走闯码头吗？

咱们只知道桑叶是养蚕的饲料，其实，古时候人们就知道，除了桑叶，槲树的叶子除了能包粽子，用来养蚕也是上好的饲料，以槲树叶养的蚕所吐之丝为原料缫制的丝叫柞蚕丝，比一般的蚕丝色泽更光滑。

十字涧的蚕姑庙和古石碑上的文字，就可以证明，至少在唐代，岱崮区域的老百姓是靠植桑养蚕维持生计的。

★★★ 崮事传说

采桑女救唐王

关于民女救李世民的传说，民间有多个版本。有说当年李世民与窦建德决战吃了败仗，被窦建德手下大将追杀，慌不择路，逃至小崮山下的狭谷；还有说是李世民与王仁则决战，被王追杀至此。

窦建德是隋末唐初割据群雄之一。唐朝建立后，李世民曾领兵平定薛仁杲、刘武周、窦建德、王世充、刘黑闼等割据势力，为唐朝的建立与统一立下赫赫战功，拜天策上将，封秦王。王仁则是隋朝末年群雄之一王世充的侄子。从人物的

关系上看，窦建德、王仁则都是李世民平定的对象，都有可能发生厮杀。但传说也无法用历史去考证。就按李世民被窦建德追杀去叙述吧。

话说李世民被窦建德麾下的大将带兵追杀至小崮附近，此时已人困马乏，饥渴交加，跌落马下。

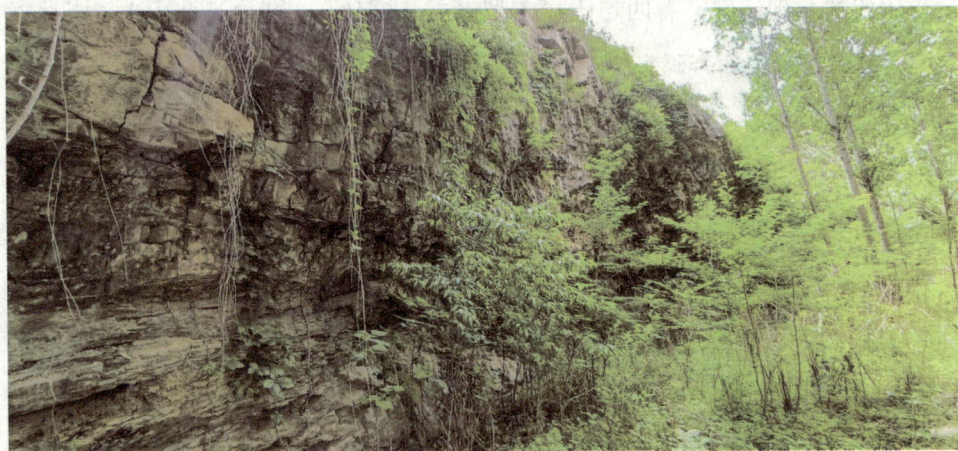

唐王崖

正在崮下桑地里采桑的一村姑，看到了落荒而逃后摔下马来的李世民。她见李世民相貌英武，虽盔甲不整，有些狼狈，但也不像坏人。李世民说自己是秦王李世民，与窦建德交战吃了败仗，被追到这山涧里，人马都饥渴难耐，不知何处有可饮之水。

听说人马渴了，后面还有追兵，好心的采桑女便带着李世民通过一条隐秘小道，来到一处悬崖之下。此处悬崖下面有个石棚，虽不深，但人和马足以藏身，站在崖上根本就瞧不见。石棚内有一缝隙，哗哗往外冒着清凉甘甜的泉水。

追兵追到悬崖之上，四下打量，没见有人马，就继续往前追赶而去。

李世民和马都饮足了泉水。此后这个泉子，就被称作唐王泉，也称饮马泉。而此处悬崖也有了"唐王崖"之称。

追兵已远去，人马也解了渴，此时李世民的肚子也饿得咕咕叫了。采桑女把他领回家里，做了些粗茶淡饭，让李世民填饱了肚子，又给马喂了些草料。

由于连日的征战，难以饱食一顿，此时的粗茶淡饭李世民吃得格外香甜。

对于采桑女，李世民内心万分感激，临别时许诺：等有朝一日当了皇上，一定来接你进宫当娘娘。

第二次重修娘娘庙石碑

采桑女对她救的这位男子一见倾心，以后便日夜思念，盼着与李世民再次相见，能不能当娘娘无所谓，权当是笑谈。但与其长相厮守是她日思夜盼的。

可是，这一等就是几年，也没等来心中的男子。后来相思成疾，采桑女就去世了。

唐王崖下的水塘

后来，李世民果真坐了江山，当了皇上。但一直忙于朝政，也没有来得及回来接采桑女，但他心里对这位救命恩人一直念念不忘。等李世民稳定了朝纲，便派人来接救过自己的采桑女。

当得知他要寻找的采桑女已经离世了，李世民非常悲伤，于是传旨册封采桑女为娘娘，并在采桑女救他的悬崖之上，修筑一座庙宇，这就是"娘娘庙"。

后来，娘娘庙坍塌了，但"采桑女救唐王"的故事却流传至今。

参考资料

张淏然：《唐王崖·娘娘庙》，中国崮文化网 2012 年 7 月 21 日。

神佛崮

神佛崮

天降神佛 佑苍生

神佛崮，又名石人崮，位于蒙阴县岱崮镇岱崮地貌核心区，是蒙阴崮群中最有灵气的一座崮，海拔511米，耸立于陡峭的山脊之上。崮分南北二组，均由中寒武纪石灰岩块、柱组成，因山崮之东侧有一尊目前国内最大、最逼真的天然山体石佛而得名。

崮乡崮事

大自然的神奇造化

对神佛崮早有耳闻，且神往已久。

曾拜读过蒙阴作家王相理写神佛崮的一首诗："天赐神佛出人间，风吹雨打只等闲。不知神佛何时至？屹立岱崮几万年？不言不语风月晓，不起不动坐入禅。读山读水读人心，是非成败只笑看。"

由于地方政府的旅游开发打造，社会车辆已不能开到神佛崮下。乘上景区提供的摆渡车，行到梭子崮下，拾级而上，便来到了梭子崮的崮顶——一片开阔平坦的绿油油的草地，仿佛一下子来到了塞外。这便是崮上草原。

从崮上草原的另一端下去，便是通往神佛崮的一条山脊，有四五十米，其间经过小天门。几块高大的巨石交错，在空中形成门洞，这些高耸在山脊上的岩石，看上去已经风化，为了防止崩塌，下面进行了人工加固。这些确保安全的必要措施，让这奇峻无比的小天门失去了些许天然风韵。

走过小天门，便是令人神往的神佛崮了。

神佛崮在过去叫石人崮，因为崮顶上的一块巨石酷似人像而得名。后来有人偶尔发现，侧观崮顶这块巨石，酷似一尊佛像，惟妙惟肖、栩栩如生。人们觉得这简直就是天降神佛，后来石人崮就改称为神佛崮。

站在神佛崮顶，便能将南北岱崮、卢崮、大崮、瓮崮、拨锤子崮、龙须崮、玉泉崮、獐子崮等崮的秀美身姿尽收眼底。

来到神佛崮高 10 余米的巨石前，放眼望去，上面系满了人们祈福的红黄丝带，

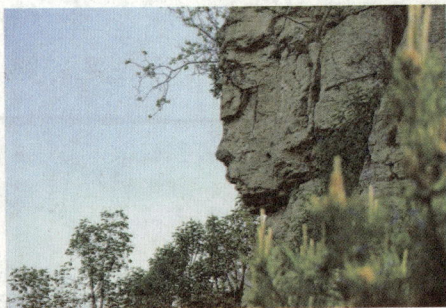

天然佛像

30

给神佛崮增添了一些鲜艳色彩。从巨石的一侧可以清楚地看出，佛像背倚山崮，正襟危坐，五官清晰，神情肃穆，因此也被称为国内天然形成的最逼真山体坐佛。

看到这尊神态惟妙惟肖、活灵活现的佛像，怎不感叹大自然的神奇造化、鬼斧神工？

自古民间百姓对佛就有发自内心的崇拜，人们会以佛的塑像或画像，作为祈祷对象，祈求佛指引和保护，赐予他们健康、财富和各种精神上的需要。当石人崮成为神佛崮，这座崮除了原有的秀美自然风光，又多了几分灵气，也给人们带来了一种精神寄托。渐渐地，这崮顶之上，便多了膜拜神佛的善男信女；从此，这崮顶之上便香火缭绕，佛号声声。

小天门

神佛前有一个大鼎，里面满是香灰。神佛两侧的廊亭里，上悬观世音画像。还有一段出自《地藏经》的话："愿以此功德，普及于一切我等，与众生皆共成佛道。"所表达的意思是用做好事堆积起来的功德能教化所有人，等同于所有人，所有人等同一个人，都可以修成如佛一样的善心。

这让著者不禁想起崮下高大牌楼上刻着的"善根永存"四个字。这里所弘扬的，也许就是佛家"善心、善行、善果"的文化理念。

当代著名禅师、佛教文化著名学者、作家延参法师曾来到神佛崮，为神佛开光，并留下了"山是一座佛，佛是一座山，一山一佛一世界"的禅语。安徽省佛教协会执行会长、巢湖鼓山寺方丈智文法师也曾在神佛崮顶为莘莘学子祈福，祈愿中华大地国泰民安、人才辈出。

一座天成的神佛坐像，让这座崮的佛教文化变得浓郁起来。

千百年来，这尊神佛就这样一直静静矗立在这里，慈悲宁静，默默地守护着这方净土，为一方百姓带来风调雨顺、祥和安宁。

31

风调雨顺神佛佑

神佛崮传说有很多，崮下的老人都能说上一段关于这座崮的民间故事。这些传说，让著者不禁想起神佛前大鼎上的"风调雨顺"四个大字。

话说明朝年间，神佛崮一带植被茂密，林木遮天蔽日，灌木丛生、藤蔓纵横。葱葱郁郁的林木间，各种野兽自在生长，所以这里也是人迹罕至的地方。一直以来，方圆几百里风调雨顺，百姓安居乐业。

有一天，几位上山采药的年轻人，攀崖走壁来到石人崮上，他们在这里采食山果，翻腾跳跃，自由自在地玩耍。年轻人性情顽劣，他们玩累了、疯够了，又突发奇想，割下崮上这些长长的藤条，一圈一圈地将石人缠了起来，其实也没有什么目的，只是觉得好玩而已。随后，几个年轻人便又满山寻采中草药去了。

没想到几个年轻人的调皮之举，给这一方百姓带来了灾祸。从此以后，石人崮一带方圆百里，连年遭遇旱灾，长期天无降水，导致了河、湖、井、泉干涸，土地干裂，庄稼颗粒无收，民不聊生。树林变为枯木，家畜纷纷渴死，百姓饱受饥饿。

面对常年的旱灾，上至官府，下至百姓，都感觉是上天对这一方生灵的惩罚。龙王庙里，每天到此烧香磕头祈求"龙王开恩天降甘露"的百姓络绎不绝。可是，头磕了无数次，香烧了几大车，可龙王爷就是不开眼，依然是滴雨不下，这方百姓就这样被旱灾折磨着、煎熬着。

这么大的灾情，县太爷每天也是火烧屁股、坐立不安。他发下告示，广征民间精通道法之士，称若能破解这天灾，重赏纹银千两。

一天，有位游方道士揭下了这招贤榜，面见县太爷，称其有破灾之策。道士说，在城西八十里有一座山，山上立有个石人，其实那是一尊佛。前几年这尊普度众

生的神佛被人用藤条绑住了，这是遭受天灾的根源，给神佛解开束缚，大灾必除。

听了道士的一番话，县太爷将信将疑。于是，立即派出人马去距城八十里的山上寻找，看是否如道士所言。人们在石人崮上，果然发现了被藤条缠住的石人。

县太爷命人砍掉缠在石人身上的藤条，去掉这石人身上的束缚。不久，刚才还烈日当头的天空，瞬间乌云密布，一场大雨从天而降。

从此以后，石人崮一带年年风调雨顺，岁岁五谷丰登。

★ **红色崮事**

千年古松的诉说

从神佛崮沿蜿蜒的山路而下，便来到坐落在半山腰的茶局峪村。村庄在群崮之间，海拔 600 多米。村头有一棵巨松，格外引人注目。

这是一株古油松，据考证，树龄已有 1500 多年。树高 15 米，周径 3 米，冠幅 40 米，大小树枝千余条。树冠遮阳达千余平方米，像一把绿色的巨伞，罩在山坡之上。

这棵松树四季常青，满树苍翠，造型优美，如精心雕饰过的巨大盆景，堪称"江北第一美松"。

松树东侧，有一处石头房子，现已破旧失修。据村民讲，在抗日战争时期，徐向前元帅曾在这个房子居住，并指挥作战，所以这棵古油松又被人们称作"将军树"。

将军树

将军树，见证了老一辈无产阶级革命家"走马横刀岱崮山，韬略雄才驱敌寇"的战争岁月征程。

中共临沂市委党史研究院提供的资料显示：1939 年 5 月，中共中央和八路军总部决定组建八路军第一纵队，由徐向前任司令员、朱瑞任政委，统一指挥山东、苏北的八路军各部队。6 月 29 日，徐向前与朱瑞率部到达沂蒙山区的沂南县岱庄，与中共中央山东分局和八路军山东纵队指挥机关会合。8 月 1 日，正式成立八路军第一纵队，成立了以朱瑞为书记的山东军政委员会，徐向前为委员之一。

8 月 23 日，徐向前亲自部署山东纵队第一、三、四支队各一部，在鲁中淄河流域发起反顽战役。经 5 天激战，连克淄川、博山以东的峨庄、太河、朱崖等地，毙伤国民党军事委员会别动队游击第五纵队司令秦启荣部顽军 600 余人，缴获枪支 2000 余支。

1940 年 3 月 16 日清晨，日军 300 多人、伪军 200 多人向沂南县孙祖一带进犯，妄图袭击中共中央山东分局和八路军第一纵队指挥机关。在徐向前指挥下，八路军山东纵队第二支队、八路军山东纵队特务营第九连、八路军山东纵队第五支队交通营等，在孙祖以南九子峰伏击日军。激战两日，击毙日军指挥官小林以下敌人 120 多人，伤 70 余人，缴获骡马 25 匹、步枪 30 余支及大批作战物资，并乘胜攻克铜井日伪据点。

徐向前指示各部队注重扩大军队数量，各地要普遍建立武装自卫团、游击队，同时要根据情况，将自卫团、游击队升级，增加新的军队建制。到 1940 年 6 月徐向前离鲁时，八路军山东纵队由 1939 年的 2.5 万人发展到 5.1 万人；第一一五师在 1940 年初是 5.8 万人，到 9 月发展到 7 万人。

徐向前到沂蒙时，正值日本侵略军纠集 2 万人对鲁中区进行第一次大"扫荡"，他重点研究日军"扫荡"的新特点，思考克敌制胜的对策，在他的指挥下，我军成功粉碎日军的"扫荡"。

1940 年 6 月初，中共中央通知徐向前回延安，参加中国共产党第七次代表大会的筹备工作。7 日，他带一个警卫排踏上奔赴延安的路，从此离开沂蒙大地。

参考资料

中共临沂市委党研究院：《徐向前在沂蒙》，临沂市党史史志网 2009 年 12 月 8 日。

卢崮

崮乡崮事

卢崮，位于蒙阴县岱崮镇卢崮旺村北。海拔610.3米，面积150万平方米。崮顶呈三角形，四周峭壁，极为险峻。顶层岩石为中寒武纪石灰岩，高23~25米，崮顶面积约8700平方米。传说鲁王曾登临此崮，得名鲁王崮，后称鲁崮。又因后绕卢川水，沿称卢崮。卢崮，是南北岱崮保卫战的主战场之一。第二次岱崮保卫战中，解放军以一个排的兵力，固守卢崮42天，毙伤国民党军250余人。崮顶房屋遗址30余间，防空设施和掩体遍布，三面有岗堡残址。

追寻革命前辈的足迹

登卢崮需要穿过卢崮旺村，村庄依崮而建，往北穿过村庄的小巷，便是一层层直到半山腰的梯田，坡地里栽着各种果树，以桃树居多。田埂上开满黄色的苦菜花，像条条缠绕在山坡的金线。

正是给刚刚坐果的桃树疏果、打药的时节，果农们都在地里忙碌着。

站在崮下，由南往北观看，卢崮两边分别有两座稍矮的山包，由两道山脊连接着，很像一把巨大的坐北朝南的圈椅，卢崮是椅子的靠背，左右山脊和山包是椅子的扶手。

关于卢崮名称的由来，有两种不同的说法，一说是当年鲁王曾登临过此崮，得名鲁王崮，后来称为鲁崮，又因后绕卢川水，就改称卢崮；还有一种说法是因崮下有汉朝城阳国卢县古城遗址，故得名卢崮。这一说法自然就没有鲁王什么事了。至于哪种说法是对的，无从考证。

果农放下手里的活计，热情地给指着上崮的小路，说爬到山脊容易一些，但登上崮顶有些费劲。他们说，当年上面打过仗。

果农们所说打过的仗，就是解放战争中的第二次南北岱崮保卫战。当年解放军部队为配合大部队作战，山东省鲁中军区监护营一连107名指战员临危受命，驻守南岱崮、北岱崮、卢崮。解放军以一个排的兵力，固守卢崮42天，毙伤国民党军250余人，取得胜利。

卢崮南坡，有一处残存的老屋旧址。石墙还在，屋顶皆无，正房加侧房有五六间的样子，从建筑风格和墙体的陈旧程度判断，应该经历了百年风雨，它无疑见证了那场战役。或许，崮下牵制国民党军的战士们还住过这处老屋呢！

沿老屋后面弯弯曲曲的山路盘旋而上，便登上了卢崗西侧的山脊，脊上平坦，岩石的地面被杂草和荆棘隔出了一个个的方块，很像是一个大大的棋盘。嗯，这就是一个天降棋盘。76 年前，英勇的解放军部队不就是在此和国民党反动派下了一盘大棋吗？较量了 42 天，结局是解放军赢了，国民党反动派输了。

卢崗山前后遍布一簇簇的梧桐树，紫色的花渐渐凋落，但仍有阵阵余香飘来。崗顶一抹红色映入眼帘。那是森林防火的警示旗，旗子随风飘扬，就像当年战士们插在阵地上的战旗。

举首望崗，近在咫尺，心生敬畏。顶部悬崖高达 20 多米，极为陡峭险峻，攀爬实有难度。但如此峭壁，没有挡住战士们飞奔崗顶、打击国民党军的脚步，他们"打倒反动派，解放全中国"的信念是何等坚定。

从崗的西侧山脊可登顶，但十分陡峭，无路可寻。难攀登并非不能登。手抠住石缝，脚蹬石壁凹凸处，身体一点一点往上挪动，虽极为吃力，但终归离目标越来越近。当年的战士也是这样爬上来的吧，只是他们身上背着枪弹，肩上扛着使命，心里装着信念。

崗顶长满高大的柏树，放眼崗下，西北侧的山腰也被大片的柏林覆盖。松柏寓意着勇敢、坚强不屈。古往今来不知多少文人志士在松柏身上不惜笔墨，他们赞松柏之庄重肃穆、傲骨峥嵘，咏松柏之历寒不衰、四季常青。后人在此栽下大片松柏，又何尝不是在讴歌固守卢崗的英雄，寓意烈士们无私奉献、舍生取义的精神万古长青？

这里就是英雄战斗过的地方，就是在这个面积只有 0.5 平方公里的岩石上面，当年二排长、代理指导员陈来喜带领战士们以英勇顽强的大无畏精神，在国民党飞机轮番轰炸的恶劣环境下，打退了国民党军一次又一次的进攻。

山坡上的老屋，或许见证了那场战斗

风吹树木的飕飕声，犹如枪声阵阵，号角声声。

37

凝望崮顶苍翠的松柏，放眼崮底秀美村庄，耳畔响起了一首歌："为什么战旗美如画，英雄的鲜血染红了它。"今天生活幸福，江山如画，就是英雄前辈用鲜血换来的。

卢崮前面温暖的山坳中，有一座革命烈士陵园——吕祖庙革命烈士墓地，卢崮保卫战牺牲的烈士就长眠在这里。

红色崮事

坚守卢崮的 42 个日夜

1947 年，国民党整编第七十四师在孟良崮被华东野战军歼灭不久，国民党军便对沂蒙山区的进攻又疯狂起来。解放军为了在运动中寻找战机，歼灭国民党军的有生力量，正逐步后撤。

6 月 26 日，山东军区首长命令鲁中军区后勤监护营一连固守岱崮阵地，牵制国民党军兵力，并且保卫崮上存储的大量弹药，鼓舞山区人民斗争意志。

一连连长庞洪江、代理指导员陈来喜接到命令后，立即率领 100 多名战士赶赴岱崮。除南岱崮、北岱崮两座山头外，北边还有一座卢崮，三崮呈鼎足之势。庞洪江带领一排守主峰南岱崮，文化干事高兆田和三排排长李现林带领三排守北岱崮，陈来喜与二排副排长贾凤起带领二排守卢崮。每崮 30 多人，相互支援，各守其崮。

陈来喜在他的回忆录中，记述了当时的战争场景：

二排进入阵地不久，大约有一个连的国民党军，从贾庄出来，到庄外，一个连分成三路：一路在西，顺着山梁往上爬；一路居中，直奔卢崮下；一路在东，奔崮的东北山角。每路有三四十人，是一个排的兵力。当中一路在庄外河滩上架起了机枪，盲目地朝崮上打。

解放军早下了命令不许打枪，崮上一片寂静。国民党军打了两梭子弹，看着崮上没有动静，就大摇大摆地往崮下走来。看样子，国民党军已确定崮上不会有人了。

当国民党军进入峭壁之下时，陈来喜一声号令，把早已准备好的手榴弹一齐扔了下来。国民党军丢下20多具尸体，仓皇逃回贾庄。

"这样的队伍还打什么仗，这不是丢蒋介石的脸吗？""这样的兵来一万就得消灭他八千。"战士们哈哈大笑。陈来喜说："我们不能轻敌，这才是战斗的开始。"

果然不久，崮下周围陆续张起国民党军白色的帐篷，数不清多少，望不到边际。

上崮的第一天，陈来喜就搬来一块青石片，放在他住的掩体柱子缝里，在一面写上他上崮的日期，以后每过一天，他就往上画一道。尽管大敌当前，他们也没有忘记纪念"七一"党的生日。

一天，正在战士们吃早饭的时候，国民党军的炮火开始往卢崮周围轰炸。陈来喜和贾凤起忙出来观察。国民党军调集了多种炮，分布在崮的北面，炮阵地非常密集。起初还是零星的试射炮火，后来就开始了火力急袭。一次轰击，长达四五十分钟，有时一小时以上。野炮、山炮的平射对解放军没有严重威胁，因为崮的峭壁陡而高，近了打在山崖上，远了又超越了崮顶。崮顶之下一片火海，不断的巨响震撼着崮顶。防空工事中的观察哨兵吹响三声短促哨声，战士们从掩体跳出来和国民党军继续战斗。战士们根本不用步枪，每个人都提着几束手榴弹。等崮下国民党军冲锋，就把手榴弹成束地扔下去，把国民党军炸得鬼哭狼嚎。国民党军回窜时，解放军的机关枪就"发言"了，崮下布满了国民党军的尸体。

第二天早晨，国民党军派来了8架战斗机和4架轰炸机，朝着三个崮扑来。战斗机沿着崮上的壕沟扫射，一架飞上去，一架扑下来，打得壕沟里烟火升腾，石块飞溅。

自从战士们上了崮顶，天气就连阴起来，不是白天下雨晚上晴，就是晚上下雨白天晴，有时一连几天几夜的暴雨，好在战士们的吃水问题不用愁了。但雨水也让守崮的战士吃了很大的苦头，掩体、壕沟积满了水，他们就想办法往外泼；为了防止弹药受潮，他们就把铁锅用木棒支起来，把手榴弹放在铁锅里。

后来，国民党军在崮的周围布满了碉堡，凡是必经的路口，都有碉堡，各个碉堡的火力都固定了射击目标。战斗进入最为艰苦的阶段。此时，坚守卢崮的二排与胡营长、庞连长的联系也全部中断了。崮上粮食没有了，就连野菜也吃光了。于是，解放军派出两名战士夜间悄悄下崮，拔了两大捆荞麦，连茎带叶一起吃，维持了好几天。终于，胡营长搞来2000斤粮食，给卢崮分了700斤，领着群众送到了崮上。

在这样艰苦的日子里，守崮的解放军战士一直没放松对国民党军的打击。

在崮上每过一天，陈来喜就在青石板上画一道杠，当他画下42道杠的时候，终于迎来了胜利。守崮战士不仅打退了国民党军的多次进攻，更是连续打退了国民党军以12架飞机掩护的两个步兵团的5次猛烈冲锋，先后毙伤敌副团长吴开先及250余人。最后，国民党军狼狈撤走，而解放军阵地仍岿然未动。

★★★ 崮乡风情

卢崮山下守墓人

在蒙阴县岱崮镇吕祖庙革命烈士陵园里，埋葬着两次岱崮保卫战、卢崮战役、龙须崮暴动时牺牲的73名革命烈士的忠骨。有一位叫张士国的退伍老兵，义务守护着这些长眠在此的烈士们，至今已守护了整整47年。

村里的老人说，这片烈士墓多亏有张士国看护，才能保存得这么完好。为了陵园建设，张士国还曾出让过自家的田地。这在村里老人们看来是件"很了不起的事"。

陵园埋忠骨

陵园东距塌山、河山约 2 公里，南、北紧邻丘陵，西南距拨锤子崮约 3 公里，北距卢崮近 2 公里。墓群上种植松树、柏树等。

1945 年春，蒙阴县抗日民主政府组织群众，将李家宅、官山、卢崮山、岱崮、讨吴等战斗中牺牲的烈士，搬迁至吕祖庙安葬，共 73 名烈士长眠于此。其中何等云，山东宁阳人，牺牲时 34 岁，岱崮保卫战中荣立一等功；白清河，中共党员，河北顺平人，岱崮保卫战中荣立三等功。

1976 年以前，烈士陵园很荒凉，杂草丛生，坟头荒草都长得盖住了坟，园里只有几棵柏树。

1976 年，村里民兵排自发成立烈士陵园看护小组，16 岁的张士国第一个报了名。他们对简陋的烈士陵园进行了修缮，用水泥浇制了烈士墓碑，并在陵园里种下了松柏和万年青。从那时开始，张士国就许下承诺，要永远守着烈士的英魂。

两年后，张士国参军入伍，但他一天也没有放下对烈士陵园的挂念。

这 73 位烈士，远的有河北的，周边的有沂源的、新泰的、莱芜的，他们年龄最大的 38 岁，最小的只有 17 岁。每一位烈士都有催人泪下的故事。

穿上军装的那天，张士国把看护烈士墓的任务托付给叔叔张善海。服役 4 年间，他多次给家中写信，恳请叔叔一定要代他看好烈士墓。张善海没有辜负侄子的托付，一直坚持到张士国退役返乡。

退伍后，张士国来到烈士墓地，看到残缺不全的墓碑，决定对烈士墓地进行整修。他拿出全部的退役金，到集市上购买松柏树苗，又联系石料供应商，把烈士墓碑换成大理石材质。更换石碑时，他把旧石碑擦拭干净，准确记录下碑文。

整修完后，张士国在烈士墓地放了许多鞭炮，告慰烈士们他们有了一个更好的家。那年，当地政府拨付资金建起墓地院墙，修了一条从主干道通往陵园的水泥路，将这里列为县级文物保护单位。

1985 年，吕祖庙烈士陵园第一次

扩建整修后的吕祖庙烈士陵园

扩建。严格意义上讲，当时还不能叫陵园，只是一个烈士墓群。扩建就要用地。为了不让其他乡亲吃亏，张士国用自家的1亩多良田置换了墓地附近的土地，用于陵园建设。

平日里，张士国在干农活之余，会到陵园里转一转、看一看。每年的元宵节，他都要到陵园送灯；清明节，他会为每位烈士烧香、给坟茔添土；八一建军节，他还到烈士墓前挨个敬礼……

日复一日，年复一年，张士国一直默默地守护着这座陵园。

埋在这里的还有不少无名烈士。多年来，张士国力所能及地做了一些帮助无名烈士寻亲的事。他说：无名烈士不应当一直无名，他们为祖国和人民流血拼命，应当被人们知晓，应当被后人记住。

这些年，当地政府对这座陵园的建设和管理工作很重视。邀请专业人员做了规划设计，将陵园由1600多平方米扩建到2500多平方米，配齐了设施，翻新了道路。

如今，每座烈士墓都有一圈高约30厘米的水泥围挡，但坟茔仍保留着最初的模样，由黄土堆成。鲜血染红沂蒙，热土掩埋忠烈，是对他们应有的告慰。

能够义务守护在这里，张士国感到很神圣，也很光荣。

参考资料

①蒙阴县史志办：《第二次南北岱崮保卫战》，蒙阴县人民政府网2018年2月12日。

②傅家德：《一句"我愿意"他践诺至今》，《中国国防报》2022年4月12日第1版。

獐子崮

獐子崮，位于蒙阴县岱崮镇驻地西北 3.5 公里处，笊篱坪村东。海拔 571 米，崮顶呈三角形，四面峭壁，如刀削斧凿。崮顶为中寒武纪石灰岩，高 25~30 米，面积约 1.7 万平方米。因明末清初，獐子群居崮上而得名。崮顶为古寨遗址，亦有近代战争遗存，上有房屋残址 10 余间；西南石隙为崮门，上有岗堡遗址；四周有掩体遗址。

崮乡崮事

一见如崮

穿石门登顶　揽群崮入怀

从西南方向的笊篱坪村看獐子崮：“身材”敦实魁梧，两“肩”匀称，“头”上圆圆的“帽子”中间略鼓，侧后方的拨锤子崮个头到它的半腰，像一个大人牵着个孩子。但如果是从东北方向看这两个崮，拨锤子崮似乎并不比獐子崮矮，这便是看山的角度不同，视角便有了差异。

獐子崮“帽子”以下，鲜有杂树，布满桃、杏、李子等果树，时下均已坐果。白色的流苏花和槐花开得正劲，香气飘满山野。说獐子崮是一座花果山并不为过。

登獐子崮并不费力。因果农打理果树的需要，山下的水泥路直通半山腰，再往上也有弯曲的小路可循。

离崮顶不远处，前面出现了石头垒的七级台阶，从台阶老旧的程度判断，非今人所为。台阶右侧有一大块“头部”突起并伸向山外的石头，像是一位把守山门的哨兵。由此转到南侧，越过一道残破的断壁，再爬十几层台阶，便到达獐子崮南门。这里是通往崮顶的唯一通道。

通往崮顶的唯一通道——南门

石门很老，老得顶部一部分已塌陷。左壁全部是在山体岩石上凿成，而右壁有一部分是在山体岩石上开凿，大部分是后来用石块垒砌

成的。据说这石门的两侧以前都是由完整的岩体开凿而成，只不过右侧在战争年代被日军的炮弹炸毁了，后来，人们用石块对其进行了修复。

穿过这道石门，还需再向上攀登，方到达獐子崮顶。这里和其他崮顶略有不同，没有开阔之地，全部被密集生长的各种树木所覆盖。整个崮顶呈三角形，面积不大，中间凸起，边缘略低。树丛中布满古寨遗址，有十多间的样子。

据说在明末清初，这座崮上有很多獐子出没，所以人们称之为獐子崮。名字也是那个时候起的，一直叫到现在。明末清初整个蒙阴县才8000多人，所以獐子崮一带很荒凉，有獐子等野生动物生存于此也很正常。以前，岱崮镇丁家庄的一位村民在刨地时，曾刨出一支形状完整的鹿角。獐子崮还曾被人称作"瓦岗寨"，传说隋朝末年，程咬金加入瓦岗军，担任内军骠骑时，曾率兵在獐子崮上驻扎。

站在崮顶，放眼望去，群崮一览无余，面对不同的朝向，都能与周边的崮山亲密相拥。三角形崮顶的尖角正对着拨锤子崮，站在另一个边缘，小崮、大崮似乎近在咫尺。看到大崮，自然会想起大崮山保卫战，联想起这场保卫战期间，发生在獐子崮的"崮顶争夺战"。

1940年3月，大崮山保卫战打响以后，国民党顽军为了达到围困大崮上八路军的目的，迅速派兵占领了獐子崮，这对守卫大崮山的八路军构成极大威胁。为打破顽军封锁大崮的阴谋，中共蒙阴县委决定夺取獐子崮。蒙阴县大队张敬兰带领7名战士，夜幕中绕道悄悄爬上獐子崮隐蔽，乘国民党军次日拂晓下山换班之际，一举占领了獐子崮。

当年参加大崮山保卫战的刘继先在他的回忆录中这样记述："獐子崮被我军占领后，敌军调集兵力封锁了通往獐子崮的大小通道，并抓来我军家属到崮下喊话，企图瓦解守崮战士。张敬兰等7名战士充分利用天险，克服断水断粮的困难，杀伤和牵制敌人，减轻了大崮山的压力，守崮9天9夜，胜利完成任务。"

穿过獐子崮顶的密林，远望连绵的绿色，不禁感叹这里良好的生态。这里的好风景，曾引得大雁在此流连。有一年，有上万只大雁盘踞在獐子崮顶，有的站立于悬崖，有的盘旋于崮顶。

如此多的大雁落于崮上，一时成为奇观，吸引了当地百姓驻足观望。据长年

生活在这里的獐子崮农场场长公茂田说，如此浩大的雁群他是头一次见，上万只雁能落脚在獐子崮更是闻所未闻。据了解，雁群足足在獐子崮待了一天一夜，第二天上午才结队而去。

这正是当地政府按照习近平总书记提出的"绿水青山就是金山银山"的发展理念，不懈地整山治水、修渠筑坝、植树造林、绿化荒山结出的生态硕果。

★★★ 红色崮事

激情燃烧的岁月

獐子崮下的山坳，是蒙阴县岱崮镇笊篱坪村，当年，代号"9381"的三线军工企业——山东民丰机械厂就坐落在这里。这片土地上，承载着一代军工人的青春与奋斗、激情与梦想。

20世纪60年代初，我国面临的国际形势十分严峻，出于国防的需要，国家根据战略位置的不同，将我国战略防御区划分成一线、二线、三线，作为全国战略大后方。大批原来处于一线的重工业企业特别是军工企业，向西部和西南部山区搬迁。小三线建设，即在相关的一些省份，建设一批省属军工企业，形成支持长期战争的工业基础。

遵照中央小三线建设要靠山、分散、隐蔽的建设方针，在沂蒙山腹地的蒙阴县，先后建设了六家小三线军工企业、一个医疗配套服务机构，分别是山东民丰机械厂、山东光明机器厂、山东工模具厂、国营泰山机械厂、鲁光化工厂和国防办计量站、山东省军工局中心医院。

在国家"好人好马上三线""备战备荒为人民"的时代号召下，无数热血青年离开繁华的城市，告别家乡和亲人，秘密参与到轰轰烈烈的三线军工建设中来。

据当年的"老军工"们回忆，因为小三线企业产品的特殊性，进入军工厂的

人员都要通过严格的"政审"。当时的标准必须是根正苗红，起码三代没有政治问题，五代要历史清楚。当时选人的口号是："根正苗红进三线，青春年华向党献。"这些层层选拔出来的优秀青年，带着"献了青春献终身，献了终身献子孙"的责任感和使命感，开始了他们大山里的军工岁月。

据笊篱坪村党支部书记杜连才介绍：民丰机械厂鼎盛时期正式员工3000多人。外来人员的聚集，使得当时的岱崮，无论在公共服务、对外交往，还是人们的生产生活方式和思想观念方面，较之周边区域都"洋气"很多。当年，这个地方也因此被人们称为蒙阴的"小香港"。

9381厂的厂房、宿舍都是当地建筑工匠就地取材，用石块一层层地垒砌起来的。这些建筑，如今仍保持着原貌。

工厂于1966年建成投产，主要生产五四式12.7毫米机枪弹和五六式14.5毫米机枪弹、穿甲弹、穿甲燃烧弹、曳光弹等。从此，开启了民丰厂历史上的辉煌期，生产的高射机枪弹不但大量武装我国军队，当时还援助给我国友好国家。另外，民丰厂开发的曳光管引燃剂钝化配方工艺，确保了曳光弹生产的安全可靠性，为我国国防安全作出了重大贡献。

据三线军工厂职工谢少鹏回忆：工厂建起来，山沟里一下子多了这么些人，生活供应成了极大的难题。厂里只好每天派一辆专车跑到几十公里外的蒙阴、沂水等县城采日常生活用品。如果是天气等原因车出不去，全厂工人只能"吃了上顿没下顿"。那些日子里，全厂职工似乎都没有"八小时工作制"的概念，也似乎忘记了应该休息的星期天。尽管没有一分钱的加班费，甚至没有一顿免费的加餐，人们却都像着了魔似的，在家中放下碗筷就朝车间赶。那是货真价实的"革命加拼命"。虽然这只是军工厂工人当时生活的一个缩影，却是全体军工人无私奉献的真实写照。

1984年，国家停止下达军工生产指标，大批小三线军工企业开始"军转民"陆续搬迁，9381厂也于2001年搬迁完毕。原厂址遗迹、遗存由此闲置、颓败、坍塌。一个时代就此落幕。

值得欣慰的是，军工厂"军转民"后虽然搬迁了，原三线军工民丰厂旧址得

到了保护性开发。2012 年起，山东东蒙企业集团将原民丰厂旧址作为山东岱崮地貌景区的核心区，依托"岱崮地貌"独一无二的世界奇观，在尽可能保持民丰厂建筑物原貌的前提下，保护性开发打造了包含上山下乡旅游度假村、岱崮三线军工博物馆、岱崮实弹射击中心、崮园、崮乡老街、田园公社等具有浓重时代色彩项目的三线军工小镇，复原了当年的景象，为军工人及其后继者提供了一个寄托乡愁、驻足休憩、见证历史、薪火相传的精神家园。

★★★ 崮乡风情

獐子崮的"山大王"

在通往獐子崮顶的路上，有一道山门，门两旁写着这样一副对联："獐去千年留荒崮，公来巧开花果山。"

这对联里的"公"，指的是公茂田，就是他让獐子崮这座荒芜之山变成了一座花果之山。

公茂田和妻子曾经都是獐子崮下 9381 厂的工人，端着在那个年代令无数人羡慕的"铁饭碗"。然而，1985 年，夫妻俩做出了一个让人惊掉下巴的决定：双双辞职，承包下獐子崮这座荒山，开荒造林。

1984 年春天，公茂田夫妇从工厂步行回老家看父母。路过獐子崮时，突然刮起一阵狂

公茂田在打理獐子崮上的果树
（2023 年 4 月 22 日拍摄于獐子崮）

48

风，百步之内看不到人影，刮起的石子打得脸生疼。那时的獐子崮没有植被，生态环境脆弱。一下雨，山上全是黄水、黄泥。这个时候他动了承包荒山造林的念头。

他的这一想法，不仅父母反对，亲朋不解，就连厂里的工友们也极不赞成。但公茂田铁了心要回去当农民。因为他坚信，只有植树造林，发展果品生产才能让乡亲们摆脱贫困。妻子伊淑凤的支持，也给他增添了信心。

獐子崮全是石灰岩层，土地极其瘠薄和干旱，人为乱砍滥伐造成水土流失严重，仅有的土地变得峭壁陡立。要在这样一座山上垦荒造田，村里的老农们都认为是不可能的事。

当时没有房子、没有水、道路不通，可谓是困难重重。但夫妻俩依然是东拼西凑了 3 万元资金，开始实施他们的垦荒计划。

看着曾经端着"铁饭碗"的公茂田没日没夜地在獐子崮上开荒，很多人都笑他是个"傻子"。但公茂田不为所动，一笑而过。夫妻俩早先是在山间搭了一个不足 4 平方米、四面透风的简易草棚栖身。当时，3 月的山风依然凛冽刺骨，为了取暖，他们只好掘地半米，依偎在石坑里。山上没路就开始修，先用绳子量好，用石灰画出路线，雇人打上炮眼，用炸药将岩石炸平。为节省资金，他们每天凌晨起床，日落而归，修整路面，挖石掘土，天天要干十五六个小时。铁锹磨坏了一把又一把，手上的血泡起了一个又一个，渴了，就捧起桶里的凉水；饿了，就啃口煎饼和咸菜。一年后，一条宽 4 米、长 3 公里的盘山路终于修好了。

山上最缺的就是水，夫妻俩每天凌晨 3 点钟就起床挑水，这一挑就是 7 年，每年都要走 2000 多公里路。1992 年，终于成功打出一眼水井，这才解决了绿化山林的用水问题。

从 1985 年承包下荒山到 1993 年，公茂田共开山放 9800 眼炮，垒起 400 多道地堰，栽植桃、杏、苹果及各种新品种果树苗共计 2.6 万余株。其间，公茂田穿烂 200 余双胶鞋，用坏 20 余条扁担，磨坏 100 余把镐头、铁锹。

他通过 20 年的引进和培育，先后培育出了扁桃、油桃等几十个品种的果树，新品种更加适合本土种植，丰富了当地果品品种构成，加快果业结构调整步伐，帮助农民增收致富。

38年的辛苦付出，公茂田让荒芜的獐子崮变成了花果山。是什么力量让他克服困难一步步走到今天？公茂田说出了发自内心的话语："一是父母的勤劳精神教育和激励了我；二是沂蒙精神和军工精神支撑着我，克服了常人不能想象的困难；三是袁隆平等人的科研精神，让我坚持不懈培育新品种，让荒山变'绿洲'，带动更多父老乡亲增收致富。"

参考资料

①《崮乡深山中的秘密——岱崮三线军工》，中国崮文化网2016年12月8日。

②杨文：《给我一座荒山，还你一片绿洲》，新华社客户端2023年4月17日。

卧龙崮

　　卧龙崮，原名站崖，位于蒙阴县岱崮镇燕窝村，属戴帽类山崮。崮顶为中寒武纪巨厚岩，高23~25米，顶宽15~50米，长1000米，崮顶面积160万平方米。该崮峭拔险峻，南北雄列，酷似一条长长的卧龙，因而得名。崮上有房屋残址80余间，寨门残址5处，岗堡遗址7处，石臼1处，仓储底基——石圈沟6处。考为金、元、明末清初山寨文化遗存。

　　崮南、崮北有"望穷楼"、"望穷塔"、玉皇庙遗址，东侧和西侧有仙狐楼、灯窝、燕窝等景观。

谁在对弈？谁在舂米？

岱崮镇的燕窝村是去卧龙崮的必经之地，站在村前的小河边向东北方瞭望，卧龙崮果真如长长的巨龙伏在山顶，头南尾北。

如今盘山路修到了崮顶，上去便踩在龙尾之上。1公里多长的巨龙，从龙尾南望，看不到龙头。崮顶中间略有凸起，两边稍低且平缓，前行的一条小路在西侧。崮顶南北虽长，但东西很窄，平均宽度为30米，最窄处也就四五米的样子，东西两侧和南端三面是悬崖峭壁，行走之上需小心翼翼。较险处，有人在崮顶边缘放置了许多石块，以做遮挡和警示。

据当地人介绍，卧龙崮顶上共有四道寨门，是古时候居住于此的人修筑的。第一道寨门在龙尾之处，已没有痕迹；第二道寨门位于距北顶350米处，长40米，高4米，宽2米，现在留有一些遗迹，是明清时期重新修复的；第三道寨门在距第二道门约50米处，长30米，高3米，宽2米，残墙仍存，寨门已经坍塌。这三道寨门都设有岗堡，主寨西侧，崮北顶也有岗堡，以作观察、瞭望用，这些遗迹尚存。第四道寨门位于最南端的龙头处，是最古老的一道寨门，为汉朝时期所建，如今已经坍塌。

据《蒙阴清志》记载，明末参将董怀泉曾入主卧龙崮山寨。

"董怀泉，直隶真定府人，骁勇善射，屡建战功，累升四品参将。甲申前后，饥荒民反，盗贼蜂起，天下大乱。董公戍守威海卫期间，曾到过岱崮，恋此山川毓秀，故举

南寨门

家迁坡里避难，率众据守卧龙崮山寨。"

《蒙阴清志》又载："时山寇盗发，率甲马数十辇，督领乡兵，教演部伍，一方赖焉。"卧龙崮山寨许多防御设施，多数为明末董公重新修建，所以此寨又被称为"将军寨"。

沿龙尾南行百余米，便是一片开阔之地，较为平整的岩石地面上，发现有四个古人凿出来的直径有三四米的大圆圈，圆圈的中间有一个光滑的石洞。圆形的边缘是一圈深 10 厘米、宽 15 厘米的石槽。再往南不远的一个开阔处还有两个这样的圆圈，不过直径比这四个大，且其中一个圆圈里的石洞并不在正中间，而是偏向圆圈的一侧，附近立着一块牌子，称此处为"天文台"。牌子上的文字记述：经山东大学考古专家刘凤君教授考证，这些圆圈与天象有关，是古人为了观测天象，经精确测绘而打制成的星象测点。

其实，关于崮顶上这些圆圈，有多个不同的说法。

2021 年，中央电视台《地理中国》栏目组曾带科考专家来到卧龙崮，对上面的圆圈进行过考察论证。仔细观察，圆形石槽下窄上宽，中间凹坑的直径和一根木桩的直径大小相等，由此有专家推测，这很有可能是囤粮所用。专家经查阅资料，从与卧龙崮相距不远的纪王崮的记载中找到了线索。在沂水县志中这样写道：纪王崮，在县西北八十里，巅平阔，可容万人，相传纪侯去国居此。纪王崮离卧龙崮不远。专家由此推测，卧龙崮，也极有可能是兵家必争之地和百姓躲避战乱的理想之所。因此，卧龙崮上各种奇怪建筑，应该和战争与人类避难活动有关。圆周图案很可能是修筑粮仓时留下的遗迹。圆形中间的凹坑，是固定粮仓的柱子所用。圆圈石槽是固定粮仓边缘留下的痕迹。著者认为这一说法是比较靠谱的。

在这四个圆圈的东南侧，有一深达二三十米的悬崖，大片岩石开裂，缝隙纵横，疏密幽深，局部形

神秘的圆圈

成一些小天窗，险峻异常。大自然的鬼斧神工，令人惊叹。人们把此处称为"狐仙楼"。传说以前在这里住着一窝狐狸，狐狸一早一晚便会蹲在这崖顶之上叫唤，有时会学人咳嗽、哼哼，学得惟妙惟肖。后来，住在这里的狐狸修炼成仙了。

崮顶上有多处房屋、寨门、岗堡遗址，房子大小不一，有的在中间，有的在边缘，据考证为金、元、明末清初山寨文化遗存。

走在卧龙崮顶，仿佛走进了古代人的"生活圈"。

穿过房屋遗址南行，有一处平滑岩面，上面有一大一小两个石臼，内壁光滑，无疑是生活在此的古人舂米所用。是谁在舂米？躲避战乱的山民？还是驻扎崮顶的军卒？石臼旁边有一个类似棋盘的图案，图案的方格大小数量和象棋棋盘极为相似。但上面并没有楚河汉界。此棋盘图案当地也有一个传说：当年有一条龙受伤落难于此，需要九九八十一天才能伤愈复原。于是龙的两位仙友来这里看望受伤的龙，在这里住了些时日。闲暇之时两位

狐仙楼

石臼旁的棋盘

坍塌的石屋

仙人便在岩石上刻下一盘棋，一边对弈一边闲聊。后来，两位仙人离去，留下这古老的棋盘。

传说只归是传说，但《地理中国》的专家给出的答案是：这个类似棋盘的图案，可能是排兵布阵所用。而残破的石墙，证明这里曾是屯兵或避难的场所。

长龙在卧，驮着一处曾经烟火缭绕的山寨，有石臼舂米的响声，有双人对弈的欢笑；有喊杀阵阵，有旌旗猎猎。世间风雨退去了山寨的喧哗，只有冰冷的山岩在诉说着它所见证的历史。

★★★ 崮事传说

美人松

在卧龙崮山寨遗存的石屋旁，有一棵苍翠茂盛、屹立坚挺的松柏，当地人称其为"美人松"。之所以称作"美人松"，源于当地的一个传说。

相传，当年龙受伤落难后，伏卧于山上。当地有一懂得医术的女子，得知龙遇难的消息后，便独自一人上山为龙医治，将在山上采集的草药敷在龙的伤口处，每天不辞辛苦，期盼龙一天天地好起来。

此龙是被一邪神所伤，当此邪神得知女子给龙医伤后，十分恼怒，便用咒语将女子害死了。龙为了感恩，将女子的尸体化作崮上唯一的松树，以此怀念这位善良的女子。

石门

在卧龙崮龙头下方"龙眼"的位置，有一处悬崖，石壁呈半开状，好似一道半开的大门，当地老百姓将其称作"石门"。

关于石门，民间也有一个传说。

相传，石门里面曾经有一个洞，洞里面有金子，要想得到这些金子，必须打开洞口的这个石门。但此石门绝非轻易能够打开的，须同一家的 10 个儿子合力方可。

山下有一个老头，正好有 9 个儿子，1 个闺女。为了能够打开石门得到金子，老头就让女婿装成儿子，与 9 个儿子一起凑齐 10 人，准备去开这个石门。

10 人合力将门开出一条缝的时候，一看里面果然有很多黄灿灿的金子，大家非常高兴。这时，小儿子就大声喊道："门快要开了，姐夫你再使把劲啊！"

此话一出坏了事，石门再也开不开了。

从此以后，这道石门就开了这么一个缝，再也没有人打开过。据说"一个女婿半个儿"就是打这里来的。

金灯窝

在卧龙崮的龙尾部第一道寨门往东的位置，有一处峭壁，峭壁上有两个大洞，

这两个洞，当地老百姓称之为"金灯窝"。

传说在这峭壁之上，曾经有一对金灯，60年一亮，只要金灯一亮，卧龙岗下的村子里就会出大官。后来，这一对金灯被外地的一个风水先生给挖走了，留下了两个洞。

也有人经过考察分析认为，这里曾经是金矿，出产过不少"狗头金"。每隔60年，太阳照到"狗头金"所在位置的时候，这些"狗头金"就会发亮，就像金灯在熠熠闪光一样。老百姓口中的"金灯"，也就是太阳光照在"狗头金"上的效果。所谓外地人拿走了金灯，就是指这"狗头金"被人给挖走了。

石燕窝

卧龙岗下的村子叫燕窝村。之所以叫这个名字，也与一个传说有关。

卧龙岗西北侧，有一处卧龙湾，卧龙湾的东侧，是一片陡峭的岩层。悬崖下就是一处长年不干的水潭，悬崖半腰有10个石洞。这些石洞大小不一，最大的能躺进两个成年人，最小的也能藏个小孩，还有一个洞藏在了水潭里。远看这些石洞的形状，很像燕子衔泥做的窝，因此附近的这个村，就得名燕窝村。

过去，村里一直流传着一句话：如果窝里出一只小燕子，那村子里就会出一个进士。据村里人介绍，燕窝村在古代是一个"官道"。如果南方人要进京赶考，这里是一条必经之路。燕窝村的村民还曾经发现过十几块写有"福"字的匾额，据说都是当年进京赶考的人所留的墨宝。只是匾额没有完好地保存下来。

望穷楼

在卧龙岗的北顶子上，有一堆建筑残迹，据说过去这里是座楼，叫望穷楼。

自古以来，人人盼富，怎么还有人望穷呢？这望穷楼又是怎么个来历？

相传在一千多年前，蒙阴西边的新泰县，有个徐姓大户人家，据说是先唐时期徐茂公的后代。到了明朝中晚期的时候，徐家第五代出了位进士，官至户部侍郎。徐侍郎年纪大了，就告老还乡，在卧龙岗西北侧一方依山傍水之地，建了套楼堂小院，便举家迁至此地定居下来。

有一天，徐侍郎到卧龙湾附近遛弯，瞧见两只金燕子，在空中盘旋了一会儿，钻进了石洞里面。徐侍郎这才发现：原来这里的石洞是金燕子的窝。

虽说徐侍郎俸高禄厚，不愁吃穿，但是看到这两只金燕子的时候，还是动心了。二话不说就往燕子窝的悬崖下跑。

过了一会儿，两只金燕子从窝里飞出来，只留下金色的光影在空中闪耀。徐侍郎不免有点丧气，可是转念一想，燕窝里面应该有金燕下的金蛋吧。于是，徐侍郎爬到燕窝上面一看，只见燕窝里面有四个金灿灿的燕子蛋。徐侍郎抱着这四个金蛋，又是亲又是摸，甚是欢喜。

得了金蛋，一家人都很高兴，摆上好酒好菜，打算好好庆祝一番。

徐侍郎端起酒杯，刚要喝酒，突然发现连酒带杯，都变成了金的。他慌忙又拿了一张煎饼，只见煎饼也变成了金子。他摊开手一看，两只手也都闪着金光。

眼看着一桌子的佳肴不能吃，徐侍郎着急了。他让别人喂他吃包子，可谁知包子刚碰到嘴，包子也变成了金子。这时候，徐侍郎才明白，自己在金燕窝里，是又亲金蛋又捧金蛋，这手才变成了攥金手，这嘴也就变成咬金嘴了。

一连数天，徐侍郎一口饭没吃，只好去找算命先生。先生说："把金蛋放回

原来的地方去，在卧龙崮的北面盖上一座望穷楼，南面盖上一座望穷塔，或许金手和金嘴还能变回原来的样子！"

徐侍郎一一照办。盖完望穷楼和望穷塔后，发现金手已变成了凡人之手；金嘴也恢复如初，能吃能喝了。他这才明白，拥有再多的财富，也比不上吃一餐饱饭、喝一杯美酒舒坦啊！

★ 崮乡风情

小山村变成"金燕窝"

燕窝村位于蒙阴县岱崮镇驻地西北 2 公里处，背靠卧龙崮，前临浴龙湾，总面积 3887 亩，耕地面积 1322 亩，有 330 户 1034 口人。最近这些年，燕窝村利用优美的自然风光和深厚的文化底蕴，发展以"农家乐"为代表的乡村旅游，带动了村集体经济的发展和农民群众增收致富，成为省级旅游特色村。

燕窝村位于岱崮地貌的核心区，拥有独特的自然景观和优美的自然风光。为更好地推进旅游开发，燕窝村围绕"一崮"（卧龙崮）、"一泉"（龙泉）、"一河"（卧龙河）、"一园"（百花园），编制了燕窝村旅游开发总体规划，创新卧龙崮景区开发思路，在卧龙崮开发了神龟望岱、龙虎风云、如意朝霞、桃源人家、钟馗在此等八大景观。每年春季桃花盛开之时，站在卧龙崮顶俯瞰，粉红的桃花簇拥着形态各异的南北岱崮、龙须崮、玉泉崮、石人崮、獐子崮等崮群，崮乡美景尽收眼底，成为岱崮地貌最佳观景点之一。形成了集"崮""果""农"相结合，观光、休闲、采摘、农家体验于一体的崮乡特色"农家乐"休闲游。

燕窝村是沂蒙传统村落，有着深厚的文化底蕴。据考证，燕窝村始建于宋朝仁宗年间，因传说卧龙崮上曾有金燕窝而得名。一千多年来，人们在崮顶及崮下繁衍生息，至今崮顶仍留有古人留下的天文观象台、崮顶山寨等遗址。为充分保

护历史文物资源，燕窝村对崮顶山寨进行保护性修复，就地取材，以当地竹、木材料在崮顶修建了观景亭廊等建筑，并打算重新修建崮下玉皇庙和侍郎宅，以更好地展现悠久的历史文化特色。

结合岱崮地貌整体旅游开发，燕窝村以打造"中国崮乡农家乐"品牌为目标，按照星级"农家乐"标准，规划实施了云龙山庄和 20 户"农家乐"旅游示范户建设，风格突出崮乡农家风情，以乡土建筑为特色，院子用当地小石子铺设，屋内为木质墙裙，采用农家桌椅和土炕，床上用品均用手工缝制。为进一步打造亮点，彰显特色，燕窝村办起了农家乐合作社，形成规模化、产业化发展模式，真正实现让游客"住农家屋、吃农家饭、干农家活、享农家乐"。

旅游一动百业兴，燕窝村依靠发展乡村旅游带动了村民增收、乡村美丽、乡风文明，按下了乡村振兴的快捷键。燕窝村这个曾经穷乡僻壤里的小山村，如今变成了村强民富的"金燕窝"。

参考资料

①临沂市民政局：《美丽村落燕窝》，中国地名网 2023 年 2 月 28 日。

②《地理·中国》：《卧龙崮上的奇怪建筑与古代战争有关》，央视网 2021 年 7 月 3 日。

板崮

　　板崮，位于蒙阴县岱崮镇驻地西 6.5 公里处。海拔 655 米，顶分两层，下层为中寒武纪巨厚石灰岩层，高 23~25 米，西北均宽 60 米，东西长 2000 米；上层为中寒武纪中厚岩层，高 4~5 米，南北均宽 40 米，东西长近 500 米，崮顶面积约 2 万平方米。远看，该崮像两层厚厚的石板摞在一起，故名板崮。崮顶有古山寨遗址、岗堡、房屋残址，据考为金元时期文化遗存，明末重修的玉皇庙碑仍残存。

崮顶修庙人

　　站在板崮东侧山下，便能看见板崮的完整模样。正如它的名字所说，崮顶似两层厚厚的石板摞在一起，除了裸露的崖壁，崮顶和下面都一片翠绿。远观崮顶，感觉更像一条趴在山上的巨大毛毛虫，头尾微翘，中间的身段低洼平缓。

　　在民间，一层的房子称屋，两层以上的房子便称楼了。因为板崮是两层岩石叠起来的顶部，为此，当地百姓又称板崮为"楼山"。

　　回望板崮的对面，是小崮和大崮，不过这个角度只能看到大崮三顶之一的北顶子。有一段山脊把板崮和油篓崮连在了一起。

　　初次来此，因没有向导，从何处登崮只能凭个人判断。此处有一块沂蒙山地质公园设立的标牌，是板崮介绍。目测了一下崮顶，感觉从这里登崮应该距离更近一些，于是沿一条弯曲布满碎石的小道奔崮顶方向而去。这道并非人工修筑，应该是果农和放羊人踩出来的，因此时隐时现。刚行至一半，便被一沟壑挡住去路。折返途中遇一背着肥料上山的老农。"来逛山的？"当地人称上山为"逛山"。"逛"透着悠闲，他们认为，外地人来此就是游玩的。他告诉著者，上板崮不走这个地方，走这个山包的西面，从崮的北面上会更好走一些。

　　转到山包的西边，从板崮北侧的小路蜿蜒而上。要先到达连接板崮与油篓崮的山脊，这段走得艰难，几乎没有路。山体斜坡达六七十度，雨后的坡地变得松软，踩下去没有抓地的踏实感。艰难攀登，终达山脊，便看到了通往崮顶的那条小路。

　　这条路紧贴着崮顶崖壁的根部，站在这个地方再看山的对面，大崮便将它的全貌呈现在著者眼前。

　　临近崮顶，便有了人工修筑的台阶，一段是岩石铺设，另一段是直接在山体上凿出。

从此山门来到崮顶，视野豁然开朗。山下的村庄是彩色的，山腰的梯田是绿色的。平坦的崮顶，面积足有四五十亩。在登顶口不远，一座新修的庙宇出现在眼前。这是一座坐北朝南的建筑，刚刚完成主体建设，地下堆满了建筑用的沙石，都是从山下一点点运上来的。

有4位老人在这里干活。这座庙是他们动手盖起来的，从正月过完年就来到了山上，一直干到现在。4位老人都是山脚下板崮前村的村民，其中3位都已70多岁，只有王克安年纪最小，但也已65岁。

据老人们介绍，崮顶上的庙叫玉皇庙，是明朝万历年间修建的，后来因年久失修就毁了。直到1992年，村民们捐款又重修了这座庙。这回再次重修是因为时间长了，庙有些破损，再加上以前的庙就是三间屋，很小，村民才决定捐钱把庙修得更好一些。这次重修玉皇庙，崮下的板前村、笊篱坪等四个村子的村民一共捐了不到20万块钱，板前村村民捐得最多，有10多万元。平时这座庙的香火还是蛮旺，常有附近村民到此祈福。每年正月初三，这里举办庙会，是自古以来的传统。

庙前两块不同时期的石碑，证实了老人的说法。一块石灰岩材质的老石碑已破损不堪，只剩上半截，顶部的碑文已残缺得难以辨认，只有顶端的"创修玉皇庙记"六个字还能认清，至于哪个年代所立，已无法考究。另一块碑是水泥材质，上面刻有"此庙始于万历，年久失修，已成废墟，重建"字样，重建的年代为1992年，是崮下面6个村子的村民自发捐建时所立。

这次重修，老庙原有的神像和供桌等被老人们请到了一侧，用塑料布盖了起来。神像被红布包裹，等新庙建好后再将其请回庙中供奉。

庙的西侧，有一个4米见方的石坑，深约2米，老人们说这应该是过去生

正在重建中的玉皇庙

活在这里的人避难所用；不远处还有一个在山体上凿出的石臼，里面存满了雨水，是先人舂米的工具。

在庙的东侧，布满了一堆堆的石块和一截截的残垣断壁，这里便是先民生活的山寨。旧社会土匪横行，板崮下面的十几个村庄的居民为了躲避土匪和战乱，大都搬到板崮顶上居住。这上面最多的时候住了400多口人，上面建的房子有100多间。崮顶上面石碾磨盘、石臼、屋壁等都是那个时期的岁月留痕。

听老人们讲，当年为了对抗土匪袭扰，崮上的百姓还建立了自己的武装自卫队，那时候有钱的出钱，买枪支弹药；没钱的出人，加入自卫队守卫板崮。板崮上最多时自卫队有50多个人，30多条枪，甚至还有好多高价买来的手榴弹等武器弹药，由于人员和武器的配备比较充分，防御性强，就连横行多个省份的土匪刘黑七匪部都从来没有攻上来过，每次攻打板崮都损兵折将。

崮顶悬崖边残存的围墙

在崮顶的一个角落，发现了几块锈蚀严重的铁器残片，两片似是剑的前端，一片似铲，还有一片像是铁锅的碎片，锈蚀程度足见其年代久远。它们见证着一段历史，但著者却听不懂它们的诉说。

修庙的老人们说，再有一个月，这座庙就完工了，尽管这段日子很苦很累，但他们替崮下的民众完成了一个心愿，心里高兴。

山寨遗留的铁器碎片

刘秀才赶考

崮顶上的玉皇庙是哪一年建的,是谁建的,当地人都说不清楚。但在板崮山下的村庄,流传着一个关于秀才赶考的传说,这个故事说的就是玉皇庙的由来。

相传北宋年间,山东无棣有一个姓刘的秀才。有一年,他准备去东京也就是今天的河南开封赶考,一路走来,很是辛苦。

当走到板崮山下的时候,天色已晚。于是他就找了一家旅店住了下来。第二天天亮起床后,却发现随身携带的30两白银的盘缠全都不见了。顿时,刘秀才急得哭了起来。

没有了盘缠,刘秀才既不能前往东京赶考,也无法回乡。因为没有银子付住店的钱,刘秀才被赶出了旅店。

无奈之下,满腹经纶的秀才沦为一名乞丐,挨家挨户讨饭吃,吃乞来之食,睡野外之地,真可谓度日如年。不过几日,原本眉清目秀的书生,沦落成灰头土脸的要饭人。

这样讨饭的日子过了整整一年。有一天,刘秀才又出去要饭,看见村头的墙上贴了一张告示。原来是皇上册封太后,要在当年增加恩科。一般而言,京师会考是三年一次,如果遇到皇上登基或者太后册封,便开恩科,以显皇恩浩荡。

站在告示面前,刘秀才心里五味杂陈,悲从心起:自己在赶考路上遇难,如今沦落成乞丐,还有什么脸面活着?这样想着,刘秀才一路爬上了板崮的顶端,想一死了之。

刘秀才刚要纵身跳下悬崖,忽然听到身后的一块大石头啪啪作响,那块石头竟然从中间裂开了一条缝,哗啦哗啦的银子从这裂缝当中流淌出来。

刘秀才一阵惊喜:难道是苍天在帮助我?想到自己的行为,刘秀才自愧不已,

扑通一声跪在地上，一连磕了三个响头，脱下破褂子包好了那些银元宝。

下山之前，他由于担心裂缝被别人发现，便扯了一把万年蒿把裂缝塞住了。

刘秀才下山的第一件事儿，就是把欠旅店的钱还上。旅店老板感到特别诧异，便问刘秀才从哪里弄到了这么多钱。刘秀才也实在，就把发生的事情一五一十地都告诉了旅店老板。

结完账后，刘秀才就火速赶往东京，参加恩科会考。旅店老板呢，则径直登上了板崮，去寻找那条缝隙。可谁知道，漫山遍野都是万年蒿，却再也找不到那条往外淌银子的缝隙。

会考中，刘秀才镇定自若，文思泉涌，一气呵成。完成第一场会考，刘秀才顺利进入殿试。皇上命题后，考生们都聚精会神挥笔做题。整整一天后，殿试结束，刘秀才便回到旅店等待结果。

三天后，皇榜贴在了国子学门口，刘秀才一眼就看到自己的名字清清楚楚写在了皇榜上。由于他文章写得好，又长得一表人才，被皇上选中，做了吏部主事。他为人朴实，从政清廉，办事公正，三年之后就被提拔为吏部侍郎。

虽然刘秀才有权有势，但是他并没有忘记苍天对他的恩惠。时隔一段时间，他又重新登上了板崮，面朝苍天，连连磕头，捐出了几百两白银，交给地保，要他在山顶修建庙宇，以谢天恩。

从此，板崮山顶便有了一座玉皇庙。每年正月初三为庙会，善男信女会云集山顶，焚香叩拜；一年四季，祈雨、祈福、祈子者络绎不绝，十分灵验。这庙的香火一直延续至今。

传说自然就是传说，不必考究真假，只当是百姓们闲暇的谈资罢了。

笊篱坪村的军工记忆

蒙阴县岱崮镇笊篱坪村，因地形极像笊篱而得名。村庄处在山坳里，掩映在林海间，又被大崮、板崮、瓮崮、獐子崮、油篓崮、龙须崮等团团围住。在过去是"四塞之崮，舟车不通"。也正因为这特殊的地理位置，20 世纪 60 年代，三线军工企业——山东民丰机械厂在这里安了家，笊篱坪村才有了一段令无数人魂牵梦萦的军工记忆。

20 世纪 60 年代，面对紧张的战备形势，国家按照"靠山、分散、隐蔽"的军工建设方针，在沂蒙老区先后建设了 17 家三线军工企业，其中民丰机械厂就落地蒙阴县岱崮镇笊篱坪村。

山东民丰机械厂，当地人更喜欢叫它"9381 厂"或"兵工厂"。当时，数千名干部、工人、技术人员，怀着一腔热血，满腹豪情，打起背包，跋山涉水，呼啦啦来到笊篱坪村发展军工事业，拉开了三线军工建设的序幕。

兵工厂来村里建设，笊篱坪举村无私支持。村子土地贫瘠，仅有 1000 多亩耕地。为了配合建厂，村里无偿提供耕地 400 多亩，同时提供荒山 1000 多亩。在那个连温饱都不能保障的特殊年代，村民就这样无怨无悔地将自己赖以生存的土地献给了军工事业。

笊篱坪村党支部书记杜连才介绍民丰厂历史
（2023 年 4 月 19 日拍摄于笊篱坪村村史馆）

兵工厂的建设需要修建运输通道，村民拆除了自己家里的房屋；施工队伍没有住处，村民主动腾出自己的住房。建设过程中需要大量水源，村民让出了村里仅有的一口吃水井，他们却要每天来回十几公里翻山挑水自用。朴实的笊篱坪人用自己的实际行动，再一次展现了沂蒙革命老区"党群同心，水乳交融"的沂蒙精神。

从 1965 年兵工厂在村落地，到 2001 年搬迁离开，笊篱坪村用数十年无私奉献的风雨历程，承载了沂蒙小三线军工建设的辉煌历史和沧桑巨变。

军工企业搬迁后，留下了大量的厂房、山洞、设施等，更留下了不可多得的军工文化、三线文化。为把资源优势转化为发展优势，笊篱坪村抢抓东蒙集团与岱崮镇政府签订旅游开发协议的机遇，探讨发展路子，凝聚起融入和服务崮乡全域旅游发展大局的共识。他们聘请专家编制了《笊篱坪村旅游开发建设规划》，以"重温军工记忆、传承三线精神"为主线，坚持生态优先、产业支撑、彰显特色、分区发展的空间布局原则，先后建设茂田园艺农业观光区、桃源春色景观区、乡村风情休闲区三大片区，走出了一条从单一农业生产到建旅游村、吃旅游饭的增收致富路。

参考资料

张淏然、张昌军:《岱崮传说》，黄河数字出版社 2020 年版，第 42-45 页。

龙须崮 **幽深的谷 奇峻的峰**

龙须崮

　　龙须崮，位于蒙阴县岱崮镇驻地西北 7.2 公里处。海拔 709.1 米，西南、东北纵列，有三座峰紧连，中间一峰似龙头，另二峰一个向南，一个向北延伸，极似巨龙吐须，故得名龙须崮。崮顶为中寒武纪石灰岩，高 23~25 米，宽 15~60 米，全长 600 米，周长 2000 米，崮顶面积 150 万平方米，为古寨遗址，亦为著名的龙须崮暴动旧址。上有房屋残址 30 多间，寨门及岗堡残址仍存，防空和战斗掩体遍布。

崮乡崮事

听风诉说

　　仰望龙须崮，有一种别样的心情。不是在看崮上长龙的龙口在哪，龙须在哪，是在仰望 90 年前在崮上点燃蒙阴革命火种的英烈，是在缅怀革命先驱舍生取义的壮举。那高耸的岩石，不正是先烈们伟岸的身躯？虽是初次拜谒此崮，但龙须崮暴动的革命故事早已深入内心。

　　雨过初晴，天格外蓝，虽是立夏，但山风正疾，让本该热辣的天气变得凉爽。龙须崮狭长，悬崖峭壁两相蜿蜒，如长龙巨口两边伸出的两条龙须，攀爬并非易事。山体全部被荆棵、山枣、刺槐等杂树所覆盖。高的是槐树，矮的多为荆棵，繁茂苍翠。

　　登至龙尾之处，从两块巨大的岩石缝隙攀上去，来到了崮顶的下方。贴着陡峭的崖壁，踩着一堆堆的石块，往北行便来到崮顶沟壑之处。峭壁下的这一堆堆石块都是以前的石屋建筑坍塌后留下的，这些石头建筑不像人们居住之所，更像防御工事之类的设施。

　　这巨大的坳口，就是人们所说的龙须崮的"龙口"，南侧悬崖陡峭，无法攀登，只有北侧的寨门才是唯一登上崮顶的通道。通往崮顶的台阶用石块铺设而成，宽

此处寨门是出入崮顶的唯一通道

不足 1 米，因为没有黏合，踩在上面略有晃动。左侧是万丈深谷，右侧是陡峭光滑的崖壁。唯一能给攀登者以安全感的，是崖壁上凿出来的不太深的孔洞，往上攀登时可用右手扣住石洞。这小小的石洞让登者没有了掉下去的恐惧。

寨门临崖一侧，凿有一直径约 20 厘米的石窝。著者猜想这应该是安木桩所用，过去此处安有寨门，圆洞所安放的木桩便是固定寨门的门框。

站在崮顶，一片开阔，放眼四周，群崮近在咫尺。

崮顶被杂草树木所覆盖，行走起来比较困难，一不小心，齐腰高的酸枣树便会"拉"着你的衣服，让你前行不得。

崮顶上的风更劲，吹得树木呜呜作响，像是在向人诉说。诉说什么？说先民生活在这里的情景？说英烈在此举行暴动壮举？不管说什么，著者都在听，似乎也听懂了。

龙须崮顶虽是长龙形，但因长年风化被沟壑隔成了几段，有大崮小崮之分。从寨门登上的这个是大崮，面积大，植被密。山寨旧址等古遗迹都集中在大崮上面。大崮与小崮之间有两座巨石耸立，伟岸挺拔，巍峨险峻。当地人称这两块站立的巨石为"石老人"。远远望过去，东北侧巨石躬身而立，为石老汉；西南侧巨石佝偻相倚，头靠在石老汉肩膀上，这应该是石老太了。在石老汉底部，有一透明的石孔，山里人称之为"孝子门"。传说只要是孝子，就能从这个孔钻过去；反过来，如果钻不过去，肯定是不孝之徒了。大自然的雕琢只要形似，就能给人们留下无穷的想象空间，留下美好的传说故事。

也许是因为难以攀爬的缘故，不像卧龙崮、神佛崮

龙须崮周边的山崮

等常有人光顾，龙须崮顶少有人至，顶上的野草疯长，没有踩踏之痕。北行不远处，树丛杂草便出现了大片残垣断壁，这里便是山寨遗址。据考，此处大大小小的石头屋子约有 30 间。穿梭于房屋废墟之间，渐渐有了烟火之气。在一开阔之地的岩石上，有一个直径约 60 厘米的石臼，因刚刚下过一场雨，里面满是积水，石臼内壁光滑，边缘因时间久远有些破损。看到石臼，眼前仿佛出现了山寨居民在此舂粮箩面的场景，石屋里飘起袅袅炊烟……

乱石堆上，一条小蛇正曲盘着身子晒太阳，身体在阳光的照射下油光发亮。猛然瞧见它，不免心头一惊，毕竟是多年没有见到蛇了。其实著者的到来也打扰了它，蛇慢悠悠地摆动着身子，钻进石缝里溜走了。

看到这条小蛇，想起崮下村庄民间的一些传说。据说在龙须崮最南端的二崮岩石下，曾有类似蟒蛇的动物出现。村民在山上放羊时，时常发现齐腰深的草会呈圆筒状向两侧倾倒，圆筒直径可达半米，人们由此分析极可能是巨蟒爬行的痕迹。另据村民讲，二崮崮顶岩石上，还住着一只雕，常会飞落在村庄内一棵百年柿树上，双翅展开，硕大无比，当地人称它为"黑峰雕"。传闻未必真实，却给龙须崮增添了神秘色彩。

山寨房屋遗存

走过这片山寨遗址，前行就是一片平坦开阔之地，虽然开阔，但这里却干干净净，没有任何建筑痕迹，只是靠近两边悬崖的地方都垒有围墙，此地已处于崮

顶的北边，这些墙应该是防御工事。从建在悬崖边上的寨门入口可以想象得出，这里的山寨防御十分严密。也正是看中了这里山峦起伏，沟壑纵横，悬崖峭壁，易守难攻，崮顶又有寨墙、房屋及防御工事等，当年共产党才选择龙须崮作为暴动地点。

龙须崮崮顶的"凤凰头"

站在崮顶北端，对面就是南岱崮。北侧的"龙须"长满了绿色植被，远看就像一只头向北展翅的凤凰。这大概便是当地人所说的"龙须崮上有凤凰"的由来吧。

★★★ 崮事传说

山冈上有道龙攻沟

在龙须崮的东南方向，有个村庄叫"破庄子"，破庄子的西边有座山冈，山

冈上有一道弯曲幽深的沟道，直接冲到破庄子，这道沟叫龙攻沟。

破庄子和龙攻沟这两个名字都源于同一个传说。

在破庄子北边大约 1 里地，有一道山涧，叫作十字涧。山涧常年往下流水，形成了一个深不见底的大水潭。传说这个水潭底下有个很大的窟窿，窟窿下面有一座水晶洞，这里是小青龙的行宫。小青龙虽然喜欢这个地方，却不经常在行宫里住，多数时间都是待在东海龙宫里面。

在这个水潭里，还住着一个螃蟹精，于是，小青龙就让这个螃蟹精给他当了管家，青龙不在宫里的时候，螃蟹精就给小青龙打理着行宫。

在水潭的西南方向，有个村子叫新庄子，村里住着一个穷汉叫王五，他靠常年给村里的财主打长工讨生活。水潭里的螃蟹精闲来无事，常变成人的模样在外溜达，一来二去和王五成了无话不说的好朋友。

有一天，螃蟹精又找王五拉呱儿，却只见王五愁眉苦脸，唉声叹气。螃蟹精问王五"有何事发愁?"王五说："我明天就要娶媳妇了，可家里穷得叮当响，没啥像样的家什，只有两个破碗，招待媳妇娘家的客人不让人家笑话吗?"

听了王五一番话，螃蟹精说："你不用犯愁，我来帮你。"

螃蟹精话音刚落，只见水潭中央突然冒出一股水来，一只晶莹剔透的玉托盘，里面装着一些家什漂出水面。王五上前一看，原来玉托盘里面装着的是一整套的金筷子、金杯子、金饭碗等器皿，金光闪闪。

原来，这螃蟹精觉得王五人实诚，心眼好，特意在帮他。螃蟹精告诉王五，这些金餐具先拿去用，办完喜事再还回去便是。

很快，水潭里冒出金筷子金碗的事就在四邻八乡传开了，这一带只要村里穷人家办喜事，就来到水潭前烧上三炷香，祈祷心愿，准能借出一套金餐具出来。

听说水潭里能借出来金餐具，庄上的一位财主动了心。有一天他准备宴请宾客，也来到水潭前，又是烧香又是祷告，借出一套金餐具来。在酒席桌上一显摆，财主要足了面子。

宴罢，财主守着金筷子金碗，是越看越喜欢，爱不释手，怎么也舍不得再还回去。于是就动了歪心眼，做了一套镀了层金水的假金餐具还了回去，那套真金

的餐具便据为己有了。

小青龙到行宫后，看到原来的金餐具变成了赝品，于是十分生气。就问螃蟹精是怎么回事？家是怎么看的？螃蟹精也只好把事情的来龙去脉告知小青龙。小青龙很是愤怒，但并没有责怪螃蟹精。只是让他通知村里的那些穷朋友赶紧搬家。

第二天，小青龙驾着云头喊来了天上的雷公、电母、风婆婆，开始在新庄子一带行云布雨。他又带领着虾兵蟹将从山冈上向财主家的庄园冲去，他要将贪心财主的家给毁了。于是，以前的新庄子就变成了破庄子。

小青龙心怀怒火，在摧毁财主庄园时，用力过猛，将村西那座山冈拱出了一条深沟，这条沟幽深狭长，就像龙拱出来的一样，于是老百姓就把这条沟叫作龙攻沟。

毁了财主的庄园，小青龙觉得像财主这等人心眼不正，不屑与其与邻，于是也就不在水潭里居住，带着螃蟹精回了东海龙宫。他把这个水潭的行宫交给了水母娘娘来打理。后来人们便在此处建了座水母娘娘庙，从此也是香火不断。

龙须崮下山峦起伏

打响蒙阴革命第一枪

"1933 年 9 月，在中国共产党山东省委、新泰县委领导下，共产党员娄家驷等带领农民向国民党反动派打响了第一枪，将暴动的红旗插上龙须崮。这就是有名的龙须崮暴动，龙须崮因此而闻名遐迩。"

从《蒙阴文史资料》第一辑，王献廷、单洪、娄承怡撰写的《龙须崮暴动追忆》中，能了解到这次暴动的大致经过。

这次由中共新泰县委领导的农民暴动开始于 1933 年春天。3 月，中共山东省临时省委书记张恩堂到新泰视察时，传达了省委关于举行武装暴动的指示。新泰县委遵照省委指示，在新泰县城召开县委扩大会议，专门讨论暴动事宜。会议决定：由县委委员王德一、单洪选择暴动地点；全体党员每人发动 10 名农民参加暴动，并尽量掌握武器；由县委委员王建青物色暴动的军事指挥人员；暴动时间县委决定后另行通知。

会后，新泰县委经过几个月的努力，动员了 1000 余人组成暴动队伍，筹备了 300 多支枪。县委决定将新泰与蒙阴交界、山势险峻、易守难攻的龙须崮作为暴动地点；由曾在西北军担任过代理团长的蒙阴县井旺村共产党员娄家驷为暴动的军事指挥。

娄家驷生于 1898 年，1917 年考入济南军事战教所，1926 年参加西北军。1928 年 1 月加入中国共产党。同年 5 月，参加陕西"渭华起义"。1929 年 3 月，回到家乡开展革命活动。

尽管暴动前的准备工作做得十分秘密，但因人多面广，消息很快泄露出去。组织者之一崔全法的举动，被其叔父崔永范发现，便鼓动全家竭力劝阻。但崔全法毫不动摇，他从家中跑出来，找到李因彬、娄家驷等人，说明情况，接着召开

了紧急会议，决定提前暴动。会后，他们迅速赶制了红旗，写好标语，确定了行动路线，从参加暴动的人员中，选拔组成一支精悍的队伍，娄家骊任总指挥，崔平章负责警卫工作，同时，派人去县委汇报。

1933年9月5日（农历七月十六日）黎明，暴动队伍60多人在娄家骊、李因彬、崔全法等带领下，从井旺庄出发，直奔龙须崮。

他们在崮顶插上鲜艳的红旗，在山崖上贴上红红绿绿的标语，高呼"打倒军阀雪国耻""打土豪、分田地""建立苏维埃"等口号。娄家骊宣布"工农革命军山东支队"成立，队员的欢呼声震动了山冈。随后，暴动队伍先后袭击了张庄（现属沂源县）和坡里的地主武装，收缴了部分枪支，没收了附近地主的粮食分给农民。当地群众奔走相告，声势浩大。

国民党蒙阴县县长张尊孟闻讯后，立即召开县政府会议，决定由王子连、房旭东召集民团，派县大队副大队长黄咏周（中共地下党员）带兵前去"围剿"。

黄咏周赶到龙须崮后，几次与暴动领导人秘密接谈。黄咏周提出两点意见：一是暴动时机不成熟，建议暴动队伍改变计划，迅速撤退，分散隐蔽，等待时机；二是为保存力量，暂时接受改编，俟机再起。会谈结束后，黄咏周带队返回蒙阴城，对张尊孟谎称房旭东、王子连的民团系乌合之众，不堪一击，对暴动队伍以收编为宜。张尊孟不同意，依然坚持武力"围剿"，并令黄咏周再带兵前去"围剿"，黄借故坚持不去。张尊孟恼羞成怒，一面向上司请求援兵，同时状告黄咏周；一面亲自率领县大队，调动张庄、坡里两镇的民团武装及房旭东、王子连部共300余人"围剿"暴动队伍。

张尊孟出发后，黄咏周马上写信告知暴动队伍领导人，建议他们迅速撤离。

暴动队伍得知消息后，当即决定：李因彬、崔全法等人分散活动；娄家骊、崔平章率领30余人，撤到龙须崮北面的鲁山，开展游击斗争；其余人员解散隐蔽。

张尊孟得知暴动队伍向北转移，率队疾追。

9月中旬，暴动队伍在鲁山与尾追而至的敌人进行了战斗。娄家骊率部依据天险，英勇抗击，多次击退敌人的进攻。战斗持续了两天，由于弹尽粮绝，遂于9月17日突围。

突围时队伍被打散,敌人加紧"清乡",到处搜捕共产党员和参加暴动的群众。李因彬、崔全法等被迫出走;娄家骊、崔平章返回途中,路经张庄时被捕。在狱中,面对敌人的酷刑,他们坚贞不屈,最后,被敌杀害于蒙阴城东河滩。

这次暴动没有充分估计到敌我力量的悬殊,缺乏与敌军事斗争的经验,是在多方条件不成熟的背景下发动的。暴动虽然失败了,但在一定程度上打击了国民党地方反动政府的统治,扩大了共产党在沂蒙山区群众中的影响。

1999年10月,中共蒙阴县委、县政府将暴动遗址公布为县级重点革命文物保护单位,并立遗址碑一座。

参考资料

①王献廷、单洪、娄承怡:《龙须崮暴动追忆》,原载中共蒙阴县委文史资料研究委员会编《蒙阴文史资料第1辑》。

②徐东升、孙海英:《沂蒙红色文化符号》,九州出版社2021年版,第214页。

安平崮

安平崮

崮乡崮事

安平崮，位于蒙阴县岱崮镇崮西洼村南。海拔560.6米，面积50万平方米。崮顶东西长而南北窄，四面峭壁，险峻异常，为中寒武纪石灰岩，高25~30米，周长达1.5万米。因其易守难攻，战乱期间，乡人登崮据守，求得平安，故名安平崮。崮顶有古寨遗址、岗堡残址，房屋残址100余间，石臼、碾台、磨台均有遗存。

崮上青松　崮下英魂

　　沂蒙绝大多数崮的名字，都是以其形状而命名，也有以与之相关的历史人物而命名。安平崮是个例外，其名字的由来，既不是以其形，也不以其相关之人，而是以老百姓最朴实的愿景：过平平安安的日子。兵荒马乱的年代，兵痞土匪横行乡里，崮下的百姓东躲西藏过光景，即便是躲到险峻的崮上，日子也不得安生。他们多么盼望有朝一日能过上太平的日子？

　　在当地人的指点下，著者选择从安平崮东北侧一条蜿蜒陡峭的小路登崮。从此处观平安崮，更能领略其雄伟俊秀，巍峨壮美。然而，越往上，越登得艰辛，无路不说，荆棘密布不讲，单是其陡峭程度，回望一眼足以令人"两股战战"。挥汗如雨地爬至崮顶的峭壁之下，才发现，从此处登上崮顶堪比登天还难。一周的崖壁足有数十米高，靠近西侧生长着一棵苍老的柿子树，高大的柿树也只长到这崖壁的半腰。望崖兴叹不如独辟蹊径，既然顶上有百姓躲避战乱的山寨遗址，这崖壁的四周肯定有可供登顶之处。

　　当围着绝壁寻找登顶之处的时候，才更深地理解什么是"易守难攻"。费尽九牛二虎之力如愿登顶的时候，才会陡然生起"一览众山小"的畅快。

　　与周围的崮相比，安平崮的海拔高度和险峻程度，是数一数二的。北面的瓮

崮顶绝壁

崮、油篓崮、板崮，东北方的水泉崮、蝎子崮，东南方的莲花崮，尽收眼底。

在安平崮北侧的半山腰处，生长着一片松树，这树苍劲高大，枝条繁茂，在山体翠绿的植被中显得格外突出。心中不由升起"苍松劲柏英烈魂"的感慨。又联想到安平崮这个名字。百姓想过平安生活，可今天的平安幸福又是多么来之不易，那是无数先烈用生命换来的。在安平崮的脚下，就长眠着为了今天幸福生活浴血奋战的革命烈士，许多英雄的名字至今都不为人所知。

1938 年，日本侵略者大肆进犯蒙阴县野店区。在野店辖区朱家坡村外有个小山岭叫野猫屋，位置居高临下，地势十分险要，野猫屋和瓦屋岭间有条蜿蜒崎岖的小道，是蒙阴通往沂源的交通要道。因此，八路军与国民党第五十一军在此集结，八路军在大小维沟驻军，国民党在梭庄村驻扎。

战斗从清晨打响，八路军有一个连的兵力参加战斗，敌我双方对野猫屋展开反复争夺，在岭顶双方展开白刃战，激战一整天，日军眼见胜利无望匆忙撤退，八路军取得战斗胜利。当地村民收殓烈士遗体并埋葬在村外。1942 年，在野猫屋战斗中牺牲的这些烈士被移葬在安平崮下的棋盘石烈士陵园内。

蒙阴县野店镇桑子峪村的侯士莲老人，曾救助过一名在野猫屋战斗中负伤的新泰籍八路军伤员，并把他藏在了地窖里，对日军说是自己"得伤寒疾病会传染人的小儿子"，成功骗过日军的搜捕，解救了小伤员的生命。

下了安平崮，来到安平崮村，一座无名烈士墓就在村北的安平崮山脚下，村民闫兴家默默守墓 70 余年，去世后他的六儿子闫士海接着为无名烈士守墓。

离这座无名烈士墓不远，便是棋盘石革命烈士陵园。这里安葬着 119 名烈士，大都是在 1938 年野猫屋战斗中牺牲的英烈，也有 1943 年南北岱崮保卫战以及莱芜战役牺牲的部分烈

安平崮下的烈士墓群已被列为文物保护单位

士。他们牺牲时，年轻的只有十七八岁，最大的也不过 30 岁。这些烈士墓碑上，有 1/5 没有姓名，是无名烈士。

站在无名烈士墓前仰望安平崮，心生感慨：崮下老百姓谋求平安生活的愿景实现了，眼前的一切，正是这些烈士们的鲜血换来的。

智勇双全女英雄

在安平崮一带，一直流传着包培菊和匪首斗智斗勇、与游击队里应外合、全歼安平崮上土匪的故事。包培菊是蒙阴县崮文化研究会副会长刘发厚本家的奶奶，刘会长曾比较翔实地记述过当年包培菊"智取安平崮"的经过。

1941 年，抗日战争期间，日伪军对沂蒙山区进行疯狂的铁壁合围式大"扫荡"，地方反动势力趁机兴风作浪，为非歹。岱崮的土匪头子阎新斋，纠集一伙土顽势力占领了安平崮，他们据险自守，四处搜捕抗日军民，给中国共产党的抗日斗争造成巨大威胁。

中共蒙阴县委召开会议，决定铲除安平崮上的这股反动势力。然而，安平崮异常险峻、易守难攻，强攻很难如愿，智取才是上策。这时，县委书记王耕之想起了包培菊，认为她能完成智取的任务。

包培菊是岱崮坡里人，和阎新斋是表兄妹。包培菊思想进步，痛恨日本侵略者，有着强烈的爱国热情。她从 1939 年就积极参加中国共产党组织的抗日活动，表现十分勇敢。包培菊那时年轻貌美，阎新斋的父亲曾多次托人到包培菊家里给他儿子提亲，因包培菊已经秘密参加中国共产党的抗日工作，所以誓死不从。包培菊的父母因惧怕阎家势力，又不敢挑明拒婚，不说行，也不说不行，只好拖着。个人的这些情况，包培菊都及时向党组织进行过汇报。组织上知道包培菊与匪首

阎新斋的这层关系，于是，王书记找到包培菊，让她凭借这个有利条件，打入安平崮，来个里应外合。

阎新斋一直对表妹包培菊念念不忘，想和她结婚。因此，阎家和包家之间的关系也相对密切。但包培菊有强烈的抗日情绪，对于日军深恶痛绝。而阎新斋却卖国求荣，与日军勾结，残害自己的同胞，这让包培菊十分愤恨。这次的任务也是组织上给予她的一次考验和机会。

包培菊欣然接受了组织安排，并表示请党组织放心，坚决完成任务。紧接着，县委领导一起制订了具体行动方案，决定于 3 天后的夜里 12 点至凌晨 1 点，举火为号，攻克阎新斋据点。

第二天一早，包培菊挎个小包袱，往安平崮走来，正巧遇到阎新斋和他的保镖。阎新斋对表妹的突然到来感到诧异，问表妹不是参加八路了吗？怎么跑这里来了？包培菊泰然自若，说参加八路咱不够格，兵荒马乱地来投奔表哥好有个照应。这时，正好阎新斋的父亲也走了过来。包培菊又将刚才的话对姨夫说了一遍，阎父自然很高兴，和儿子一起把包培菊领上了安平崮。

在山上，包培菊假借逛山，对山上各处的情况进行了详细侦察。第三天一早，阎新斋下山去和包培菊的父亲商议定亲之事。包培菊趁机独自进入西南面的碉堡。她已得知把守此处的排长姓包，和她是本家，并对阎新斋不满。包培菊借机做他的思想工作，指出只有跟着八路军抗日才有出路。早就想抗日的包排长答应和她合作。包培菊便把行动计划告诉了他，并叮嘱千万不要泄露机密。包排长接受了任务，联络了十几个心腹知己，暗暗做好准备，等待半夜行动。

早在阎新斋来包培菊家之前，蒙阴县委的王书记就已经做了安排，包培菊的父亲假装答应亲事。阎新斋回山后非常高兴，便在安平崮里大摆喜宴，招来大小喽啰，一个个喝得酩酊大醉，酒足饭饱之后开始打牌赌博、划拳猜令、吆五喝六。

此时，包排长借着小便之机，走出了指挥所，命令心腹控制好崮顶西南角要点，然后，拿出准备好的绳子，拴上石头和火把，迅速从悬崖上放到崮下。早已在崮下埋伏好的八路军战士看到信号后，一个个抓住绳索迅速爬上崮顶，由包排

长和几个心腹带路，分头扑向指挥所和各个要点。

指挥所里，阎新斋喝得面红耳赤。八路军指挥员张士彬等人突然进入，用枪顶住了一顽军的脑袋。阎新斋猛然转身想摸床上的枪，包培菊眼疾手快，迅速将枪抓在手中，喝令阎新斋"举起手来"。阎新斋见大势已去，耷拉下脑袋，束手就擒。众顽军也都一个个乖乖地举起手。数小时的战斗胜利结束。

由于包培菊做内应配合周密，八路军无一伤亡。共缴获顽军步枪 40 余支，弹药一批，俘虏 60 多人。

包培菊用她的勇气和智慧圆满完成了这次任务，为抗日救亡事业作出了巨大贡献。

安平崮下守英烈

位于棋盘石村的棋盘石烈士陵园，安葬着 119 名在野猫屋战斗和南北岱崮保卫战、莱芜战役牺牲的革命烈士。

棋盘石村村民公方进是这个陵园的义务守墓人。这一守就是 50 余年。

20 世纪 70 年代初，公方进看到烈士陵园内杂草丛生，安置的墓碑也东倒西歪，加上风吹雨淋，有许多不成样子，心里很不是滋味。

于是，他就自己花钱买来水泥重新对墓碑进行修缮和加固，将散落的墓碑拼接起来，让烈士墓恢复原貌。光这项工作，前后就用了将近两年的时间。

每当看到这些烈士墓，公方进心有感慨。这些烈士为了新中国献出了年轻的生命，他们是可亲可敬的。于是，他找到村委，主动揽下了守护烈士墓的责任。烈士们为祖国牺牲了自己的生命，他要用一生的精力看护他们。

他想方设法多方协调，最后驻地学校发动学生在陵园内栽上了柏树。现在苍

松翠柏，四季常青，墓碑巍然耸立，整个陵园肃穆庄严、干净整洁。

50 多年来，公方进隔三岔五就要来到烈士陵园走走看看，给烈士擦擦墓碑，清理一下陵园的树枝和杂草。尤其每年的正月十五、清明节，公方进老人都要来到这里，在烈士墓碑前放盏灯、添添土……日复一日，年复一年，风雨无阻。

公方进不仅看护烈士陵园，还担当起义务讲解员。凡是前来陵园瞻仰革命先烈的人员，都能听到他的讲解。

2018 年，已 85 岁高龄的公方进老人因突发脑梗，记忆开始慢慢减退，行动也不方便，无法再继续承担看护任务。他的儿子公茂文从父亲手里接过了守护墓园的接力棒。

安平崮

在安平崮村后的山脚下，长眠着一位无名烈士。安平崮村村民闫兴家，义务守墓 70 余年。

据闫兴家老人在世时回忆：抗日战争期间，附近的大崮、岱崮上都驻扎着八路军的队伍，日军的飞机天天来轰炸，还不时来扫荡。有一年大年初一，饺子刚刚下锅，还没来得及吃，日军就来"扫荡"了，全村人就都逃到了安平崮上。

就在那天，发生了一场战斗，等战斗结束，大家回到村里时，他发现一名受伤的八路军战士。这名战士伤得很重，一条腿无法动弹。闫兴家和村里年长的人一起将这位受伤战士藏了起来，并想法给他弄吃的。但是，由于这名战士伤势过重，当时村里又没条件医治，第三天，受伤的战士就牺牲了。

　　自始至终，全村人都不知道这位战士的名字，是哪里人，这成了闫兴家的一大遗憾。随后，闫兴家就和村里年长的父辈们，把这位无名烈士安葬在离他家不远的地里。以后，每年的过年、清明节，闫兴家都会到无名烈士墓上看看，烧一炷香，添一添土，寄托哀思，到现在已坚持了 70 多年。

　　2018 年，92 岁的闫兴家去世。他的儿子闫士海继续像父亲一样义务守护着这座无名烈士墓。

参考资料

蒙阴县妇联:《包培菊智取安平崮》,沂蒙精神教育培训中心 2020 年 2 月 25 日。

水泉崮

以泉之名
赋山之灵

水泉崮

崮乡崮事

　　水泉崮，位于蒙阴县岱崮镇蒋家庄村南。海拔539.4米，石灰岩地层，高25～30米，崮顶面积1.3万平方米，崮名由尿泉崮演变而来。其状兀然突起，崮顶平坦，四周岩壁陡峭如刀削斧凿，极似南北岱崮。由崮的东南门可登顶，大部分石阶是在山岩上开凿而成的；寨顶有房屋残址50余间，碾、磨，围墙、岗堡均有残存。据考，其崮顶文化积淀最早源于金元时期。

崮上百年松柏　崮下泉水长流

　　水泉崮因泉而得名，此名不虚。山上山下都有泉，现在有的泉仍水涌不断，供当地人生产生活所用。

　　水泉崮位于岱崮镇蒋家庄村南，穿过村庄，往西南方向走，在崮的阴面，有一条山里人踩出的小路，沿此路上行，便到了水泉崮下的一道山梁，当地人称这道山梁为"黑虎梁"。黑虎梁连着大山尖子和水泉崮，由此往上攀登，就能到达崮顶岩壁的下方。

　　这里有一石头砌成的水坑，里面已被泥土淤积，但仍有一汪清水，这该是古时候留着的一处泉子吧，山寨里的人也许就是从此处取水满足生活之需。但当地人说，这个地方的泉子不是满足山民生活的唯一水源，在崮顶上还有一个泉子，正可谓山有多高水有多高。此处的路不再陡峭，缓缓往东走，就到达通往崮顶的唯一通道——东南门。

　　东南门共有两道门。第一道门往上全是在岩石上开凿的台阶，十分陡峭，可谓是"一夫当关，万夫莫开"的天险。两边的悬崖壁上均有凿出的石坑，想必是过去安门所用，而门和墙都已荡然无存，只有石坑和险要的地势告诉后人：这里曾经有道门，而且是上山的第一道门。

　　过了第一道门沿陡峭台阶攀登，便到达了第二道门。这道门的门垛石墙还有残存，从门垛的距离可以判定，以前的门有2米多宽。后来人们用石头把门封了一半，如今只能容一人通过。从残破的石墙看，二道门处过去有值守用的房子，此处放眼崮下，一览无余。

　　过了二道门便是平坦的崮顶了。整个崮顶呈蘑菇状，四周一圈低，缓缓往上凸起。崮顶树木茂密，许多粗壮的柏树都有百年以上树龄。除了柏树，整个顶子

上见缝插针般生长着各种叫不上名字的杂树，简直密不透光。登山时汗流浃背，在岗顶的树林中便可享受绿荫下的凉爽了。

山坡上、崖壁间、岗顶杂树中，有一种一丛丛的植物，开满一簇簇雪白的小花，把整个山体装扮得格外美丽。不知道这种植物的学名，当地人叫它脆枝子，因为枝条没有韧性，一折就断。

树林里，是一间连着一间古山寨房屋的残垣断壁，有的房子是借助了山顶石壁依势而建，靠近崖壁的低处，密密麻麻的石头房子面积都比较小，而靠近岗顶中心的房子面积则比下面的大得多。可否这样理解：住在下面的都是贫民，而住在上面大房子里的则是相对有钱的富人？或是掌管这片山寨的一寨之主？据粗略统计，这上面的房子有五六十间之多，是一个像模像样的小村落。和其他岗顶上的山寨一样，此山寨也是过去百姓躲避战乱和土匪的生活场所。

据当地人介绍，水泉岗又称尿（suī）泉岗。其实，不只是岱岗，整个沂蒙地区的百姓方言尿都叫作尿（suī）。相传在大清咸丰年间，岗下闹"光棍"，山下的百姓纷纷逃到水泉岗上躲避。土匪几次攻山，但都因为易守难攻，没有得逞。于是，这伙土匪便将水泉岗团团围住，他们认为这岗之上无水源，将山岗团团包围，在上面的百姓困也困死了。等百姓在上面撑不住了，根本就不用打，他们都得乖乖下山。然而，岗上有聪明之人，他们也猜透了土匪的心思。于是就让乡亲们以尿湿衣，然后把湿漉漉的衣服晾晒于岗顶。山下的土匪见状，心想山上既然能洗衣服，想必是水源充足，既然不缺水，这么围困也就没有什么意义了。于是，这伙土匪就放弃围岗，撤走了。岗上百姓也由此脱险。有这个以尿（suī）脱险的事，人们便把这个岗称为尿（suī）泉岗。后嫌尿（suī）字不雅，就改称为水泉岗了。

关于水泉岗名字的由来，还有另一个说法。

水泉岗岗顶山寨遗址

蒋家庄村党支部书记李学兵说，他们村以前有个老八路叫闫兴合，当年据他讲，在1941年11月大崮保卫战期间，因为水泉崮离大崮很近，其中驻守在水泉崮上的八路军的一个连百十号人被日军团团围住，闫兴合就是其中的一名战士。日军久攻不下，也是采取了围困战术，想把八路军困死在崮上。八路军同样是以尿湿衣，晾晒于崮顶以迷惑日军。最后日军以为崮上有泉水困而无效便撤走了。八路军守崮取得胜利。

两种关于水泉崮的说法不管哪个是真实来源，但至少说明了一点：围困者都是万恶强盗，守崮者皆为正义之师。

村民吴守贵说，他听村里老人讲，水泉崮顶上过去真有个泉子，具体在什么位置，现在都弄不清了。但山北面有个山泉现在依然泉水很旺，天气再干旱，这个泉子没有断流过。离泉子近的几户人家用管子将泉水引到家里，供生活所需。

水泉崮北面山下有条山坳，山坳的北坡以前有座庙，当地人叫作和尚庙。其实这座庙叫圣佛寺，寺庙遗址处的几块老石碑上有记载。

有一块3米多高的龟驮碑，立于圣佛寺旧址。碑帽上雕有双龙图案，当地人称之为"双龙碑"。此碑是重修圣佛寺时所立，上面记载的年代因字迹缺失不可辨，但碑文中"重修圣佛寺之序"几个字却清晰可见。

"双龙碑"的东侧立着一块1米多高的旧石碑，上面的字迹还算清晰。这是一块"封护古庙碑记"，上面刻有这样一段文字："庙宇古迹为永垂不朽者乎，水泉崮后有古刹焉，不知创自何年，始于何年，残碑而摩挲考之，则有明季成化八年重修碑碣在数百年，庙貌虽已荒凉，而苍松犹是，形若虬龙，古碑犹存，挺然持立，往来目睹……"这块碑由增生王东桂撰文，前清候补巡检赵洪麒书写。

双龙碑

这是一块对圣佛寺古庙的保持碑，立碑之时，庙已破败，但古碑、苍松犹在。从这段文字中，我们可以了解到重修圣佛寺时立的那块双龙碑是明朝成化八年。

圣佛寺旧址下面的山坳里，有一口井，当地人叫作和尚井，是当年寺庙的和尚取水之处。此井保护完好，下面井筒由石头砌起，算是古迹，圆圆的井口上覆盖了一层水泥，是今人所为。

这口井其实是一处泉，泉水至井口处，便从井沿下面的缺口哗哗流出，长年不断流。

当年寺庙都会建在风水极佳之地，村民说，圣佛寺所建之地就是一块风水宝地，左边一条小河叫青龙河，右边的山梁叫黑虎梁，左龙右虎，风水还能差了吗？

和尚井

★★★ 崮事传说

耙堰头的由来

在水泉崮下的东北方、圣佛寺旧址的东南，有一个小山梁，当地人称其为耙堰头，也有人叫作东耙堰。耙堰头名字的由来，与圣佛寺有关。

当地老百姓认为，圣佛寺残存的古石碑，碑帽上雕有双龙，这座寺庙肯定很不一般，应该是皇帝下旨修建的，只有这样，才配在碑上雕双龙。

村民李学兵、吴玉贵都能说出关于耙堰头的由来，因为这是村里人口口相传

的故事，五六十岁的人都知道个大概，但年轻人就说不上来了。

传说很久以前，在蒋家庄村南，也就是圣佛寺遗址这个地方，有一个很小的寺庙，庙里只有一个老和尚住守。明太祖朱元璋少年时期是个要饭的，乞讨至此，饥寒交迫的他被好心的老和尚收留照顾，朱元璋从此一直念念不忘老和尚的恩德。

后来，朱元璋打下江山当了皇帝，就拨下银两对这个小庙进行了扩建，并起名叫圣佛寺。从此以后，明朝的皇帝与庙里的住持代代结缘，往来也比较密切。到了明成化年间，明宪宗朱见深再次下旨拨钱修缮圣佛寺，并雕制了双龙碑，这一点与现实吻合，现存的双龙碑正是成化八年重修碑。

此后，圣佛寺香火鼎盛，和尚也越来越多。现在蒋家庄村有很多地名，都与当年圣佛寺的和尚有关。比如牛栏坪是以前和尚们养牛的地方，蜜场子是和尚们养蜜蜂的地方。

随着圣佛寺的名气、规模越来越大，又有皇帝"罩着"，住持和尚们就常做些作奸犯科之事。

有一年，朝廷开科取士。有两名外地举子进京赶考路过此地，夜宿店中，其中一人因事外出后便一夜未归，一个大活人凭空消失了。后来另一名举子只好独自进京参加科考。

原来，举子外出时被圣佛寺的住持发现，他见是一外乡人，便命一帮和尚将举子绑到寺庙，然后灌了水银，将死后的举子装扮成"活佛现身"，骗取香客们的香火钱。

话说另一位进京科考的举子，考中功名后返乡路过圣佛寺，听说庙里有"活佛现世"，便进去一看究竟，结果他大吃一惊，所谓的活佛不正是和他一同进京的同乡吗？一定是被这帮恶僧所害。

于是，他将此事告到了县衙。县官早就听说寺庙住持和尚胡作非为之事，这次又出了人命案，于是很快将这寺庙里的和尚缉拿关押起来，只有住持得到消息后，侥幸从庙里的地道逃脱。

为了铲除这伙作恶多端的和尚，此事层层上奏，最后报到了皇帝那里。皇帝一想，圣佛寺本是太祖先皇所扩建，前辈住持又对先皇有恩，如果把这帮和尚都

剿灭了，这既是对先祖的不敬，我这做皇帝的脸上也无光啊。他就想把这事轻描淡写地压下去。于是向前来奏报的官员说："罢了，罢了。"他的意思就是说这事我知道了，就这么算了吧，不要再追究了。

官员一听，揣着明白装糊涂，就将这伙恶僧给"耙了"。

于是，在圣佛寺东南的土堰上，官府开始行刑。这些和尚被土埋着身子，只露着头。牛拉着一寸多长耙齿的耙，向这帮恶僧的头顶上耙去。这群为害乡邻的和尚就这样都一命呜呼了。

从此，当地百姓就把处死和尚的土堰叫耙堰头。

耙堰头

★★★ 红色崮事

火红的知青岁月

在水泉崮下的蒋家庄村，有一座蒋家庄知青展览馆，馆内记录展示着20世纪70年代曾在蒋家庄村对口下乡的军工知青的难忘岁月。通过一些旧照片、旧物件，反映了军工知青在蒋家庄村的难忘经历，走进这里，仿佛又回到那个火红的年代，那段激情燃烧的岁月。

1974年12月25日，首批22名军工子弟，冒着严寒，怀揣一团烈火，带着理想信念，响应毛主席"知识青年要到农村去，接受贫下中农再教育""广阔天地，大有作为"的号召，来到蒋家庄村安家落户。这22名知青中最大的不过十八九岁，最小的只有16岁。他们告别父母、兄弟姐妹，来到农村，决心"滚一身泥巴，

磨一手老茧，一颗红心"。

知青们来到蒋家庄村后，村党支部、村支部书记、父老乡亲都给予他们无微不至的关怀。

刚到村里没地方住，党支部腾出了大队办公室，并决定给知青们建新的住房。为了让知青早日住上新房，乡亲们顶风冒雪给他们盖房子。知青们深受感动，收工后放弃休息，自觉加入施工运料的行列，脚磨破了，手冻肿了，没有一个人叫苦叫累。

为了让知青们吃上热乎饭，党支部安排村妇委会副主任黄家梅专门给他们做饭。那个年代，生活条件艰苦，但黄大姐想方设法调剂知青的生活，给知青们以家的温暖。由于物资匮乏，一段时间买不到肉，村支书专门安排副书记蒋则义找到食品站领导，让食品站无论如何也要给知青们留点肉吃。

为了让知青们尽快学会农活，适应农村的生产生活，大队把知青们集体安排在大寨田劳动，选村里最优秀的青年、种田能手王明山给他们当队长；让经验丰富的老农民焦大爷、黄大叔等手把手教他们庄稼地里的活。知青们不仅学到了很多农业知识，也从贫下中农身上学到了宝贵品质。

对村里的知青，村党支部不仅在生活上关心、生产上帮助，而且还在政治上爱护。村集体经济很不宽裕，但还是挤出资金来给知青们订报纸、买学习材料，并装上了广播喇叭，很多知青在村里入了团，有3名知青被培养成为入党积极分子。

一年后，知青们离开了蒋家庄村，乡亲们送了一程又一程。知青们与乡亲依依惜别，含泪挥手告别。从此以后，蒋家庄村成了这些知青们永远的牵挂。

知青点旧址

参考资料

蒙阴县文化和旅游局：《知青崮里忆青春岁月》，蒙阴县人民政府网2018年12月17日。

柴崮

山上山下
皆传说

柴崮

崮乡崮事

柴崮，位于蒙阴县岱崮镇犁掩沟村北，东、北为沂源县境，因崮上多柴草而得名。海拔543米，崮顶呈三角形，微微向西北倾斜，四面峭壁，为中寒武纪石灰岩，高23~25米，周长750米，面积约1.7万平方米。该崮有东、北两门，上有历代山寨文化遗址。

从东指村到犁掩沟

在沂蒙山区，柴崮有两个。一个在沂水县马站镇驻地西北 7 公里，相传因柴姓曾居于此而得名柴崮；另一个便是蒙阴县岱崮镇的这座。

登柴崮必经东指村和犁掩沟村，这两个村子都位于柴崮山脚下，中间隔着一座水库。两个村的村名均源自与东汉皇帝刘秀有关的传说。

东指村最早叫顶子前。传说西汉末年，王莽篡汉，社会动乱，民不聊生。刘邦后代刘秀为兴复汉室而举兵讨莽。结果吃了败仗。刘秀前逃，王莽派出大军后面紧追。逃至顶子前时不知何往。忙问村头一歇息的村妇，该往哪个方向逃？村妇是个哑巴，听不清说不出。就用手往东一指，意思是往东有路可逃。刘秀意会，躬身答谢，往东急奔而去。以后，顶子前就叫东指村了。

过了东指村往北再往东走一段路程，便是犁掩沟村。这个村子就在柴崮的前面，依山而建。村名的由来同样是由刘秀遭王莽追赶的传说而来。传说刘秀离开顶子前村继续前逃，王莽追兵越来越近，眼看要落入王莽之手。天无绝人之路，刘秀见一老农人正在耕田。情急之下，便走上前去，表明身份，请求搭救。

农夫姓张，早就听说刘秀是汉室后裔，王莽篡权不得人心。他必须救人。可荒郊野外，把人藏在哪里呢？突然老汉急中生智，猛地扬鞭抽打黄牛，使劲在地里犁出一道深深的犁沟。他赶紧把刘秀按在犁沟里，又耕起一犁，把刘秀身体掩住。刚停下耕作，坐于地下歇息，追兵便赶到，寻不见刘秀，便继续往前追赶。

等王莽大军远去，张老汉将刘秀从犁沟里扒拉出来。刘秀答谢，说日后大事若成必当厚报，说完继续逃命去了。后来犁沟掩埋刘秀之处的村庄得名"犁掩沟"。

站在犁掩沟远望柴崮，圆形的崮顶向一侧歪着，像一顽皮之人歪戴着一顶帽子。因此，当地人也管柴崮叫歪头崮。

从犁掩沟村后的山路前行，就可抵达柴崮。途经两个门垛，过了门垛前面便出现很多的围墙和废弃的老屋。村民说这里曾经是一个三线军工厂所在地，那两个门垛就是以前军工厂的大门，厂子已经搬走几十年了，留下了部分厂房、仓库、锅炉房和已倾倒的大烟囱。

此处山峦起伏，山高、沟多、林密，隐蔽性强，的确是建设军工厂的好地方。在这片闭塞的山坳，曾经有一群意气风发、高昂斗志的奉献者，为保卫和平与国防建设、国民经济发展作出了重要贡献。

经村民指引，著者选择从柴崮的北面登崮。沿小路最后转到崮的南面，登上一个小山包，沿山脊北行，便来到柴崮顶之下。山包南面的山坡上长满青翠的松柏，松林里有很多松鼠蹿跃。松柏杂草间，一块块裸露的岩石板足有半米多厚，都朝着一个方向倾斜，倾斜的角度和崮顶的"帽子"倾斜的方向是一致的。错落有致，颇有神韵。如果说柴崮是一位将军，这些大块的岩石便是它的列兵。

站在山脊北望，柴崮顶上的山寨、围墙便进入视线，在这里，能看出当年山寨所处的位置之险要。在山脊的岩石上，有两个石臼，这是山寨居民们生活留下的遗迹。在所走过的崮上，凡是有山寨的地方，总会见到一两个或三四个甚至更多的石臼。这种臼全是利用当地资源，就地取材，在平整而又较大的岩石上利用铁质利器凿坑而成。坑呈圆形，底端锅底状，有深有浅，大小不一。

石臼也叫兑臼，是一种非常古老的舂米工具。在一些反映古代民间生活的绘画里，常见舂米图，画中多是女人举着舂杵，面前是石臼，臼的样子像小水缸。李白在他的《宿五松山下荀媪家》里，曾留

石臼

下"田家秋作苦，邻女夜舂寒"诗句，说的就是邻家女在舂米。历史上，用石臼加工粮食的时间很长，在20世纪六七十年代，石臼仍然是农村人常用的工具。

崓顶山寨遗址同样是密布的房屋，有些贴崖边而建，石墙足有四五米高，这样的建筑，一般作防御之用。

站在崓顶，西望便是封山，当地人叫凤凰顶。满山都是红叶树，时值初夏，尚

建在悬崖边上的防御工事遗迹

且碧绿，一旦进入秋季，整座封山像被红色染过，成为岱崓一道亮丽的风景。

柴崓南边的山脚下有一座水库。村民说，"扳倒井"就淹没在这座水库里。这眼井井筒往北倾斜，水从井口哗哗往外流淌，当地村民叫"扳倒井"。这扳倒井也有一个与刘秀有关的传说。传说刘秀当年路过此地，口渴难耐，发现了一眼井想喝水解渴，怎奈井太深，根本够不着。刘秀急得围着井直打转，口里念叨着说，井啊，你要是能斜一斜让水出来我喝一口那该多好啊！话音刚落，这井真的就向北倾斜了，井水从井沿流了出来。刘秀将这甘甜的井水喝了个够。后来这口井就一直这么倾斜着。

柴崓，满山风景，尽是传说。

都城隍庙的前世今生

在柴崮下的东指村，有一座都城隍庙，庙前方生长着一棵千年古槐。现在的这座都城隍庙是 2014 年由群众捐资在原址上重修的。在都城隍庙附近，是卢县故城旧址。

据东汉班固编撰的《汉书·地理志》记载："卢县属城阳国所辖。"北魏郦道元著《水经注》载："卢川经城阳之卢县，故盖县之卢上里也。"清康熙十一年《蒙阴县志》载有"卢崮山在城东北一百二十里，下有金之故县城，即汉之故卢县也。"卢县故城面积较大，其中的都城隍庙保存较好，文化沉淀较厚。

据东指村村民沈孝才介绍，过去都

卢县故城遗址

损毁的老石碑

99

城隍庙规模可不小，前前后后有十六七间房子，大部分都在20世纪60年代"破四旧"时给拆除了。但最终庙里还存留下6间屋及一个城隍老爷和城隍奶奶的殿。1976年被村里临时做了学堂，沈孝才说他还在这庙里读过书。再到后来这些房子大殿也都没有了，仅存一块老石碑还躺在离都城隍庙不远的地上。

这是一块清道光二十三年的"都城隍庙重修碑记"。碑已残缺不全，已很难通过碑文了解这座都城隍庙的历史。

城隍是古代最重要的神仙之一，是中国民间和道教信奉守护城池的神仙。每个地方基本都有城隍庙，但是都城隍庙就只有在帝都才能有。所以说都城隍庙比一般地方上的城隍庙级别要高。一般府、州、县都是城隍庙。都城隍庙都建在京城或总督、巡抚一级的衙门所在地。而岱崮这个地方过去既不是京都，也不是高级别的衙门所在地，怎么会建有都城隍庙呢？

对于东指村的这座都城隍庙，正史没有记载，野史传说倒是家喻户晓。当然，在当地老百姓的口中，这座都城隍庙还是与刘秀有关。

传说，当年刘秀登基做了皇帝后，念念不忘落难途经柴崮时，那位把他掩进犁沟里的老汉的救命之恩。就沿着当年的逃亡路，来到柴崮山下，寻找救助过自己的人。当年救过刘秀的那位老汉听说皇上来了，正到处找他，心里很是害怕，因为他一个平头百姓，怎敢面见皇上呢？于是带着老伴，躲进了深山。

山木茂密，刘秀派人搜山多日也不见老人踪影。此时其手下出主意，说只要放火烧山，老汉一准会被逼出深山老林。刘秀一听，这主意好，便让人在山上放了一把火，静等老汉逃出山来。可是，熊熊大

重修后的都城隍庙

火将整座山烧光了，也没见到老汉踪影。等大火过后，刘秀再派人寻，却在山顶的悬崖边发现了老汉夫妻的焦尸。

为此，刘秀悲痛不已，便下旨在山脚下修建了这座都城隍庙，封老汉为都城隍，规格比一般城隍庙高，辖山东代管河南。每年两次庙会，十里八乡的朝拜者齐聚，为都城隍供奉香火，祈求风调雨顺、四季平安。

★ 红色崮事

八亩地里埋忠骨

在离柴崮不远的八亩地村，村东山坡上埋葬着一位抗战初期牺牲在沂蒙战场上的国民党军将领，他就是东北军于学忠部——四师师长方淑洪。方淑洪一生追求光明，南征北伐，宁死不辱，不愧是中华志士、民族之英。

蒙阴县人民政府网《红色蒙阴》有文记载：方淑洪原名方范，1908年6月诞生于济南历城。1921年于济南制锦小学毕业后，考入菏泽山东省立第六中学，1923年转入济南省立一中。1925年中学毕业后，方淑洪于当年考入日本陆军士官学校。他天资聪颖，学习刻苦，各科成绩一直保持在班内前3名。

1928年5月3日，日本兵悍然侵占济南，3600余名中华儿女惨遭杀害，1400余人致伤，财产损失3000余万元。交涉此事件的国民党政府外交部部长黄郛被扣，国民党战地政务委员会外交处主任兼山东交涉员蔡公时竟被日军惨无人道地割去耳、鼻、舌，挖去双眼后杀害。这便是震惊世界的"济南惨案"。

惨案激起了全国人民的极大义愤，也给在日本求学的方范以极大震撼和羞愤。他愤而离开日本，回到腥风血雨中的济南。后经与家人商量，认为先学好军事本领，再报效民族和祖国。

返回日本后，方范卧薪尝胆，忍辱学习，各门功课均名列前茅。1929年，

方范以优异的成绩在日本毕业，又赴法国、德国学习航空和炮兵技术，成为当时具有先进军事技术和管理的优秀人才。

"九一八"事变后，方范回到祖国，任国民党第十九路军教导大队长。1932年1月，日本军国主义分子制造了震惊中外的"一·二八"事变。调防淞沪不久的国民党第十九路军将领蔡廷锴、蒋光鼐、戴戟在全国抗日民主运动的推动下，率领全军官兵奋起抗战。方范带领的教导队首先与日军接火。方范身先士卒，指挥有方，重创日军，首战告捷，给全国军民以极大鼓舞。

当时，驻上海的日本海军陆战队司令官盐泽幸一曾狂妄叫嚣4个小时结束战斗。但是在十九路军的英勇抵抗下，战争演变为阵地战，历时30多天。淞沪抗战中，方范的军事指挥才能得到充分发挥，为这次抗战作出了贡献。淞沪抗战以一纸《上海淞沪协定》宣告结束，协定答应调十九路军换防这一苛刻条件，无耻出卖祖国，出卖了英勇抗战的十九路军官兵将士。对此，方范十分气愤，遂回家探亲。之后不久，方范赴河北涞源投入朱子桥将军率领的东北抗日义勇军，在热河一带坚持抗日。后经人介绍，方范参加了翁照恒组建的华侨救国军，担任新兵训练长官。此后，华侨救国军被编入国民党一〇五师，与十九路军一同调往闽南参加"剿共"。

在中国共产党倡导的统一战线的召唤下，十九路军将士以国家与民族利益为重，坚持抗日反蒋，宣告成立了福建人民革命政府。方范被任命为福建人民革命政府新兵总监。福建人民革命政府失败后，方范流落到鼓浪屿，并改原名方范为方淑洪，以避追捕迫害。斗争的实践使他进一步看清了抗日的前途，更加拥护中国共产党所倡导的抗日民族统一战线的政策和主张。

1935年，方淑洪经人介绍与张学良将军会晤。张极器重方淑洪的年轻有为和军事才干，委任他为中校参谋，后升任上校参谋。这一时期，方淑洪与张学良的秘书郭维诚（中共党员）交往密切，因而对中国共产党的抗日主张了解更加深入。在此期间，方淑洪为"西安事变"的和平解决，为逼蒋抗日，为抗日民族统一战线的建立做了大量工作。

方淑洪的思想才干越来越得到张学良将军的赏识，担任了于学忠部霍宗义师

的上校参谋长，不久调任缪澄流部任团长，在河南桐柏一带抗击日军。

此时，江苏淮阴要塞战事危急，方淑洪奉命支援。激战中，方淑洪总是到第一线察看敌情，审时度势，指挥若定，由于敌我力量悬殊，激战白热化，方淑洪身边的号兵也挂花负伤。但是，方淑洪毫无惧色，及时组织火力，拼死殊战，直到击毙日军指挥这次战斗的司令官，战斗大获全胜。

淮阴一仗，使方淑洪威名大震，他的勇敢机智和不怕牺牲的精神广为流传。之后，方淑洪因战功卓著，先后被提升为于学忠部一一四师参谋长、旅长、师长等职。

1938 年 12 月 30 日，于学忠任苏鲁战区总司令，五十一军军部驻蒙阴，方淑洪率领一一四师在蒙阴、费县设防。其间，于学忠、方淑洪与共产党八路军友好交往，为沂蒙山抗日革命根据地的形成、壮大提供了条件。

1938 年 6 月，侵华日军以三个师团两万余兵力，分十路从西、南、北三面对沂蒙根据地进行"大扫荡"。方淑洪率部分拒西、北两个方面的来犯之敌。方淑洪亲临火线指挥，撕破日军数次包围，使日军每入侵一步都遭到重大伤亡。

战斗进行到 6 月下旬，日军集中兵力大举进攻一一四师防地。方淑洪先后组织师主力部队转移出日军包围圈，最后亲率六十九团及特务营由下高湖村向东转移。23 日凌晨到达石丞沟一带宿营。凌晨 4 时，方淑洪部发现日军 300 余名，携炮两门抵近宿营地附近的太平官庄。方淑洪决定将这股日军歼灭。日军钻入碉堡，凭借精良武器进行顽抗，激战一天不下。方淑洪拟采取夜袭，不料傍晚 6 时，日寇援军赶到。方部在腹背受敌的情况下，于 24 日与日军厮杀激战一天，日军终于招架不住，残敌败窜。

25 日，方淑洪率军英勇追击，日军伤亡惨重，溃不成军。但就在这时，日军又一部援兵赶到。日军集中炮火向方淑洪指挥部轰炸。经过连续作战，方部伤亡很大。日军把方淑洪部团团包围。身陷危境的方淑洪毫无惧色，他号召将士热血报国，宁死不屈，率领部队与日军进行浴血奋战，短兵相接肉搏达 3 个小时。方淑洪头部、腰部多处中弹，生命垂危，突围无望的情况下，举起手枪，朝自己血肉模糊的头部开枪。

民族英雄方淑洪壮烈殉国，时年 31 岁。

方淑洪的遗体，战后被一一四师寻找到，由于学忠总司令主持，安葬在蒙阴县八亩地村村东的山坡上。

参考资料

①张淏然、张昌军：《岱崮传说》，黄河数字出版社 2020 年版，第 19 页。

②《蒙山有幸埋忠骨》，蒙阴县人民政府网 2023 年 3 月 25 日。

莲花崗

莲花崗

众星捧月
唯其独尊

崗乡崗事

　　莲花崗，全称九顶八堡七泉莲花崗，位于蒙阴县岱崗镇杜家坡村附近，西邻安平崗，北与蝎子崗相对，海拔约 534.5 米。莲花崗山头众多，共有九顶，连绵起伏，如莲花盛开。中寒武纪巨厚石灰岩层在山腰山麓，高 23~25 米，宽 140~810 米，长度为 4482 米，周长为 20232 米，面积约 178 万平方米。崗顶有五寨，闫家寨、赵家寨、公家寨、刘家寨、破寨。其中刘家寨古石臼为金元时期文化遗迹。

莲花绽放气势宏大

莲花崮，只闻其名，你会觉得是一座形似莲花的崮。其实，此崮之所以得其美名，是因为周围其他小山头的"加持"，众山"组团"耀世，方有莲花崮之雅称。莲花崮有九个山顶，顶上有八个堡，堡间有七个泉子，所以莲花崮的全称是九顶八堡七泉莲花崮。

莲花崮是一个众山组合体，听起来有些复杂，但如今登崮变得简单。

杜家坡村，一个坐落在莲花崮半山腰的小山村，村里有一条水泥盘山路，蜿蜒而上，能直达崮顶。

崮顶峰的下方有一片平坦的坡地，杜家坡村75岁的村民刘同发老人正在锄地，他指了指上面的山顶，说那里便是莲花崮，闫家寨等山寨就在那上面。

登上崮顶，放眼望去，周围山头连绵起伏，树木苍翠，十分壮观。西北是安平崮，北面与蝎子崮相对。从西面往南直至东面，莲花崮主峰被8个延伸出的崮台呈半圆形围着，宛如众星捧月般。主峰与东面的崮台相连，沿一山脊便可通过。

山上植被很好，松柏、杨树等给莲花崮披上绿色的盛装。据当地村民讲，莲花崮过去没有被绿化，自然植被稀少，山体裸露，极为荒凉，老百姓又称其为"九顶火焰山"。

杜家坡村民刘同发介绍莲花崮
（2023年5月17日拍摄于莲花崮下）

莲花山上每个顶都有古山寨，闫家寨遗址尚有石墙、石屋残存，一个圆圆的厚约 0.7 米、直径约 3 米的大碾盘平躺在乱石堆旁，透着古老岁月的烟火气息，似乎在诉说曾经那段光景的沧桑。而那个在盘上滚动的碾子却不见了踪影，或是埋于乱石堆下了吧。

据村民讲，闫家寨是山下面马石沟村的一个财主为了躲避土匪在岗顶上建的山寨，兵荒马乱的年月他们都在上面生活，解放以后岗顶上就没有人居住了。

通过山梁来到另一个顶子，上面同样有山寨遗址，著者却分不清到底是赵家寨、公家寨、刘家寨还是破寨？

莲花岗岗顶历史遗存的碾盘

位于西南方向九顶莲花岗中的其中一顶，岗顶较为平坦，老百姓称其为"演操顶"，传说是薛刚反唐时演练兵马的操场。而岗下的山坳叫"藏兵万"，是薛刚屯兵的地方。

其实，薛刚本身就是民间传说虚构出来的人物。有关薛刚的形象，最早在清代如莲居士的《反唐演义全传》中出现，后来衍生出评书、戏曲等。薛刚的历史原型是薛仁贵的孙子——薛嵩。在民间，广泛流传着"薛刚反唐"的故事，那么薛刚为什么反唐呢？实际上，薛刚并不是反唐，而是卫唐。薛刚所反的，是夺取了唐朝皇位的武则天，并不是整个唐朝，不然他也不会帮助庐陵王李显讨伐武则天，因为李显并没有新建一个朝代出来，唐朝还是唐朝，只是武则天下台了而已。

薛刚本身就是一个颇具传奇色彩的历史人物，这些地点让莲花崀又多了些历史的厚重和神秘色彩。

崀顶巨大平整的岩石上，仍存拦马墙、拴马石、碗口粗的旗杆窝等遗迹，似乎证实了这段传说的真实性。

在莲花崀脚下，有一块横卧的巨石，其状很像一匹马，头南尾北，朝向山峪。正是因为这块大石头的存在，旁边的村庄就叫作马子石村。

在莲花崀的西崀台，现在还住着一户人家。这崀顶原来有 60 多户人家居住，后来当地政府动员，大都搬到崀下靠近公路交通方便的山坳里去了，只有这户为方便耕种，还守在这崀上。这一户人的村落也成为莲花崀上的一道风景，人们称之为"独户村"。

都称莲花崀上有七泉，但一个泉也没寻见。而杜家坡的刘同发老人却说这崀上有十泉，并数了一番，说一个泉子都不会少。而当地人又称，这崀上的泉子不是七个，也不止十个，一共有十二个，这些泉眼常年不干，只是多数都隐于山野中，不仔细寻找是发现不了的。

登莲花崀，当然不能不去大石棚。大石棚是当地人的俗称，它还有一个颇有诗意的名字"月明崖"。巨大的石棚似一弯月牙嵌入莲花崀高大的岩石崖壁之中，因此得名月明崖。下了崀顶，绕到莲花崀的北面顶子下方，沿曲折难行的小路，便来到大石棚处。

石棚的确不小，高 30 多米，东西长达 200 多米，棚内最深处达 40 米。只是石棚空间呈三角坡形，外口大，越往里越小，最里面的高度也只能容人躺卧。

此处的岩壁高大厚实，呈 U 字形，石棚位于最凹处，是岩石底部长年风化加之雨水冲刷而形成的空洞。其形状、结构与云头崀下的老君洞极为相似，但比老君洞大很多，也更有气势。此前看过一些关于莲花崀下大石棚的报道，称其洞内足以容纳万人，也有报道称其能容五六千人。其实，真到了现场，便觉得这些说法都过于夸张了。以洞内的空间，能容下百人就不错了。

悬崖之下的大石棚

大石棚洞口正对着密林峡谷，这也让此处显得更为壮观。虽正值夏日干旱时节，陡峭如削的石壁上却有水流痕迹，也时有水滴从上面落下。如是大雨过后，此处定能赏到飞流直下、气势磅礴之美景。

★★★ 崮事传说

崮顶有座英泰坟

在莲花崮下藏兵万的深谷之中，曾经居住着英氏一族，据说一位名叫英泰的人，死后就葬于莲花崮的崮顶之上。

关于英泰，当地流传着这样一个传说。

莲花崮下有条二里多长的山涧，相传这里曾是唐代大将薛刚屯兵之处，当地人都管这个地方叫藏兵万。

藏兵万里有一个叫英家村的村庄，在清代道光年间，村里英氏家族中有个叫英泰的人，算是十里八乡数得着的有头有脸的人物。英泰不但家境富足，还走南

闯北，见多识广，结交了许多名门望族。看到那些官宦之家的风光，英泰越来越感到自卑，他觉得自己不过是当地的一个土财主，要想光耀门庭，必须得让后代读书，考取功名。守着土地过日子攒再多的钱也只是个"土老帽"。于是他就把家里的钱财拿出来，盖了学堂，重金请来教书先生，教他的四个儿子读书。

山里长大的孩子野惯了，平时除了下河摸鱼，就是上树掏鸟，一起打打闹闹满山疯跑。关在屋子里摇头晃脑地学"之乎者也"，他们哪里受得了？老师讲的，他们这个耳朵听了，那个耳朵冒了。课堂上四个小子顽皮打闹，先生的话一句也听不进去。教书先生一看，这哪里是读书的孩子啊！于是，收拾行囊，拍拍屁股走人了。

气跑了教书先生，英泰的育人计划也就落空了。他又开始在心里嘀咕了：家里出不了一块读书的料，是不是祖坟的风水不好呢？于是，花重金从外地请来一位风水大师，想让大师给看看祖坟，改变一下家运。

英泰把大师领到英家的祖上坟墓。坟墓处在藏兵万这片山峪的一块洼地中。大师看完坟墓，对英泰说，这块坟地"头枕大山脚蹬川"风水还是不错的。但别人用可以，你们英家用实属不妥啊！

英泰忙问何故？大师说，你们姓英，英和鹰同音，英家的祖坟应该在莲花崗顶上才是，这样老鹰才能展翅高飞、鹏程万里，处在山坳里的老鹰怎么能飞得起来呢，不世世代代窝在这山沟里才怪呢！

听完大师一席话，英泰佩服得五体投地。连忙又奉上些银两，恳请大师帮忙给选一块风水宝地。大师说："你们英家的阴宅必须选在这崗顶之上，到上面看看吧。"

英泰陪风水大师来到了莲花崗顶之上。转了一圈后，大师在一高顶之处站住了。告诉英泰："此处向四周伸出八座崗台，连同这块就像九个莲花瓣，此处正是花蕊之处，肯定是一块风水宝地。等你百年之后，就安葬于此。下葬之时会有扁担开花、鱼打鼓、两狼送终。这样，以后你们英家定能出一文一武两个状元郎。"

大师的一番言语，让英泰惊喜万分。把大师交代的建墓的具体方位、深度、朝向逐一记在了心里。

十多年后，已过古稀之年的英泰感到大限将至，就将儿子们叫到跟前，告诉他们自己藏在心里的秘密：等他死后，一定要葬在莲花崮顶早已选定的那个位置，下葬的时候，只要出现"扁担开花""鱼打鼓""两狼送终"，英家后代中就会出一文一武两位状元，英家以后也就成为名门望族、官宦人家了。英泰的叮嘱，儿子们一一记在了心里。

英泰去世后，儿子们在崮顶按风水大师指定的位置挖好一墓穴。抬上英泰的棺材，前往莲花崮顶安葬。

送葬这天，正好赶上崮下逢集。一位靠打柴为生的老汉，挑着两大捆柴，一大早去集上，卖了个好价钱，心里高兴，便给家中小女买了些花，插在扁担一头捆扎的绳子上。在往家中回返的路上，正遇上英泰出殡，于是就驻足，扛着扁担在那里看热闹。

这一幕让英泰的儿子看见了，心里一阵惊喜：正应了风水大师的话，扁担开花了。

一众人抬着棺材来到了莲花崮顶。就在棺材放入墓穴的一瞬间，天空中突然乌云翻滚，狂风大作，电闪雷鸣，暴雨倾盆而至。送葬的人和吹吹打打的鼓乐班子赶紧跑到附近的一石棚下避雨。

这时，一条鱼随雨水从天而降，落在了鼓乐班子撂在地上的大鼓上，尾巴拍打着鼓，发出"咚咚"的响声。这不正是风水大师所说的"鱼打鼓"吗？这一现象的出现，更让英泰的儿子心里一阵狂喜。

暴雨过后，人们开始给英泰墓培土安葬，此时，太阳刚刚落山。就在送葬的人们准备下山时，赵家顶和闫家顶上各蹲着一只狼，对着墓地发出声声嗥叫，此起彼伏，响彻山谷。儿子们见"二狼送终"的景象出现了，先是大喜，后又有些害怕，忙招呼大家说："不好不好，马虎来了，咱们快收拾家什下山吧！"平时山里人看见有狼不能直说"狼来了"，都是含蓄地说"马虎来了"。大家一听"马虎来了"，知道有狼，便急匆匆地奔山下而去。

老英泰去世后，下葬时出现的"扁担开花""鱼打鼓""两狼送终"景象，让家人们对后代将出现两个状元的美好愿景深信不疑。于是，儿子们又重新开办了

私塾，重金请来先生，教兄弟四个的后代读书。然而，虽然钱花了不少，工夫搭进去不少，这些孩子们依然不是读书的料，天天调皮捣蛋，一心贪玩，先生费了九牛二虎之力，斗大的字也没能灌进去一升。先生换了一茬又一茬，老英泰的十几个孙子连一个秀才都没出，更别说文武状元了。

面对这一结局，老英泰的儿子们对风水大师的预言产生了质疑，于是就去找这位大师讨说法。风水大师虽已年迈，但思维还算清晰。就让儿子们把安葬英泰时的情景说了一遍。大师说，"扁担开花""鱼打鼓""两狼送终"都应验了啊！这期间你们说啥了？大儿子说，当时两只狼在山顶嗥叫的时候心里害怕，就对大伙说："马虎来了，赶紧走吧。"大师一听，十分惋惜地说："二狼送终，你们不喊狼而喊马虎，结果把两个状元郎给变成马虎了，可惜啊！"

儿子们听了大师的一番话，后悔得直跺脚。可悔之晚矣。不经意间的一句话，葬送了子孙后代的大好前程。

★★★ 崮乡风情

穷沟变富窝

莲花崮下的马子石沟村，过去是一个穷山沟。可是，如今一排排整齐的二层小楼掩映在绿荫里，一条条宽敞整洁的水泥路通到家门口，山上山下生态农业园瓜果飘香，蜜蜂园、养殖园生机勃勃……呈现出一幅富美的乡村画卷。2021年4月20日，马子石沟村被山东省文化和旅游厅命名为首批山东省景区化村庄。

马子石沟村群崮环绕，是一个典型的山区村。全村310户896口人，总面积4060亩，其中耕地面积400亩，荒山面积3660亩，90%是山岭薄地。2004年以前，该村还是一个"山岭荒凉、土地贫瘠，靠天吃饭、土里刨食"的穷山村，村集体欠着几十万元的外债。近年来，村"两委"一班人凝心聚力，紧紧

围绕"崮、石、沟、坡"做文章，通过经营土地、多元发展，探索出一条党建引领、生态富民、产业兴村的绿色发展之路。2016年就实现村集体收入15万元，农民人均纯收入1.6万元。

山是群众致富的希望所在，也是发展村集体经济的优势所在。面对沟壑纵横，土壤贫瘠的小山村，村"两委"一班人把目光盯在山上，心思动在山上，围绕着"崮""石""沟"做文章，通过土地流转、扶持培育、总量扩张，探索出了"1换N"的土地流转新方式，即用村集体原有的好地，或把村民的好地集体承租下来，然后村集体用一亩好地置换村民几亩山地岭地或河滩，再将山地、荒场统一开发治理。通过"1换N"自造地的方式，村集体土地由原来的20亩增加到460多亩，年均增加村集体收入8万余元，为发展农业生态旅游打下了基础，也为破解村集体增收难题蹚出了可行路子。

马子石沟村原来村民依山就势，居住分散、生活不便，甚至部分村民还生活在地质灾害易发区。村里抓住新农村建设的机遇，积极对接上级土地增减挂钩政策，从2012年连续实施了3期两区同建项目，对7个自然村的175户村民进行了整体搬迁，共建设2层住宅楼107套、老年周转房68套，村容村貌发生了翻天覆地的变化。项目的实施，既让村民过上了富裕体面的新生活，又新增土地130多亩，增加了村集体"三资"。新区建设过程中，村"两委"充分尊重群众意愿，先后37次召开"两委"会、党员代表会议、村民大会，严格落实"四议两公开"制度，项目实施全过程公开，没有一户村民提出异议，搬迁工作顺利完成。

马子石沟村坚持"既要金山银山，更要绿水青山"的发展理念，按照"小产业、大产值"发展模式，走特色产业发展与生态建设良性互动绿色经济发展之路。积极推进土地适度规模经营，按照"集体领办、利润分成、户户受益"的目标，成立了莲花崮农业生态观光旅游合作社。投资200余万元，实施了农业观光项目开发，目前建设了藕池、龙虾池、泥鳅池，培育桑葚、金钱橡等经济林40亩；建成中华蜜蜂园，养殖中蜂250余箱，另外还建有草鸡养殖园、蝎子养殖园等，昔日种地为生的"农家人"办起了"农家乐"，以前一直盼望"走出去"的山里人如今"请进来"了城里人，投资160余万元，建成集电商经营、加工生产、产品

展销于一体的综合性游客服务中心，为乡村旅游经济发展注入了新活力。

念活"山字经"、唱好"旅游戏"，多元产业发展，增强了村集体"造血"功能，昔日的"穷山沟"变成了老百姓的"绿色银行"，走出了一条因地施策、多业并举、整体推进的科学发展之路。

最近几年来，马子石沟村立足村情民意，从"山水林田路村"入手，全面推进民生事业发展。实施荒山绿化彩化工程，2012年，村"两委"班子带领党员群众靠肩挑手提，挖石填土，吃住在山，连续奋战40多天，硬是在2600亩荒山上栽植侧柏30余万棵。同时，采取"村购户植"的方式，在房前屋后、道路两旁见缝插绿，目前全村植被覆盖率达90%。建起了三层的社区综合服务中心，配套建设了5000平方米的文化广场，内设文化舞台、文化书屋、老年活动中心、篮球场、健身活动中心等公共设施，进一步改善了村民的居住生产生活条件。投资86万元建成马子石公园、湿地公园。

如今的马子石沟村，彻底告别了"土里刨食、靠天吃饭"的历史，展现出一村一景、一街一色，亭台轩榭、碧水楼阁，三季有花、四季有绿的美丽乡村建设新画卷。

参考资料

闫士照、张淏然：《莲花崮·老英泰的传说》，中国崮文化网2015年4月18日。

瞭阳崮

瞭阳崮

山寨风云沧桑

崮乡崮事

　　瞭阳崮，位于蒙阴县野店镇东坪村南，海拔483.8米，石灰岩地层，因崮顶可望东海日出而得名。崮顶呈葫芦形，岩层高40~50米，东西长约1500米，南北宽约500米，崮顶面积约18.7万平方米。四周是40多米高的悬崖，该崮以高、险、陡、峭、古迹多而闻世。有北、西二门，上有三官庙、碧霞祠遗址，现存残碑8块，为金、元以来历朝山寨文化遗址，沂蒙山区最后一股土匪被歼灭于此崮。

陡峭险峻古迹众多

因瞭阳崮进行了旅游开发，所以不再难登。登崮的最佳路线，就是穿过东坪村，沿蜿蜒山路到达西门，这里有直达崮顶的台阶。

崮顶地势开阔，崮下山峦重叠，沟壑万千；四周陡起如削，满是悬崖峭壁。不走山门，难以攀登。

瞭阳崮与其他崮不同之处，就是崮顶不仅有规模较大的山寨遗存，还有着深厚的宗教文化积淀。

从西门登上崮顶，立即就能感受到浓郁的宗教文化。这里有重修的玉皇殿、王母宫、三官殿、碧霞元君殿等道教场所。东坪村的公丕友介绍说，崮上从前就有"三官庙""天仙

气派的山门

破损的清代石碑

圣母行宫""碧霞元君殿""玉皇庙""王灵官庙"等，到底是哪个年代创建的已无从知晓，但大清康熙、乾隆年间历次重修的碑尚有残存。

顶上有数块老旧的石碑，或直立、或平躺在那里。石碑有的断成两截，有的碑身虽然完整但上面的字迹已残缺不全，很难通过文字了解记载的内容。在上面依稀可辨的文字看出，一块2米多高断成两截的碑是大清乾隆二十六年重修碧霞元君庙的重修碑记，还有一块是嘉庆五年重修此庙的碑记。由此来看，这座庙宇光是在清朝就至少重修了两次。还有两块分别是重修玉皇庙和三官殿兼修上东门观音殿的碑记，记载年代的文字残缺。这些历代重修庙宇的碑记，证实这里曾是香火极盛的道场。

瞭阳崮下板崮崖村的退休教师彭传福依据瞭阳崮碑和史料，对崮顶的文化遗迹进行过考证：《包氏族谱》《重修天仙圣母行宫记》有记载："上东门西山瞭阳崮巅，旧有《天仙圣母石行宫》，其创建之日莫可稽考；一修于明隆庆五年（1571年），再修于崇祯五年（1632年）。康熙四十一年（1702年）由公德明、包士吉、延羽客、赵一旺、沈阳元重修。"包延礼《重修玉皇殿记》记载："上东门西瞭阳崮，旧有玉皇殿，其创也有年，庙貌久既倾圮，神像因已剥落，自乾隆辛未（1751年）里中善人某某欲为重修，乃岁遇荒歉，其事中寝抑越有年，至丙戌（1766年）始有公廷瑚、公立等重修至丁亥（1767年）、戊子（1768年）秋完成。"包亦整《三元碑记》载："蒙阴之东北，山名'辽阳崮'，清康熙甲寅（1674年）有羽客黄复存、阚阳勤创立三官庙于山椒。"《碧霞元君祠》碑载："清乾隆四十年（1775年）重修。从明、清两朝这里的庙宇就不断重修，以延续香火，最后毁于民国十八年二月、民国十九年二月的两场火灾和民国二十二年匪患。"

据彭传福讲，过去崮上香火极盛，每年的正月十五、十月十五逢庙会，崮顶之上人山人海，求福祈寿和做生意的人接踵而至。瞭阳崮上由于有"碧霞元君殿"，当时的沂源、沂水、淄川等周边地区的商贾百姓，不去泰山而直接到瞭阳崮烧香祈福，因此，瞭阳崮也就有了"第二泰山"之誉。

经过多座庙宇，沿瞭阳崮顶往东，呈现在眼前的是一片片的山寨废墟，石头房子的残垣断壁一座挨着一座，并有石臼、陶缸、瓦罐碎片等生活用品遗存。据

村民讲，这里最多的时候居住着 200 余户 2000 多人。

瞭阳崮山寨可谓是大寨，是从什么年代开始建的呢？据《东蒙公氏族谱》《公海传》记载："元末兵荒，邑有山寨十八，皆悬崖峭壁，四方多投此避乱。豪强因以兼并，互相残杀。上东门左右寨，众推公为主。治兵力、农刑，赏无私。寇至聚保，寇散耕种，一方赖焉。"

文中"上东门左右寨"是指安平崮山寨和瞭阳崮山寨。

清末民初，适逢乱世，盗贼猖獗，生灵涂炭。崮周边黎民百姓，为避匪患，上崮筑寨。寨民垒墙筑堡，以御匪寇。崮东西南北四个方向各筑有双层石碉楼，

崮顶上的灵霄宝殿

崮四周筑 2 米高石围墙，石屋依墙而建。山寨分内外寨，石碾、石磨、石臼、石井、储水池等生活用具一应俱全。山寨东、西两门是要塞，仅容纳一人出入，山门旁筑有双层石碉楼，并设有辘轳，以运送粮食物资。

据彭传福讲，他的爷爷、奶奶就居住在瞭阳崮顶，那年土匪攻破山寨，怀着他父亲的奶奶通过绳子溜下了山寨得以逃生。山寨先后遭过两场火灾，加上匪患，以后就彻底毁了。

在崮顶偏西位置，有一处裂开的石缝，令人称奇的是石缝冬天往外冒热气，而夏天则往外冒凉风。时值初夏，将手伸向石缝，便感觉到丝丝凉意。村民们说，这道石缝极可能连着崮下面的山洞，他们都认为下面有洞，因为在北侧悬崖上还有一个神奇的洞口。洞口是很规则的圆形，像是人工开凿或者是在原来的洞口上修整而来，但因为处在悬崖之上，没有人能靠近一看究竟。

如此险峻的瞭阳崮如今攀登不再费力，是因为当地人对其进行了开发。为保

护瞭阳崮上的历史文化遗产，把瞭阳崮开发为旅游景点，2009 年由野店镇东坪村的公丕友等人牵头，东坪、板崮崖、上东门三个村的群众自发组织开始修路、架电、修复庙宇、石屋、石墙、石堡等遗迹，使瞭阳崮旅游基础设施建设不断完善。村民们还自发上山植柏 7000 余棵，让瞭阳崮变得郁郁葱葱、风景宜人。当地还适时举办了瞭阳崮旅游文化节、庙会等文化活动，前来旅游观光的游客络绎不绝。如今，瞭阳崮已成为蒙阴县新兴的旅游文化胜地。

★★★ 历史崮事

瞭阳崮匪事

过去，蒙阴老百姓称土匪为"光棍"。

据《蒙阴县志》记载：民国元年（1912 年）夏，土匪自九女关入侵蒙阴县，从此，县内匪患蔓延，蒙阴人民陷入民不聊生、家破人亡的悲惨境地，这段悲惨历史长达 22 年，蒙阴人称这段历史叫"光棍年"，直到 1933 年匪患被平，百姓才得以休养生息。

民国年间，国内军阀混战，民不聊生。各地土匪也趁乱结伙，四处作恶。为此，瞭阳崮周边村庄的富户都买枪支、雇家丁以保护自己的生命财产安全。因为瞭阳崮地势险要，易守难攻，上东门村的一位财主就在崮顶上筑起山寨，修了围墙，盖了房子，躲避土匪，陆续也有村民到崮顶上盖房居住，慢慢地到崮顶上居住的村民越来越多，最多达到了 2000 多人。居住在瞭阳崮上的村民不论穷富，有钱出钱，有力出力，修堡垒，建工事，把瞭阳崮打造得铁桶一般。

但最终瞭阳崮山寨还是被一伙土匪攻下，酿成血流成河的惨案。对于此次山寨被攻打下来的经过，曾由孙孝荣等口述，戴存满、张明亮记录过。

1932 年冬天，费县土匪头子李殿全带领着 100 多名土匪来到了瞭阳崮附近。

119

他见瞭阳崮地势险要，就想将瞭阳崮霸占了作为他的巢穴。李殿全为了实现他的如意梦想，首先拿下了张家寨，将此处作为他的据点，然后集中攻打瞭阳崮。然而，由于瞭阳崮上防守严密，加之地势险要，土匪几次攻打都没有攻下来。

土匪头子李殿全不攻下瞭阳崮誓不罢休，他决定买通崮上的人作为他攻山的内应。内应也就是老百姓俗称的"钩子"。

找谁做内应呢？他选择了板崮崖村的包丕言。此人时年18岁，家里开着杂货店，有几十亩地，在当地也算是个小财主。包丕言爱财如命。若是村里有人被土匪绑票，他会主动跑到土匪那里"说票"，从中图些好处。还有一个内应是上东门村的公方忠，此人因在山上点灯不慎烧了数间草屋，被山寨负责人罚了3斤煤油以示惩戒。公方忠因此便怀恨在心，伺机报复。当时做内线的还有野店附近二道河子的伊方臣和他的儿子。他儿子原本就是李殿金手下的土匪，父子狼狈为奸，出卖乡邻。

1933年正月初，李殿全派两名手下，由包丕言带领上山。行至山门，包丕言对把守山门的人说这两个人是他的朋友，上山找他玩的。于是，两个腰插双枪的土匪就轻而易举地登上了瞭阳崮。

这俩土匪上山之后，包丕言和公方忠等人便在吃喝之余，领他们在崮上闲转，将瞭阳崮的地理形势，防御设施，了解得清清楚楚，详细记下来交到了李殿全手里。

正月十二夜11点钟，李殿全率众匪倾巢出动，土匪们都聚集在瞭阳崮北崖下等待时机。包丕言他们用席子和毡布铺在做障碍的酸枣枝子垛上，放下一条大绳，土匪一个接一个攀绳而上，山下的土匪很快都上了山。

土匪们上山后，掏出枪内外夹击，护围的山民不战自溃，乱作一团，纷纷向东西门逃。这时，西门早已被土匪把守，人们只好全部拥向东门。奸细公方忠却谎称"东门下也有土匪"并连打数枪，不明真相的人们便又纷纷逃了回去。就这样，两千多名山民扶老携幼挤在一起，霎时，被人踩死的，掉崖下摔死的，被乱枪打死的，难以计数。活着的也全部落入土匪手中，逃走的极少。

十三日清晨，土匪开始了他们的暴行。他们将老年人和青年人左右分开，将老人用石头砸死，用刀刺死，有的被活活推下山崖摔死。他们肆无忌惮地从人群

中拽出姑娘和媳妇轮番奸淫。有一个妇女被凌辱时咬了土匪一口，被那土匪当场杀死，剥光衣服朝她身上撒尿。一个刚生育 3 天的妇女，被十几个土匪奸污后，因流血过多而死去。更可怜的是一个 12 岁的女孩，被奸污后奄奄一息又被土匪惨无人道地杀害。

在几天的时间里，瞭阳崮上就有 470 多人丧生。

李殿全占瞭阳崮后，经常派人从山下抢民女，掠财物。半年后，这股土匪在瞭阳崮一带的恶行经逐级上报，被当时山东省政府主席韩复榘获悉。他感到此案民愤极大，便派国民革命军会同鲁南民团军一起围剿这帮土匪。1000 余名官兵浩浩荡荡，从坦埠经上东门，过东平村，将瞭阳崮围了个水泄不通。

剿匪部队包围山头一个月之余，山上被困得水粮十分危急。在同年 3 月 27 日终于攻开了瞭阳崮的西大门，上千名官兵一齐冲上了瞭阳崮山头，将 170 多个土匪基本剿灭，所剩无几。在逃的土匪也被当地乡民在朱家坡附近的一所破庙里截杀。李殿全头部受伤，仍手持双枪，负隅顽抗，被剿匪部队的军官侯参谋一枪击毙。

给土匪做内应的包丕言及伊方臣父子，于同年 7 月被捉后，在蒙阴城东的一个场地上被裹了白布，浇了煤油，点"天灯"处死；公方忠潜逃后返村，由于民愤极大，土改时被批斗致死。

★★★ 红色崮事

决战瞭阳崮

1941 年，在沂蒙反"扫荡"中，八路军山东纵队一旅一团在副旅长兼参谋长钱钧的指挥下，曾在瞭阳崮与日寇决战，力挫日寇，打了一场漂亮仗。

自 1941 年秋季开始，日寇侵华军总司令畑俊六坐镇临沂，纠集了四个师团、

三个混成旅的日军加上伪军共 5 万余人，对沂蒙抗日根据地进行"铁整合围""大扫荡"。为了粉碎日寇"围歼"八路军的阴谋，上级决定由八路军山东纵队一旅主力跳出包围圈，进行外线作战的同时，留一支精干坚强的部队在内线，坚持反"扫荡"，伺机歼灭日军。

考虑到八路军山东纵队一旅一团长期在鲁中一带活动，有独立作战的经验，旅部决定把坚持内线反"扫荡"的任务交给一团，由山纵一旅副旅长兼参谋长钱钧负责。任务下达的时间是 1941 年 11 月 1 日，当时一旅旅长是王建安，旅部设在蒙阴县旧寨的一处地主大院里，一团驻扎在沂南县水塘崮村。

任务下达后，八路军山东纵队副指挥兼一旅旅长王建安率特务营向金泉庄转移，副旅长胡奇才率二团向泰山区转移，刘春率旅部和三团向鲁南天宝山区行动，钱钧与一团团长李福泽、政委王文轩、副团长杨万兴、参谋长高文照等率一团死死地咬住日军，候机歼敌。

沂蒙反"扫荡"中在内线作战的任务，让一团既亢奋又紧张，并深感责任重大。因为利用何种方式与武装到牙齿的日军进行生死搏斗，这个问题上级没有决定，由一团自行选择。

每当战前，钱钧都要反复地仔细察看地图，这是多年养成的习惯。此刻，钱钧凝视着地图，一动不动。现在他的思维聚焦在地图中心沂蒙山的千山万壑。沉思良久，他决定带领一团在沂蒙山和日军"推磨"。在八百里沂蒙和日军周旋，用"推磨"比喻十分贴切。

11 月 2 日凌晨，一团没吹起床号，全体指战员，便在黑暗中悄悄地摸索着打背包，捆铺草，擦拭枪支，给牲口整理鞍具；伙房里热气腾腾，炊事员们正在为战士们烙锅饼。炊事员的任务很重，他们要为每个战士准备一星期的干粮。有的连队在进行战斗动员，有的连队则动员完了。

此时钱钧获悉，新泰的日军已分成三路向旧寨移动，还有蒙阴、泰安、临沂、泗水，台儿庄的日军也已纷纷出动，公路上日军的汽车、马队、坦克争相出动。种种迹象表明日军从四面八方向水塘崮、罗圈崖方向进犯。

果然，3 日天刚亮，西南方向山纵指挥部驻地便传来激烈的枪炮声。山纵一

旅指挥部被日军包围了。钱钧和其他几位团首长紧急磋商后，决定由团参谋长高文照率领一营前去支援。钱钧率其他两个营，作为二梯队，随后跟进。

上午 10 点整，部队在田家村东山附近与日寇遭遇，战斗打响。

漫山遍野持枪的日本兵，正以梳篦队形包抄了过来。日军的包围圈已经开始收拢了。指挥部是否能够从这里胜利突围，全靠一团今天救驾的这一仗了。

钱钧命令把全团的 20 余挺歪把子轻机枪集中在一起，向着日军进攻队形最密集的地方开火，全团千余名沂蒙子弟兵，枪上刺刀，手榴弹拉出弦，全速跟进投入战斗。

几十挺轻机枪一齐怒吼，复仇的子弹打得日军一个个跌进山沟，再也爬不起来。随着冲锋号的响起，日军的包围网被撕开了。

高文照率一营冲过去了。钱钧带领着战士们，也像一阵旋风似的，冲了上去。与日军展开肉搏厮杀。一团终于杀出了一条血路，冲出了包围圈，随后又向正在攻击山纵一旅指挥部的日军，发起了冲锋。又是一场血战后，日军溃退了。钱钧和王建安终于会合。

又打了半个小时后，钱钧看指挥部已走远，天色已晚，正准备命令部队撤退，而此时，日军发现一团的兵力不多，于是从山脚下尾随着追了上来。一团再杀回旧寨以西，战场上，留下了一堆堆日军血肉模糊、横七竖八的尸体。随后，一团指战员趁着朦胧月色，来了一个干净利落的急转弯，一夜急行军于 4 日凌晨到达瞭阳崮。

瞭阳崮周围山岭起伏，沟壑纵横，重峦叠嶂，尤那一条狭窄的山谷，深幽莫测。钱钧命令前卫营迅速跟进抢占制高点，掩护部队前进。

前卫营刚上去不久，一股合围山纵指挥部扑空后撤的日军就扑了上来。随着钱钧的一声令下，山谷两侧的山坡上，机枪、步枪、手榴弹、迫击炮一齐发射，拥堵在山谷中的日军被这犹如神兵天降突如其来的枪声打蒙了。他们伏在地上，东躲西藏，在这狭窄的山谷里，日军的兵力和重武器难以展开，只有挨打的份儿了。

在山坡上正紧张注视着战斗形势的钱钧，发现敌指挥官正指挥敌兵拼死往上爬，于是便命令部队，少开枪，多用手榴弹。于是一个个手榴弹飞向谷底，倾泻

而下，在日军当中落地开花，日军被打得无处躲藏。这时，日军不停地发射信号弹求援，很快，从沂水方向飞来两架日军飞机。沿着山沟来回盘旋。由于敌我双方近在咫尺，日军飞机无法进行扫射，只好盲目地扔下几颗炸弹飞走了。

战斗持续了一整天。黄昏后，日军丢下几百具尸体，终于败退了。而八路军山东纵队一团却无一伤亡，只是被炸死了两匹骡子。

瞭阳崮一战，牵制了日军，为八路军山东纵队一旅指挥部队顺利转移争取了时间，是八路军山东纵队一团在沂蒙反"扫荡"中打得最为精彩的一仗。战后，山沟里日军尸体的血腥味、恶臭味数天不散。后来打扫战场时发现，山谷里的手榴弹皮有一寸多厚。

参考资料

①孙孝荣等口述，戴存满、张明亮整理：《瞭阳崮惨案》。

②王善刚：《钱钧将军在沂蒙反"扫荡"》，琅琊新闻网 2014 年 10 月 17 日。

司马寨

司马寨
古代帝王
封禅之地

司马寨，位于蒙阴县野店镇南8公里，邓家崖村南，西为高都镇境，东为旧寨乡境。海拔568.8米，石灰岩地层，因明末兵部尚书秦士文的夫人率子在此守崮而得名。崮顶为圆形，岩层高30~35米，周长750米，崮顶面积约1.87万平方米，有东、西两门，崮顶建有玉皇庙，为上古帝王封禅处，有金、元以来历朝山寨文化遗址。

崮乡崮事

司马懿不曾到这里

初夏，司马寨脚下的樱桃峪村，山坡、山脚被一片片的樱桃、板栗、苹果等果树覆盖，满目翠绿。正是樱桃成熟时节，果农们忙着采摘。

在果树林里穿行，与忙碌的果农们擦肩而过，被蚯蚓般的山路牵引着，来到司马寨东门之下，仰望崮顶悬崖之巍峨。

山半坡有座面积不大的山神庙。沿小庙一侧的小路上攀，便可登上通往山寨东门的台阶。台阶用厚厚的条石铺成，满是沧桑。此段台阶长且陡，石缝里长满杂草，给台阶的边缘镶嵌上绿色，虽有美感，但也彰显着野性和荒凉。

东寨门有三四米宽。巨石门槛已被岁月磨得光滑，两边的门垛只剩不到两米高的残存。

东寨门

司马寨也叫云云山或云云崮。之所以叫云云山，当地人说是因为司马寨到阁老崮之间有七个山头，像云朵一样，绵延相接，所以叫云云山，也叫九顶铁塔山。而为什么叫司马寨，许多人都一头雾水。有一

张昌军介绍司马寨历史文化
（2023年4月23日拍摄于蒙阴县城张昌军家中）

种说法，这里曾经是司马懿屯兵打仗的地方，所以才叫司马寨。这一说法纯属臆想，没有任何历史依据，况且，魏晋时期的司马懿怎么会来此地呢?

关于司马寨名字的来历，蒙阴县文化馆退休干部张昌军给出了这样的解释:明万历年间，蒙阴县常路镇有个叫秦士文的人，很聪明。他的父亲是一位民间良医，后升任御医，授郎官。1604 年(明万历三十二年)秦士文中进士，做了县令后，他勤于政事，深受百姓爱戴。因政绩卓著升任陕西洮岷兵备、布政司参政、按察司佥事。天启六年，因北京宣化边事告急，秦士文被授以观察衔晋升佥都御史，领兵与匈奴一战，军威大振。秦士文以赫赫军功，官至大司马、兵部尚书。因受奸党陷害，秦士文 60 岁在老家蒙阴去世。

明崇祯十六年，发生了李自成起义。起义军一位姓丁的头领带领 10 万人血洗蒙阴城。秦士文的四个儿子保卫蒙阴城时牺牲了一个。后来秦士文的夫人带着三个儿子和 300 名家丁上了云云山结寨而守。因为是大司马的夫人带人守寨，所以这个山寨人们就叫作司马寨。

司马寨还是古代封禅之山。《史记·封禅书》记载:齐桓公称霸诸侯之后，欲行封禅，问管仲自古以来封泰山的故事。管仲对曰:"古者封泰山禅梁父者七十二家，而夷吾所记者十有二焉。昔者无怀氏封泰山，禅云云;伏羲氏封泰山，禅云云;神农封泰山，禅云云;炎帝封泰山，禅云云;黄帝封泰山，禅亭亭;颛顼封泰山，禅云云;帝喾封泰山，禅云云;尧封泰山，禅云云;舜封泰山，禅云云;禹封泰山,禅会稽;汤封泰山,禅云云;周成王封泰山,禅社首;皆受命然后得封禅。"

何为"封禅"? 我国原始社会有崇拜山神、祭山习俗。居住在今山东境内泰沂山系及其周围的古代东夷部落，有崇拜山神的习俗。《史记·封禅书》:"(封)此泰山上筑土为坛以祭天之功，故曰'封'。(禅)此泰山下小山上祭地，以报地之功，故曰禅，言禅者，神也。"意思就是，帝王封禅，到大山举行祭天仪式，就是所谓封;到小些的山头举行祭地仪式，就是所谓禅。后世所以封禅泰山，是古代东夷部落对泰沂山系诸山举行祈祷、祭祀习俗的流传。

以上历史记载说明，云云山自传说中的原始社会到春秋初年，历代帝王在司马寨(云云山)举行封禅礼仪活动，形成了中华民族悠久的祭祀文化。

当地村民说，司马寨上曾发生过"毛子事"。

传说，光绪年间，八国联军侵略中国时，一伙义和团的人被这伙"老毛子"追赶至此。义和团的人上了司马寨，"老毛子"攻打不下，就将崮团团围住，打算把义和团的人困死在山上。山上无粮无水，过不了多久，义和团就挺不住了，很多人都饿晕过去。就在这时，有一位老太太送来了一篮子馒头。快要饿疯的义和团一看就这么点馒头能够几个人吃啊，于是就舍不得吃。老太太说你们就放开了吃吧，结果这篮子里的馒头光吃不见少。正值8月，天却突然下起大雪，整个山寨被厚厚的积雪覆盖，困在山上的义和团人如今是既不愁吃也不缺水，终究没有被"老毛子"困死在这里。

原来，这个老太太是泰山奶奶，她送来吃的，降下雪，救了山上的义和团。后来人们就在山顶修了座泰山奶奶庙。

开阔的崮顶上除了些柏树，没有太多树木，多为荆棵、山枣类矮状灌木，草木丛中多有石屋建筑遗存。站在崮顶东望，下面的一个山包上有两座用石头垒砌的建筑遗迹，当地人说，这建筑是当年日军留下的炮楼残存。

崮顶上唯一的建筑便是这座重修的玉皇庙。从庙里残留的石碑可以大致了解到这座玉皇庙悠久的历史。

崮顶的寺庙

玉皇庙现存古石碑共有8块，部分碑文难以辨认，其中一块是乾隆四十三年六月间立的"重修玉皇庙碑记"。可辨文字记载："云云山邑内为名山，旧谓帝王

封禅与泰山梁父并传……”这些从乾隆、道光到民国年间的重修碑记，都是记录了庙宇的修复状况和捐资者姓名。这座庙是何年代创修，从现存的碑记中找不到答案。

据樱桃峪村村干部徐敏生介绍，这座玉皇庙是 2007 年当地群众自愿捐资修复的。每年的正月初九、三月初三及九月初九庙会时，司马寨人山人海。

玉皇庙坐北朝南，以玉皇殿、三门殿为中轴线，左右两侧分别为药王殿、文昌殿及钟楼、鼓楼，主奉神像为玉皇大帝。玉皇殿两侧分别是王母殿和碧霞元君殿。整座庙宇建筑布局合理，古朴典雅，错落有致。

由此看来，司马寨不仅是古代祭祀封禅文化之山，还是一方道教文化圣地。

★★★ 历史崮事

北麓书堂

在司马寨山下，有一处被称为“蒙阴八景”之一的张子书堂，南临莫庄河，依山面水，风景秀丽。这里曾是元代张子所设的义学。

清康熙二十四年（1685 年）版《蒙阴县志》记载：“张子书堂在城东北三十里莫庄之西北，即北麓书院也，久废。旁有洗砚泉（出自明代）。”

张子，名垫，当年他变卖家产在司马寨山前建起了张子书堂，又名北麓书院。早年间还有一处洗砚泉，潺潺泉水流入到莫庄河里。原书堂西有一深沟，张子在沟上修了一座漫水桥，引泉水流下。清康熙《蒙阴县志》载张子书堂“旁有洗砚泉”，即指此泉。后来这里修建水坝，此泉也淹没在库底。据说当年张子还曾在这里修建了一座竹桥，也被后人纵火毁坏了。

张子品德声名远播，书院遗址也吸引了不少文人墨客前来思古寻幽，留下不少诗文。

据道光十年（1830年）碑文记载，书堂是元代地方文人张垫设所的义学。张垫多次谢绝官府的做官邀请，变卖家产创办义学，免收贫苦学子学费。他教学认真，桃李满天下。

曾任蒙阴知县的杜洽曾写过一首《咏蒙阴八景》之一《北麓书堂》，诗曰："北麓书堂北麓开，荒基犹自锁苍苔。映阶草色还今昔，入望云烟自往来。精舍百年仍旧隐，遗编千古见心裁。劳劳当日元君命，不见高风属草莱。"大意是，北麓书院的大门就在北山脚下，旧基已经荒废多年却长满了青苔。台阶上的草色和当年一样绿意浓浓，放眼眺望远方的云彩悠闲地飘荡。张子曾经隐居在这里，他的遗作虽历经漫长岁月，仍然表现出别出心裁的构思。当年元朝的皇帝虽然授予他爵位，但他依然寄情于草莱之间，坚持高风亮节的做派。

明成化年间进士程敏政有诗《题石砚泉砚瓦沟》曰："一派泉声出涧长，千金犹带墨痕香。源流色正分元武，删述攻深仰素王。泗水有鱼还识字，荣河无马复呈祥。稽疑欲借图经看，断港徘徊又夕阳。"

迎仙桥

司马寨山下还有一座北楼迎仙桥，位于旧寨乡北楼村西南，横跨在由北向南流淌的河滩上，是一座三孔石拱桥。桥长30米，宽5.35米，高4米。桥面用青石板及条石铺成。桥面两边各立栏柱5根，间隔栏板4块，上面饰有石刻，浅浮雕刻，为"八仙"传说意境。

桥南侧由东向西栏块画面依次为花篮、荷花，寓意为蓝采和与何仙姑；菊花、牡丹、长尾鸟、古松、仙鹤、竹子，宝葫芦、芭蕉宝扇寓意为铁拐李和汉钟离；桥北侧由东向西栏板画面依次为玉板、宝剑，寓意为曹国舅和吕洞宾；绣球、狮子、

梅树、梅花鹿、喜鹊、麒麟、渔鼓，毛驴、紫箫寓意为张果老和韩湘子。南侧栏柱上图案由东向西分别为葡萄、莲花、石榴、荷花，造型优美，雕刻精细，寓意吉祥。柱头上石雕像由东向西依次为狮子、莲蓬、猴子等，妙趣横生、形神俱备。

上游距桥1.35米处两岸各有一石牛，东雄西雌，石牛身长1.72米，通高0.60米，头部略残，盘卧，身躯肥壮，颈部粗短，眼外鼓。下游距桥2米处两岸各有一石狮，整体高0.83米，底宽0.45米，蹲坐在石座之上，头略侧歪，胸前佩戴铃铛。石牛、石狮雕工精美，形象生动。桥西约5米处，立碑三丛，中间碑石上刻记重修迎仙桥的经过。其余两碑上刻记捐资者的姓名及数量。三碑皆完好无损。

据史料记载，迎仙桥始建于明朝，清同治年间被损坏，光绪三十三年（1907年）重修。桥上雕刻的民间传说中"八仙"手中的法宝，寓意吉祥，故名迎仙桥。迎仙桥历经600余年风雨沧桑，是全省仅存的四处古代桥梁建筑之一。该桥建筑结构紧凑，布局合理，造型雅致，雕刻技艺高超，富有动感，具有很高的历史研究价值和艺术观赏价值，是一处集建筑艺术和雕刻艺术于一体的历史人文景观。

2006年12月，北楼迎仙桥被列为省级重点文物保护单位。

红色崮事

司马寨上抗击日寇

司马寨历史上曾发生过多次战斗，有八路军与日军的抗击，也有解放军与国民党军的较量。其中，1941年发生过一场八路军山东纵队与日军的战斗，虽然当地史料中没有详细记载，但有一名叫徐京华的八路军后代，根据他父亲的回忆，记述了司马寨的那场战役。他父亲叫徐兴儒，1941年11月初率一个排的战士，在司马寨与日军进行了一场惨烈的决战。

1941年11月2日，日军对八路军蒙阴大崮山根据地进行"扫荡"，徐兴儒

时任八路军山东纵队第四旅大崮山独立团一营三连副政治指导员，当年只有18岁。他奉命与一营干事李小平，率一个排坚守司马寨，阻击日军对大崮根据地的进攻。战斗当天夜里打响，日军趁夜色向上冲，战士们依据山寨的石墙打击日军。战士们将手榴弹准备好，待日军进攻到三四十米处时，一声号令，将手榴弹一齐抛向日军，日军被一次次炸得连滚带爬地退了下去。

战斗打得非常激烈，从夜里一直打到天明。天亮后，山上的阵地暴露在日军面前，战斗更加残酷了。日军的机枪能够准确地进行压制性射击，把作为掩体的石墙打了一个个大黑洞，直冒烟。战士们中也陆续出现了伤亡。

面对数量和武器占优的日寇，战士们顽强战斗，一直坚守到一营副教导员展明派通信员来送命令让他们撤退。但此时他们的退路已被日军截断了。在突围的过程中，徐兴儒抱着誓死不做俘虏的信念，勇敢地跳下悬崖。

据徐兴儒回忆，当时他正找路下山，忽听有个战士喊：副指导员，日军！回头一看，日军已离他很近了。日军的钢盔、刺刀和黄呢子军服上的铜扣都看得很清楚，锃亮。来不及多想，他就从山上跳了下去。

好在这处山崖有一定坡度和很多树木，连跌带滚到了山下后，才发现帽子和鞋都没了，枪也没了，活动一下四肢，还好，没有大伤，但牙跌掉了好几颗。

回到部队休整时，徐兴儒被告知因战斗失利要接受行政撤职处分，因丢失枪支要接受党内严重警告处分。后来组织上认为他"对党忠诚，作战勇敢"而取消了行政撤职处分，只因"丢失枪支"记了一个党内严重警告处分。随后，他与战友们又立即投入新的战斗。

这次战斗最终以惨烈的突围结束，但牵制了日军对大崮山根据地的围攻，由此而产生的影响仍是深远的。

参考资料

①孙昌盛：《上古封禅之山司马寨》，中国崮文化网2014年7月11日。

②徐京华：《父辈的抗战》，国家粮食和物资储备局网2015年9月10日。

云头崮

云头崮

崮上白云飘
崮下战马啸

云头崮，位于蒙阴县坦埠镇驻地西 6 公里，寨后村北。海拔 560 米，因常有云雾缭绕而得名。崮顶西南、东北耸列，岩层高 15 米，崮顶均宽 20 米，长 400 米，面积约 8700 平方米，西南有登崮之路，崮顶东北侧又有岩层耸立，高 20 米，长 50 米，均宽 8 米。有明、清以来山寨文化遗存。崮下山谷有孟良崮战役指挥所——将军洞。

崮乡崮事

山半腰的小石屋

　　知道云头崮，源自当年那场举世瞩目的孟良崮战役，陈毅、粟裕两位指挥员就是在云头崮下老君洞里运筹帷幄，指挥千军万马与国民党反动派决战，并取得最后胜利。

　　拜谒云头崮，却颇费了一番周折。去老君洞直接经过蒙阴县坦埠镇寨后村，想当然地认为登云头崮自然便是这个路线。殊不知，走寨后村没有通往云头崮的路，只能把车停在村后，然后步行二三里的山路，方能抵达崮下。一位村民建议开车走旧寨镇的向阳峪，说那里有路能转到云头崮下。于是便开车来到了向阳峪，到了村后却不知所往。眼前却是原鲁光化工厂（802厂）军工遗址，石混结构，风格简约的旧厂房上爬满青藤。而此处所在位置却是腾龙崮。

　　一心奔云头，无心赏腾龙。在村民的指引下，便开始了从腾龙崮向云头崮的行程。窄窄的水泥盘山路曲曲弯弯，只能容一辆车行走，中间不时会有岔路，因都是生产路并无指示牌，问了七八位村民，转了数小时的山路，转来转去，没有到达云头崮，却又转回了寨后村。最后还是在寨后村东面的张林村，找到了一条通往云头崮的山路，方才终结了登山旅途的折腾。

　　正如山下村民所讲，云头崮不好攀登，不仅坡陡，而且所行之处都被荆棵、酸枣、野藤等植被所覆盖，可

山间破败的老石屋

谓是荆棘密布。坡上常有大石块出现在草丛间，可供歇息稍坐。

半山腰处，有一间面积很小、没有顶子的石屋，陈旧破败程度，就像峁顶山寨遗存一样。但这应该是很久以前独居老人的生活场所吧。

看到这石屋，倒让著者想起当地流传的一个故事来。

传说很久以前，云头峁下住着一位老汉。老汉妻子早亡，一个人辛辛苦苦把三个儿子拉扯大，也都给他们娶上了媳妇。谁知当老汉年迈了，三个不孝之子谁都不想赡养，就合伙在半山腰给垒了间小房子，让老汉自己过日子。

一天，老汉刨地时刨出一个盆来，就拿回家盛粮食。结果盆里的粮食怎么吃都不见少，把铜钱放在里面怎么花也花不完。老汉这才知道自己得了个聚宝盆，从此也就过上了丰衣足食的日子。

这事让三个儿子知道了，于是都孝心大发，想把老汉接到山下家中赡养，最终继承老汉的聚宝盆。

老汉清楚三个儿子心里打的"小算盘"，说下山可以，他得坐在聚宝盆里，让儿子抬他下山。结果，三个儿子把老汉放在盆里抬下山后，拽下一个老汉盆里就又冒出一个老汉来，一连从聚宝盆里拽出了三十个老汉，儿子怕拽多了养不起，就让第三十个老汉坐在了盆里。

为了最终得到聚宝盆，三个儿子只能好生赡养着三十个爹，给他们养老送终。直到坐在盆里的老汉也去世了，三个儿子心想把这个老汉安葬了就可以得到聚宝盆了，到时候要多少财富就有多少财富，这些年的付出也值了。

谁知把老汉的尸体抬出来，盆里就又冒出一个老汉的尸体来，再抬出一个又冒出一个来。三个儿子再也不敢往外抬尸体了，就把老汉和聚宝盆一起抬到云头峁下一个山坳里埋了。

其实，传说不可能是真事，这个故事是在教育人们要轻财富、重孝道。

传说中的聚宝盆不可能有，而如今满山披绿的云头峁成了乡亲们的聚宝盆，一棵棵的果树，就是他们取之不尽的财富。

云头峁的南面是茂峁寨，当地村民表述不清就说叫蘑菇寨。与海龙寨、三顶山、大小寨子山、游西山绵延相接，峁顶东端岩石崖壁陡峭，远望呈灰白色，直

插云霄，看上去像大团白云，也许这就是取名云头崮的原因吧。

不论是云头崮，还是与其相连的几座山头，顶部的植被都非常好。崮周边靠近悬崖的地方为一排排的侧柏，其他杂树多为刺槐。

崮顶巨大的岩层分为四块，由北往南依次渐小，越小的越陡峭。站在崮顶视野极为开阔，南望可及5公里外的龙架子山，西望是南崖子顶，东与海龙寨不足百米，但有深渊相隔，北望和东望，瞭阳崮、晨云崮、奶头崮、油篓崮、安平崮、大崮尽收眼底。和其他的崮一样，云头崮顶也有古山寨房屋、围墙等遗址。有残存舂米用的石臼窝。这些都是崮下居民当年为躲避土匪骚扰而修筑的。

云头崮是吉祥之崮，是一方百姓的平安崮，它曾佑护了这片土地居民的安宁；云头崮是红色之崮，它见证了共产党人为了新中国浴血奋战的英雄壮举。

★★★ 历史崮事

千年古寺沐风雨

从云头崮往东南行约5公里，便来到古老的佛教圣地——中山寺。

中山是一座并不算高的小山。但山不在高，有仙则名。中山寺就位于中山脚下，坐西朝东。是因为这里有座中山寺才把这座小山叫作中山的，还是因为寺庙建在了中山脚下才叫中山寺的呢？

据了解，从这座小山往

中山寺外景

西到泰山，往东距浮来山，都相隔百里，居两山之中，故得"中山"之名。由此看来，这中山寺定是因山而得名的。

中山寺门前有两棵古槐，相传植于唐宋年间，距今已在此处生长了千余年。古槐干虽苍老，但依然枝繁叶茂。寺门两侧，楹联上书"宝殿映祥云三圣灵光耀天宇，佛门逢万世八方善士皈大同"。

中山寺是座千年古寺，建于隋，兴于唐，复建于宋元丰年间（1078—1085 年）。寺庙规模宏大，主体建筑有大雄宝殿、文昌殿等。殿内供奉着如来佛祖、观音、十八罗汉等塑像。据史料记载，中山寺鼎盛时期，庙中有 500 余僧人。香火缭绕，香客众多，庙地 500 余亩。在漫长的岁月中，中山寺几度兴衰。

清康熙二十四年《蒙阴县志》载："在城东北六十里坦埠集之西北，有中山古刹，昔年金碧辉煌，今就倾颓也。"钟楼上重达 1 吨有余的大铁钟铸于金大定二十八年（1188 年），如今仍钟声洪亮，声震数里。庙宇内外生长着很多的古树，几棵古柏的树龄达 2000 年，古银杏树有几人环抱粗，树龄也达千年。古树均枝繁叶茂，生机益然。

中山寺的"中山晚照"是蒙阴古八景之一，薄暮时分若天缘凑巧，夕阳穿过山谷，光芒笼罩山林，烟霞弥漫，斑斓绚丽，山谷犹如披上金色绸缎，如梦如幻。清康熙年间蒙阴知县刘德芳曾这样描述中山晚照："中山山入万山中，返影深林挂碧空。一幅营丘余沈在，不知烟景更谁同？"但此景极为罕见，令无数慕名而来的人无缘得见，只能遗憾而归。

唐朝诗人白居易和宋朝文学家苏轼曾到此游览，并留下诗句。据康熙二十四年版《蒙阴县志》记载："白居易，号乐天。尝游中山寺，徘徊不去，栖息数月，吟咏最多，今只有七言一律刻响石上。"据传，中山寺原有一响石，"其石颇巨，空透玲珑，击之声韵清越"。宋代乾兴年间专门构建栖真亭，真宗赵恒御制响石诗，刻诗于上。栖真亭响石诗在历代县志上均有载。据说宋文学家苏东坡也曾至此。白居易、苏轼诗句刻石皆留于寺内。

古代遗留下的石碑

中山寺历经千年风雨，虽无昔日鼎盛之景象，但一砖一瓦、一树一木，皆镌刻着厚重的历史，盛载着古老的文化。

老君洞里运筹帷幄

云头崮下有一植被茂密的山谷，从东面入口，便可进入这三面环山的山坳。山坳北侧有一山洞，叫老君洞。当年，孟良崮战役时，陈毅司令员和粟裕副司令员就是在这个山洞里运筹帷幄，指挥千军万马驰骋沙场，最后取得了胜利。如今的老君洞已改名为将军洞。山洞上方"将军洞"三个大字是迟浩田将军所题。

对于孟良崮战役指挥所，在沂蒙地区有三个地方：一个在沂水夏蔚双山村；一个在蒙阴坦埠老君洞；还有人说在蒙阴县野店镇道士海村。

对于这三种说法，其实都不是妄言，是有事实依据的。当年的真实情况是，在孟良崮战役打响之前，华东野战军的领导机关就驻扎在沂水县双山村，是在这

里制订了战役方案并报中央军委批准。作战命令发布以后，粟裕副司令员率领机关部分人员，来到蒙阴县坦埠镇云头崮下的老君洞，设立了孟良崮战役前线指挥部。陈毅和粟裕在这里共同指挥了震惊中外的孟良崮战役。而蒙阴县野店镇道士海村，是陈毅在孟良崮战役期间曾经在这个村子里住过。

孟良崮战役是解放战争时期，中国人民解放军华东野战军于 1947 年 5 月 13 日至 16 日由毛泽东指示，陈毅、粟裕指挥，在蒙阴县东南孟良崮地区对国民革命军整编第七十四师进行的进攻作战。孟良崮战役是一场山地运动歼灭战，该战役全歼国民党"五大主力之首"的整编第七十四师，一举扭转了华东战局。

老君洞所处的位置十分隐秘，也并非真正意义上的山洞，更像个石头棚子。顶部是厚厚的石板，下面是数米深的溶洞。正北的洞与西侧的洞相连，洞口是完全开放式的。现洞内有雕像还原了当年陈毅、粟裕在此指挥作战的场景。

有资料表明，华东野战军领导机关于 1947 年 5 月 3 日，进驻沂水西王庄。5 月 12 日凌晨，华东野战军司令部向全军下达了歼敌第七十四师、第二十五师的作战命令。与此同时，粟裕副司令员带着部分精干机关人员，到距离西王庄 15 公里外的坦埠，在张林村、寨后村北云头崮下老君洞里，设立孟良崮战役前线指挥部。

将军洞

老君洞内复原当年指挥部场景

次日早晨，陈毅司令员也来到坦埠老君洞前线指挥部，首长们在老君洞指挥了震惊天下的孟良崮战役，取得了孟良崮战役重大胜利。

洞顶常年往下滴水，西侧洞壁悬挂着许多钟乳石。石的顶部有一凹一平两个圆顶，这便是村里人所说的"石锅"和"石鏊子"。这"石锅""石鏊子"传说是太上老君在此炼丹用的。这个宽敞的山洞，以前也是村民放羊、放牛时躲风避雨、歇息凉快的地方。

现在这里作为"孟良崮战役前线指挥部遗址"，已成为蒙阴县重点文物保护单位。

参考资料

高自宝：《坦埠云头崮下老君洞》，微信公众号：《高自宝的沂蒙村庄行走》，2023 年 4 月 15 日。

黄山崮

黄山崮

黄山崮，位于蒙阴县蒙阴街道东约15公里，云蒙湖畔的公家万村北。海拔354米，石灰岩地层，岩层高23~25米。黄山崮坐北朝南，东西走向，呈弧线形内兜，因崮顶像马头，也被称为"马头山"，崮顶面积约1.1万平方米。东西两个端微微翘起，老百姓习惯称其为东、西马头。崮顶平坦开阔，有明清以来的山寨、房屋、围墙、岗堡遗址。前侧有翰林旺，为翰林编修公家臣墓地，碑碣仍存。

崮顶老石碑　崮下新雕像

　　和周边的那些崮比起来，黄山崮并不算高，也不算险。沿公家万村后一条蜿蜒山路，便可登上黄山崮的东崮顶，当地人称之为东马头。在山下仰望没觉得崮顶崖壁有这么高，抵达近处方觉得高二三十米的悬崖峭壁依然奇峻无比。

　　站在东马头南望，是波光粼粼的云蒙湖，东汶河和梓河在此交汇，形成了这片开阔的水域。崮前的公家万村便坐落在这山水之间，风光之地。

　　如果站在云蒙湖畔北望黄山崮，其形尽览。两头凸起，中间略高，南北纵向，内兜成"U"字形。有人说黄山崮就像一把太师椅，两边马头似扶手，中间凸起如靠背；有人说黄山崮似马鞍；还有人说黄山崮似一个大元宝。心态不同，看事物的角度就不同，心里有啥，自然就会看着像啥。但不管像啥，黄山崮所独有的依山抱水的气势，令人赞叹不已。

　　东马头也叫东寨门，是古时崮顶山寨据险扼守之处。沿此前行不远，开阔平缓的崮顶上遍地都是乱石、断壁。这成片的乱石堆便是山寨遗址。据了解，在兵荒马乱的年代，崮下村庄千余百姓在崮顶的山寨上居住，躲避匪患。

　　在崮顶一岩石面上，赫然立着一块石

黄山崮的东马头

碑。石碑约 1 米半高，30 厘米厚，两面都刻着密密麻麻的文字，因年代久远，字迹均被风雨侵蚀得模糊不清。从一些可辨文字可以了解到一些信息。此石碑立于清朝同治八年（1869 年）。

为什么要立这么一块石碑在崮顶呢？

碑文的大致意思说，有安徽、河南一带的土匪常来此骚扰，为"免蹂躏"，崮下的村民来到崮顶的山寨上共同抵御外患，有钱的出钱，有力的出力，团结一致，没有让土匪攻上寨来，生灵免遭涂炭。石碑的另一面则是在守寨抗匪过程中捐资人的名字。原来这是山寨居民在消除匪患"将别山归村"之时，立下的一块"功德碑"。

据蒙阴县原作家协会主席、民俗专家公衍余介绍，石碑上所称的"皖豫余匪"其实指的是太平天国运动和后来捻军起义的农民起义军，再往后，在这一带扰民的土匪基本都是民国年间以刘黑七和石增福为首的"光棍"。

崮顶上的功德碑

离开石碑往西，便是一道南北纵向的石头围墙，墙体有 1 米多厚，现已坍塌。据说当年此墙高达 7 米之多，墙内是山寨的房子，村民们生活的地方，而墙外则是村民在崮顶上开垦出来的田地，可以种粮食满足生活之需。过去种粮的崮顶如今生

公衍余介绍黄山崮
（2023 年 5 月 22 日拍摄于黄山崮下）

长着大片的柏树。

站在围墙的断壁之上环顾四周，西南方向的山头叫尧山，而东面的山头叫重山，这两座山都是独立的山头，耸立于黄山崮的左右。传说尧山是尧帝到过的地方，而重山则是大禹父子治水之时驻扎过的地方。东马头下面的村落是公家万，西马头下面的村落叫熊家万。回望西北，凸起的三个山包分别是大黄墩、半边寨、小皇墩。大黄墩是黄帝登临之地，小皇墩是宋太祖赵匡胤带兵剿匪驻扎的地方。黄山崮上盛载着很多关于这位宋朝开国皇帝的传说，据说他的妹妹赵美荣死后就葬在黄山崮下的山坳里。

赵匡胤是北宋初年军事家、政治家。传说黄山崮一带曾匪患严重，民不聊生。赵匡胤驻扎于黄山崮山脉的小皇墩指挥剿匪，但土匪久剿不灭。赵匡胤就想将这股土匪招安，但土匪头子刘贵兴提出，赵匡胤只要将其妹妹赵美荣嫁给他，他便臣服。为了一方平安，赵匡胤便把妹妹嫁给了刘贵兴，并将其封为大臣。从此，这一带百姓得以安生。赵美荣百年之后也就埋葬在黄山崮下。

从东马头登，自西马头下，沿山下的路回返，便经过一处山坳，这个地方当地百姓叫"翰林旺"。翰林旺处在公家万村后，是公氏家族的墓地。最早是明末万历年间著名的文学家、诗人公鼐的父亲公家臣先葬于此处。据说当年公鼐的父亲公家臣路过此地，相中这块风水宝地，后来还多次带着公鼐来过，称"东方佳地，汝与南陵公谛视之"。遂把黄山崮脚下定为自己百年栖身之地。

公鼐与其父公家臣皆为明朝翰林院编修，有"父子翰林"之美称，父子二人更与公逸仁、公跻奎、公一尝合称"五世进士"。公家臣在南京为官时病逝。公鼐去接家父灵柩的路上，父亲托梦对他说要"汝视葬地，无过如赵氏北墙下"。当时公鼐百思不得其解，北墙下或许是黄山崮下北边的靠山可谓之北墙，那么赵氏又从何而来？可就在此处挖墓穴时，挖到了赵匡胤妹妹赵美荣的墓，"赵氏北墙下"便迎刃而解。

翰林旺往东的黄山崮下，是修建于 2016 年的公鼐文化广场。广场中央耸立着公鼐的巨石雕像。公鼐 14 岁时，他的父亲公家臣考中进士，不久被授为翰林院编修，公鼐即随父入京读书。父亲的言传身教和翰苑文英的指点熏陶，使他学

业日臻精深，16岁时写下的七律《拟秋怀》已颇显大家风范了。但是在他刚满20岁时，公家臣因触怒张居正而贬官，他只好重新回到故乡蒙阴，从20岁至40岁的20年中，他忍受着父亲遭迫害、继而去世的打击，同时自己的科考亦不如意，直至40岁时，才考中举人。

公鼐提出"齐风"的诗歌主张，与于慎行、冯琦时称"万历前期山左三大家"，在晚明诗坛占有重要的地位，三人一起标举"齐风"共同推动了万历前期山左诗坛的发展，以地域之风影响全国，成为晚明诗风走向的先导。

★★★ **历史崮事**

赫赫有名的公氏家族

在公家万村南，云蒙湖以北入村口，有一处高大的石雕牌坊，正面刻有"五世进士"，背面刻有"父子翰林"。这是蒙阴公氏家族世世代代引以为豪的荣耀。

公家万村口的石牌坊

为褒扬公氏家族，明朝末年，在蒙阴县古城县署附近修建了"五世进士，父

145

子翰林"石牌坊。当年公氏家族的显赫与荣耀不言而喻,可惜石牌坊未能保留下来。我们现在看到的这个牌坊是公氏后人重修的。

作为蒙阴公氏家族的后人,公丕勤多年来一直致力于公鼐研究。他在《名门望族东蒙公氏》一书中,记载了公氏家族的一些历史。

公鼐出生于明代后期的江北一个声势显赫的"馆阁世家"里,从公鼐高祖公勉仁开始,代代蝉联进士,到公鼐一代,"五世进士、父子翰林",成为明朝末期著名的进士家族。他们或文治,或武功,多有建树,一时彪炳海内。公鼐官至礼部右侍郎兼翰林院侍读学士、协理詹事府詹事、两朝实录副总裁、赠礼部尚书,被视为"两代帝师"。

据史料记载,这五世进士的第一代是公勉仁,明弘治三年(1490年)进士,先后任江西道监察御史,太仆寺少卿。后任都御史,巡抚大同,在边疆10年,边陲安宁。著作有《东山集》。

二世进士是公跻奎,嘉靖十四年(1535年)进士。以工部郎中出守山西潞安府,在边防守,除强抗暴,戍边固防,升湖广副使。后调广西,屡有战功。著作有《中岩诗草》。

三世进士公一扬,嘉靖三十八年(1559年)进士,初授大理寺评事,迁河南裕州知州,仕至工部郎中。著作有《闲音集》。

四世进士公家臣,公跻奎长孙,隆庆五年(1571年)进士,选庶吉士,授编修。公家臣为人正直,因谏张居正"夺情"而遭谪。降泽州判官,后移广平司理,南京户部主事。卒于滁州,赠礼部左侍郎。著作有《东塘集》。

五世进士为公鼐,万历二十九年(1601年)进士。他是公氏集大成者,将公氏的道德文章、功名业绩推向顶峰。

因为公鼐太有才,蒙阴人也跟着沾光。据清《蒙阴县志》记载:鼐"生有异才,龆龀能诗,读书一目即记,载籍靡不腹笥之。弱冠文名炳著海内,直指毛公试而奇之,升蒙阴为'中邑'"。由于公鼐的特异慧敏,主持科举考试的官吏都为之惊异、钦佩,因而把蒙阴由"小邑"升为"中邑",每届蒙阴得以增加五六个秀才名额,这在历史上罕见。

公鼐雕像

公鼐考取进士时已年过四十，本身对于跻身仕途热情也不高，却身不由己地进入明朝权力中心。他当时成了"东宫讲官"，其职责就是给诸皇子当老师。后来，公鼐被提拔为"左庶子"，成为太子的首席侍从、侍讲。公鼐小心翼翼在朝廷服侍7年。终因担惊受怕，身心疲惫，于1617年称病回乡。光宗即位后，公鼐被召回朝廷。熹宗时，公鼐上书要求编纂《光宗实录》，又遭到了魏忠贤的打击陷害，不得不再次归隐蒙阴。

从公勉仁一世进士至公鼐五世进士，历时136年，世代高官的公氏一直保持了清正廉洁的家风，他们不附强权，抗争腐败，体恤民众，出淤泥而不染。这也是黄山崮下的公鼐文化广场也同为清廉文化广场的原因。

公氏家族中除了像公鼐这样的文人，也出过公海这样的武将。

公海是元朝末年万户，世袭军职，他的父亲叫公汉，是一名生员，他的叔叔公羲在军中任军镇抚。公海属于东蒙公氏第八世，战时能统兵三千至一万兵马上阵，平时保护地方平安。

元朝蒙阴境内18处山寨都建在高山崮顶悬崖峭壁之上，有匪乱或外敌入侵时，四方百姓各奔山寨避难。为了保护蒙阴一方百姓，众人公推公海为总领，他治兵有方赏罚分明。每当匪寇来此侵袭，各路人马都由公海统一调度指挥分兵杀敌，敌兵被击退以后，他又组织治田耕作。公海之举，深得百姓拥护。

147

到了明朝朱元璋时代，快40岁的公海被派到辽东守边，按规定年过40可以由子替回。后来他的四儿子公守敬替父亲戍边，公海回到蒙阴故里，居住在上东门。去世后就安葬于此。现在上东门村仍有公海的坟茔。

现在的公氏后人对"蒙阴公氏家族在明代为何能够兴盛"进行探究，他们认为，家族兴盛与家族注重教育是分不开的。蒙阴公氏的一世祖公蕃就"笃行力学，劝掖后进"。十二世公忠则"孝友承先，诗书启后，公氏之兴始于此"。到十三世公勉仁时，蒙阴公氏家族开始繁荣，一门连续五世考中进士，这便是蒙阴公氏家族重教的结果。

明代蒙阴公氏家族既重视对族人的教育，也重视对他人的教育。如第一世进士公勉仁的父亲公恕"酷嗜诗书，受学于诸生阚姓者。入庠后，力劝一乡之子弟从学，不索束金"。第二世进士公跻奎致仕回到蒙阴老家后，在中山寺设中山书院教子、授徒。公一跃博学，曾设立义塾，教生徒。公一楠升祥福县丞后，告老还乡，"自备谷金，延塾师邓姓者，授教众家子弟"。公家珍"诸生时设义学，受业者教之如子，入庠食饩者二十余人"。他在河南襄城县知县和湖广黄州府同知任上，重视民众教育，因"崇学校，清保甲，煮粥活人，解衣推食"，"抚盗安民"，垦荒赎难而得到好评。

明代蒙阴公氏"重孝、正直、友善、重教"的家族文化，对其家族和后人都产生了较好的影响。

战争中的女人

作为蒙阴东蒙公氏，历史上有公鼎一家"五世进士、父子翰林"的荣耀载入史册，革命战争年代，支前模范公方莲的感人事迹同样值得铭记。

1924 年，公方莲出生在蒙阴一个贫苦家庭。她幼年丧母，与父亲兄弟相依为命，维艰度日，受尽煎熬，很小的时候就到地里挖野菜、摘树叶补充口粮。

1928 年，蒙阴境内连年土匪横行，民不聊生，又遭遇干旱、冰雹、蝗虫等灾害，民间瘟疫蔓延，使得老百姓的生活雪上加霜，纷纷外出逃荒。只有 4 岁的公方莲跟随父兄闯关东。抗日战争时期东北沦陷后，一家人又返回家乡蒙阴烟庄。

1938 年，烟庄已建立了中共党组织，中共党员陈万新经常住在公方莲父亲的野外团瓢里。公方莲的父亲和陈万新二人依靠做货郎生意掩护抗日工作。十几岁的公方莲就担负起掩护革命同志、为同志做饭、送饭、站岗放哨、传送通知等任务。因为货郎担生意是革命经费，来往同志们的吃饭问题加重了公方莲家的困难。于是自己家人吃糠咽菜，省下粮食给革命同志吃，还经常借粮食为同志们做饭。

1944 年，公方莲发动村里妇女参加识字班。抗战胜利后，在父亲的影响下，公方莲加入了中国共产党。解放战争初期，她积极参加了大动员参军运动，组织妇女们帮助烈士家属做家务劳动和春耕秋收。

解放战争初期，莱芜战役参军支前动员会议后，上级将准备煎饼、马草、军鞋等物品的任务交给了公方莲。她接到任务后，积极组织妇女老幼及时开展工作，将各户交上来的粮草、熟食、鞋袜等逐一记账，等革命胜利后好对组织、对个人有个交代。随后，华东野战军两个纵队的人马源源不断地驻扎、过往烟庄，向寨子、张庄一带进发。公方莲和村里的六姐妹分工负责。提前准备的房子不够用，她们带头腾出自己的住房让战士们住。为了让部队迅速露营、过境，六姐妹吃了不少苦，一天吃不上一顿饭，汗水湿透衣衫是常有的事。

大部队过境刚结束，莱芜战役打响了。公方莲会同村里其他女同志，两人抬一箱重达 150 公斤的炮弹，翻过两座大山，沿着崎岖不平的羊肠小道运弹药，肩膀磨破了用毛巾一包继续抬着走，脚趾流血不吱声，无人喊疼。炮声就是命令，当看到自己抬来的炮弹又装上军车运往前线，公方莲和姐妹们都忘记了苦和累，她们不顾天黑、伤痛、饥饿，紧接着翻山回家，继续做拥军工作。

在莱芜战役和孟良崮战役中，烟庄村的乡亲们在公方莲等六姐妹的组织下，共为部队烙煎饼 7.5 万公斤，筹集军马草料 1.5 万公斤，洗军衣 8500 多件，做军

鞋 500 多双。

在孟良崮战役结束后的一天，区里通知公方莲等六姐妹去蒙阴的指挥部。在那里，时任中国人民解放军华东野战军司令员兼政委的陈毅亲切地询问姐妹们这些日子摊了多少煎饼、做了多少鞋子，有什么困难没有。问完情况，陈毅笑着说，给你们起个名字，干脆就叫"沂蒙六姐妹"吧。

公方莲和村里的张玉梅、伊廷珍、杨桂英、伊淑英、冀贞兰作为革命战争年代沂蒙精神的一个鲜明代表——"沂蒙六姐妹"，成为全中国绝无仅有的以女性为主体的革命英雄群体。

参考资料

车少远、公丕勤：《蒙阴东蒙公氏：公氏渊源历史久 姬姓分封始春秋》，沂蒙文化网 2014 年 6 月 22 日。

杨家寨

杨家寨

古寨雄风
今犹在

崮乡崮事

杨家寨，位于蒙阴县旧寨乡驻地南3公里，水泉峪村东北。海拔391米，石灰岩地层，因古时杨姓崮上建寨而得名。崮顶由一大一小两座崮连在一起，四周绝壁，岩层高23米，周长750米，崮顶面积约8700平方米，有南、北两门，崮顶北侧有慈悲堂旧址，遗有康熙年间古碑一块，为金、元以来历朝山寨文化遗址。

九寨旧寨杨家寨

杨家寨与附近的司马寨一样，名为寨，实为崮。

单听"杨家寨"的名字，不由会让人联想到"杨家将"。其实，杨家寨和杨家将没有一点关系，但和姓杨的人有关系。之所以谓之杨家寨，是因为最初是杨姓之人在崮顶上建立了山寨。至于此人是谁，叫什么名字，没有记载，无从考究。

杨家寨是旧寨的九寨之一，而旧寨为何称其为旧寨？会不会是原本叫"九寨"？时间长了人们就叫成旧寨了？非也。

在云蒙湖北侧有个村庄，就叫旧寨村。据史料记载，明朝初年，有马姓人家由山西迁到这里建村。相传那个时候此地山林茂密，野兽较多，村民就用木头将村庄围扎成木寨，以防兽类侵袭。后来，木寨里的住户越来越多，原有的木寨也变得十分陈旧，所以就称这个地方为旧寨。

杨家寨山处在旧寨的东南，其山脉呈东西走向，山峰连绵，东面一大一小两山头，形似少女嗔怒时咕嘟起的嘴巴，当地百姓称之为"咕嘟嘴"；东边山头因顶部平坦，故名楼顶。站在水泉峪村南，北望杨家寨，山坡果树缠腰，山顶树林茂密，雄伟壮观，西侧与一个个小山包相连。经

杨家寨西侧半山腰上的山神庙

打听得知，山前有登山之路。只不过现在这片区域已被开发商建了各种各样的建筑。

正奔着山的方向寻找路径，突然有一大个黑犬蹿出，龇牙咧嘴，狂吠不止，令人不能向前。想必此犬为开发商所豢养，只忠于主人，又听不懂人话，由此上山万不可能。又听附近地里干活的老农讲，这一片正在搞开发，上山的道已被封堵，从这里上不去山。

仰望青翠巍峨的山顶，想想这上面杨家的古山寨到底是什么样子，岂能就此放弃登顶？群山绵绵，绝不会就一条登山路吧。

离开山前，到山后寻找登山之路。

水泉峪村后面，是大谢庄村，村后山坡上种满了各种果树，果农正在果园忙碌着，除草、打药。此处有条蜿蜒的水泥路，通往杨家寨方向。果然，沿此路往东南方向行走，连翻了四五个小山包，经过一座山神庙，便向东攀行，直至杨家寨崮顶之下。

与杨家寨相连的这些小山包海拔并不高，上面长满杂草，只有零星几棵近年栽植的侧柏，因树太小，掩盖不住山上的荒芜。而杨家寨则不同，满山的树木郁郁葱葱。与其他崮顶结构一样，岩壁耸立，岩石之上有一圈过去垒砌的围墙，因不是登顶的正门，此处很少有人光顾。

崮顶西侧，有一处崖壁，缝隙里长出一棵树，而上面的围墙业已坍塌，乱石布满崖下。在此处登顶，有大树可借力，有石缝可攀登，尽管颇费力气，也有些危险，但终究还是攀了上去，站上杨家寨的顶峰。

崮顶山寨遗址

山顶开阔，遍布石头房子的残垣断壁，有些屋墙和围墙都还算完整。一处石屋的外围长了很多香椿树，这该不会是古居山寨之人栽下供其食用的吧。

踩着山顶的乱石东行，便到了上山的正门——山寨南门。这里有登顶的台阶，台阶的右侧，有一块嵌入崖壁的黑色大理石石碑，上面镌刻着"杨家寨山寨遗址"。

因是古老的登山之门，此处防御工事修筑得十分完善，有掩体、有地堡，并且保存得基本完好。遥想当年，杨氏家族为避匪患，携老扶幼来到这里，苟全性命于乱世。如今，居此山寨之后人不知所终，唯有这些立于乱草之中的石墙断壁盛载着那段鲜为人知的历史。

与很多崮一样，杨家寨也有一些古代石碑的遗存。这块清朝同治六年立的"旧寨乡杨家寨安民功德碑"保存完好，碑文清晰可辨。

"世尝为民者，神之主也。而不知民之安慰存亡，实神主宰于其间也。邑东四十里有杨家寨者，四面峭壁耸立云端，双崮踞于后，牛寨峙于前，左有高阜，右有峻岭，此殆所谓天险。历代邑人避难之奥隅也。前朝末，吾六世叔祖庠生，讳柱国及其子廪生讳运晟者，约乡邻修补山险。盗寇数来，皆有所恃而无恐。平定之后，修大士庙一座。虽神工不可得，见而其中之默相庇佑者、可意想而知矣，迄今二百余年，风雨侵剥，樵牧拆毁，栋宇神像杳然无闻。问尝凭吊古今未殆，不慨慕流连以为莫为之。后虽盛弗传矣，居无何？乙未庚申间，棍匪频起。人情汹涌，修山立圩求以自固者甚伙。吾父年逾六旬，康健尤昔，目睹时艰，不忍坐视，某之亲友李元成、张体、杨立振、李美贤及吾族叔基盛、堂叔开基、族兄友锡、唐锡、族侄衍平、衍福等，靡不争先恐后，欣然乐从。继之族祖瑞麟、族叔全基、族弟璜锡亦预谋焉。自庚申越辛酉率多人运木石，门墙屋宇次第落成，丁口来兹避难，虽维山险之可恃，尤维神明之攸赖也。从瓦砾土石中得大士庙基，觅工役匠不数日而告竣。居山数载，遭寇数次，率皆安然无恙。相恃为乐土焉。岁丁卯，寇氛渐息，四乡零星散去。吾父是不可不勒诸贞珉以志，大士之效灵也。余小子孤陋无文，不能铺张扬厉，以揄扬其盛。敢不略为之叙，以垂不朽云。"

该碑文是一个叫王润基的人，让其儿子王兰锡撰并书。王兰锡是一名秀才。其碑文的大意是：王氏家族的前朝六世祖王柱国和他的儿子王运晟，带领乡亲在

杨家寨筑寨拒匪，土匪多次袭扰这里。待匪患平定以后，就在此处修了一座庙。至此也有200多年了。到了后来，又有"光棍"土匪频起，王兰锡的父亲王润基虽已年逾六旬，但身体康健。他带领族人和亲友，找来工匠，将大庙修复。居住在山寨数载，虽有匪寇多次袭扰，山寨都安然无恙。

功德碑是记功载德或颂扬政绩的碑。这块石碑是对王润基祖先及其个人、亲朋、族人建设山寨，修建庙宇，抵御土匪的政绩记载和褒扬。

2011年，杨家寨山寨遗址被蒙阴县人民政府列入县级文物保护单位。

★★★ 历史囤事

王柱国其人

杨家寨遗存的石碑上，碑文中提到的王柱国，究竟是怎样的人物？

关于王柱国，《蒙阴县志》记载："柱国，字振东，青州道材官。崇祯十二年，征剿武定州土寇，大破之于陶山。子痒生运晟，骁勇有将略，明末寇乱，保障城乡，多出奇制胜。"

王柱国是东蒙王氏六世祖，原名王诰，后改名王柱国，出身于"儒术起家，科第蝉联"名门望族。他的父亲王锡命，是明代礼部的官员，曾于大灾之年散财济众，救活无数百姓；他的爷爷王葵轩，曾任辽州知州，著有《辽置草》。

王柱的出生和幼年，东蒙王氏谱牒中有这样记叙："天地之大，古今美影现于一门之内，夫是之谓自立也。古贤豪亦不少，概见而今复见于东蒙吾宗之振东王氏。夫王氏自我东武而徙东蒙者也，数传之后，子姓云兴，冠裳林立，黄甲朱绂，辉映齐鲁，所居阛阓，每至子夜风绕书声出林而达郊原，振东生于其时。"王柱国年幼时倜傥不羁，他的父亲王锡命让王柱国自幼习武。当时人们都很不理解，认为王氏家族是书香门第，怎么让王柱国学武呢？王锡命却认为："他日济乱保家，

155

武未必无用处。"后来，王柱国以武济世，众人都佩服王锡命很有远见。

成年后的王柱国，谱牒中也有记叙："躯干魁伟，智略英爽，技艺得异人传授，矢无虚发，所运军器重数十斤。尝以青州兵平武定寇，大破之于陶山；守杨家寨，众推为长，练勇积粟，纪律严明。"时至今日，杨家寨周边村仍流传着民谣："杨家的寨，李家的兵，寨主就是王振东。"

据清代顾祖禹所著《读史方舆纪要》记载："黑龙寨在县东。其旁有杨家寨。又东南有筲箕寨、傅家寨，西南有搜虎寨，西北有青崖寨，北有五子寨、树枝寨，东北有匙尾寨、磨崮寨、太平顶寨、卢崮寨、大崮寨、板崮寨，皆昔时凭险拒守处。"

那时杨家寨一带建有很多山寨，山寨成为百姓苟全活命之地，而据守山寨，保护一方百姓的安宁，也是一件了不起的功德。

明朝崇祯己卯春正月，兵匪四起，攻城略地，烧杀掠夺，民不聊生。这时，武功高强的王柱国率乡人守御杨家寨，击败了兵匪，保全百姓生命；他曾解救县城，计退费邑入寇，救百姓无数，屡建功劳。还在杨家寨顶修建了一座慈悲堂。因此当地百姓对他感恩戴德。因王柱国字振东，所以都尊其王姓家族为振东王。

王柱国到了晚年，就把守寨的任务交付他的长子王羲征。王羲征骁勇善战，很有谋略，在尚未成年之时便跟随父亲领队御寇，出奇制胜。守寨十余年，多建伟功。杨家寨因此在当地的九寨中出了名，振东王也成了蒙阴王姓中的标志和骄傲。

王柱国并非只是一介武夫，他能文能武。不仅带兵御敌有方，也非常有文化修养，山寨安定后他勤奋读书，到了晚年便隐居不出，常登山临水，以诗酒自娱，自号"雨崮山农"，工礼乐，说诗书，耄耋寿终，并且著有诗集留于后世。

红色堡垒莲汪崖

在杨家寨所处的旧寨乡，有一个美丽的山村叫莲汪崖，这个千余口人的村庄，历年来为保家卫国参军参战的就有 60 余人，参加地方武装人员有 200 余人，是一个远近闻名的红色堡垒村。

据传，明朝时期，村前清泉连接成片，常年保持冬暖夏凉，泉水长流不息，每当荷花盛开的时节，美如一片花海，当时有近百人在此安居，定村名为"温泉官庄"。后来居民逐渐增多，明朝末年，该村先人们又将温泉官庄更名为莲汪崖，沿用至今。

莲汪崖村有抗击外来侵略的传统。革命战争年代，村寨外建有围子，设有东门、西门，在村山寨中建造了围墙，设有观望台、炮台、枪眼，寨内居住的石屋连成一片，围墙建有南门、北门，称"天保人合寨"，当时为抗击外来敌人的烧、杀、抢、掠，保卫村民的生命安全发挥了重要的作用。

1941 年 12 月，日军在大"扫荡"中疯狂地推行"三光"政策，大批根据地青壮年被抓走，仅莲汪崖村一次就被抓去 300 余人，后来跑出了 200 余人。1942 年 2 月，驻沂水日伪军进犯八路军根据地，14 日晚，日伪军千余人进犯莲汪崖村，群众全部转移到山里，日军放火烧掉民房 200 余间，把食物抢劫一空，村民只能靠树皮和野草充饥。日寇的暴行激怒了莲汪崖村民，青壮年自发组织起来抵抗。

1943 年夏，旧寨区莲汪崖村党支部成立后，自卫团、民兵发展很快，有 18 支好枪，战斗力强，成为旧寨区一支重要的抗日武装，他们严守着旧寨区的西大门。同年秋，汉奸与敌伪密谋，计划以打游击训练民兵为名，出卖这支武装。野店区中队和主力部队 1 个连得到密报后，决定将计就计，消灭日军。先敌占据唐家庄子西山隐蔽待机。当民兵队发现日军时，便发起攻击，与莲汪崖民兵里应外

合，打垮了日军，极大地震慑了敌人，鼓舞了群众。

1944年春，莲汪崖村民兵得到情报，在唐家庄子将八路军及老百姓几次抓捕未得的一名汉奸抓获，押送县公安局。后来这名汉奸被公审处决，为根据地人民除了一害。此后，敌特再也不敢越过巨山扰乱旧寨区了。

1945年解放蒙阴城的战斗中，莲汪崖村民兵积极参战支前，看押俘虏，运送伤员，为战斗的胜利作出了贡献。

解放战争中，莲汪崖人民踊跃拥军支前，参加了莱芜战役、孟良崮战役、淮海战役等支前活动。

中华人民共和国成立后，莲汪崖村人民继续发扬革命传统，在20世纪50年代修岸堤水库时，全村男女老少齐参战，出人工、物资是当时贡献最多的村子之一，受到了各级政府的表彰。

★★★ 崮乡风情

特色山村水泉峪

杨家寨山下就是水泉峪，这是一个美丽的山村，素有"十峪、十汪、四天门"之说。

水泉峪也叫水仙峪，清初建村，遗迹众多。村内有洪山寺、王母娘娘庙、龙泉、凤泉，有郁崛奇瑰的杨家寨、鬼斧神工的大小双崮嘴、逶迤茫茫的洪山、十八台碾……水泉峪村翠峰环立，小溪长流，可称为山中的一块宝地。

水泉峪地势北高南低，村庄三面为此起彼伏的山脉，另一面为碧波万顷的云蒙湖，村落布局依山就势，台地错落，道路街巷随地形起伏蜿蜒，相互连接，体现了取法自然的营造哲学和顺应自然、天人合一的风水思想。现在该村仍保留着20世纪四五十年代建设的传统石房、石墙，体现了"沂蒙山区石头村落"的格局。

整个水泉峪东西长 5000 余米，有大小山头 26 座，山汪 25 个，峪中有峪、峪中有汪、峪中有故事。在水泉峪的村域中有十条峪，分别为：遥子峪、柿子峪、荆渣峪、叮当峪、枕头峪、灰泉峪、长梁峪、大峪、小浅峪，连同水泉峪共十峪。域中还有十汪：枣树汪、龙醋汪、小浅汪、杏汪、鸽子洞汪、小鬼汪、阮枣汪、北汪、东汪和西汪。

水泉峪有座王母娘娘庙，位于王母洞中。洞上有个神仙泉，大小如盆，常年不干，天旱不降水位，天寒不结冰，是一处具有神秘色彩的泉眼，其下还有个泉，因紧靠王母庙，故取名凤泉。

水泉峪的峪中多故事，可以说每个峪、每个汪、每处地方都有一个动人的传说，如北崖、南崖、大块地、大蚕场、小蚕场、大抗、姜家沟、薄板顶子、鏊子坪、大坡、鸭子腚、枫山子、前脸子、梁子、涝洼滩、柏梁子、抓腚子崖、东牛栏、石牛屋、小沟崖、为家梁子、南山头、三条赶、三瞪眼、三叉沟、石槽、树行子、大池、姊妹泉、灰泉子、山亚巴泉……每一个名字的背后都是一段传说。

正在旅游开发中的杨家寨

如今，水泉峪村依托"山、水、田、古村"四大资源，以美丽乡村建设为背景、生态山水为环境、古村生活体验为亮点，通过挖掘特色、打造精品、创意项目等途径，正在全力构建集生态休闲、文化体验、乡村度假等功能于一体的精品旅游乡村，打造旅游与乡村功能合二为一的"生活式乡村旅游点"。

参考资料

①张德全:《杨家寨那些事》，中国崮文化网2013年12月8日。

②蒙阴党史研究中心:《红色堡垒村莲汪崖村》，蒙阴党史史志2023年3月25日。

天马崮

天马行空
意悠远

马头崮

天马崮（马头崮），位于蒙阴界牌镇马头崮村北。海拔328.5米，石灰岩地层，因崮形似马头，也称马头崮。崮顶岩层高20~23米，周长1500米，面积约11万平方米，有东、西、北三门，为宋代以来山寨文化遗址，崮顶岩石上有阴刻佛造像。孟良崮战役时，这里是解放军阻击西面之敌的战场，发生了闻名遐迩的天马山（界牌）阻击战。

崮乡崮事

青山庙宇相映成趣

马头崮也叫天马山，是一座以形命名的崮。

马头崮村背靠着马头崮，按说登马头崮，在此村后最为便捷。然而村民却说，要想登崮，走司家庄村更稳妥些，虽绕些路，但有登山的台阶。

司家庄村在马头崮村的西面。如果把马头崮整座山体比作一匹仰天长啸的骏马，马头的前面是马头崮村，马屁股前面便是司家庄村。

从南面远方观看，马头崮是东西走向，马头朝东，马尾巴在西。当穿过司家庄村后的桃园来到马头崮下，才发现虽然马屁股马身子是东西走向，但在马脖子处有一个向南弯的弧度，马头却是向南的。这就是远观和近看的差异。

在沂蒙地区的崮中，不少崮上或崮下建有庙宇，而马头崮与其他崮不同，从山脚下的山神庙开始，一直到崮顶的泰山奶奶庙，登山会途经五座庙宇。红墙灰瓦的建筑，把青翠的山体点缀得更加厚重、美丽。

五座庙宇最小的是山脚下的山神庙，用岩石雕刻而成，里面供着山神像。很多山脚下通上山路旁边，都会有座山神庙。那么，所供奉的山神又是哪尊菩萨？

在古代，山神庙起着庇佑生灵、保护山林的作用。古时候人们无法解释各种自然现象，所以老百姓相信，山川河流，都有神灵存在。自古至今，人们对山一直都有崇拜心理。古人对山的崇拜，同时也将山人格化，造就了山神的崇拜。先民认为山，也如同人一样，也是有灵魂的，由此产生了人格化的山神形象。

过了山神庙往上走，便是火神庙和龙王庙。在这片区域，龙王庙常见，但火神庙并不多。火神庙是供奉火神燧人氏之地。火神以火施化，为民造福。人们祭祀火神，以祈避邪、四季平安。火神庙和龙王庙历史久远，创修于清代，在民国年间重修过。

继续往上攀登，在马脖子下方的崖壁上，有一座王灵官庙。据史料记载，王灵官系道教护法神，王灵官信仰始于宋代，后声名日显，广泛流布民间；明朝永乐年后，全国各地遍设灵官庙。道观内的王灵官神像，赤面三目，身披盔甲，手执神鞭，俨然为一镇守武将。以前此处是马头崮山寨的山门，王灵官庙建在此处，大概是让灵官大神镇守这里的山门，保百姓平安吧。

从马脖子处登上马头崮顶，视野瞬间开阔。东望是孟良崮，崮顶的纪念碑清晰可见，北望是云蒙湖水域。五座庙宇中面积最大的泰山奶奶庙建于此处。也许是离泰山近的原因，沂蒙区域泰山奶奶庙最为常见。大殿中供奉三尊神像，中为碧霞元君，左为佩霞元君，右为紫霞元君，俗称"三仙奶奶"，又称大泰山奶奶、二泰山奶奶、三泰山奶奶。泰山奶奶在中国民间宗教信仰中占有重要地位。其道场在中国五岳之尊的东岳泰山。碧霞元君的影响力历经上千年，特别是在明清时期以后，对于中国北方地区文化产生重大的影响。中国民间有"北元君，南妈祖"的说法。明万历二十一年（1593年）王锡爵《东岳碧霞宫碑》记载："元君能为众生造福如其愿，贫者愿富，疾者愿安，耕者愿岁，贾者愿息，祈生者愿年，未子者愿嗣，子为亲愿，弟为兄愿，亲戚交厚，靡不相交愿，而神亦靡诚弗应。"所以说，一直以来，泰山奶奶在老百姓的心理层面上，简直就是有求必应，无所不能。

这些庙宇自古有之，但因为年代久远，大都消失殆尽。现在看到的皆为今人所重修。为什么在马头崮上重修庙宇？除了信仰，山下的村民还说了这样一件事情。

在十多年前，有位外地的老板看中了

半山腰的火神庙

163

这座山的石头，经化验发现石头含钙高，能卖钱，于是就组织人偷采。有一次，这伙人打好了炮眼准备炸山采石的时候，被村民发现了。于是周围村庄的村民都自发跑到山上，阻止炸山采石。一方要采石谋利，另一方要守护青山，双方僵持了一段时间。最后当地政府部门介入，才破了这伙人炸山采石的发财梦，守住了马头崮这座青山。

为了让这座山不再遭受破坏，山前几个村的村民自发捐款，重修了这几座庙宇，让神灵佑护这座青山。

在奶奶庙和"马头"之间，有一块"孟良崮战役天马山阻击战遗址"石碑，此碑是马头崮村、司家庄村、黄家峪村和天马山文物保护小组在 2009 年 5 月所立。碑文简要介绍了发生在马头崮上的那场战役。

奶奶庙往西区域更为开阔，这里是山寨遗址，屋墙、残壁遍地，悬崖边的围墙、岗堡也依稀存在。

建在崮顶上的奶奶庙

据司家庄村 77 岁的村民张顺利介绍，旧社会这一带土匪闹得凶，绑票、抢掠，无恶不作，让老百姓无法过安稳日子。无奈之下，山下的村民就在马头崮上修了寨子，住在上面防御匪患。当时崮顶四周都修筑了围墙，有两道寨门，寨主负责安排防御，每晚有人轮班巡视，太阳落山就关寨门，不得进出，防守十分严密。

　　有一天晚上，赵家庄村有一个叫魏长平（音）的，和老婆抬着柜子上山寨。出于安全考虑，晚上是不开寨门让人进出的。所以任凭他怎么叫门，守寨门的人严守规矩，没有开门放他进去。于是，魏长平一气之下，跑到盘踞在玉皇顶的土匪刘黑七那里，鼓动这伙土匪攻打马头崮山寨，并称他知道从哪里能攻上山寨，愿意带路。

　　在魏长平的带领下，土匪连破了两道寨门，最后还是被山寨上的人打了下去。第一次攻寨没有成功，但后来马头崮山寨还是被这伙土匪攻了下来，并从此占据。寨上的百姓下山后也不敢在村里居住，便四处逃荒去了。

　　而今，苦难的岁月一去不返，只留下残垣断壁无言的诉说。

　　马头崮周边的悬崖上一共有九个洞，但都处在崖壁上，人们无法靠近。在马肚子北面的洞最大，里面能容很多人，住着很多野鸽子。马头前方的悬崖上一个洞叫"马口洞"，马尾巴处有个洞叫"马粪洞"，马尾巴的右侧有个洞叫"狐仙洞"，马肚子下方有个洞叫"蛇仙洞"。村民们传说，这两个洞里分别住着狐狸和蛇，均已修炼成仙。甚至老百姓还给蛇仙取了个名字，叫白玉成。

　　美丽的传说虽然是虚幻的，但给马头崮增加了几分神秘色彩。

★★★ 历史崮事

石碑镌刻的往事

　　在马头崮的半山腰，有一座龙王庙。庙依山而建，坐北朝南。庙门的东侧，立着一大一小两块石碑。石碑苍老陈旧，看着有些年岁。大的石碑高约两米，上方有一个碑帽，是一块"创修龙神庙碑记"，大清光绪三十三年桃月立。石碑虽有残缺，但上面的部分文字仍可辨别：

　　"功乃大德，流传后世，而德无穷。天马山上面面险阻，地势形便，初，南匪过境，

四方黎庶避其中。每邑人多水远，挹住不易。寨主张统等，虔诚祈祷，掘井得泉，取不尽而用不竭，知乃龙神之佑济人深也。迨捻乱，悉平，盛堂王君，穷流溯源，不忘神恩，创修龙王庙，以表圣神之功德云雨。"

从石碑上的这些文字，我们可以了解到当年修龙王庙的背景。

在大清光绪年间，天马上附近有从南方过来的土匪，这伙被当地人称作匪的应该是捻军。老百姓躲避匪患，就在天马山上修筑了山寨。在山寨上生活，没有水是不行的。寨主就率领在寨上居住的众人，祈祷上苍保佑，在天马山上掘得一个泉子，泉水很旺，取之不尽，用之不竭。老百姓认为这是龙王神灵保佑这一方众生，才赐了这么个宝泉。于是在捻军之乱平息百姓生活安定之后，便在天马山上修筑了龙神庙，以表龙神降水佑苍生之功德。

另一块小石碑高1米许，是当年修建龙王庙钟楼时的"铸钟碑记"。碑文记载了当年铸钟时，天马山附近村子和个人捐资捐铁的情况。

"司家庄，60斤；郑旺庄32斤；赵家庄29斤，捐钱90文；西界牌捐钱500文，捐铁6斤；马头崮捐钱500文，铁56斤，等等。首事人王盛堂，石匠薄从盛，铁匠姬文贞，主持吴理法。"由此可见，当初庙里钟楼里的钟是周边村子及个人捐资捐铁铸造起来的。

在龙王庙的下方，还有一座火神庙。庙前一侧同样立着一块高约2米的石碑，是1920年10月所立的"重修火神龙王庙碑记"。这说明创修于清光绪年间的龙王庙在民国年间进行过一次重修。上面的文字是这样记载的：

"盖闻神者，天地之灵也。善恶报应莫不感通，是以诚心洁持而得福报。污慢亵渎，辄见祸惩。心

火神庙前的古石碑

之所在，感应如音。东汉水社三山店庄王先生兰坡者，家称孝友，匄公好义，每有公益之事辄先为之。首倡村之东有山曰天马崮，其上旧有火神、龙王庙基一处，历年既久，风雨浸坏，虽有香火不能致。王先生乃邀同各庄善人信士沿村募化得金若干，千鸠工庀料，一时并作，不数日而成，妆湮彩书，蕲然一新，社中得以致祀，岁岁不衰。除募得金所费外，皆先生囊中所出。自是年丰人乐，闾里相庆，几在比近，莫不欣喜。金曰：吾辈得赖以福者，皆先生与诸领袖之力也。方当春木荣，秋树芳晖，风月之夕，花雨之朝，士君子相与友游于其上，饮酒赋诗，以乐其志，不唯能庇荫一方，亦足壮此地之胜也，不亦美哉。余与王君系属姻家，闻其事而喜不自胜，遂为之文以志之。清太学生石立纲撰文。"

此碑文是石立纲所撰写，主要是对重修火神庙与龙王庙出资出力的王兰坡等人的颂扬。而石立纲与王兰坡两个人是儿女亲家。文中说，三山店庄的王兰坡在家里是孝子，在外面则是一位侠义之人，很热心做一些公益之事。马头崮的火神庙和龙王庙因年久失修，受风雨侵蚀已破旧不堪。于是王兰坡便同几位善士到各村募捐资金，得了部分钱后购置材料，请工匠开始重修庙宇，除了募捐的一些资金，修庙所用的其他钱都是王兰坡自己掏的腰包。有德高望重的老者说，我辈能有这样的福分，全都是因为有王兰坡和众位领袖这样的乐为公益奉献的人。

修缮一新的火神庙和龙王庙，雄伟壮观，不仅能够佑护一方百姓安居乐业，也让马头崮的风景更加壮丽。

★★★崮事传说

二郎神赶山

在马头崮下，遇到在山上割草喂牛的司家庄村的张顺利老人。十分健谈的老人讲了很多关于马头崮的故事传说。

传说，马头崮是二郎神用玉皇大帝赐予的神鞭赶到这个地方来的。

过去山西那个地方山多，没有土地，于是玉皇大帝就把二郎神找来，给了他一根赶山鞭和一根挑山担，让二郎神把山西的山挑着、赶着弄到东海去填海，这样，山西那边可供百姓耕种的土地就多了。

二郎神挑着两座山，赶着一座山从山西一路奔东海而去，打算把这三座山填到海里去。

在马头崮的东边有个大水塘，水塘的水通着东海。有一天，一位村妇在水塘边洗衣服，看见二郎神挑着两座山赶着一座山正往前走，她惊呆了，随口感叹道："俺的娘来，你怎么这么大的能耐，这挑山的担子怎么就压不断呢？"此女人的话音刚落，二郎神的挑山担子"咔嚓"一声就断成了两截，两座山落到了地上，这两座山就是现在离马头崮不远的钟山和蛤蟆崮，而前面赶着的那座山任凭二郎神怎么用鞭子抽，也在那里不往前走了，这座山就是马头崮。

二郎担山填海的事就这样让一个洗衣服的妇女给说破了。因此，人们都叫这个妇女为"老破"。后来，"老破"也就成了男人口中称呼自己妻子的"老婆"了。

二郎担山填海这事传到了东海老龙王的耳朵里，龙王顿时坐不住了。一时间他急得团团转："玉皇大帝让二郎神挑山填海，把海填平了我上哪住去？不行，这事我得想办法阻止。"虽然二郎神的挑山担断了，但他手里还有一根赶山鞭，照样能赶山填海。于是，老龙王就把他的四女儿许配给了二郎神为妻，并叮嘱女儿一定想办法将二郎神的赶山鞭偷走。

成亲后，小龙女常问二郎神："你的那根赶山鞭放在哪里了？"但二郎神总是说："天机不可泄露。"过了很长时间，小龙女也没弄明白赶山鞭到底藏在何处。

张顺利老人崮下讲传说
（2023年5月24日拍摄于马头崮下）

有一天，二郎神闲来无事拿着一根掏耳勺在掏耳朵，见妻子来了，立马又将掏耳勺放进了耳朵眼里了。小龙女立即明白了，原来这能大能小的掏耳勺，就是二郎神手里的那根赶山鞭啊！

后来二郎神又没事掏耳朵，小龙女说："我来帮你掏吧。"毫无戒备之心的二郎神随手就将掏耳勺递给了小龙女。小龙女接过掏耳勺，便直奔东海龙宫而去。

二郎神没有了赶山鞭，就再也不能赶山填海了。他从山西赶来的马头崮就永远耸立在这里。

惊蜂鼓

张顺利老人说，马头崮上曾住着一窝神蜂，洞里还藏着一个"惊蜂鼓"，只要一敲惊蜂鼓，便能够调动并指挥这群神蜂。

有一位叫丁鹏的人，自幼父母双亡，与妹妹相依为命。成年后，他就带着妹妹来到马头崮上，成了一个山大王。

丁鹏虽然占山为王，但他凭着山势险要，没养一兵一卒，数年过去，倒也相安无事。

有一天夜里，丁鹏在睡梦中与马头崮上的蛇仙白玉成相遇。白玉成告诉他，这马头崮上有一窝神蜂，蜂子的个头像燕子那么大，一下就能蜇死一个人。这窝神蜂只有惊蜂鼓能调动它，只要听到鼓响，立即变成冲锋陷阵的勇士。这面惊蜂鼓就藏在马头崮北侧的鸽子洞里。

醒来后，丁鹏立即来到鸽子洞，果然在洞里找到了一面小鼓。这便是惊蜂鼓。

妹妹见哥哥拿来一个小鼓，觉得很好玩，就要敲。丁鹏告诉妹妹，这个鼓千万不能敲着玩，只有在受人攻打时才能敲。

有一天，丁鹏有事下山了。妹妹想起了惊蜂鼓，便找了出来。越是不让敲她就越好奇。她想试试这惊蜂鼓到底能不能调动神蜂出动。于是她就敲响了小鼓。

一通鼓响，神蜂倾巢而出，在马头崮上盘旋飞翔了很长时间，也没有见到人，便又飞回了山洞的巢中。妹妹一见，这小鼓还真的好使，于是又敲了一通，神蜂再次出巢，飞来飞去还是没有寻见人，只好又飞回巢内，如此几次，神蜂们让惊蜂鼓折腾得不轻。

后来，一群强盗前来攻打马头崮，他们想赶走丁鹏，独占此山。见有强盗攻山，丁鹏自恃有神蜂相助，心中并不惊慌，他此时敲响了惊蜂鼓。但不管他怎么敲，神蜂就是不出巢。

没有神蜂相助，身单势孤的兄妹哪里是强盗的对手？马头崮很快被这伙强盗攻破，丁鹏被杀。

妹妹后悔当初乱敲惊蜂鼓，让神蜂不再相信鼓声发出的求援信号，于是她跑到了崮顶马头处的悬崖之上，跳崖身亡。

丁鹏兄妹死后，就埋葬在马头崮前的山坡上。

★★★ 红色崮事

浴血天马崮

天马崮（天马山）东面不远，便是孟良崮。当年孟良崮战役打响时，马头崮是解放军阻击西面进攻国民党军的战场，发生在这里的战斗，也就是历史上著名的"天马山阻击战"。

崮顶上"孟良崮战役天马山阻击战遗址"石碑，记载着那场战役的大致经过。

1947年5月13日，孟良崮战役打响。此次战役中，中国人民解放军华东野战军阻援部队誓死坚守阻援阵地，在枪林弹雨前岿然不动，使国民党增援部队始

终未能迈入孟良崮主战场。

孟良崮战役进行到第二天，从西线赶来增援的国民党军队的两个师倾巢出动，加紧对华东野战军阻援部队猛攻。

当时，担任阻击主力的华东野战军一纵队大部分接到命令，抽调到孟良崮投入对国民党军的总攻战斗，仅剩下三个团由廖政国率领正面阻击国民党军。

天马山正面援敌是国民党军整编第二十五师。该师在飞机大炮掩护下，凭借兵力优势连续发动猛攻，华东野战军天马山及附近阵地形成极大压力。华东野战军阻援部队临危不惧，沉着应战，予敌以重大杀伤，连续打退了国民党军的数次进攻。

当日晚，国民党军约4个营兵力冲破了华东野战军另一处阻援阵地，与进攻天马山阵地的国民党军会合，其力量得到加强。次日，国民党军各路援军拼命增援，攻势猛烈。凭借兵力和火力的双重优势，连续突破华东野战军多个重要阵地。华东野战军天马山阻援部队拼死抗击，全力坚守每一寸阵地。

尽管阻援部队顽强坚守阵地，但由于力量相差悬殊，华东野战军不断有官兵伤亡。一部分援敌逐渐攻上天马山山腰，与孟良崮上的张灵甫部队仅剩一山之隔。

这时，华东野战军天马山阻援部队的兵力已经损失很大。指挥员把炊事员、担架员、文书和能够行走的伤员全部组织起来，带上阵地，仍然阻止不住援敌的进攻。天马山两面的国民党军已经能够实现炮兵火力交叉，阻援阵地随时有被突破的危险，形势万分危急。

就在这千钧一发之际，华东野战军第四纵队的一个营突然出现在山沟里，由西向东，一路疾进。该营本来是奉令跑步赶去攻击孟良崮，见此情形，迅速转换方向，紧急占

孟良崮战役天马山阻击战
革命遗址

领天马山有利阵地，加入阻援作战中，给援敌以迎头痛击。援敌连日猛攻，兵力使用也已达到极限，在华东野战军原阻援部队的顽强打击下，最终支持不住，败退下去。

在此前后，国民党军其他几路救援部队也被死死地阻拦在救援途中。华东野战军集中兵力发动总攻，于16日下午攻克孟良崮等处高地，取得了孟良崮战役的全面胜利。

参考资料

赵延垒、陈玉华：《天马山阻击战》，《中国军网—解放军报》2021年4月25日。

孟良崮

孟良崮

英雄壮歌
震山河

孟良崮，位于蒙阴县东南与沂南县西部交界处、蒙阴县垛庄镇胜利村北，属蒙山山系。主峰海拔575.2米，面积150万平方米。地貌上属构造剥蚀低山丘陵，山顶多呈浑圆状、馒头状及桌状，有基岩裸露。植被丰茂，树木以马尾松、刺槐居多。崮上雄列三顶：大顶子，面积约700平方米；大崮顶，面积约110平方米；芦山顶，约670平方米。传说北宋抗辽名将孟良曾屯兵于此，故得名，并因1947年孟良崮战役而闻名中外。

崮乡崮事

绿色的山林　红色的丰碑

作为沂蒙革命老区，这里的诸多山崮上发生过或大或小的战役。但就因一场战役让其远近闻名、尽人皆知的，恐怕只有孟良崮了。论身高险要，数不着它；可要说名气，非孟良崮莫属。

孟良崮处在两县交界处，一侧属于沂南县，一侧属于蒙阴县。沂南一侧森林资源丰富，建有孟良崮和鼻子山两个林场，现已开发为孟良崮国家森林公园；蒙阴一侧则充分挖掘孟良崮战役这一红色历史资源，重点开发打造英雄孟良崮主题公园红色旅游景区。

从沂南一侧的孟良崮国家森林公园入口，攀行至"孟良崮战役遗址"碑处，便是通往孟良崮主峰的山门。石碑上的文字显示，"孟良崮战役遗址"在1977年12月23日被山东省"革命委员会"列为"省级文物保护单位"。1947年5月13日，孟良崮战役在这里打响。这是在国民党军队对山东解放区实施重点进攻时，中共华东野战军在此处进行的一次成功的山地运动歼灭战。这场战役在陈毅、粟裕的指挥下，集中优势兵力，采取中央突破、两翼钳击的战法，突然包围了国民党精锐主力整编第七十四师，激战3个昼夜，全歼国民党一个整编师。同时重创各路国民党援军。这场战役共毙伤俘敌3.2万余人，成为以少胜多的传

沂南一侧的山门

奇之战。"孟良崮战役对国民党重点进攻山东的战略布局予以摧毁性的打击，为中国人民解放军战略反攻发出了清晰、明确的信号"。

入门处是手臂托举着一杆钢枪的造型门。过了此门，就是孟良崮主峰。主峰前立着一块由粟裕亲笔题写的"英雄孟良崮"石碑，由此前行，便进入了孟良营寨。

此崮之所以叫孟良崮，源于一个传说。

孟良此人史书上没有多少记载，但从评书中可略知一二。他起初是一草寇，出身卑微贫寒。因痛恨朝廷腐败，不屑与官员为伍，于是便占山为王。孟良劫富济贫，绝不骚扰平民百姓。后来杨六郎以人品武艺收降孟良，孟良也只服六郎，不服朝廷。他为六郎可两肋插刀，将生死置之度外，在六郎麾下南征北战，屡建奇功。据传北宋时期孟良、焦赞带领人马路过蒙阴，来到山下，孟良在崮上安营，焦赞在山下扎寨，因而得名。

主峰

这里有很多关于孟良当年留下的遗迹：山顶留存有孟良军营的旗杆窝；连接孟良崮和大顶子的山梁叫跑马梁；东面有数十个形似

孟良营寨

拴马桩的岩石叫拴马石；顶端有1个用巨石砌起来的洞叫马棚；大顶之阴处叫刑场，

是孟良、焦赞军营的法场；大崮顶前脚下 1.5 公里处有一片废墟遗址，传说就是当年焦赞的营盘。而主峰这一片的地盘，便是孟良的营寨。

孟良营寨两侧是高大的石头门垛，有尖利的木棒扎起的围墙。当然，这些都是后人凭着想象打造的景点，但置身其中，仿佛有一种时光穿越之感。

孟良崮主峰的西侧半山腰处，有一处山洞，洞口高约 2 米，上窄下宽，可容两人同时进出，此洞名为九龙洞，为什么叫这个名字，没有说明。在九龙洞的上方，有一块高大的石板，上面刻着"孟良崮战役经过图"和"孟良崮战役前敌我态势图"，从图中可以了解那场战役双方的兵力部署。

登上主峰，向西南瞭望，芦山大崮顶上高大雄伟的孟良崮战役纪念碑清晰可见，也能隐约听到那里导游给游客解说的声音。

主峰北侧，一棵高大的松树下，立着一块宽形的石碑，碑上刻着陈毅元帅为孟良崮战役写的《孟良崮战役》二首。

离开沂南孟良崮国家森林公园，从蒙阴的垛庄镇一侧，可登上建有孟良崮纪念碑的芦山大崮顶。

纪念碑建于 1985 年，碑基座呈三角形，三面石阶，碑身高 20 米，建在基座中央。碑的主体造型为三把刺刀，象征着解放军、地方武装和民兵三支强大兵力。碑姿别致，庄严大方，采用钢筋混凝土建成，表面镶贴白色大理石。碑的正面是原中共中央总书记胡耀邦题写的碑名"孟良崮战役纪念碑"；左侧镌刻的是陈毅的《如梦令·临沂蒙阴道中》；右侧镌刻着粟裕手迹"英雄孟良崮"；碑西镌刻着刘少奇、朱德、叶剑英等老一辈无产阶级革命家的题词。

作为全国百家红色旅游经典景区、国家 4A 级旅游区，除山上与战役有关的红色景点，山下还建有一座孟良崮战役纪念馆。孟良崮纪念馆占地 6100 平方米，外形由两面红色战旗组成孟良崮大崮顶山形，主体高度为 19.47 米。红色外墙挂板上镶嵌着 194700 颗子弹壳，寓意着战役发生在 1947 年。馆内充分利用声光电等高科技展现手法，再现了壮怀激烈的战争场景和沂蒙儿女英勇支前的感人事迹。

纪念馆前有陈毅、粟裕大型花岗岩雕像，纪念馆后是松柏和鲜花环绕的烈士墓区，安葬着 2865 位孟良崮战役中牺牲烈士的遗骨，大部分都是无名烈士。墓地中心位置为粟裕将军部分骨灰撒放处。纪念园区的最后边是高达 47 米的瞭望塔，站在塔顶，可看到山上耸立的纪念碑，可一览巍峨的孟良崮。

经过历史和岁月的沉淀，孟良崮已不单单是一座山，它承载着红色基因和革命精神，象征着前途的光明与共产党人的信仰，凝聚着向上的力量与不竭的动力。

★★★ 红色崮事

孟良崮上鬼神号

"孟良崮上鬼神号，七十四师无地逃。信号飞飞星乱眼，照明处处火如潮。刀丛扑去争山顶，血雨飘来湿战袍。喜见贼师精锐尽，我军个个是英豪。"这是 1947 年 5 月，华东野战军取得孟良崮大捷后，身为这场战役指挥员的陈毅司令员挥笔写下的一首诗。

这首《孟良崮战役》充满了胜利的喜悦，生动反映了 1947 年 5 月中国人民解放军华东野战军全歼国民党军整编第七十四师的历史场景。作为重大军事记述，孟良崮战役在《蒙阴县志》上也有较为详细的记载。

英烈亭

1947 年 3 月起，国民党军集中 24 个整编师约 45 万兵力，采取加强纵深、密集靠拢、稳扎稳打、逐步推进的战法，向山东解放区发起重点进攻，企图迫使华东野战军决战或北渡黄河。华东野战军根据中央军委关于对密集进攻之敌要诱敌深入、寻机歼敌的指示，5 月上旬集结主力于莱芜、新泰、蒙阴以东地区隐蔽待机。

5 月 11 日至 13 日，国民党军以整编第七十四师为主要突击力量，在两翼和后续强大兵团掩护下，企图对华东野战军实施中央突破，矛头直指华东野战军前线指挥部所在地坦埠。华东野战军及时发现国民党整编第七十四师位置稍显突出，而且与左右邻军空隙较大，果断决定抓住这一稍纵即逝的战机，大胆进行穿插分

割，将其从国民党军的重兵集团中"挖"出来，进而集中优势兵力围歼该敌。

国民党整编第七十四师是王耀武一手培养起来的一支嫡系，曾担任南京国民党政府的卫戍部队，是美帝国主义亲手训练和装备起来的，备受蒋介石的褒奖和青睐，在国民党军队中被称为"精锐之师"。因此，以师长张灵甫为首的这支部队，素来是极为骄横、狂妄。在这次进攻中，是国民党军中行动最凶猛、气焰最嚣张的一支队伍。华东野战军司令员兼政治委员陈毅、副司令员粟裕决心要枪打国民党第七十四师这只盛气凌人的出头鸟，粉碎敌人的进攻。

当时，华东野战军的具体作战部署为：第一纵、四纵、六纵、八纵、九纵共5个纵队负责包围歼灭国民党第七十四师。即第一纵、八纵从国民党第七十四师左右两翼穿插，配合六纵切断七十四师后路，将其包围；四纵、九纵从正面阻击国民党第七十四师；二纵、三纵、七纵、十纵等4个纵队负责阻击增援国民党第七十四师的国民党军，即三纵阻击国民党第十一师，七纵阻击国民党七军、国民党第四十八师，十纵阻击国民党第五军，二纵则确保八纵左翼安全并配合七纵作战。另外地方部队配合主力作战并破坏国民党军交通线。

5月12日，国民党整编第七十四师渡过汶河，占领黄鹿寨、三角山等地。13日，国民党第七十四师攻占马山等地，其左翼的国民党第二十五师则推进到旧寨，右翼的国民党第八十三师则推进到依汶庄。当晚一纵从国民党第二十五师侧翼穿插，切断了该部与国民党第七十四师的联系，八纵也从国民党第八十三师侧翼穿插，切断了该部与国民党第七十四师的联系。六纵则向垛庄推进。

5月14日，一纵占领了天马山、界牌等要地，八纵攻占了桃花山、鼻子山等要点，六纵推进到垛庄附近，四纵、九纵推进到黄鹿寨、佛山，基本形成对国民党第七十四师的包围。

师长张灵甫发现有被包围的风险，急忙思索对策。他认为孟良崮一带地势险要，易守难攻，可以退守孟良崮。虽然国民党第七十四师被华东野战军主力包围，但在华东野战军外围有40万国民党军，若国民党第七十四师能在孟良崮多坚持几天，那么外围的40万国民党军就能与国民党第七十四师会合，就会给华东野战军带来灭顶之灾。因此，张灵甫立即南撤，率领国民党第七十四师到达孟良崮，修筑工事，准备誓死坚守。

5月15日下午1时，华东野战军5个纵队对国民党第七十四师发动总攻，第七十四师则依靠孟良崮的地势进行反击。由于国民党第七十四师战力强悍，战斗十分激烈，敌我双方都出现很大伤亡。华东野战军发扬英勇顽强、敢打敢拼的优良作风，逐渐缩小了包围圈，将国民党第七十四师压缩在东西3公里、南北2公里的狭窄地带。由于国民党第七十四师阵地狭小，国民党军投给他们的物资大都落入华东野战军阵地，使得国民党第七十四师处于缺水缺粮极为被动的境地。

16日，华东野战军再次对国民党第七十四师发动猛攻，在炮火的掩护下，华东野战军战士英勇顽强地发动进攻。面对第七十四师十分危急的境地，蒋介石严令国民党军各部拼死救援，若救援不力就予以严厉处置，但为时已晚。华东野战军于下午3点攻占孟良崮，全歼国民党第七十四师，击毙张灵甫。

"孟良崮战役，是1947年5月中旬华东野战军和国民党军在蒙阴县孟良崮地区进行的一次大规模的山地运动战，也是一次粉碎国民党军队对山东的重点进攻，扭转华东地区战局的关键战役。"

在孟良崮战役中，英雄的沂蒙儿女广泛动员起来，全力支前。仅蒙阴县人民就出动了挑子12700副，小车3370辆，加上担架队和修路民工共4.1万人支援前线，为这场战役的胜利作出了巨大贡献。

张灵甫阵亡之说

在孟良崮的一处巨石上，刻有"击毙张灵甫之地"几个大字，大字的下方是两行小字："张灵甫系国民党整编第七十四师中将师长，于一九四七年五月十六日在孟良崮战役被中国人民解放军击毙。"

孟良崮战役中，张灵甫阵亡这是一个不争的事实，但他到底是怎么死的，是被解放军击毙，还是自裁而亡？曾在一段时间有不同的说法。

一种说法是张灵甫被解放军当场击毙。这是被外界广为认可的一种说法，也是解放军一直公开、确认的说法。1947年5月25日，《人民日报》刊登的一篇前线记者采写的报道中有这样的描述："尸首查出后，经被俘之该师辎重团上校团长黄政、第五十八旅一七二团上校团长雷励群以及张灵甫之侍从秘书张光第等人前往辨认，确认张氏后脑被汤姆枪弹炸烂，血与脑浆均已干涸。"

当时带队攻入张灵甫指挥部的何凤山，也在回忆录中详细描写了当年击毙张灵甫的过程。

5月15日上午，中国人民解放军华东野战军已经完成了对国民党第七十四师的合围，将张灵甫逼到了孟良崮高地上。随着陈毅一声令下，一、四、六、八、九支纵队从四面八方朝孟良崮高地发起了总攻。第七十四师毕竟是国民党的王牌部队，在解放军的高强度进攻下，第七十四师始终没有放弃抵抗，连张灵甫自己都拿起了汤姆逊冲锋枪到一线参战。但解放军毕竟集结了五倍于第七十四师的兵力，经过一天一夜的猛攻，第七十四师的主阵地全部失守，只剩下零零星星的一些小部队还在垂死挣扎。

其他部队还在正面冲锋，解放军六纵特务团已经在何凤山的带领下悄悄摸上了张灵甫的指挥部。其指挥部位于一个山洞里，解放军的大炮炸不到里面，只要洞口不失守就没人能进去，十分安全。但张灵甫完全没想到阵地还没失守，解放军就摸了上来，被打了个措手不及。很快，解放军将洞口的敌人清理干净，包围了指挥部。

由于早就接到了上级活捉张灵甫的指令，何凤山没有直接猛攻，而是让指导员喊话劝降。但冥顽不灵的张灵甫根本不接受劝降，反而手持冲锋枪向洞口射击，三连指导员和几名战士瞬间就倒在了血泊之中。解放军被迫反击，场面瞬间陷入了混乱，枪声不断，硝烟四起。等到局面终于平静下来，何凤山听见有人喊："张灵甫死了！"

何凤山赶忙让战士们进入山洞搜查，最后在一片血泊中看到了张灵甫的尸体。经过张灵甫随从的指认，就是其本人。

击毙国民党军主将，这在战场上可是大功一件，但当陈毅问起是谁击毙的张

灵甫时，却没有一个战士说话。随后，陈毅又问："张灵甫是自杀的还是被我军击毙的？"现场仍是鸦雀无声。最后，陈毅将我军击毙张灵甫的消息报了上去。

另一种说法是张灵甫是自杀。据称，孟良崮战役结束前，张灵甫自觉突围无望，便给老上司王耀武寄了两封亲笔所写的遗书。一封给妻子王玉龄，另一封是给校长蒋介石。此外，担心信件路上被拦截，张灵甫还将写给蒋介石的遗书用电报的形式再次发了蒋，称自己和最后留在指挥部的人准备自杀，后来蒋介石在他的《痛悼七十四师檄文》中也称张灵甫与第七十四师指挥部全体人员均是自杀。自杀的说法实际上没有任何证据。说张灵甫是自杀，无非是想把张灵甫塑造成一个"杀身成仁的英雄"罢了。

还有一种说法是张灵甫是在投降以后被击毙的。

在孟良崮战役结束40多年后，时任华东野战军司令部参谋的金子谷，在《文汇报》上发表了一篇《记孟良崮战役》。文章中称张灵甫是在缴械投降后，被仇恨他的一位战士当场乱弹打死的。

当年孟良崮战役接近尾声时，解放军六纵特务团的一个排攻进了张灵甫的指挥部，这一点与何凤山的回忆录基本一致。眼见败局已定，张灵甫选择了投降，六纵的部队也接受了他的投降。但在押送张灵甫下山时，一名排长却突然端起冲锋枪从背后将张灵甫射杀，这一点说法与张灵甫后脑的枪伤不谋而合。

时任华东野战军六纵政委的江渭清在他的回忆录《七十年征战》中写道："在孟良崮战役中，要说还有什么不足，那就是被我六纵特务团活捉了的张灵甫，却被一名对张灵甫恨之入骨的干部给打死了。"六纵司令王必成在他的回忆文章《飞兵激战孟良崮》中也有关于干部击毙张灵甫的相关描述。六纵是进攻孟良崮的主力部队，也是第一个攻入张灵甫指挥部的队伍，王必成说法可信度更高。

然而，随着一名老人的现身，张灵甫之死的迷雾方被彻底澄清。

葛兆田是一名抗战时期参军入伍的老兵，曾经获得过"战斗模范"的称号。孟良崮战役打响时，他是华东野战军六纵的战士，当年第一批攻进张灵甫指挥部的就是他所在的连队。

2004年，已经82岁高龄的葛兆田老人面对媒体说出了当年击毙张灵甫的

真相。

1947年5月16日下午，葛兆田和战友们摸上了国民党军指挥部，迅速解决掉洞口的士兵后，三连的指导员开始向洞里喊话进行劝降。张灵甫见指挥部已被包围，回天乏力，面如死灰地从洞里走出来，准备向解放军投降。可是当他看到洞口只有为数不多的几个人时，又负隅顽抗，举枪对着解放军战士就是一阵扫射。指导员躲避不及，被张灵甫打伤。

葛兆田一看指导员中弹，立刻拿起枪对着张灵甫射击。张灵甫在枪击下倒地不起。等第六纵队特务团团长何凤山赶到时，张灵甫已经重伤倒地。消息很快传到了第六纵队司令员王必成的耳朵里，他明白这是大事，立刻上报给粟裕和陈毅等人。

华东野战军指挥部不敢怠慢，立刻请人将张灵甫抬到最近的医院。但在路上，张灵甫因伤重不治，最终死在了董家庄村的汶河边上。

这件事不久，葛兆田就被陈毅下令关了禁闭。在身边人的提醒下，葛兆田这才明白自己犯下了怎样的过错。在后来的会议上，陈毅就此事还进行过多次批评。他一再强调解放军执行军事俘虏政策的必要性，并把这件事情当作反面教材。

对于这件事情，葛兆田57年来一直守口如瓶。

崮乡风情

享誉全国的红色教育基地

孟良崮战役纪念馆坐落于孟良崮南侧的蒙阴县垛庄镇泉桥村。该馆是1984年为纪念著名的"孟良崮战役"而建，以纪念馆为中心，还有烈士陵园、战役遗址区、雕塑园三个组成部分。

纪念馆

　　现在的孟良崮战役纪念馆是 2007 年改造建设的，高度为 19.47 米，象征着孟良战役发生在 1947 年。整个外形是两面红色的三角形战旗，两面战旗形成孟良崮大崮顶山形。红色代表着红色革命、红色旅游。纪念馆前面的大台阶也是 47 个台阶，寓意也是象征着孟良崮战役发生在 1947 年，整个台阶铺展开来的话，总长度约 7000 米。

　　纪念馆前广场正中是陈毅元帅、粟裕将军侍马而立的大型花岗石雕塑，红色花岗岩上镌刻着陈毅元帅的《孟良崮战役》长诗，两位将帅雕像栩栩如生，再现了当年作为孟良崮战役主要指挥者的光辉形象。

　　纪念馆坐北朝南，占地 8.1 万平方米，建筑面积 3682 平方米。馆内共分 5 个展厅，分别为门厅、战役厅、支前厅、英烈厅和双拥厅。门厅正面是中共中央三代领导集体核心毛泽东、邓小平、江泽民的题词和孟良崮战役大型沙盘。

　　战役厅以时间先后为序，展示了战

陈毅、粟裕侍马而立的大型花岗石雕塑

役经过及华东野战军战斗序列表和参战部队的进攻、阻援情况。支前厅展示了沂蒙人民踊跃支前的情况。英烈厅展示了部分英模人物、战斗英雄的事迹情况。双拥厅介绍了蒙阴县走出山门，开展异地拥军，获得全国拥军优属模范县的情况。

纪念馆西侧是战役遗址区，陈列着一辆苏制 T-34 中型坦克和 122 榴弹炮，是纪念孟良崮战役胜利 50 周年时中国人民解放军赠予的。纪念馆后面是 1954 年国家政务院拨专款修建了孟良崮烈士陵园，是全国重点革命烈士纪念建筑物保护单位。墓地正中是粟裕将军骨灰撒放处，其后是烈士英名塔，塔身镌刻着在孟良崮战役中牺牲的烈士姓名，墓区内掩埋着 2865 名烈士的遗骨。

烈士陵园东侧是雕塑园，园名"沂蒙情"由迟浩田将军题写，取"山""水""胜"的首个字母形态，设计成一个 S 形大峡谷。两边山崖象征蒙山，中间河谷象征沂水，诠释"兵民是胜利之本"的主题寓意。该园展现内容分三个组成部分："党群血肉联系""军民鱼水情深""兵民团结胜利"，35 组、240 个人物组成的雕塑群，艺术展现了沂蒙系列红色故事。

孟良崮纪念馆先后被命名为全国十大红色旅游区、全国爱国主义教育示范基地、全国百家红色旅游经典景区，被国防大学、军事科学院等 30 多个单位选作传统教育和国防教育基地。2020 年 12 月，入选"第四批国家三级博物馆"名单。每年前来接受革命传统教育和旅游观光者达 60 多万人次。

参考资料

①蒙阴县史志办：《孟良崮大捷》，蒙阴县人民政府网 2023 年 3 月 25 日。

②蒙阴县志编委员会：《蒙阴县志》，齐鲁书社 1992 年版，第 418-419 页。

③徐东升、李婧、薛舒文：《新时代沂蒙红色文化传承与弘扬研究》，九州出版社 2023 年版，第 136、134 页。

④徐东升、孙海英：《沂蒙红色文化符号》，九州出版社 2021 年版，第 217 页。

纪王崮

纪王崮
王者之城
崮中翘楚

崮乡崮事

纪王崮，位于沂水县泉庄镇西北 4 公里处，海拔 577.2 米，山势陡峭、崮顶平坦，呈南北走向，崮顶面积近 400 万平方米，可容万人，是沂蒙崮中崮顶面积最大的，被誉为"沂蒙七十二崮之首"。崮顶峭壁高 20~30 米，周长 1 万米，具有典型方山地貌特征，以"秀、奇、美"著称。相传公元前 690 年，亡君纪王率残兵驻扎于此。筑城修路、盖房造屋，在崮顶建成了一座规模宏大、功能完备的王都，纪王崮因此得名。现崮顶尚存古城遗址。2012 年，其崮顶上发现了距今已有 2600 多年的春秋时期国君级别墓葬。

林间鸟声脆　崮顶马嘶鸣

由东往西远眺纪王崮，南北走向的峭壁横卧于崮顶之上，像一条长龙，这不由让人想起蒙阴境内的卧龙崮，其形态有些相似。不过，所有的崮从不同的方位观看其形态都会有所不同，正所谓"横看成岭侧成峰，远近高低各不同"。

如今的纪王崮已经被开发成了旅游景区，平日里到这里游玩的人很多。开发成景区，登崮便容易得多，没有了山路崎岖，没有了杂草缠身，没有了荆棘挡道。山间繁盛的树木依然是鸟儿的世界，叽叽喳喳叫个不停。

仰望纪王崮，可见其顶上的古城墙，那是一座王者之城。

从纪王崮东侧的山脚下，蜿蜒上行至崮的西侧，便可到达进入崮顶的南门——朝阳门。

西侧的悬崖峭壁高数十米，崖壁可以明显看出周边被打磨得较为光滑，虽经千年风雨，尚有模糊的符号存在。据有关专家考证，这是一处摩崖石刻，为春秋时期遗存，而为何只有模糊不清的点滴符号而没有在上面刻字、刻画，仍是未解之谜。

摩崖石刻的左侧，有一块耸立的巨石，人们说，这是关公的化身，山崖半腰处那条深深的断痕，

纪王崮崮顶的南门——朝阳门

是关老爷用他那把青龙偃月刀砍的。那么，关老爷为什么要往山崖上砍下这一刀呢？

传说，当年关公带领人马到纪王崮剿匪，见如此山清水秀之地竟成歹人的盘踞之所，怒从心头起，于是挥刀劈向了山崖。砍完后，关公便就着这崖壁磨起了刀。就在他磨刀需要蘸水的时候，天空突然下起了大雨。原来，关公每当磨刀的时候，天上总会降雨。当时，纪王崮一带正遭受着旱灾，一场雨降下，缓解了当地的旱情。关公磨刀的那天是农历五月十三日，以后，当地百姓就把这一天定为雨节，作为纪王崮一带百姓特有的节日，一直延续到现在。

从摩崖石刻处上行，是一段巨石垒起的墙，被称为"古城墙"。据考证，此处城墙为春秋时期遗址，已历经 2700 多年风雨。这段城墙由 295 块巨石砌成，最重的石块达 6 吨。如此重的石块不可能从山下运到山上，应该是就地取材吧。

从古城墙向上，绕到纪王崮顶的南侧，便是通往崮顶的朝阳门。登纪王崮的山门有多个，除了南门朝阳门，还有北门塔子门、西门坷拉门、东门凳子门、西北门走马门和东南门雁愁门。目前，这六道山门只有朝阳门可以进出，其他山门因进出之路极其险峻，或许是出于安全考虑，只留其形，通道已被封堵。

崮顶平阔，南北很长，自然风光秀丽、古朴。举目远望，心旷神怡，周围的东汉崮、锥子崮、板子崮、歪头崮、马头崮、猪栏崮、透明崮等 26 座崮形态各异、竞险争雄，沂蒙山崮的神韵和风姿一览无余、尽收眼底。以前顶上居住着 7 户人家，共 19 口人。因为景区开发的需要，这些住户全部搬迁到了山下，

纪王崮上的古城墙

留下一些石头房子、石碾、石磨，成为景区古村落的一个景点。

关于纪王崮，史书上有记载："纪王崮，巅平阔，可容万人，相传纪侯去国居此。"这是清康熙十一年《沂水县志》所记。"纪王崮，相传为纪子大夫其国居此，故名。"这是道光七年的《沂水县志》所载。不同时期的志书中，都明确了纪子大夫曾居于此地。

纪国是位于商朝东方的诸侯国，国祚延续到西周到春秋时代。公元前690年，齐国军队攻破纪国都城。纪侯将剩下的国土交给其弟纪季，出国逃亡一去不返，纪国灭亡。所以，根据史料记载推断，纪王崮应为春秋时纪国亡国后其亡国之君所居。

纪王崮上的纪王宫

但另据当地的传说，纪王崮以前称"姬王崮"，为东周亡国太子所居之地。相传在2000多年前的公元前256年，在位59年之久的周国最后一个国王被秦国擒去，周王国被灭。亡国后，42岁的姬召率领部分残兵败将，来到了西大崮，也就是现在的纪王崮。借此崮险要地势防御敌人。他在纪王崮上盘踞26年，并且修建了金銮殿。两种说法，何为真假？如果依据史书所记，"纪侯去国居此"可信度更高一些，毕竟"姬召盘踞此地"只是个传说而已。

不过，在崮顶偏北的方向，还真有一处金銮殿遗址，一圈残存的用大石块垒

砌的断壁，已很难让人想象当年金銮殿的恢宏气势。在金銮殿东面的岩石地面上，有一个直径四五十厘米的人工凿出的石坑，当地居民称其为"旗杆窝"，相传为当年纪王竖旗所用。纪王崮顶上类似的石坑共有 6 个。仔细观察"旗杆窝"，与其他崮顶发现的石臼很相似，说是插旗所用有些牵强，说居住在山上的人加工粮食的工具倒是真的。

叮叮咚咚的声音来自"滴答泉"，泉水从悬崖处的一石棚顶滴滴答答地流下，发出这悦耳的水声。滴答泉也称胭粉泉、姊妹泉，这两个名称的由来则与生活在这个地方的纪王有关。

传说当年纪王亡国居此，卧薪尝胆，立志复国。他与民同甘共苦，不允许跟随自己的王亲贵族享受特殊待遇，就连他两个最宠爱的妃子胭茹、姒粉都要亲自耕种田地、纺线织布，自己动手，丰衣足食。这个泉就是当年纪王爱妃胭茹、姒粉劳作取水之处。当地居民就给这眼泉水取名胭粉泉。泉子上面的崖壁之上生长着两棵松树，也被称为"姐妹松"。

情景剧《王者之战》

崮顶上面有一个叫"地下冰宫"的景点，这里原是当年纪王的藏兵洞，有一段纪王与爱妃的动人传说。

盘踞于纪王崮的纪王，最终还是没能逃脱齐国大军的追杀。在与齐军交战之前，纪王将他最宠爱的一名叫如花的妃子安顿在了藏兵洞里，备足了粮食、水等生活物资，并叮嘱她：明日将与齐军决战。如获胜，天黑之前必来接你；如果天

黑之前不来，说明已兵败战死。你千万不要出洞，就在这里生活到齐国退兵。

两军决战，纪王被齐军所杀，没能回来接他的爱妃，其灵魂游荡于藏兵洞内，爱妃没有等到纪王获胜归来，早已哭成泪人。上苍被他们凄美的爱情所感动，便降下大雪，一直下了七七四十九天，如花被冻成了一个冰美人。从此，藏兵洞和如花被大雪封藏，成为地下冰宫。直到今日，地下冰宫里仍有如花的冰雪身躯。据说如果着一身甲胄进入洞里，如花会以为是纪王归来，眼里便流出晶莹的泪珠。

走出地下冰宫，一阵战马的嘶鸣传入耳中，随之，鼓号声、喊杀声不断。不远处的情景剧《王者之战》激战正酣。戴盔披甲的勇士，疾驰奔腾的战马，仿佛穿越到春秋时期群雄争霸的战场。

纪王崮，是一幅绝美的风景画，更是一部厚重的历史书。

历史崮事

纪王崮上的春秋古墓

从朝阳门进入纪王崮顶，北行不远，便是纪王崮墓群——春秋古墓的发掘现场。2019 年 10 月，这里被国务院列为"全国重点文物保护单位"。

纪王崮春秋古墓的发现，源于纪王崮的旅游开发建设。

纪王崮丛林密布，泉水清澈，景色秀丽，是一个非常适合人们游玩的地方。为了发展旅游事业，当地政府决定将纪王崮也打造成旅游胜地。2007 年，沂水县恒泰纺织品有限公司在纪王崮投资兴建旅游景区，并将纪王崮景区的名字定为"天上王城"。

2012 年春节前夕，景区建设施工队打算在纪王崮顶修建一个蓄水池，解决施工用水问题。挖土机在清理地底下的石头时，突然挖出几件金属制品，从上面带有绿锈的情况来看，猜测应该是几件青铜器残片。于是施工人员立即停止施工，

并把这一发现上报给了当地文物部门。

纪王崮春秋古墓

文物部门经现场查看，确定施工队发现的是青铜器碎片，而且推断出碎片所属的青铜器绝对不会小。于是立即上报山东省文物局。经国家文物局批准，由省文物考古研究所、临沂市文物局、沂水县博物馆组成联合考古队，于2012年2月至7月对墓葬进行了抢救性发掘。由此拉开了为期近两年的纪王崮春秋大型墓葬发掘的序幕。

纪王崮一号墓开口于现代垫土层下，向下打破页岩直至石灰岩。南部墓口距地表0.35米，北部墓口距地表0.9米，墓深2.2米。墓向116度。该墓为带有一条墓道的竖穴木椁墓，墓室与车马坑共凿建于一个长方形斜壁内收的岩坑之中。北部是车马坑，南部是墓室，墓室与车马坑西侧有二层台并相连。墓道位于东南部，正对椁室，呈东高西低的斜坡状。车马坑东侧有一利用页岩形成的相当于"生土"的二层台，上有成排成列的柱坑，坑中部为柱洞。岩坑总体南北长40米，东西宽度为13米。

墓室内包括两重椁、两重棺、三个殉人、南边箱、北边箱及椁下象征性的腰坑，坑内殉犬一只。棺内未见墓主人的骨骼，只在头部发现一些已腐朽的灰色粉末。从朽痕和头饰、项饰看，墓主头向东。车马坑残存马车四辆，每辆车有两匹马，在2号车内出土有鼎、鬲、敦三件车载青铜礼器。

在棺室、器物箱、车马坑及殉人坑中共出土文物近200件（组），主要包括

191

鼎、鬲、铺、敦、瓠壶、镈钟、甬钟、钮钟、镈于、盘、匜等青铜器，人、戈、琮、柱形饰、虎形佩等玉器及陶罐、海贝、玛瑙珠、绿松石饰、骨珠等。根据器物形制特点推断，该墓的年代为春秋中晚期。

二号墓则是一座未完工的岩坑竖穴墓，亦应包括墓室与车马坑两部分。其现存墓口东西长 25.2 米，由于被破坏，南北宽度未明，也未发现封土。墓分东、西两部分。西部为东西向坑状遗迹，平面略呈西窄东宽的梯形。坑壁斜收，壁面参差不齐。坑底西端呈不规则阶梯状，其余部分较平。坑长 14.9 米，宽 4.4~6.6 米。其南壁有向南凿出类似二层台的结构。东部为带明显二层台的坑状遗迹。其平面不规整，东西长 10.3 米，南北尺寸未详。北二层台宽 6.68 米，其东部被破坏。此台由西北向东南呈阶梯状倾斜。其东部有在岩层上凿出的柱坑 5 个，分布有一定规律。南二层台基本呈长方形，底部长 5.7 米，台宽 1.8~2.2 米，台面较平整。东部遗迹东壁南段以石块垒砌成墙，现存石墙长 6.6 米、宽 1.5 米、高 0.4 米，两侧墙面较齐整。二号墓填土中包含春秋时期陶片、兽骨和海螺等遗物。

为此，考古专家作出结论，这座古墓属春秋时期的墓葬，距今已有 2600 多年，比以往山东境内发现的春秋时期的墓穴都大。从形制、规格和已出土的文物来分析，古墓是一座单人墓，应该属于一座国君级别的墓葬，但墓主究竟是谁，仍需进一步考究。

考古发掘情况表明，纪王崮春秋墓规模较大、规格较高、结构特殊、出土遗物丰富，是山东东周考古重要发现之一，具有十分重要的科研与保护价值。所出土的大量重要文物，对了解东周贵族埋葬制度、研究春秋古国的政治、经济、文化、工艺等具有重要价值和意义。为此，纪王崮春秋墓先后被评为"2016 年考古六大新发现""2013 年度全国十大考古新发现"。

八宝琉璃井

没有登上纪王崮之前，就听说崮上的一些景点：有关公试刀石，有滴答泉，有八宝琉璃井。"关公试刀石"之处路过了，"滴答泉"也见识了，而八宝琉璃井却久寻不得，一打听，方知这"八宝琉璃井"只是一个传说。

八宝琉璃井究竟在崮顶的什么位置呢？据说，这眼井就在纪王墓和妃子墓之间。

八宝琉璃井深不见底，井口被一块巨石给封盖起来。为什么要用巨石封起来？因为这口井是纪王的藏宝之处。纪王将什么宝贝藏在这口井里？既不是金银财宝，也不是钻石玛瑙，而是一盘金磨。

吃煎饼长大的沂蒙人都知道磨是干啥的，将粮食和水放进磨眼里，磨出来的就是摊煎饼的糊糊。八宝琉璃井里的这盘金磨可不是用来磨粮食用的，它是一个宝贝，不管你把什么东西放磨眼里，磨出来的都是金豆子。谁要是能得到这盘金磨，岂不是想要多少金豆子就有多少金豆子？可是，因为井口被巨石封得严严实实，谁都没有办法把封井的巨石挪开，就更别说得到这盘金磨了。

很久以前，纪王崮上住着一户姓时的人家，时老汉养育有9个儿子，一个闺女，山高地薄，老汉一家日子过得很清贫。时老汉66岁那年，有一天夜里他做了一个奇怪的梦，在梦里遇见财神爷了。

财神爷告诉时老汉，你穷了一辈子，有一件宝物若能得到就可变得富有。时老汉问是何宝物？财神爷说：这件宝物就是八宝琉璃井里的那盘金磨。时老汉说井口被大石封着打不开啊。财神爷告诉他，只有姓石人家的10个儿子齐心协力，方能打开八宝琉璃井，拿到金磨。时老汉对财神爷说："我家姓时，也不姓石啊！"财神爷说：虽然你不姓石，但在百家姓中"时"和"石"同音，听起来是一个姓，

只要你把"时"这个姓改成"石"就可以了。

时老汉一听，觉得有道理。可转念一想，就算他改姓石了，可只有9儿子，还缺一个儿子呢。财神爷说，有福之人总能想出办法的，就看你担不担得这份财喽。说完，财神爷就飘走不见了，时老汉也从梦中醒来。

醒了以后，时老汉就想着梦里的事，琢磨着财神爷对他说的那些话。突然间，他想出个主意来，让女儿嫁人，有个女婿他不就凑足10个儿子了吗？这样就可以打开八宝琉璃井了呀。

女儿出嫁后，时老汉迫不及待地把9个儿子和一个女婿召集到了八宝琉璃井边。他让9个儿子和一个女婿一起去掀盖井的大石头。果然，10个人一齐用力，那井口的巨石慢慢动了起来。老汉大声喊着让儿子们使劲，石头渐渐离开，井口露出来了，开始有半尺，慢慢地有一尺了，缝隙里射出了金灿灿的光。

石老汉急忙伸头往井里看，井底果然有一盘小金磨，金光闪闪。石老汉看到这情景，心里甭提多恣了。看着即将到手的金磨，老汉激动地大声喊："儿子们快加油啊，他姐夫再使把劲啊！"石老汉话音刚落，只听"砰"的一声，离开井口的大石头又结结实实地落下来，死死地压在了井口上。任凭10个人再怎么用力，这块石头是纹丝不动。

原来石老汉急中喊出的那声"他姐夫再使把劲"露了马脚。俗话说："一个女婿半个儿。"9个儿子加上一个女婿，怎么可能算是10个儿子呢？所以，时老汉求财心切，弄虚作假，冒犯了神灵，井就又被封死了，这盘纪王留下的金磨就永远封存在这口八宝琉璃井了。

每当人们拉起这个传说故事，总会不由感叹：外财不发命穷人，这财富啊是你的终归是你的，不是你的永远也得不到啊！

参考资料

郝导华、尹纪亮：《山东沂水纪王崮春秋墓葬》，《大众考古》2015年第9期，第20—28页。

东汉崮

东汉崮

刘秀传说遍山野

东汉崮，位于沂水县泉庄镇驻地西南3.5公里处，西郭庄村附近。海拔561.9米，面积1万平方米。崮呈东南西北走向，山体由寒武系石灰岩及页岩构成，植被丰茂，松柏林立，灌木丛生。崮上的"藏龙洞""想龙池""葬妇岭""御葬林"等皆是关于东汉王朝开国皇帝刘秀的传说，故名"东汉崮"。

崮乡崮事

从松槐门穿过

登东汉崮，西郭庄村是必经之路。一条小路穿过村庄，往西行不足百米，便是西郭庄标志性景物——松槐门。

路南边是一棵高大苍劲的松柏，而与之相对的路北旁山崖处，则生长着一棵粗壮的老槐树。此处被称为"松槐门"。据说此门与一位历史人物有关，此人便是北宋时期的宦官郭槐。

传说，北宋时期权倾朝野的大内总管太监郭槐是东郭庄村人。过去东郭庄因是郭姓人家在此居住，故名郭家庄。郭槐在朝为官时，官府特意在郭家庄村西设立了一处驿站，专门用于前往郭家庄的信使休憩，并在此栽植了许多侧柏和国槐，并将此处命名为松槐门。后来郭槐因"狸猫换太子"一案败露，被判满门抄斩，郭家从此败落，曾经人来人往的松槐门也日渐冷清，后来柏树、国槐也被毁坏殆尽。直至清末年间，有一位李姓道人，为纪念此门，留住这段历史，便在道路的两旁各植松槐一棵，一直生长至今。

穿过松槐门，沿一条向西北蜿蜒上行的小路，便来到东汉崮下。

东汉崮的东半坡有个叫崮安的小村庄，是归属于西郭庄村的自然村，以前村里生活着一两百口人，如今在这里生活的只有一二十人，都是些上了年纪的人，壮劳力和年轻人都从这处闭塞的山村"飞"走了，只留下一些破旧的房屋。

松槐门

从崮下看，东汉崮顶呈南低北高之势，顶部有一根高耸的铁塔，像插在东汉崮上的避雷针。北侧悬崖耸立，无法由此攀登，而南侧有缓坡，可以选择从这里登顶。

崮安村紧贴着东汉崮，从崮的东面攀行，前段路并不陡峭，可直至崮的半腰，山腰以下多为百姓开出的梯田，种植着土豆、玉米和中药材。再往上，山体便被大片柏树覆盖。在柏树林里扒拉着齐腰深的杂草灌木，往上绕行，可达崮顶。

东汉崮往南有一条长岭，当地人称之为"葬妇岭"。这个地名源自刘秀的传说。

当年刘秀起兵讨伐王莽时，兵败遭王莽军队追赶。逃至东汉崮附近，被一位村姑藏在一山洞里，躲过了敌人的追杀而得救。如今，崮上有个藏龙洞，据说就是当年刘秀的藏身之处。刘秀为报答村姑的救命之恩，当面许诺，如有朝一日坐了皇位，一定回来接她做娘娘。后来，刘秀推翻了王莽，建立了东汉王朝，却把救他一命的村姑忘得一干二净。村姑对刘秀日夜思念，终不见郎君来接她去当娘娘，渐渐得了相思之病，忧郁而亡，埋葬在崮下的这个岭上，就是今天的葬妇岭；她生前每日里到崮下洗衣的那个水池，被人们称为"想龙池"。数年以后，刘秀突然间又想起了当年搭救他的那个村姑，想起要娶她做娘娘的事情，于是火速派人前来寻人，而此时，村女已葬于荒岭之上。刘秀懊悔万分，下旨在东汉崮南麓将村妇按照娘娘的规格重新安葬，这就是今天的"御葬林"。

行走于山上，循着这些蕴含着传说故事的地方，回味一个个与东汉王者有关的民间戏说，仿佛在进行一场时光穿越。这崮上的山洞真的曾经出现过刘秀落魄的身影？这汪池水里真的映照过村妇饱含忧郁的眼睛？这长长的山岭真的埋葬过刘秀的救命恩人？这御葬林的安葬规格真的如娘娘一般的排场？传说总归是传说，没有史料的记载，更是无从考证。但正是因为有了这些传说，才有了东汉崮这个名字。

不管刘秀到没到过东汉崮，但古代人们在崮顶上生活的遗存仍在，有残垣断壁，有曾经的烟火气息。虽然现在变得荒凉，但在战乱年代，这里显然是百姓立家保命的最佳场所，悬崖边上的围墙可以做证。考古已经证实，离此崮不远的纪王崮曾是春秋时期一个王国，而东汉崮在那个时期何尝不是一片百姓生存的乐土？

崮顶上的一切，都被疯长的杂草、灌木、松柏遮住，看不清其本真的面目。

东汉崮头顶上的"避雷针"，其实是早年当地电视台的发射塔，早就废弃，变得锈迹斑斑，有喜鹊在上面安了家，也算是废物利用吧。

站在崮顶，可以望见长长的葬妇岭，可以看见御葬林，却没有看见想龙池，想必那该是一汪池水，如镜子一般。走下崮来，向当地的村民打听，被告之，想龙池以前是有，现在因为修了塘坝，被淹没到坝下面去了。

池子没了，不免有些遗憾，但故事还在，它会永远流传下去，一代又一代。

★★★ 崮事传说

村里有个姑娘叫玉娘

关于村姑救刘秀的故事，在沂蒙地区多个地方有版本大致相同的传说。蒙阴县的岱崮有这个传说，沂水县的东汉崮一带同样有这么一个传说。

刘秀是汉高祖刘邦的九世孙，中国东汉王朝的开国皇帝。西汉建平元年十二月初六，刘秀出生在陈留郡济阳县，当时他的父亲刘钦是济阳县令。刘秀成长之际，正逢王莽代汉立新之时。新莽末年，身为皇族后裔刘秀，打出"复高祖之业，定万世之秋"的口号起义。刘秀与王莽对抗之初兵少将寡，武器很差，最初他连个马都没有，是骑牛上阵的。后来经过激战打了几次胜仗缴获了些战利品，他才有了属于自己战马。沂蒙很多关于刘秀的传说，都是围绕刘秀与王莽军队打仗，被追得狼狈不堪展开的。

传说刘秀在一次与王莽军队交战中大败，丢盔卸甲，一路狂奔，逃至泉庄一带。眼见后面的敌军就要追到。刘秀已气喘吁吁，疲惫不堪，慌不择路，来到了一座山前。此时，他已清晰地听到追兵清脆的马蹄声。

这时，一位村姑正在山前一水池洗衣服。见刘秀到来，很是惊愕。刘秀赶忙上前深施一礼，讲清楚来龙去脉，恳请村姑出手相救。

村姑住在山前的村落里，姓孙，名玉娘，家里开了个豆腐坊，平日家里靠卖豆腐维持生计。见眼前这位公子有难，玉娘立即丢下手里的衣服，拉着刘秀奔山

中而去。原来，这山半腰有个山洞，除了熟悉这山的人，很少有人知道。玉娘让刘秀藏身于山洞，她又折了些树枝将洞口掩盖，然后返回池边，继续洗衣服。

此时追兵赶到，问玉娘可曾看见一骑马男子来过。玉娘往前方指了指，意思是往前边去了。大队人马顺着玉娘所指方向狂追而去。

听着渐渐消失的马蹄声，玉娘松了一口气。

她返回山洞，领着刘秀回到了自己的家里。此时的刘秀，饥渴难耐。玉娘给他准备了些粗茶淡饭，刘秀狼吞虎咽地吃了起来。几天只顾逃命，水米未沾，这是他吃得最香的一顿饭。吃饱喝足，他看着眼前这位心地善良的美丽姑娘，心里充满了感激。

此时的刘秀，已是落魄之人，尽管胸有大志，但对自己的救命恩人却无以回报。他信誓旦旦地对玉娘许下诺言：有朝一日推翻了王莽政权当了皇帝，我一定回来娶你做我的娘娘。

刘秀与玉娘依依惜别，打马而去，又开始了征讨王莽的大业。

此后，刘秀一直南征北战，鏖战新莽，出抚河北，于公元25年八月初五在鄗城千秋亭即皇帝位。刘秀称帝以后，又开始打响东汉统一战争，扫平关中，收取关东，平复陇西，攻略川蜀，自新末大乱到天下再次一统，刘秀征战了近20年的时间，他早已把做了皇帝迎娶玉娘为娘娘的承诺忘到了九霄云外。而玉娘这位痴情女子，对刘秀却是日思夜想，想着与他相见，盼着做他的娘娘，一晃十几年过去，却没有见到郎君的影子。她每天都承受着相思之苦，终日郁郁寡欢，积郁成疾，带着做娘娘的期盼离开了人世。

天下安定下来以后，刘秀有了闲心，这才想起当年村姑救他一命，他发誓要娶她为娘娘的事来。于是赶快下旨，去沂水泉庄寻

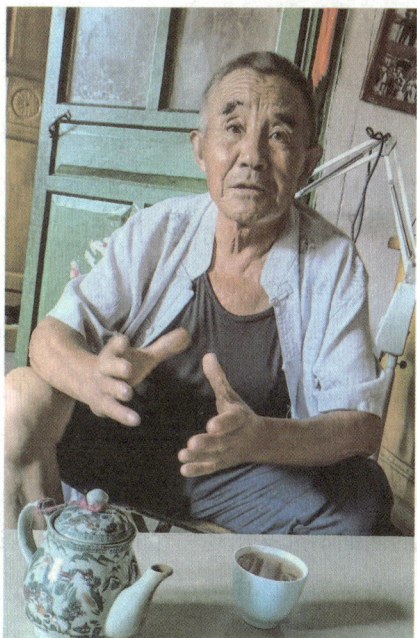

山东省民间文艺家协会会员李春桢讲述关于东汉崮和郭槐的传说（2023年8月24日拍摄于西郭庄村李春桢家中）

199

找玉娘。山下哪里还有当年善良美貌的玉娘？只有一堆长满荒草的黄土。

听到玉娘已离开人世的消息，刘秀十分懊悔。于是带着文武群臣来到了沂蒙山区，寻找到玉娘的安葬之处，按皇家最隆重的葬礼——金顶御葬重新安葬孙玉娘。为了防止日后有盗墓之徒惊扰玉娘，又在玉娘的坟墓周围修筑了108个坟堆。这片有众多坟墓之地被后人称为"御葬林"。

因为与东汉皇帝有着千丝万缕的联系，这座本叫青草顶的山从此被称为"东汉崮"。

郭家庄出了个大太监

提到历史人物郭槐，很多人是从"狸猫换太子"的故事中知道北宋时期的这位宦官。郭槐曾救过包拯一命，两人就结为好友。在"狸猫换太子"这一事件中，权倾朝野的宦官郭槐为虎作伥，协助刘皇后迫害太子的生母李妃，最终，郭槐死在了包拯的铡刀之下。

传说，郭槐的家乡就在泉庄镇的东郭庄村。

北宋时期，东郭庄因郭姓人在这里居住，所以叫郭家庄。宋仁宗时期，因为郭槐"狸猫换太子"的事发，被处满门抄斩，从此郭家庄里的郭姓人家便不见了踪迹。后来，刘姓、李姓人来此居住，村子仍沿袭郭家庄的名称。再后来郭家庄的西面不远又出现一个村落，因靠近郭家庄，便取名西郭庄，而原来的郭家庄也就改称为东郭庄了。

那么，生长在沂水郭家庄的郭槐，又是怎么到了远在开封的北宋京城做了一名太监并混到大内总管这个级别的呢？

据当地人传说，在郭庄南面不远的对荆峪村，北宋时期曾出了个兵部司马叫刘文进。郭槐与刘文进是姑舅表兄弟。据村里人讲，刘娥皇后正是刘文进的胞妹。在抗击辽金过程中，刘文进曾陪皇上宋真宗在郭庄驻扎过。皇上见过郭槐，觉得

这小子长得伶俐可爱，就叫到身边做了一名太监。朝中有人好做官啊，正是有了这层关系，郭槐在净身时托人做了手脚，郭槐不是一个真正意义上的太监，所以在后宫很是吃得开，加上他有那么一股子聪明劲，嘴巴甜，会来事，结果慢慢也就坐上了大内总管的位子。

宋真宗第一个皇后病逝后，皇后的位子就空了出来。按照常规，哪位妃子怀上龙种，能给皇上生个儿子，那就可能被立为皇后。这时，李妃怀孕了，此时同样为妃子的刘娥坐不住了，因为她害怕如果李妃给皇上生下个儿子，皇后的位子就跟她无缘了。于是，她便与郭槐定下个诡计，买通了接生婆，在李妃分娩之时，偷偷将一只剥了皮的狸猫，换走了刚刚生下的太子。刘娥命宫女勒死太子，这名宫女于心不忍，就暗中将太子交给了太监陈林，陈林将太子装进提盒之中，送至南清宫抚养。而李妃呢，也因为生了个怪物，被宋真宗打入了冷宫。

后李妃流落民间，乞讨为生。刘娥呢，也如愿以偿坐到了皇后的位子上。后来，刘皇后得知李妃生下的儿子没有死，就将其收来抚养，并被宋真宗立为太子。

宋真宗去世后，李妃生下的这个儿子当了皇帝，就是宋仁宗，刘皇后也成了皇太后。

后来，李妃在包拯的帮助下，进宫与儿子宋仁宗见面，并道出了事情真相，"狸猫换太子"事发，作为这场闹剧总导演的郭槐不仅被包拯铡刀伺候，还被处以满门抄斩，郭家人都受到了牵连，一命呜呼。

"狸猫换太子"只是流传于民间的故事，并登上戏曲舞台，正史并无记载。而郭家庄的人对于郭槐是这个村子里的人都深信不疑。据东郭庄村里的老人讲，关于郭槐的事都是祖祖辈辈一代代传下来的。

据传，郭槐的家在东郭庄东边，当地人叫这个地方宏伟坡。宏伟坡一带地形奇特，南边自西往东流的马莲河，向东流不远就因山势阻隔转向北流，马莲河南岸一条细长的山脉如一条巨龙东游。据说南山半腰上原有九棵大松树，松树四周山形奇特：西边山石赭红，北边山顶似官帽，东面山像凤凰头，南面山顶平坦。于是当地有这样的民谣流传："前有读书案，后有金銮殿，西有旗杆顶，东有凤凰山。"百姓认为，这样的地方肯定会出大富大贵之人，出郭槐这样的大人物自是必然。

郭槐被满门抄斩后，为破郭家的"脉气"，让其永不得翻身，官府就派人去

砍南山上的那九棵大松树。他们认为，那九棵松是让郭家飞黄腾达的根本所在。松树被砍后，树干流出红色的液体，宛如鲜血。一连砍了八棵，剩下一棵个头不大，又长在险处，就没有继续砍。

这棵活下来的松树在此生长了千年，树干粗壮，四五个人才能合抱过来，树冠巨大，圆如伞盖，这一带的人都称这棵树为"黄罗伞"。这棵松树一直活到1958年。当时公社酒厂需要木材做酒桶，就决定砍掉这棵大松树。因为生长在悬崖，过于粗大，无法砍伐，最后动用了炸药把树炸了下来。现在依然有人记得，当年因为用了松木桶盛酒，公社酒厂酿出的酒有一股子松香味。

为破郭槐家的风水，当年除了砍掉松树，官府还把郭庄南山似龙的山脊挖断，龙脊断了，郭家就再也没有出头之日了。奇怪的是，人们挖山脊时，挖一天好不容易挖出的缺口，第二天一看，又长在了一起，缺口没有了，天天如此。有一天，有个挖山人收工回家，晚上把铁锹遗忘在了挖开的缺口处，第二天一看，挖开的缺口并没有合拢。于是，挖山者多了个心眼，白天干完活后就故意将铁锹丢在工地上，这样，这条山脊终于被挖了一个大大的缺口。后来人们就把这个山梁叫作"锹断岗子"。

现在，除了这道"锹断岗子"，还有很多的地名与郭槐有关。如西郭庄西面的"千层山""皇操竖坡"等。

除了这些地名外，郭庄东庙里那棵千年银杏树也与郭槐有关。据说这个地方曾是郭家的祖坟地。包拯奉旨前来抄家，祖坟也难逃此劫。查办之前，包拯须先拜圣旨，就把圣旨挂在一棵银杏树上。

正因为挂过圣旨，这棵银杏树无人敢动，一直长成今天的参天古树。

参考资料

①田兆广主编：《崮韵王风　花果之乡　泉庄镇》，科学文化艺术出版社2013年第1版，第25-32页。

②沂水信息中心：《沂水泉庄有一个传奇人物》，沂水县人民政府网2019年3月18日。

马头崮

碧峰翠林
最关情

马头崮

马头崮，位于沂水县泉庄镇政府驻地西南 8.5 公里处，马头崖村北。海拔 582 米，面积约 100 万平方米，呈东西走向，由石灰岩、页岩构成。因其状似马头而得名，此崮也叫马脖子崮。崮前山崖下的马头崖是"红色堡垒村"，山东革命根据地第一面党旗珍藏在这里，著名革命烈士张铸曾生长于该村。

崮乡崮事

一见如崮

鲜花盛开马头崖

　　沂水县泉庄镇，群崮连绵。在梅家坡村西北处，高耸着一座山峰，因顶部崖壁状似马头，其山名为马头崮，当地人也称之为马脖子崮。

　　因为其形状像马头而叫马头崮的山峰并非这一个。蒙阴、沂南、沂源都有马头崮，虽名字一样，但山形各异，所盛载的地域文化也各不相同。

　　观察一座山崮，说像啥，只是神似，很难达到惟妙惟肖。而叫什么名字，往往会联想到在人们的心目中有着吉祥如意的名字来。比如，蒙阴有座崮，远看崮顶的崖壁长长地横卧在那，极像一条巨蟒，但人们并没有叫其为卧蟒崮，自然是想到了象征祥瑞和吉兆的龙，所以就取名叫卧龙崮；而看着像马的崮，其状也像驴啊，为什么没有一个叫作驴头崮呢？正是因为马在人们的心目中有着美好的形象和寓意，龙马精神一直是中华民族所崇尚的奋斗不止、自强不息的进取、向上的民族精神。

　　看一座山崮像啥，要看你站在哪个方向看，换个方位，也许就不是这个样子。站在马头崮东侧观看这座山峰，能看出崮顶如马头之形，意会出身姿矫健、日行千里之意，而当站在崮南侧的马头崖村，则完全看不出马头的样子。

　　从哪个方向能看出马头的样子，就选择从哪个方向登崮。

　　从梅家坡村东面的小路，一直上行，弯弯曲曲的小路，虽然狭窄，但因为铺了水泥，也不算难行。小

崮顶上马头状的崖石

路两边是村民栽植的桃树，可以想象，春天这山下必然是桃花烂漫。但此时已是初秋，桃子早已收获完毕，桃园里已没有劳作的果农，只有零星地块里种植的花生已经成熟，三三两两的人在地里刨花生。

穿过山坡的果园来到马头崮下，山变得陡峭起来。各类树木将山体遮盖得严严实实，行走其中，感觉格外凉爽。山虽陡峭，但有路盘旋而上，从崮的东侧一直转到马头崮南部的半山腰处，便是一片开阔之地。从这里，沿着山脊就可登上马头崮顶。

这处山崖下面，就是著名的"红色堡垒村"——马头崖村。其实，登马头崮的主要目的，还是想看看这个曾经把山东革命根据地第一面党旗珍藏了半个多世纪的地方，看看革命烈士张铸成长的家乡是什么模样。

站在这悬崖之上举头北望，崮顶上生长着密集苍翠的松柏，像戴了一顶墨绿色的帽子。从南侧的崖壁处一直到崮顶，是并不陡峭的山坡，令人惊奇的是，这山坡上盛开着大片牵牛花，紫红色的花朵娇艳无比，在这翠绿的山腰上格外醒目。这成片的花朵宛似组成了一面鲜艳的旗帜，在马头崮上铺展开来，光耀山崮，随风起舞。

走在这枝蔓缠绕的花丛间，著者小心翼翼，唯恐惊扰了这片艳丽，踩踏着只花片叶。

关于牵牛花名字的由来，据《本草》中记载，说是有一位农夫，因服用牵牛花的种子而治好了折磨他多年顽疾。农人心存感激，无以报答，只好牵着自家的牛，来到牵牛花前，向花儿鞠躬谢恩，所以这花儿就被人们叫作牵牛花了。

牵牛花的样子，极像喇叭，所以人们习惯称其为喇叭花。关于喇叭花，还有这么一个传说。

很久以前，在一座山下，住着姐妹俩，她们勤劳善良，靠种地为生。她们在山前山后开垦了很多荒地，春种秋收，日子还算过得去。

有一天，姐妹俩在刨地时，刨出个闪闪发亮的银喇叭。这时，她们身边出现了一位白胡子老头。老头告诉她们：这座山下压着100头牛精。以前这些牛精总是在人间作恶，祸害老百姓。玉皇大帝降服了它们并把这些牛精压在山下，使其

不能祸害人。到现在这些牛精已被压在山下千年，到明天它们会变成金牛。这个银喇叭就是打开这座大山的钥匙。这座山有个山眼，明天夜里会发出金光。把银喇叭从发光处插进去，就会出现一个洞，金牛就在洞里面，你们抱一个出来，就一辈子不用再辛苦种田了。但拿到金牛得赶紧出来，不然天一亮山洞就会关闭，再也出不来了。银喇叭千万不能吹，一吹金牛就会变成活牛冲出洞外。白胡子老头说完就不见了。

姐妹俩一合计，拿到金牛能富了自己，可要是有百头活牛分给百姓岂不更好？于是决定要活牛不要金牛。她们通知乡亲们夜里都到山上牵牛。

夜里，山上果然有一处发出金光，姐妹俩用银喇叭打开了山洞，进入洞里吹响了喇叭，一个个金牛变成活牛冲出洞，等候在外面的百姓每个人牵上一头牛回家，他们再也不用为耕地无牛犯愁了。结果当第一百头牛冲出洞外的时候，天亮了，山洞瞬间关闭，姐妹俩被永远关在了山洞里，插进山眼里的银喇叭变成了一朵喇叭花。

人们为了纪念善良的姐妹俩，就把喇叭花叫作牵牛花。

这个传说颂扬了一种为他人谋利益而不顾个人安危的美德。

从牵牛花盛开的地方，沿山脊上行，便到达了马头崮的顶峰。崮顶平坦，东西长，南北窄，两边的悬崖有石头垒砌的围墙残留，中间有很多的乱石堆，这些都是先民在此生活的遗迹。

崮顶的柏树林

在山下看着平坦的崮顶其实有四个顶，最高的这个顶上长满松柏，树间布满一种叫狗尾巴的杂草，由此顶往东再往北行，经过"马脖子"，便可到达"马头"。

马头处是个造型秀丽的山峰，没有高大的树木，只生长着密密的矮状灌木，正可谓无限风光在险峰，这里，是马头崮最美之处，同样也是最险之处。崮顶面积狭小，四周崖壁耸立。靠近南部悬崖之处，有一石屋的残存，是何年代所建，不得而知。

站立在马头之上，回望最高崮顶上密集挺拔的松柏林，感觉整个崮顶像一个仰首的龙头，起伏的山脊便是龙身。马头崮这匹骏马，不就是传说中的龙马吗？

崮顶上的"马头"

★★★ 红色崮事

山东革命根据地第一面党旗

在沂水县档案馆，存放着一面党旗，经历岁月洗礼，这面党旗已十分陈旧，底色斑驳，个别地方已破损。旗子左上方有一颗黄色的五角星，旗的中央偏左上方有一个镰刀和斧头的图案，旗的右下方有"C.C.P"三个黄色英文字母。这些图案都是一针一线缝制的。

马头崖村红色展馆里的党旗（复制品）

207

　　这面抗战初期使用的党旗，制作于 1939 年。根据山东省文物部门专家的鉴定，这种制式的党旗在山东省是第一次发现，在中国共产党党旗标准样式制定之前，这是山东省境内发现的最早的一面党旗，也是全国目前发现最早的五面党旗之一。

　　将这面党旗保存下来的人，是马头崮前马头崖村的优秀共产党员刘洪秀。

　　在泉庄镇文化站工作的李春晓，介绍了这面党旗的前世今生。

　　1938 年 8 月，中共中央山东分局的前身——边区省委落脚于沂水县的岸堤（今属沂南县），11 月又迁到沂水县的王庄。王庄和马头崖村只有一山之隔。

　　为了动员民众投入抗战，抵御侵略，中共中央山东分局做出一个重大决策：分局大多数干部组成民运工作团，到县、到区、到乡，到一个一个村庄开展工作，去发动群众，播撒革命火种。王庄周围各村的抗日烽火要先燃烧起来。

　　1939 年新年伊始，民运工作团一位叫李干的青年干部走进了马头崖村。他白天下农户，晚上办夜校，讲抗日道理，教抗日歌曲，使得青壮年农民心里热烘烘的，纷纷报名参加抗敌自卫团，手持大刀长矛参加自卫团训练。

　　分局妇委干部赵煜琴来到马头崖村，找到了刘洪秀。因为她曾听以前进村工作的同志说，刘洪秀曾千里迢迢去山西找红军，还粗通文字。赵煜琴给刘洪秀填了张表，介绍他参加了中国共产党。村里已有几名党员，刘洪秀担任了党支部书记。过了几天后，赵煜琴又来到马头崖，她约刘洪秀到村外一僻静处，从背包里取出了一面旗子。

　　赵煜琴告诉刘洪秀，这是党旗，是中国共产党的标志与象征。上面的镰刀斧头，表明共产党是无产阶级的政党；鲜红的底色，表明共产党员要为工农和劳动大众的解放而奋斗，献出生命与热血也在所不辞。

　　这面党旗是赵煜琴和几位女干部自己设计，又亲自一针一线缝制的。她把旗子递到刘洪秀手里，告诉他："今后发展党员，新党员都要在党旗下宣誓，对着党旗宣誓，就是向党宣誓，党旗交给你，用过了好好保存，许坏不许丢。"同时交给刘洪秀的还有一张毛泽东的画像和一份誓词。

　　1939 年夏，日军对鲁中进行第一次大"扫荡"。中共中央山东分局、八路军山东纵队指挥部主动从王庄撤出。秋天，日军在王庄安上了据点。马头崖村以共

产党员为骨干的游击小组有了用武之地，他们扛上村里原来用于防匪保家的大枪，抬着"抬杆子"和灰药、铁砂，来到了王庄周围的山头上，不管白天黑夜，惊天动地地往王庄的日军据点里打，搅得日军心神不宁。过了没多久，日军从王庄撤出。

游击小组打日军，日军从王庄逃走的消息，很快在王庄周围各村传开。人民更相信共产党抗日主张的正确，也更看得起自己的力量了。马头崖村发展党员、组织群众又掀起了一个高潮。

一个冬天的夜晚，刘洪秀把收藏的党旗找出来，郑重地挂在了一位新党员的堂屋里。张学友、刘化文等七八名新党员围着党旗坐了个半圆，仰着头不眨眼端详那面党旗。刘洪秀讲旗子的底色，讲斧头、镰刀的含义，就像赵煜琴给他讲一样。新党员站立起来，拳头举过头顶，对着党旗宣誓。

到年底，马头崖这个不足 200 户的行政村，就发展党员 54 名。到 1940 年上半年，村里有十几人参军参政，投入抗日队伍。中共中央山东分局撒下的革命种子，不仅在马头崖村生根、开花、结果，而且党员发展工作由这个村扩大到杨家峪、塔井峪、松柏崖、石棚等村。

1940 年，外界形势恶化。受国民党掀起的反共恶浪的波及，驻防沂水县的国民党第五十一军六八〇团两个连开进原本属于八路军游击根据地的马头崖村，国民党区乡公所、省特派员办事处、地主武装的大部队、大刀会等 20 多个单位人马，也跟在国民党主力部队后面到了马头崖。

刘洪秀此时已被调出去脱产做情报工作，常驻离家五六十里的南沂蒙。没白没黑递送情报，党旗没法带在身边，只好放在家里收藏。听说村子被国民党军队和杂牌机关占了，刘洪秀心急火燎，担心家里那面党旗的安全。他连忙回到岳父家里，让妻子把家里的党旗带到岳父家，交给同是共产党员的内弟杨洪喜收藏。并一再叮嘱，党旗就是咱们的命根子，千万不能丢。

抗战时期，日伪军对沂蒙抗日根据地一年有一两次万人以上的"大扫荡"，小规模"扫荡"、偷袭不计其数。1941 年秋冬的"扫荡"，叫"铁壁合围"；1942 年秋冬的"扫荡"叫"拉网"。1941 年那次，日伪军出动 5 万兵力把沂蒙山区先铁桶般围起来，再逐个山头，逐个村庄清剿，实行"抢光、烧光、杀光"的"三

"光"政策，恨不得挖地三尺消灭共产党、八路军。顽固派也趁火打劫，蚕食共产党领导的抗日根据地。沂水县境内形成拉锯战、三角斗争。王庄、马头崮、杨家峪一带成了游击区。

在如此艰难的岁月，保存党旗更加困难。杨洪喜把党旗藏在屋笆里，后担心日军会烧房子，又把党旗藏在地下，又怕会霉烂，后来刘洪秀和杨洪喜商量做了个梧桐木匣子，装上党旗封好，藏到自家房子附近一个冬暖夏凉的山洞里，才度过了让人提心吊胆的岁月。

抗战胜利后，刘洪秀把党旗带回了村，发展新党员时，党旗又挂起来了。虽颜色稍淡了一点，但红色底子，黄色图案依然熠熠生辉。

刘洪秀1939年从赵煜琴手中接过这面党旗，到1989年交给党组织，时间整整过去了半个世纪。这50年，见证了历史的巨大变迁，也考验了一位农村党员对中国共产党的无限忠诚。

张铈的"正气浩然"

马头崮村东头的小广场上，有一块中华民国三十三年9月9日立的张铈烈士纪念碑，纪念碑正面中间刻有"正气浩然"四个大字，背面刻有张铈的事迹介绍。这位出身于地主家庭、一心抗日的共产党员，1940年被国民党反动派杀害。

1892年，张铈出生于沂水县马头崮村一个地主家庭，上过几年私塾。他自1923年起担任庄长，在村里连续办公16年，一直廉洁奉公、克己利群。

旧社会，苛捐杂税多如牛毛，穷人苦不堪言。有的人家实在无力缴税时，他总设法替人垫上。歉年穷人缺吃少穿，他毫不吝啬地把自己家的粮食、衣服拿出来，救济穷苦乡亲。张铈为村里做事的16年间，为帮助穷人缴纳捐税，一共卖

了自家的 80 亩地。抗日战争全面爆发以后，张铈深明大义，积极支持抗战，千方百计为八路军送情报、筹给养。

1938 年底，在中共中央山东分局工作团的帮助下，该地党组织成立起了抗日游击队，张铈把村里防匪保家用的 8 支长短枪和子弹无偿献给了游击队，以后又多次冒着生命危险为八路军买枪、买子弹，并在最困难的时候多次掩护共产党的干部。同年，他光荣地加入了中国共产党。

1939 年底，由于日本侵略者对国民党实施诱降政策，国民党加紧了反共投降活动，掀起了第一次反共高潮，驻防沂水县二、七区北部的国民党五十一军逐步南犯。

1940 年 3 月，国民党六八四团一部进占沂水四区一带，团部驻回峰涧，所属两个营分别驻进王庄村和马头崖村。同时，国民党的区乡公所、办事处、代表处等 18 个单位亦进驻马头崖村，全村笼罩在反共气氛中，共产党及其领导的抗日活动非常困难。

张铈利用自己的特殊身份，为党、为抗日工作。一次，国民党顽固派准备袭击四区抗日民主政府，张铈得知后，在一个漆黑的夜晚，翻山越岭，走 10 余里路，到四区民主政府送情报。

同年 3 月 20 日，马头崖村党支部在村外举行秘密会议，由于反动富农告密，遭到了驻马头崖村的国民党军队的突然袭击。同时，张铈被以暗通八路的"罪名"抓捕。

马头崖村

张铈被捕后，当天下午被国民党军押到王庄乡的柳河峪。顽军对张铈施行惨无人道的酷刑，逼迫张铈交出村内共产党员名单和枪支。张铈在严刑拷打面前英勇不屈，始终只说一句话："不知道！"

本村有一富农赌、抢、偷无恶不作，有一次把偷来的粮食变卖时，被抗日乡

公所截获，这一反动富农以为是张铕向乡公所告发的，一直对张铕怀恨在心。所以在张铕被捕后，这个反动富农分子出面做证，说张铕为抗日游击队筹粮筹枪，顽军从而对张铕实施了更凶残的折磨。

张铕被关押了 11 天，审讯了 10 多次，敌人动用了老虎凳、压杠子、灌辣椒水、子弹

张铕烈士墓碑

头剜肋巴骨、竹签子刺手指、刀尖划脚心等十几种刑罚，使张铕死去活来达 8 次。他视死如归，始终没吐露一字党的秘密，表现了共产党人"宁为玉碎，不为瓦全"的浩然正气。

气急败坏的敌人无计可施，最后向张铕下了毒手。敌人把遍体鳞伤、行动困难的张铕押到王家庄子河边枪杀。

临刑前，张铕高喊："国民党反动派不抗战还压迫老百姓，是坏军队；八路军抗战又爱护人民，是好军队。"敌人用枪托子猛击张铕的嘴，但张铕仍然高呼，直到罪恶的子弹夺去他的生命。

为了纪念张铕烈士，1944 年，中共沂中县委、沂中县人民政府在马头崖村东敬立石碑，以示褒扬。碑正面刻"正气浩然"四个大字，背面刻着县委宣传部部长陈岱亲自为张铕撰写的碑文，介绍了张铕的革命业绩，高度评价了他的高风亮节。

参考资料

《革命烈士张铕》，百度百科 2018 年 1 月 11 日。

歪头崮

歪头崮
沂河岸畔 一青峰

歪头崮，位于沂水县泉庄镇驻地东南 4.2 公里，诸葛镇与泉庄镇接壤处，海拔 384.9 米，面积约 100 万平方米。因该崮东高西低，远观其形貌若歪头，故名歪头崮。歪头崮东靠沂河，山壁陡峭，植被茂盛，风光秀美。1943 年，这里发生了一场抗击日寇的激烈战斗，八路军官兵坚守崮顶，英勇顽强，奋起抗敌，毙伤日寇 200 余人，81 名八路军勇士血洒山崖，壮烈牺牲。

崮乡崮事

正西风，红旗漫卷崮顶

在崮这个大家庭里，共有四个歪头崮。一个位于沂水县与临朐县交界处，海拔971米，歪头崮中就数它个头高；一个在蒙阴县的岱崮镇，正儿八经的名字叫柴崮，因崮顶明显歪斜，当地人也称其为歪头崮；还有一个位于沂水县夏蔚镇和泉庄镇的交界处，海拔607.4米，沂水人称其为西歪头崮；另一个就是位于沂水县泉庄镇驻地东南4.2公里处、海拔384.9米、与西歪头崮遥遥相望的东歪头崮。在这几个歪头崮兄弟中，它的个头最矮，但在人们的心目中，又无比的高大。因为这里曾发生过抗击日寇的激烈战斗，所以这座歪头崮又被称为"英雄崮"。

此次拜谒的正是这座英雄崮。

去往歪头崮的路，弯弯曲曲穿过桃树林，可达崮的北侧。

这里是桃乡，崮周边的山坡上长满桃树。此时正是收获季节，桃农们正在将成熟的黄金桃摘下装筐，用三轮车载出桃园，送到交易地点，将大半年辛劳的汗水兑换成收获的喜悦。

春天桃花盛开的时候，泉庄镇的桃花节就是在崮下这一大片桃园里举办的，著名的歌唱家还在这片桃园里唱响了《在那桃花盛开的地方》。歌声似乎还在这片桃林里飘荡，春天的那片粉红便已成为今天这一筐筐甜蜜的金黄。

从北方看歪头崮，其"歪头"的地貌特征并不明显。当地人说，从这个方向只能看到山上的绿树，从东部方向可以看到崮顶的崖壁，头顶的"帽子"确实歪着呢。

在歪头崮的西北方，立着一块"佃坪歪头崮战斗旧址"的石碑，2017年10月，沂水县人民政府将这个地方列为沂水县文物保护单位。站在石碑前南眺歪头崮，崮顶一面鲜艳的五星红旗迎风飘扬，在这翠绿的山峦间格外耀眼，似乎整座崮都

被它映红了。

从石碑处往东南行走，便可绕到歪头崮顶。

上崮的小路两边满是野草灌木，因为此崮不高，上山的路并不陡峭。

整座歪头崮东高西低，东面是悬崖峭壁。崮顶的北面和西面是历史遗留的高高的围墙，想必在旧朝乱世，这里也是百姓躲避土匪、战乱的地方。沿着西侧围墙下的小路绕到崮的南边，便可登上崮顶。

崮顶的面积并不算大，南边最高处立着"歪头崮抗击战遗址"纪念碑，碑前的旗杆上飘扬的正是山下看到的万绿丛中的那一抹红——一面映红了歪头崮的五星红旗。

风从西来，松林呼啸，红旗劲舞。

环顾四周，歪头崮的东边，沂河从北缓缓而来，流经崮下，和歪头崮轻轻一吻，然后掉头往东，进入被百姓称为"腰斩沂河"的跋山水库。有沂河的滋润，周围的群山青翠欲滴。往西眺望，东汉崮、西歪头崮、纪王崮尽收眼底。

顶南高北低，南边多崖石，少树木，北边则植被茂盛，松柏成林。在抗日战争时期，八路军战士就是在这个面积不大的崮顶上，与多于自己 5 倍的日军展开激战。战士们

崮顶的遗址碑

流经崮下的沂河

弹坑

215

据守崮顶，居高临下。在日军飞机、大炮轮番轰炸的情况下，八路军官兵仍凭借崮顶地形优势，顽强抗敌，毙伤日寇 200 余人。在子弹打光后，八路军 81 名勇士毁掉枪支，英勇跳崖，壮烈牺牲。在后人的眼里，歪头崮岩石的红色，是烈士们用鲜血染红的。

在遗址碑以北，草丛中突现一个坑。据泉庄镇文化站的李春晓介绍，这是一个弹坑，是当年歪头崮抗击战中，日军飞机投下的一枚炸弹，钻进崮顶，并没有爆炸。前几年被发现后，上级有关部门派人将这枚哑弹排除了，留下了这个弹坑。

沿崮顶往北，进入松林，可绕行至歪头崮东面的悬崖之下。当年，八路军官兵就是从这个方位跳下山崖的。

此处的悬崖下面，有一个形如石棚的凹处。据说，在那场战斗中，山下村庄有两个百姓也被困在了山上，就躲在这悬崖之下，耳闻目睹了那场惨烈的战斗，亲身感受了八路军官兵的英勇顽强。

在歪头崮北边四五里地，有个张耿村，村里有处"张耿烈士林"，在歪头崮抗击战中英勇牺牲的 81 名烈士就长眠在那里。

崮上，松柏翠绿，红旗飘扬；崮下，桃林果实飘香。桃农忙着采摘，一片繁忙。人们沉浸在丰收的喜悦之中，陶醉在山清水秀、国富民强的幸福日子里。

崮上的鲜艳红旗，是烈士们的鲜血染红的；崮下的美好生活，是革命先烈用生命换来的。

悬崖下的石棚，战斗打响后，曾有两名百姓藏身于这里

血战歪头崮

沂水县泉庄镇东郭庄村有一位八路军战士叫李兴忠，他就是在歪头崮抗击战中壮烈牺牲的，时年22岁，担任排长。泉庄镇文化站的李春晓曾对李兴忠烈士的事迹进行过挖掘整理。早在1953年初春，时任泉庄区委副书记的阎文征同志，为了进行革命传统教育，就到歪头崮下的张耿村一带进行了调查走访，并整理出较为翔实的关于歪头崮战斗的资料。另外，还有那场战斗跳崖者中唯一的幸存者亓荣发的回忆。这些史料的搜集、挖掘，让人们对歪头崮战斗的经过有了一个全面真实的了解。

1943年2月下旬，驻扎在沂水城里的日寇和伪军数千人，在飞机、大炮、汽车配合下，沿沂博公路向西"扫荡"北沂蒙山区。八路军山东纵队鲁中军区驻在沂南县岸堤区田家北村的部队，为了支持地方刚建立的人民政权，巩固新收复地区，派二团一营的二连和三连到沂水县的尹家峪、韩旺、张耿一带活动，驻在桃树万村。

1943年2月25日夜10时许，李兴忠所在的一营二连，在副营长徐福的带领下，在桃树万村村头扎营休息。此时，该营营长王子固则带领三连在不远处另外一个地方活动。

就在这天夜里，3000余日伪军自东里店、葛庄据点突然出动，企图袭击驻在桃花万村的二连和三连。危急关头，为掩护群众安全转移，营长王子固带领战斗力较强的二连83名指战员"断后"，掩护三连带领老百姓向南突围转移。

三连指战员遵照营领导指令，马上引领着群众向南转移。王子固、徐福和二连指战员看战友和百姓走远了，立刻集中火力朝日伪军还击，把日伪军吸引到自己这里。他们边打边向三连和老百姓相反的方向撤退。至26日天亮时，他们与日伪军几经周旋，沿张耿村的西山撤到了歪头崮上。而此时，三连和百名群众都已安全脱险。

217

王营长率部据守歪头崮，迎击数倍于二连的日伪军。3000多名日伪军将山崮包围后，从山崮东、南两面轮番发起进攻。在北边布置了对歪头崮的两道包围圈。在张耿村南边的场院上，架设了十几门山炮，炮口瞄准着不远处的歪头崮。两架日机往返5次轰炸山顶，投下的燃烧弹把山头炸成一片火海。

据幸存者亓荣友回忆，第二天太阳升起的时候，崮下的日伪军开始发起第一次进攻。站在前沿阵地的高处，可以清楚地看到日伪军组成前后三层散兵队形，向歪头崮山顶慢慢爬行。当他们爬到半山腰时，随着山下的一声口令，突然都就近躲向附近的山包等掩体，一动不动了。这时，日军的炮弹就接连在二连阵地上爆炸，火光冲天，弹片及碎石乱飞。因为没有掩体，二连出现了很大伤亡。

炮火一停，躲藏在半山腰的日军步兵就开始进攻，二连只剩下60多人仍坚持战斗。在营、连长的指挥下，机枪班长将手持指挥刀的日军指挥官击毙，二连的机关枪、步枪一起开火，打退了日伪军的第一次进攻，日伪军死伤几十人。

日伪军退到山下不久，又分成两路开始向歪头崮发起进攻。但很快又被崮上的八路军打下去了。

过了半个多小时，日伪军从两处用迫击炮向山上轰击。炮弹很密集，山上被打得硝烟弥漫，尘土飞扬。战士们很镇静地守在自己的阵地上。这时，日伪军近100人从北边、南边分成多路顺着山坡向上爬。当日伪军快接近山崖时，崮顶上的手榴弹倾泻而下，轰隆隆响成一片。日伪军连滚带爬向山下逃。上面机枪、步枪一齐扫射，日伪军再一次被打退下去。

又过了一会儿，从沂水城飞来两架飞机，对歪头崮山顶狂轰滥炸，还扔了几枚燃烧弹。一时间，歪头崮上土石飞扬，浓烟滚滚，火光冲天。日伪军又以多于八路军十几倍的兵力从多个侧面同时进攻。八路军战士先用机枪、步枪猛烈扫射，等敌人靠近到山崖下，就用手榴弹还击。上边打急了，日伪军就趴下；上边枪声稍停，他们就再次进攻。几经反复，山上的枪声停止了，原来，八路军战士们的子弹打光了。

此时，太阳已经偏西。

日伪军开始试探着往崮顶上爬。但一连三次，被八路军英雄们用石头硬生生地给砸下去了。而此时，日伪军下了毒手，向歪头崮山放了毒气弹。

在天黑前，日伪军终于爬上了崮顶。而此时八路军战士已大部牺牲。

据亓荣发回忆：大批日伪军攻上山顶后，大家赤手空拳和端着刺刀的日伪军英勇格斗。最后，连长喊："跳崖！"剩下的人全跳了悬崖。亓荣发和另外两个人是向西边方向跳的，他跳下去后落在了一个二蹬崖上，未死也未重伤。又跳了一次，落在了一个斜坡上，天也黑了，他突出重围，经艰难跋涉，终于回到了部队，并作了战斗汇报。

亓荣发说，当时他不知道战斗发生在什么地方，也不知那山头叫什么名字。作为这场战斗的唯一幸存者，他被留在了原部队，又参加了一些其他战斗，后来随大部队去了东北。

激战结束后，中共沂北县第三区分区委书记张利一等急忙奔上歪头崮，眼前整个战场情景惨不忍睹。日伪军尸体已全部运走，只剩下八路军指战员遗体。有的紧咬牙关，两眼怒睁，手里还攥着石块；有的倒在地上，还做出向日伪军投掷石块的姿势；3挺机枪和大部分步枪都已砸碎。营长王子固牺牲在北面山脚下。二连除了到团部参加党代会的13名干部战士和隐蔽在山后的2名炊事员外，营长王子固、副营长徐福、二连长亓之顺等81名指战员壮烈牺牲。

崮下那81座坟茔

战斗结束后，去团里开党代会的二连副指导员孟兆群和他带的另一个同志从岸堤赶回来，同中共沂北县第三区分区委书记张利一等地方干部、当地群众跑到山上，清理战场。

孟副指导员和他带的那个同志每辨认一个，就用纸写上他的名字和原籍，压在烈士胸前。地方有关领导在张耿村南划出一块地，宣布在此建烈士陵园。邻村的基层干部带领大批群众主动跑来帮助掩埋烈士遗体。每埋一个，就在木牌子上写下他的名字和原籍，插在坟前。歪头崮附近的河西村、张耿村的群众，含泪把烈士的遗体抬下山去，用群众献出的棺材，将这81位顶天立地的勇士安葬在张耿村，竖起一座石碑，名为"张耿烈士林"。村里一位石匠怀着景仰的心情将已撰好的碑文精心刻在了碑碣上，记录下那场战斗的经过。清明节，沂北工委、行署召开万人大会，悼念牺牲的烈士。

张耿烈士林内，苍松翠柏环抱着烈士坟茔。高大的纪念碑正面中间刻着"英勇殉国"四个大字，左侧刻着"给敌寇多过我三倍的死亡，牵制和削弱了它进攻友军的时间和力量，完成了艰巨的任务，不幸光荣牺牲，你们的血不是白流啊"。右侧刻着"在五十倍于我的近代装备的陆空配合的敌人的严密包围下，你们显示了优秀的布尔什维克的艰苦奋斗英勇牺牲的精神"。碑的背面刻着墓志和81名烈士的名字，墓志文为：

民国三十二年二月二十六日，敌伪三千余人，大举"扫荡"沂水，路经三区歪头崮。我十八集团军山东纵队鲁中军区二团二连据崮抵抗。敌三次冲锋迄未得逞，继以飞机大炮猛烈配合，并施放毒气。二连激战终日，毙伤敌旅团长以下二百余人。因之沂博路得非敌有，东里镇致未沦陷，英勇指战员八十一人亦壮烈牺牲。沂水党政人民对之同深哀悼，谨树志碑碣，书列姓名，以资纪念。中华民国三十二年上浣。

中华人民共和国成立后，沂水县人民政府为"张耿烈士林"修筑了围墙。1979年，"张耿烈士林"被列为县级重点革命烈士建筑物保护单位。1986年又重修了砖石院墙，成立了管理处，安上了大门。2002年，又被沂水县诸葛镇确定为国防和双拥教育基地。

每年的清明节，党政干部职工、附近村庄的干部群众以及中小学生，都会齐聚在"张耿烈士林"，隆重纪念和缅怀当年为民族独立英勇献身的81名勇士。

参考资料

①吕敬之、亓魁洲：《忆歪头崮战斗》，烽火HOME网2019年10月15日。
②阎文征：《英雄山崮英雄的人》，崮乡文苑2021年2月4日。

寨子崮

寨子崮

形似元宝
地生金

寨子崮，位于沂水县泉庄镇驻地西南 8 公里处，海拔 542 米，面积 160 万平方米，呈东北—西南走向，山体由石灰岩、页岩组成。因崮顶有古村寨遗址，故称寨子崮；又因其远观形似元宝，也称元宝山；还因其山峰起伏似龙，亦称金龙山。崮下尹家峪村是八路军山东纵队卫生部直属后方医院诞生地。

山下有条弯弯的河

发源于沂水县泉庄镇马头崖村南的马莲河，流向由西向东又折向北，流经泉庄镇的 16 个村庄，形成水水相接、坝坝相连、瀑布成串、流水潺潺的亮丽风景，最后在泉庄镇张庄村东南汇入沂河。

跨过马莲河南行，越过金龙门，穿过层层叠叠挂满果实的蜜桃林，眼前这座翠绿的山峰便是寨子崮。

站在崮下的桃园里远眺，中间三个凸起的山峰中间略高，酷似一个大元宝，所以当地百姓也称这座山为元宝山。而综观整个山脉，起起伏伏又颇有巨龙腾空之韵，所以如今此山又被称为金龙山，而当下最为知名的，当属金龙山农业专业合作社。2014 年冬天，沂水五洲房地产有限公司开始筹建金龙山农业专业合作社，尹家峪村仅用 28 天就完成了寨子崮下 1781 亩土地的流转，创造了 32 天栽植桃树 6 万余棵的奇迹，这才让寨子崮变成了今天桃树满山的花果山。

崮下成片的桃园

当下其他地方的大多数桃树已完成了果实采摘，而寨子崮的桃树依然果实满枝，因为这里种植的全部是高品质的有机蜜桃。虽然个头不大，但成熟晚，糖分多，价格高。这里的有机蜜桃获得中国、欧盟、美国三大有机认证。这一棵棵的桃树，都是合作社员们的摇钱树，每年能带动农民增收千万元。尹家峪村也因此获得了中国有机产业发展示范村，成为山东省第一家、全国第四家获此称号的村庄。

沿着桃林间的盘山路，行到寨子崮西北侧，从一蓄水池处往上攀登，可到达寨子崮顶。此段山上已没有了桃树，全都是马尾松、杂草、灌木在疯长。当踏着齐腰深的杂草乱树攀上崮顶，放眼山北，一个"山在唱歌、水在跳舞、树在招手、花在微笑"生态小镇便尽收眼底。

俯瞰下面层层叠叠的千亩有机桃园，宛如卷起层层波涛的绿色海洋，送来的阵阵微风里透着清新，携着果香。也可清晰地看到崮下田园综合体里"五朵金花"绽放的模样。

回望脚下的崮顶之上，散落着一片断壁残垣，过去山民生活的地方，如今已是一堆堆乱石，成为过去苦难岁月的记忆，镌刻在寨子崮上。兵荒马乱的旧社会，这悬崖峭壁之上，是老百姓逃避战乱、匪患的唯一选择。白天下山种地，晚上回山寨生活，易守难攻的天然地势，稍加防守，便可免遭兵匪骚扰，可以过上安生日子。

崮顶上的山寨遗址

不管是过去、现在还是将来，老百姓都盼望着过上富裕的日子。于是民间也就有了一些关于财富的传说。

山东省民间文艺家协会会员、西郭庄村的李春桢老人讲述过这样一个民间故事。

在寨子崮下的马莲河边，曾经有个金窝窝。在很久以前，有一个南方人，每年的中秋节，他便会来到马莲河边的一个村子，每年就来这么一趟。村里人都不知道他来这里干吗。每次来，他都住在村里的老王家里。老王是个热心人，都好生招待他。有一年，这个南方人又来了，这次来了以后就病倒了，一病几天下不了床。老王不厌其烦，求医抓药，悉心照料，过了几天后，这个南方人就康复了。他对老王一家很感激，临行前对老王说，他之所以每年的中秋节到这里来，是来取金子的。在马莲河上有个金窝窝，往外吐金砂，但只有到中秋节月上中天之时才能取到。他说自己年纪大了，以后就不来取了，告诉了老王地点，让老王以后每年过去取，得到的金子不多，仅够家里生活所用。

到了第二年中秋节这天，老王来到南方人指点的地方，果然发现了这个金窝，他便取了金子，满心欢喜地回了家。

有了这个金窝，老王过上了衣食无忧的日子。可老王想，这个金窝一年就取这么点金子，如果我把这窝子再弄大一些，得到的金子岂不更多？于是他就把这个金窝挖得比原来大了好几倍，回家便做起了发财美梦。可到了中秋节月上中天之时，他来到金窝窝一看，顿时傻了眼：金窝窝里一粒金砂也没有，全部是泥沙。金窝里还漂着一片树叶，上书："金砂本是河神攒，光救贫寒不济贪；贪得无厌天不怜，穷困莫要怪神仙。"

马莲河边的金窝窝从此没有了，而如今，勤劳的山里人却用自己的双手把昔日的穷山寨变成了一座金山，实现了几代人心中的财富梦想。

烽火中诞生的八路军后方医院

寨子崮下的尹家峪，一个山清水秀的古朴村落。1939 年 3 月，八路军山东纵队卫生部直属后方医院在这里诞生，并在艰苦的抗日战争、解放战争中及和平年代里不断发展壮大，成为今天的中国人民解放军第八十八医院。

位于尹家峪村的后方医院旧址

在尹家峪村一条大街北侧，八路军山东纵队卫生部直属后方医院旧址上，建有原国防部部长迟浩田将军题写匾额的八路军山东纵队卫生部直属后方医院纪念馆。展室内陈列了 20 余块展板，详细介绍了后方医院诞生、发展及在血与火的战场上转战沂蒙山区中发生的动人事迹。展室内还展出了许多珍贵的历史文物，其中有在反"扫荡"战斗中缴获的日军的毛毯，战争年代配备团、营级干部使用的"马褡子"，尹家峪村老中医郑学庠遗留下来的手提医疗箱、手术器械包及修建纪念馆清理地基时发现的大刀和步枪子弹等。

村民王新斋是纪念馆的管理员也担任着义务讲解员，在他熟悉的讲解下，我们又走进了那个战火纷飞的年代。

225

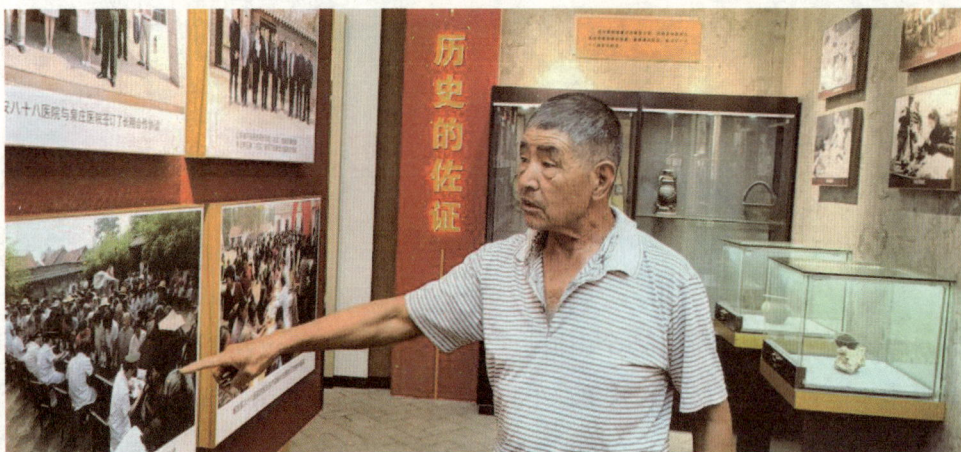

王新斋讲解后方医院历史
（2023 年 8 月 30 日拍摄于尹家峪后方医院纪念馆）

1939 年 3 月，八路军山东纵队卫生部直属后方医院在尹家峪村成立。成立之初后方医院规模较小，占地面积不足 1 亩地，分前后两院，是尹家峪村无偿捐献给医院使用的。

前排房子原为民房，后方医院将其改为北开门，中间加以隔离，东边是手术室，西边作病房。进入后院右边是两间厢房，原为小学教师生活用房。后方医院成立时，医务主任张景闵、指导员柴诚及司药刘昌鼎住这个屋，也是当时的院部。后院的正屋原为小学教室。日军侵华入鲁后，学校停办闲置，被后方医院作病房用，现在是后方医院纪念馆的历史展室。

当时医院条件差、人员少，只有 60 多名医护人员，医院设备简陋，药品缺乏。仅有少量外伤药剂和简易手术刀剪等器具，严重缺少药品器械，病房也是简陋不堪，常常是民房里搭上柴草地铺就是一间病房。就是在如此艰苦的条件下，尹家峪村的乡亲们也参与了护理伤员的队伍。当时村里流传着一句口号："有人出人，有钱出钱，有力出力，一切为了抗战！"乡亲们像保护自己的孩子一样保护伤病员。在医护人员的精心救治和乡亲们的悉心照料下，伤员们一个个康复归队，重返杀敌战场。

在反日寇"扫荡"、反国民党"顽固派"战斗中负伤的伤员，都能得到后方

医院的及时治疗和细心周到的护理。

为了医院伤病员的安全，村里成立了以尹存宝、刘永德、王立泉、陈增礼等9人为主力的民兵武装小队，协助后方医院站岗放哨、转移伤员。村里擅长中医中药和简单外科手术的郑学庠老人有一套医疗器具，他毫无保留地献药献方，并拿出自己的医疗器具协助后方医院做各种手术。当时驻地发生天花疫情，有些医护人员也被感染了，郑学庠拿出自己的治痘验方、偏方，有效控制了疫情。村民们也自发组织起来，帮助后方医院加工粮食、碾米、磨面、烙煎饼，同时帮助医院搭地铺、修担架、劈柴火。

后方医院在驻尹家峪期间3个多月的时间里，共收治300多名八路军伤病员和少量友军伤员。在纵队卫生部的领导指挥下，医院医护人员克服困难、创造条件，开展清创缝合手术，及时换药，想方设法进行饮食调养，使绝大多数伤员得到了有效治疗后伤愈归队。

从1939年到1949年，八路军山东纵队卫生部直属后方医院发展壮大为一所正规的战区后方医院，番号先后为山纵直属野战医院、鲁中后方医院、华东军区15医院。一个不足百人的后方医院迅速成长为有着1500人的正规后方医院。伴随着人民革命战争的胜利步伐，医院转战沂蒙山区和华东战场，参加了鲁中反"扫荡"战斗和华东战场鲁南战役、莱芜战役、孟良崮战役、南麻战役、临朐战役、济南战役、淮海战役等历次重大战役。10年间，医院共完成收治伤员3万余人，仅在淮海战役中就收治伤员6804人，为革命战争和人民解放战争作出了突出贡献。1949年3月下旬，后方医院冒着淮海战役的硝烟，奉命进驻徐州市接管国民党徐州陆军总医院。并于1954年整编为中国人民解放军第八十八医院。1979年奉命调防泰安市，成为济南军区最有影响和科技实力的中心医院之一。

2007年10月9日，八路军山东纵队卫生部直属后方医院纪念馆正式落成并举行了开馆仪式。来自北京、南京、上海、济南等地的医院老领导，齐聚尹家峪村，战争年代曾经在沂蒙山区战斗过的中央军委原副主席兼国防部部长迟浩田上将为纪念馆题写了馆名并发来贺信。

如今，纪念馆已被沂水县政府列为红色教育基地。

寨子崮下的"五朵金花"

　　站在寨子崮上北望，可清晰地看到尹家峪田园综合体的全貌，沂蒙花开主题体验园区的五个场馆如同五朵盛开的桃花，在这青山绿水间清新绽放。

　　"田园综合体"是指综合化发展产业和跨越化利用农村资产，是当前乡村发展代表创新突破的思维模式。2017年2月5日，"田园综合体"作为乡村新型产业发展的亮点措施被写进中央一号文件。2018年，实施乡村振兴战略被写进中央一号文件，山东两大政策"红包"助力新旧动能转换和乡村振兴。

　　这一年，尹家峪田园综合体开启全面筹备工作。

　　2018年7月28日，总面积38平方公里、投资20余亿元的尹家峪田园综合体正式开建。

尹家峪田园综合体

　　尹家峪田园综合体明确以农旅产业发展为引导的发展方向、发展目标和发展战略。通过田园综合体规划实现项目地资源的化零为整，以两大核心景区的发展

带动周边资源开发。坚持以生态为本，发展绿色有机产业。注重建设生态产业经济圈，并与当地生态环境结合配置各相关产业。坚持农民主体地位，发展当地经济，促进当地就业率，使农民充分参与和受益。秉承特色突出的设计理念，与旅游相结合，融入当地社会、文化、自然资源等地标性元素，重点突出农林产业文化。通过合理布局和功能划分，打造一、二、三产业生态聚集区，理顺产业链，实现产业集群式发展。围绕品牌塑造文化建设，最终达到区域产业结构转型升级的目标，促进地方经济的和谐发展。

沂蒙花开旅游区、崮水间主题酒店、云水间精品民宿、云悦服务中心、空中草莓大棚、集装箱美食街等创意型项目，是尹家峪田园综合体一期的重点工程。

在寨子崮上看到的 5 朵桃花一样的建筑，就是田园综合体的沂蒙花开旅游项目。这 5 朵桃花，都有着各自不同的内涵。它是五大主题特色的恒温乐园，是一座集亲近大自然、科技探索、亲子同乐等主题玩法于一处的宝藏之地。

桃花之一是国际太空体验中心，在这里，人们不仅可以化身宇航员操作航天飞机前往"外太空"摘星揽月，还可以乘坐星球车，参加火星救援。整个中心占地 1.1 万平方米，涵盖了 90 余个航天、航空、航海、太空防御等方面的体验项目，许多展项属于国内外首创。进入国际太空体验中心首先映入眼帘的就是"未来号"空间站，完全按照中国空间站 1∶1 还原，从外观上看就非常震撼。中心内部还拥有 18 套体验设备，每一套都有不同的玩法，让人真实体验在太空遨游的感觉。火星漫游车车内装载了最先进的 AR 和液压动感平台设备，为人们提供更真实的驾驶体验，恍如亲自参与一场火星救援。092 型核动力潜艇仿真模型、99A 坦克仿真模型、"蛟龙号"载人深潜器……让孩子们寓教于乐，在玩耍中积累知识。

桃花之二是大型亲子室内游乐馆。这是以十大知名电视综艺 IP 为原型打造的亲子室内体验乐园。其中拥有快乐大本营、天天向上、真正男子汉、我是大侦探、身临其境等十大主题区域。有真人 CS 激战、蹦床攀岩、我脑厉害啦、不倒翁大战、沉浸式剧本杀、军旅生活体验等。

桃花之三是橘子布欢乐城堡。这里是亲子游戏的绝佳场所，是小朋友们最喜欢的地方。橘子布欢乐城堡以现代科技、全息投影等效果，带给孩子们沉浸式的

体验。还可以化身各式各样的角色，化身艺术家去观察自然，化身冒险家去探索未知，化身科学家去认识世界，奇妙的大自然探索之旅就此开启。神秘树洞、深海寻宝、冰雪任务、泡泡屋、坐着列车环游……奇幻森林、神奇海洋、国际村，三大特色体验区每进去一个，都有不同的互动体验。

桃花之四是台湾风情体验馆。在这里可领略原汁原味的祖国宝岛台湾民俗风情，馆内台湾的各地特色风情应有尽有。体验馆选取最具台湾特色的元素，以台湾旅游胜地命名。坐着小火车，地道的台湾美景和美食尽收眼底。

桃花之五是鱼菜共生自然餐厅。这里采用气雾栽培系统和鱼菜共生系统，鱼儿不需要换水，蔬菜也不用施肥，鱼儿和植物相互依存，健康又绿色。自然与科技相融合，餐馆中 360° 透明中央厨房，四周栽培着各种绿植，犹如身处大自然的感觉。

如今，尹家峪田园综合体已经逐步打造成了一个集农旅生产、农业生态观光、农业休闲度假、特色购物、休闲游乐等功能于一体的特色鲜明、宜居宜业宜游、惠及各方的农旅景区依托型田园综合体。在 5 万多亩的土地上，尹家峪田园综合体坚持生产、生活、生态"三生同步"，一、二、三产"三产融合"，农业、文化、旅游"三位一体"的发展理念，坚持让农民充分参与和受益，用实际行动，践行了"绿水青山就是金山银山"的理念。

参考资料

中共临沂市委党史研究院：《红色堡垒村·尹家峪村》，临沂市党史史志网 2022 年 2 月 16 日。

锥子崮

锥子崮，位于沂水县城西北 29 公里夏蔚、泉庄两镇交界处，云头峪村北侧，海拔 602 米，面积约 100 万平方米。因为崮顶像锥子直立，被称为锥子崮，又因崮顶高耸入云，人们也称为云头崮、云头山，崮下有一村因崮得名云头峪。1939 年 1 月 1 日，中共山东省委第一张机关报《大众日报》在这里诞生。

崮乡崮事

过三门而至极顶

　　云头峪村，中国传统村落，沂蒙山红色革命根据地，素有"华东小延安"之称，第一张《大众日报》就诞生在这个小山村里。抗日战争和解放战争时期，这里的村民救护伤员、支援革命宣传、掩护革命子女、保护党的文件和物资，成为一个坚强的革命堡垒村。

　　云头峪村落背靠大山，依坡朝阳而居。传统巷道和房屋的布置顺应地势，或高或低，古朴而错落有致。村后有一座耸立的山峰，峰顶一巨石如一把钢锥直刺云天，这便是云头崮，又称锥子崮。

　　如今的锥子崮因旅游开发而被修筑了直通崮顶的台阶。阶梯十分陡峭，往上攀登莫回头，否则容易眼晕。

　　原来自然风光秀丽的云头崮，如今又被开发者赋予了太极文化，行走山间，仿佛进入了一个道教圣地，但又感觉不是，因为只有其形，还是缺少了一些文化内涵。

　　太极文化的历史，可以追溯到中国古代的道家哲学。道家认为，宇宙万物都是由两种相互对立的力量构成，即阴阳。阴阳相互作用、相互转化，形成了宇宙的运行规律。

　　从锥子崮下面到崮顶，一共要经过三道石门。

　　第一道门叫无极门，彰显着"无根无极，万法自然"的太极真谛。行至半山腰，便是第二道门，

无极门

叫太极门，门中间宽大的门垛上，刻着一个大大的太极图。太极图就是阴阳相互作用的图形表现。图中心的阴阳两点代表了万物初始的阴阳之分，而图形周围的黑白两部分则代表了阴阳的变化和相互作用。太极图是中国传统文化中最具有象征意义的图形之一，也是太极文化的象征。在这三道门中，太极门最为高大。第三道门叫太极峰，迎门的石墙上刻着"登峰造极"四个大字。跨过这道门，便可登上云头崮的顶端，站在高耸入云的巨石之下。

在崮下远观似乎纤细的石柱，近看却也极为粗壮，直挺挺地立于崮顶的中间，更像是古时的炮楼。由于被岁月侵蚀，岩石已严重风化，随时都会脱落。为了保留住这一柱擎天的自然景观，人们对石柱进行了加固。这样虽然降低了岩石脱落的危险，但让这一景观失去了自然的风韵。既然太极文化讲究"道法自然"，为什么要把这一自然景观弄得如此不自然呢？

站在崮顶，周边的自然美景尽收眼底。崮之阳是云头峪，崮之阴是石棚村，山前山后两个美丽山村，都是中国传统村落，都有着悠久的历史和丰厚的地域文化。

锥子崮附近自东至西，三峰耸立，东边的是锥子崮，中间最小的名叫小崮子，而西边那座崮顶倾斜的便是西歪头崮。关于这三座山峰，当地有这样一个美丽的传说。

传说在很久以前，山村里有一个叫石头的青年，整日里以放羊为生。因为家里比较贫穷，老大不小了也没能娶上媳妇。

有一天，石头在放羊时，看到河边有个姑娘在洗衣服。两人便搭

太极门

崮顶的"锥子"

233

上了话。经过聊天得知，洗衣的姑娘叫兰花，因为家里穷，交不上租子，父母都被地主逼死了，她只能上地主家干杂活还债。

石头很同情兰花，便许下挣钱替兰花还债的诺言。从此，石头拼命干活，起早贪黑地放羊，到了年底他卖掉所有的羊，帮兰花还清欠地主的债务，把她赎了回来。兰花也就嫁给了石头。

由于夫妻俩勤劳，日子越过越红火，渐渐成了当地的富户。有钱后的石头就变心了，对人老珠黄的兰花越看越不顺眼，并经常打骂她。兰花一气之下离家出走了。

兰花走后，石头又娶了一个媳妇，叫小姑。兰花很生气，有家不能回，就天天歪着头向东边家的方向看，最后兰花含恨死去，变成了一座歪头山，人称歪头崮。

有一天，王母娘娘路过此地，听说了兰花的悲惨遭遇，决心要惩罚石头，就从头上拔下金簪，朝石头的头顶刺去，石头瞬间变成了一座山，头上的金簪变成了石锥，后来人们称这座山为锥子崮。

小姑看到石头死了，自己一头撞在了石头身上，也变成了一座小山，紧紧依偎在石头身边，人们把这座小山称为"小崮子"。

望着西边的歪头崮，竟然心生了些许怜悯，而对这石头化身的锥子崮，陡生出对忘恩负义之人的憎恨。而这位小姑，你又何必为这负心之人殉情？死后还要紧紧依偎在他的身边。

高大"锥子"西面的紫藤架上，爬满了紫藤的枝蔓，成为登山人纳凉的好去处。穿过紫藤架，临近悬崖的边上，有一个青石垒砌的台子，上书"神明坛"。这应该是供奉神仙的地方吧。

"坛"也是道家文化的产物。有人说，坛是女娲补天时遗留下的一块石头；也有人说，坛是太上老君一炁化三清化出来的。不知锥子崮上的这个神明坛供奉何神？想必建设此物，主要是为了装点这座山的道家文化吧。

回望崮顶高耸的石柱，它不像锥子，更像一座高高矗立的纪念碑，纪念这片红色热土上的革命历史，纪念战争年代在这片土地上抛洒热血的革命烈士。

锥子崮　一柱擎天入云端

红色崮事

《大众日报》在云头峪诞生

在云头峪村路南的小广场上，一座党旗雕塑格外醒目。雕塑旁边，一块牌子上写着"《大众日报》创刊地"。此行不远处有一院落，第一张《大众日报》就诞生在这里。

这个小院是当年《大众日报》的印刷所，编辑部设在中共中央山东分局驻地王庄村南一所民房内。

1938 年 8 月，中共苏鲁豫皖边区省委决定创办一份能够作为山东人民抗战号角的报纸，用来宣传党的抗日主张和政策，动员、组织和鼓舞人民群众积极抗日。省委委派刘导生、匡亚明着手报纸的筹办。

刘导生抗战前是北平民先总队部负责人之一，"一二·九"爱国学生运动北京大学的领导人。平津沦陷后，动员和组织大批平津同学到山东参加抗战工作，省委任命他为报社社长。匡亚明是原上海大学毕业生，文化水平较高，省委任命他为总编辑。

当时省委有两部电台，一部是战报台，另一部是新闻台，为了便于报社接收新闻，省委把新闻台调拨给了报社。还调给由电训班毕业的三个实习报务员、三个译电员；又从干校调来一批爱好写作的有中学文化程度的青年培养做记者。

1938 年 12 月，根据中央决定，苏鲁豫皖边区省委改为中共中央山东分局。《大众日报》就作为中共

《大众日报》印刷所旧址

235

中央山东分局的机关报筹办。很快，报社编辑室、电务室、印刷所、营业部等部门都成立起来。30 多个人来到锥子崮下的云头峪村，开始筹建报社印刷所。由于一川担任印刷所所长，郭克刚任指导员。

之所以把印刷所选在离编辑部八九里地的云头峪村，是因为这里非常隐蔽，能随时应对日本侵略者的偷袭和"扫荡"。当时的条件非常艰苦，印刷厂只有破旧的四开机、脚蹬机各一部和一些残缺不全的铅字。房子只能找老乡借。村里最宽绰的房子就数刘茂菊家，当时刘茂菊刚刚结婚 3 个月。听说八路军为了打日军，把印刷所设在村里需要房子装机器，刘茂菊马上腾出新房，与丈夫一起搬到了公婆的屋里。印刷所人手不足，村民张士修带着 14 名村民主动前来帮忙，义务为报社干一些体力活。

当时根据地物资匮乏，油墨、纸张、铅字等都是通过地下党从济南、泰安等地历尽艰险弄来的。就是在如此艰难困苦的情况下，终于迎来第一张报纸的问世。1939 年元旦前夜，伴随着老式手摇印刷机的咣当咣当声，2000 份散发着墨香的《大众日报》创刊号在这间农家小屋里印出。

创刊号共四版，报名置于报头中间。一版正中是发刊词，阐明了办报的宗旨："为大众服务，成为他们精神上的必要因素之一，成为他们自己的喉舌，更成为他们所热烈支持的最公正的舆论机关。"报头右侧的报耳位置，是"坚持抗战，克服困难，准备进攻"12 个醒目的大字。

第二天凌晨，云头峪村村民、交通员张之佩，穿着蓑衣、挑着报纸，快速送到王庄营业部，营业部又火速分发出去。从此，张之佩每隔 3 天就会风尘仆仆地挑担送报，有时还要穿越敌人封锁线，送报工作是艰难而危险。创刊后半年多的时间里，张之佩就是这样冒着生命危险，穿梭于取稿送报的路上。

《大众日报》在战火硝烟中诞生，并在与敌人的战斗中不断发展。由于高举团结、抗战、进步的旗帜，反对分裂、投降和倒退，具有人民大众的鲜明立场，坚持真理和正义，《大众日报》创刊后，得到了广大人民群众的热烈拥护和坚决支持，在社会上产生了广泛而巨大的影响。报纸创刊开始时只发行 2000 份左右，不久就增加到了五六千份。发行范围从山东各地、江苏、河南、安徽和华北根据

地，扩展到延安和国民党统治下的重庆、长沙、常德、金华等地。一份份《大众日报》出现在抗日军民的手中，鼓舞着他们的斗志。

《大众日报》从印刷、发送到设备保存，报社干部职工从生活起居到战斗转移，都得到了群众的倾力支援。有 160 多位沂蒙人民为了帮助报社掩藏伤员、机器、油墨纸张而牺牲。许多办报人也为此献出了宝贵的生命。

1939 年 6 月，日寇首次大规模对鲁南地区进行"扫荡"。在反"扫荡"战斗中，报社营业室的赵钧英勇牺牲。这是《大众日报》成立后牺牲的第一位同志。

在 1941 年的大青山突围战中，大众印书馆编辑部主任郭季田壮烈牺牲。《大众日报》战时第二新闻小组的 18 位同志不幸遇难，写下报史上极其悲壮的一页。

由于战事不断，报社被迫要经常转移。从创刊至 1947 年 10 月 19 日，报社机关设在临沂地区境内 8 年零 10 个多月，经历了抗日战争和解放战争两个历史阶段，先后辗转于临沂的 9 个县计 30 余个村庄。在残酷的战争环境中一直坚持出版，整个抗战时期，《大众日报》是中共中央山东分局机关报；1945 年中共中央华东分局成立，一直是华东分局机关报；1949 年，华东分局南下，山东分局成立，改为山东分局机关报；1954 年，中共山东省委成立，就改为山东省委机关报，一直到现在。

《大众日报》是中国共产党创办最早的报纸之一，也是连续出版时间最长的一份党报。从创刊到中华人民共和国成立的 10 年间，《大众日报》牺牲的同志共有 578 位，这在世界新闻史上也是绝无仅有的。

1939 年底，《大众日报》在创刊一周年之际，收到毛主席从延安发来的题词："动员报纸，刊物，学校，文化艺术团体，军队政治机关，民众团体，及其他一切可能力量，以提高民族觉悟，发扬民族自信心，与自尊心，反对任何投降妥协的企图，坚持抗战到底，不怕困难，不怕牺牲，我们一定要自由，我们一定要胜利。"

2019 年元旦前夕，习近平总书记对即将迎来创刊 80 周年的《大众日报》作出重要批示："不懈践行'党的立场，群众的报纸'办报宗旨。"

《大众日报》首任总编辑匡亚明

　　在云头峪村东、锥子崮南的山坡上，《大众日报》第一任总编辑匡亚明的墓就坐落在这里的苍松翠柏间。

　　1906 年 3 月 17 日，匡亚明出生于江苏省丹阳市导墅镇匡村一个贫苦的塾师家庭。1923 年，进入苏州第一师范学校就读。1924 年，匡亚明参加革命，因从事革命活动而被学校开除。

　　1926 年夏，在恽代英的推荐下，匡亚明考入当时以"红色学府"著称的上海大学。1926 年 8 月，匡亚明加入中国共产主义青年团，同年 9 月转为中国共产党党员。此后，匡亚明先后担任上海沪东、沪西、闸北等区共青团区委书记及党的区委常委，共青团无锡中心县委书记，共青团江苏省委巡视员、共青团江苏省委委员等职。

　　在上海从事地下工作期间，匡亚明曾四次被捕入狱，既遭受过酷刑，也曾被长期关押。但他凭借忠贞的信仰和钢铁般的意志，保持了一个共产党员的气节。匡亚明最后一次被捕后，直到抗日战争全面爆发，才由八路军驻南京办事处营救出狱。后来匡亚明到了延安，他的事迹一时在延安干部中传为美谈。

　　1937 年卢沟桥事变之后，中国共产党领导人民展开轰轰烈烈的抗日救国运动。在华北地区，以游击战为主，建立敌后抗日根据地，抗击日军。

　　当时，中国共产党领导下的山东八路军和人民抗日武装力量还很薄弱，无论在人力、财力还是武器装备上都处在非常困难的时期。发动群众、

墓地保护碑

武装群众、创建和巩固抗日根据地已经成为发展游击战争、坚持持久战的关键。为了能够宣传党的抗日主张和政策，动员、组织和鼓舞人民群众积极抗日，中共苏鲁豫皖边区省委决定创办一份能够作为山东人民抗战号角的报纸。文化水平较高的匡亚明成了这张报纸的筹办人之一，被省委任命为总编辑。

创刊之前，中共中央山东分局书记郭洪涛和社长刘导生、总编辑匡亚明谈话，确定了办报的三个原则："一是党的报纸，二是有利于统一战线，三是广泛发动群众。"匡亚明建议，报纸的宗旨是"立足于大众，大众办，大众看"，名字就叫"大众日报"吧。郭洪涛说很好，名副其实为大众人民服务。两人的一番讨论，既确定了这份报纸的名字，也框定了这张报纸的宗旨。

办报之初，编辑部中只有匡亚明一人具有写作经验，其他人都是刚参加抗战工作的青年，缺乏实际革命斗争的锻炼。20 世纪 30 年代初，匡亚明担任中共沪东区《前锋报》编辑，后又担任上海《日日新报》主笔，发表了大量揭露黑暗、呼唤光明的战斗檄文，由此，匡亚明对中国传统思想文化的兴趣保持了终身。作为《大众日报》首任总编辑，匡亚明这方面的特长得到了淋漓尽致的发挥。因此，在开始一段时间内，匡亚明不仅要根据中共中央山东分局的部署，制定报纸宣传方针、要求，还要撰写社论和文章，而且要帮助各版编辑改稿、划版，手把手向编辑传授业务知识。创刊号顺利出版后，正值 1939 年新年，当晚全社召开了庆祝元旦并庆祝创刊的娱乐晚会，匡亚明兴致勃勃地表演了一个节目《苏州人念诗》，给大家带来很多欢笑。

抗战时期，不仅没有办报经验，也无法向外面的报纸学习。匡亚明随身携带几本英文的列宁著作，其中《列宁的生活》中有介绍列宁如何在极端困难的条件下创办《火花报》的描写，匡亚明立刻着手翻译出来，供大家学习运用。据此，匡亚明建立了发稿前集体讨论、出版后又集体评报的制度。这一制度一直延续到现在。

匡亚明特别重视报纸的社论。除了聘请中共中央山东分局书记郭洪涛亲笔撰写外，从创刊到 1939 年 6 月 6 日的 72 期报纸中，有 40 多篇社论是由匡亚明亲自执笔，他堪称是《大众日报》的首任评论员。

《大众日报》首任社长刘导生调走后，年仅 33 岁的匡亚明负责报社的全面工作。他白天去分局开会处理日常事务，晚上在昏暗的油灯下写社论、翻译资料，

还亲笔写新闻通讯，每天工作 12 个小时以上。此后不久，匡亚明接受新任务，离开《大众日报》，奔赴延安。

解放战争时期，在《大众日报》创刊七周年、出版千期之际，匡亚明重新回到《大众日报》，继续担任社长兼总编辑。这是他继抗战时期以后，再度主持《大众日报》的工作。匡亚明将在中央情报部的工作方法带到了《大众日报》，成立了专门的研究部，这在当时的党报工作中是一个创举。在匡亚明的领导下，《大众日报》的研究部很快发挥了大作用。

匡亚明围绕着提高报纸质量进行了一系列改进。他要求全社人员都穿上统一配发的军装，除臂上佩戴"八路"符号外，胸前还要戴上方形"大众日报社"胸章。

同时，匡亚明还从技术支持上改变《大众日报》简陋的办报状况。工人们用蒸汽机和锅炉调试发电成功，启用了对开印刷机，从而有四部对开机交替使用。《大众日报》从此告别了手摇马拉的马达，进入了真正的工业时代。

解放战争开始后，大众日报社撤出临沂城，开始了又一次的战略转移。匡亚明亲自参加并指挥了对鲁南战役的报道。鲁南战役自 1947 年 1 月 2 日打响，历时 19 天后取得大捷。《大众日报》派遣 10 余位记者进行全程战地采访，先后发表消息、公报、言论、通讯、署名文章和图片等 97 件，报道规模之大、影响之深远，均属空前。战争临近结束时，匡亚明随陈毅军长一同乘汽车赴前线去看望了战地记者。在此后历时 65 天的淮海战役报道中，《大众日报》仅在 74 期报上，就刊发报道 640 篇，有力地配合了这场战役的伟大胜利。

1948 年 6 月，为迎接解放战争的最后胜利，《大众日报》迁至临朐，这是《大众日报》历史上第四次战略大转移。此时的匡亚明被任命为华东局宣传部副部长兼报社社长及总编辑，直至 1950 年，才正式调离《大众日报》。

此后的数年间，匡亚明先后担任东北人民大学、南京大学等高校的领导职务，1996 年 12 月 16 日，在南京逝世，享年 91 岁。

参考资料

①齐鲁壹点：《〈大众日报〉刊号》，人民资讯 2021 年 5 月 26 日。
②张清俐、张杰：《在抗战中成长的〈大众日报〉》，中国社会科学网 2022 年 7 月 15 日。

姜家崮

天地造化
山奇秀

姜家崮

崮乡崮事

姜家崮，位于沂水县泉庄镇与夏蔚镇交界处，中国传统村落石棚村西，海拔 617 米，面积 100 万平方米，崮顶方正险峻，周围 20 多米高的峭壁，垂直如削，因姜姓人家曾居于此地而得名，是沂水境内第二高崮。传说明朝末年官至河南按察使的沂水籍（现属沂源县）官员江孔燧曾在崮上筑寨隐居，因此该崮又称"江家崮"。

山顶四望唯烟云

经石棚村去姜家崮，不仅可以欣赏到这个中国传统村落的美景，更能远眺姜家崮端庄、挺拔、俊秀的样子。

站在石棚水库大坝西望，姜家崮便完整地呈现在眼前。和周围群崮相比，它显得格外端庄，像一位高大帅气之人，头上戴着一顶板板正正的礼帽，颇有木秀于林、鹤立鸡群之感。如果在姜家崮的中间立一条直线，两边是绝对的对称。难怪当地人说，论模样，姜家崮是最"板正"的一个崮，因此姜家崮自古又称"端正崮"。"端正"和"板正"是一个意思，只不过"板正"是老百姓对"端正"的方言化表述罢了。

石棚村很大，村民的住宅零零散散地分布在一座座山崮间。因为居住并不集中，所以一村子的人相互不认识也是常有的事。

朝天泉

从石棚水库大坝穿过村子，正好路过村里的一眼古泉。泉子从上到下用石块砌起，上口较大，越往下越细一些，呈倒金字塔形，这样砌起来的井壁才更加稳固，不至于出现坍塌。从上到下足有丈余深，有台阶可行至泉下的水面，方便村里居民下去取水。村里人都叫它"朝天泉"。过去，石棚村的人祖祖辈辈靠这口泉供水，如今自来水通到各家各户，就没有人再到这里挑水吃了。但泉水依然很旺，尤其是在丰雨期，可以清楚地看到泉水往上冒。千百年来，这个泉子滋润着石棚村几代人的生活，也见证着这个传统村落的风雨沧桑。

姜家崮下，是百姓开垦的层层梯田，田里种植的谷子已经谦卑地弯下了腰；丹参等中药材也即将到了收获时节。时值初秋，层层翠绿的梯田已染上了一层淡淡的黄色。这片连绵的山峦、起伏的梯田构成一幅壮美的山川画卷，这是大自然的杰作，是任何艺术家都无法创作出来的作品。

沿梯田间向上的小路攀行，当没有了生长农作物的空间，那就是陡峭的山体，因为全是风化的页岩和未风化的乱石岗，山上没有树木成林，皆为一米多深的灌木杂草。因为姜家崮的腰身并不臃肿才远观秀气，也正因为这份秀气山势才非常陡峭，攀爬起来自然有些难度，费些体力。

一直攀爬到"帽檐"之处，仰望这在山下看起来并不起眼的端端正正的"礼帽"，不由惊叹它的雄伟、险峻。数十米高的崖壁齐刷刷地耸立于山体之上，如刀削斧劈一般，四周没有任何缓坡可供上下，只能靠绳索攀岩而上。

就是在如此绝壁之上，竟然还有房屋的残存，建于哪个年代，又是何人居于此地？是姜姓人家，还是江姓人家？

据传说从沂河岸边的东里西村出仕为官的江孔燧，晚年卸官归乡，曾在这姜家崮上隐居过，这也是人们称之为"江家崮"的原因。

要说是战乱时期百姓到崮顶之上筑寨避难完全可以理解，可是，一位官至河南

近观姜家崮

243

按察使的朝廷大员，退休后为什么要跑到这险要的姜家崮上生活？真是匪夷所思。

不管江按察使是否真的在此生活过，但这易守难攻的地势，的确是百姓避难的好场所。山顶上，古时百姓筑起的围墙还在，栖身之处虽然变成了堆堆的乱石，在兵荒马乱的年月却是他们温暖的小窝。千百年来，姜家崮用它伟岸的身躯，佑护着一方百姓。

在解放战争中，易守难攻的姜家崮成为解放军抗击国民党反动军队的战场。1947 年 7 月，鲁中第二军分区十一团 14 名指战员坚守在姜家崮上，英勇抗击国民党军的进攻。面对 3000 多名国民党军 10 多天的围困，解放军牢牢守住此崮，最后除 1 人牺牲外，其余 13 人成功突围。为此，老干部黄子忠曾写下这样的诗句：

山名姜家崮，峭壁入云端。山顶面积小，计亩三十三。抗日烽火起，顽伪曾抢占。三易云梯上，我军驻一班。工事牢又固，坚持十一天。气死反动派，日寇啸徒然。三千蒋家军，围困十余天。乖乖受严惩，军民笑开颜。

崮顶高耸的"帽子"底部，因岁月风雨侵蚀，出现很多的凹洞，形成大小不一的石棚，有的深达一两米，能容人栖身其中。东南侧一块高 20 多米、宽四五米的崖壁已从上至下裂开一道缝隙，似乎有随时脱离"母体"的可能。而前面不远处的两块桃子状的巨石，便是从这崮顶的崖壁上脱落下来的，在这半腰，独自展示着风采。

姜家崮崮顶崖壁脱落下来的两块桃状巨石

站在崮顶放眼四周，蓝天之下，朵朵白云萦绕着连绵的山崮。此情此景，让人不禁想起白居易的几句诗来："高高此山顶，四望唯烟云。下有一条路，通达

楚与秦。"可今天的姜家崮下，并非只有一条路，宛如玉带的条条山路，将一个个美丽山村连接在一起，把美丽山村和繁华的都市连接在一起。

山下的高粱红了，谷子黄了，梯田里出现了忙碌的村民，又是一个丰收的季节。

★★★ 历史崮事

沂河边走出个朝廷大员

明朝末年，在风景秀丽的沂河北岸——沂水县东里镇东里西村（今属沂源县），出了一位朝廷大员，他就是江孔燧。

据《沂水县清志汇编》一书中记载："江孔燧，明崇祯元年戊辰科，刘若宰榜，官按察使。"《康熙沂水志》也有记载："江孔燧，初授湖广德安府推官，历官河南按察司，戊辰。"既然传江孔燧曾在姜家崮隐居过，不管是真是假，也得说说这位明朝时期沂水出的大官。

至于江孔燧的家乡东里店村名称的由来也有一些说道。相传在汉代，东里店原有董、李两家店坊，因此称"董李店"。由于"董李店"前是沂河，背靠群山，村落东西绵长，后取谐音就称为"东里店"。

虽说江孔燧是东里西村人，但他生下来可不是一介草民。此人出身于官宦之家，他的父亲叫江铨，是诰封四品中宪大夫；他的母亲王氏为诰封"太恭人"。人家可是妥妥的"官二代"。

江孔燧虽生于官宦人家，但他本人非平庸之辈，那可是一身的才学。他18岁考中秀才，39岁中举人，52岁会试考取贡士、殿试考取三甲第204名进士。这实力可非同一般。

江孔燧获"两榜出身"后，从此便踏入仕途。先是做了湖广行省德安府七品推官，又到吏部做了六品验封司主事和陕西司主事。到了崇祯九年，江孔燧步步高升：八月，升任户部广东司五品员外郎；九月，升任户部江西司正五品郎中；

十一月，又升任四川省重庆府正四品知府。这升官的速度够快吧。崇祯十一年，出任山西分守冀南道正四品副使；崇祯十四年，升任湖广扶夷兵备道从三品参政，到了崇祯十五年，65岁的江孔燧出任河南按察使，是正三品的朝廷大员。

江孔燧任河南按察使，河南省大大小小官员都归他监督管理。他为官清正廉明，查处、弹劾、罢免很多的贪官污吏，也上报嘉奖、提拔了一大批清正廉洁、德才兼备的好官员，深得民心，受到地方百姓的拥戴。

相传有一天，江孔燧外出巡察时，遇到一位老人在卖石器。一些石器摆放在路边，老人正用工具雕刻一对石狮子。江孔燧命手下落轿，随后来到老人身边闲聊起来。问老人石狮子多少银子一对。老人抬头打量这位官员，认出了是百姓心目中是青天大老爷，赶紧起身跪拜，并说："您是爱民如子的青天大老爷，惩办了那么多贪官，为老百姓办了那么多好事，我们都感谢您。这对狮子就送您了，也表一表我们老百姓的心意。"老人执意要送，但江孔燧掏出银子，塞给了老人。

从这件事上可以看出，江孔燧的确是位清廉爱民、深得百姓爱戴的好官。

在河南按察史的任上，为避李自成起义的兵变，江孔燧辞官回乡，在东里店村过上了朝看"日出青蓝红似火"，暮看"烟水茫茫，千里斜阳暮"的隐居生活。

清顺治四年三月，70岁的江孔燧去世，安葬于本村凤凰山前。当朝通政使司右通政高有闻为他撰写的《墓志铭》镌刻于墓碑之上。

★★★崮乡风情

云崮泉乡在石棚

石棚村位于姜家崮的东侧，四周被群崮环绕，风景秀丽，自然古朴。2018年12月10日，住建部发布的《关于第五批拟列入中国传统村落名录的村落基本情况公示》中，就有石棚村的名字。

石棚村东与石汪峪接壤，南有马头崮、锥子崮、西有歪头崮、姜家崮；北与

板子崮、橛子崮、枕头崮相连。处在群崮之中，整个村落呈散状分布，房屋依山就势而建，高低错落，疏密有致，红瓦掩映在绿树中，绵延十多里。

石棚村的历史可追溯到宋代。村内的宋代古墓证明，最晚在北宋时期即有人在此建村居住了。到元代，孙氏一姓迁居于此。清朝初年，魏氏迁居至此，另有王、张、朱、狄、林、李诸姓陆续迁来，繁衍生息，香火相传。

名为石棚村，必然有石棚。

石棚村以前曾有个名字，叫永安村，村前有一个山洞，村里百姓叫蛤蟆埝。在兵荒马乱的年代，这个山洞派上了大用场。据说当年躲土匪、躲日军，老百姓都藏在洞里面，此洞能容三四百人。这个如石棚的山洞佑护了村里百姓的平安，成了村子的亮点，渐渐地，石棚越叫越响，永安这个名字也逐渐被人淡忘了。如今，因为修建水库，石棚被淹没在了水库之下，只有其名，不见其棚了。

能承载石棚村古老历史的，当属魏姓家族的九进院了。历经百年的风雨侵蚀，石屋石墙屹立至今。宅院是魏氏家族在清朝中末年所建，一共建了9个院。这个院里，走出一位著名作家魏然森。魏然森曾是一名军人，从部队转业后从事专业创作，现为中国作家协会会员，国家一级作家，沂水县作协主席。

这里，发生过许多红色故事。

在抗日战争时期，徐向前曾经在这魏家宅院里住过。1939年6月，八路军第一二九师副师长徐向前，受八路军总部与中共中央北方局委派，来到沂蒙山区指挥抗战。同年8月，他在沂水县诸葛村召开了庆祝"八一"建军节和反"扫荡"胜利大会后，来到了石棚村，在魏家的宅院里住了3天，在这里思考谋划以后抗日斗争如何开展。

同样在这座魏家宅院，还发生过魏宗汉智救游击队队长的故事。1940年4月，发生了汉峪突围战。参加此战的柴山游击队队长胡发德成功突围后，不幸在沙地村外的河滩上被捕。日军押着胡发德一路西行来到了石棚村魏家大院。魏家四子魏宗汉急中生智，将胡发德认作自家的长工，并不住地责备他干活偷懒，给他解绑后就让他去给挑水，又暗中让在家中做客的西棋盘村的张志江从后门出去，替胡发德将水挑回，从而让胡成功脱险。

还是在抗战时期，石棚村的著名中医魏肇信，把自行研制的治疗刀枪伤的外

用药提供给王庄的抗日游击队使用，救治了很多的抗日勇士。

石棚村北边紧靠着板子崮，对于板子崮名字的来历，年纪大的村民都能说得上来。

传说春秋时期，孔子带着他的弟子前往莒国讲学，途经一座崮时，远远望见崮上耸立着一块天然的大石板，孔子禁不住感叹："好山！好山！"于是攀登到崮上，并在此以石板为教板，向众弟子传授"六艺"。

崮前面的一个村子里，有一位年轻的村夫，能够认识几个字。当他听说孔子周游至此，并在崮顶上授课，就想拜孔子为师，又向父亲要了一些碎银，冒冒失失地爬上崮顶，一声不吭地一头拜倒在孔子的脚下。孔子见村夫如此粗鲁，就问："你几岁了？"村夫回答说："18岁了。"孔子望了会高耸的大石板，沉吟良久，突然问村夫："你挨过父亲的板子吗？"村夫听见孔夫子这样问，有些发蒙，就说道："挨过，但我躲过去了，没挨上。"孔子听后，一拂袖子说道："那你回家去吧，等挨过板子后再来。"年轻村夫不解其意，只好怏怏地下崮走了。

回到家里，父亲问他求师结果，年轻村夫说："嗨，别提了，孔老夫子要我回家挨您顿板子才肯收我为徒。这算哪门子收徒之道？"听了儿子的粗话，父亲气得抄起一块板子就向儿子拍去："好你个没出息的畜生，孔老夫子也是你叫的？对圣人如此不尊，今天看我不打死你。"儿子看着父亲举起的板子，竟然没躲避。

挨了板子的村夫又匆匆地来到了崮上，见了夫子后深深一拜："老师，我挨过板子了，谢谢您让我懂得了挨板子的道理。"孔子见状，赶忙起身，并收他为徒。给村夫讲"天、地、君、亲、师"的关系，讲"以孝治天下，施仁政于天下"的道理。年轻村夫不仅成了孔子的忠实信徒，后来还当上了楚国大夫。

村夫挨板求学的故事，千百年来一直在当地百姓中传为美谈。这个顶上有块大石板子的崮，从此就有了"板子崮"这个名字。

石棚村的民居也都是石板子垒起来的，以前顶上铺的是茅草，现在全都换成了红瓦。这里许多古朴的石屋被改造成乡村民宿，传统古村落变身为旅游胜地。

参考资料

沂水县地方史志办公室：《沂水县清志汇编》，山东省地图出版 2003 年版，第 215 页。

晏婴崮
以春秋贤相
的名义耸立

晏婴崮

晏婴崮，位于沂水县高庄镇与夏蔚镇交界处的崮前崖村北，海拔462.5米，面积100万平方米，崮顶四面悬崖，顶上平坦。山后为晏婴店子村，相传春秋时期，齐国宰相晏婴曾率领军队在此安营扎寨，故称"晏婴崮"。

崮乡崮事

晏婴崮上观风景

在沂蒙地域上百个崮中，直接以历史名人命名的崮虽有，但并不多，晏婴崮算一个。

紧贴着崮前崖村的这座大山便是晏婴崮。此山处在沂水县两个乡镇的交会处，山前的崮前崖属高庄，山后的晏婴店子则属夏蔚。

秋高气爽的季节登晏婴崮，能观最美的山间风景。有湛蓝如洗的天空，有崮顶飘荡的白云，有红黄绿交织的树叶，有裹着野草花香的成熟、清新的气息。

从崮前崖村往北，就有一条通往晏婴崮山顶的小路，秋天已将山坡的草地涂抹成金黄的颜色，与棵棵挂满黄里透红果实的柿树，构成晏婴崮上秋意十足的风景。

小路途经山坡上的一座庙，这尊坐北朝南、依山而建的庙宇，是"老母碧霞祠"。

据崮前崖村的老人讲，早在民国年间，崮前崖村里的几位长辈，从泰山的碧霞祠请回泰山老母，村民捐资修建了一座小庙将泰山老母供奉。到了20世纪60年代"破四旧"，庙宇遭到毁坏，庙里的泰山老母的画像也被县文化主管部门收走保存。直到1986年，村民又从县文化馆要回画像，然后自愿捐资重新修建了现在的这座老母碧霞祠。由于庙宇平时无人看管，泰山老母画像平日里放在村民家中，只有每年的正月初三，才请回庙中供奉和祭拜。

老母碧霞祠

从小庙东侧的小路，一直盘旋而上，可达晏婴崮顶的东侧。从南

面北望，晏婴崮的崮顶似为东西狭长走向。而站在此处，刚才的认知完全被颠覆，此顶往北也有很长的一段，以崮顶的最高处为中心，往西南和东北延伸，在这个地方看，晏婴崮顶又变成了一个三角状。观一座山峰，不同的视角会呈现不同的形态。

晏婴崮还有一个名字叫昔贤山，当地人也会称其"兔子头"。昔贤山这个名字在史料中有记载。据清道光七年《沂水县志·舆地》："晏婴崮，俱（距）县西七十里，崮又名昔贤山，王庄水经其间，梓水经其西。"相传春秋时期，齐国宰相晏婴曾率领军队在此安营扎

另一种形态的晏婴崮

寨，故称"晏婴崮"，崮上至今还有晏婴"点将台""石屋"等遗迹可寻。

不过，关于晏婴崮名称的由来，还有另外一种说法。相传隋朝年间，隋炀帝杨广的暴政，激起全国范围的农民大起义。沂水店子村有个农民起义领袖，率领部众驻扎山崮之上，自称为"晏婴王"。从此这山就叫晏婴崮，而这位起义领袖的老家店子村也就被称为晏婴店子。这些均无史料记载，全凭民间传说，孰是孰非，难有公断。

同其他的山崮一样，这宽敞的崮顶在动乱年代也是穷苦百姓的避难场所，安居之地。晏婴崮四面绝壁，边缘之处砌有围墙，只留下两条通道可以登上崮顶，且上山的通道极为狭窄，这样便于防御。东南门残留一碉堡状的建筑，颇有气势，给这座山崮增添了几分历史的厚重；随处可见的乱石堆是古时所建房子坍塌的遗存，石臼、石槽是山寨居民遗留的生活器具。一块清代所立的石碑，其文字大意为"山间放牧，注意防火"。相当于今天的防火与生态保护警示牌。

崮的西侧，有三块巨石挺立，宛如拔地而起的利剑，直插云霄。巨石表面的纹理如凝固的瀑布。历经千百年风雨洗礼，显得古老而神秘。岁月流转，沧海桑田，一直耸立于此，诉说着大自然的传奇故事。阳光洒在巨石之上，顶部生长的植物闪着光亮，背阴之处黯然深沉，为晏婴崮增添了一道壮观的风景。

站在晏婴崮上，可观看远处的山脉和天际的云彩，可感受大自然的力量和壮美，可聆听关于这座山崮的古老传说——这风吹树木的沙沙声便是，这林间叽叽

喳喳的鸟鸣声便是。

★★★ 历史崮事

晏婴崮下话晏婴

晏婴崮上观风景，晏婴崮下话晏婴。饱览了晏婴崮的英姿，咱们再聊一聊这位春秋时期的齐国名相。

据史料记载，晏婴是夷维人，也就是今天的山东高密。生于公元前578年，卒于公元前500年，字仲，谥平，又称晏平仲，世称晏子，春秋后期一位重要的政治家、思想家、外交家。

晏婴是齐国上大夫晏弱的儿子。平日里生活节俭，谦恭下士。但身材不高，其貌不扬。齐灵公二十六年，他的父亲晏弱病死以后，晏婴继任为上大夫。

晏婴这个人头脑机灵，能言善辩，内辅国政，屡谏齐王。对外他既富有灵活性，又坚持原则性，出使不受辱，捍卫了齐国的国格和国威。司马迁非常推崇晏婴，将他比为管仲。

"仁"是儒家"仁政爱民"的主要学说，也是晏子施政的中心内容。晏子非常推崇管仲的"欲修改以平时于天下"必须"始于爱民"。他坚持"意莫高于爱民，行莫厚于乐民"。遇有灾荒，国家不发粮救灾，他就将自家的粮食分给灾民救急，然后劝谏君主赈灾，深得百姓爱戴。对外则主张与邻国和平相处，不能依靠打打杀杀。齐景公要伐鲁国，他就劝说景公"请礼鲁以息吾怨，遗其执，以明吾德"，于是景公就放下了伐鲁念头。

晏婴是一位廉洁无私、心胸坦荡的好官。他辅佐齐国三朝王公，一直都是勤恳廉洁从政、清白公正做人。他主张"廉者，政之本也；让者，德之主也"。他管理国家秉公无私，亲朋好友想求他违规办事，那是门也没有，合乎法度的给办，不合法的坚决拒绝。他从来不接受礼物，大到土地住房，小到车马衣服，一概被

他辞绝。不仅如此，晏子还经常把自己所享有的俸禄送给亲戚朋友和贫苦百姓。

晏婴是一位生活简朴、清心寡欲之人。他身为国相，"食不重肉，妾不衣帛"，餐桌上没有两种肉食，并要求家人身上不穿绫罗绸缎。他住的房子也是祖辈留下来的旧房子。齐景公得知情况后，命人给他送去粮黍酒肉，晏婴无论如何不肯收下。送去退回，退回送去，来回三次，最后使臣只好禀报景公。

还有一次，齐景公看到晏婴坐的马车非常陈旧，便说："你一个堂堂相国，坐这样的破车不怕人笑话？"晏婴说："与百姓相比，坐车巡视边塞关隘已心满意足，我从不去想这是荣耀还是耻辱！"齐景公就派人把一辆马车送到晏婴府上。晏婴立即命车夫把新马车送回去。晏婴跟齐景公解释："朝廷已有俸禄给我，我不能再有别的奢望。"明代《青州府志》评价说："齐地汉以后尚俭倡廉，与晏子的移俗不无关系。"

晏婴是一位乐观豁达、处其自然之人。他虚怀若谷，闻过则喜。孔子曾经夸赞他是"不以己之是，驳人之非，逊辞以避咎，义也夫"！这说明晏婴随和大度，非常注重自身修养的品格。

晏子生性乐观，对生死淡然视之。他常说人都是要死的，不论仁者、贤者、贪者、不肖者都不例外。所以他从来不"患死"、不"哀死"，把生老病死看作自然规律。他始终保持乐观大度的心情，因此身心健康、延年益寿。

晏婴作为齐国贤相，他出使四方，不辱君命，堪称春秋时期第一"名嘴"。《史记》中，司马迁记载了一位机智勇敢的外交使者就是晏子。

晏婴不但在迎接外国使节的时候做到了堂堂正正，而且在出使外国之时，每次也能态度决然、随机应变。

春秋末期，诸侯国都畏惧楚国的强大，小国都要前往朝拜，大国也不敢不与之结盟，楚国简直成了诸侯国中的霸主。

晏婴奉齐景公之命出使楚国。楚灵王听说齐使为相国晏婴后，便对左右说："晏平仲身高不足五尺，但是却以贤名闻于诸侯，寡人以为楚强齐弱，应该好好羞辱齐国一番，以扬楚国之威，如何？"太宰一旁说道："晏平仲善于应对问答，一件事不足以使其受辱，必须如此这般方可。"楚王大悦，依计而行。

晏婴身着朝衣，乘车来到了楚国都城东门，见城门未开，便命人叫门。守门

人早已得了太宰的吩咐，指着旁边的小门说："相国还是从这狗洞中进出吧。这洞口宽敞有余，足够您出入，又何必费事打开城门从门而入呢？"晏婴听罢，笑了一笑，言道："这可是狗进出的门，又不是人进出的门，出使狗国的人从狗门出入，出使人国的人从人门出入，我不知道自己是来到了人国呢，还是狗国呢？我想楚国不会是一个狗国吧！"守门之人将晏婴的话传给了楚灵王，楚灵王听罢，沉思了一会儿，才无可奈何地吩咐打开城门，让晏婴堂堂正正地进入了楚都。

孔子称赞晏婴的外交表现说："不出樽俎之间，而折冲千里之外"，正是晏子机谋的真实写照。

晏婴历任齐灵公、庄公、景公三朝，辅政长达50余年。周敬王二十年，也就是公元前500年，晏婴病逝。孔丘是这样夸赞晏婴的："救民百姓而不夸，行补三君而不有，晏子果君子也！"

中共中央山东分局在王庄

晏婴晏的北侧隶属夏蔚，夏蔚镇有个王庄村。从晏婴晏沿公路北行，就到了位于王庄村的中共中央山东分局旧址。

在长期革命战争中，沂蒙人民积极保护、踊跃支持山东、华东党政军，书写了军爱民、民拥军、军民共同抗敌的伟大史诗，形成了"党群同心、军民情深、水乳交融、生死与共"的沂蒙精神。沂蒙山区乡乡有堡垒、村村有烈士、家家忙支前，涌现出

中共中央山东分局旧址

一大批红色堡垒村，王庄村就是其中最具代表性的一个村子。

作为红色堡垒村，王庄有着光辉的革命历史，当年中共中央山东分局、八路军山东纵队在这里成立。抗日战争和解放战争时期，罗荣桓、徐向前、陈毅、粟裕、张经武、黎玉、郭洪涛等人都曾在这个村子里战斗、工作、生活，带领沂蒙人民为民族独立和民族解放在这里进行了艰苦卓绝的斗争。

据党史记载，1938 年 12 月，中共中央山东分局在沂水王庄成立。1938 年 12 月 27 日，八路军山东纵队正式成立，指挥部驻王庄。1939 年 1 月 1 日，中共中央山东分局机关报《大众日报》在王庄创刊。

这密集发生的一系列影响山东革命历史进程的大事，均在王庄教堂里完成。

自此，沂水王庄成为创建山东抗日根据地、开展山东敌后游击战争的指挥中心、山东人民瞩目的焦点。

1938 年 11 月，中共苏鲁皖豫边区省委到达沂水王庄。

12 月，中共中央决定，苏鲁豫皖边区省委改为中共中央山东分局。郭洪涛任书记，张经武、黎玉为委员，程照轩任组织部部长，孙陶林任宣传部部长，郭子化任统战部部长，刘居英任社会部部长，杨涤生任青年部部长，杨刚毅任秘书长。中共中

红色堡垒村里的雕塑

王庄的教堂

央山东分局就此在王庄村创建，由中共苏鲁豫皖边区省委扩建而成，是山东人民抵抗日本侵略的领导核心，为山东抗日根据地的开辟和发展起到了非常重要的奠基作用，这段岁月被称为山东抗战史上的"王庄"时期。

1938 年下半年，中国的抗日战争形势发生了重大变化。为统一山东部队的领导，中共中央决定成立八路军山东纵队。同年 12 月 27 日，根据中共中央和八路军总部的决定，八路军山东纵队在王庄村正式宣布成立。张经武任指挥，黎玉任政治委员，王彬任参谋长，江华任政治部主任。八路军山东纵队统一指挥山东各地共产党领导的抗日武装，指挥部驻在王庄。八路军山东纵队成立后，将山东党组织领导的各抗日起义武装基干部队统编为 10 个支队又 3 个团，共 2.45 万人。另有地方武装 1 万余人。八路军山东纵队所属基干部队活动在沂蒙山区的有第二、第四、第八、第九、第十三、挺进 6 个支队及特务团、独立团、直辖第四团。

八路军山东纵队的成立，标志着山东人民抗日起义武装已由若干分散的游击队成为在战略上统一指挥的游击兵团。从此，山东抗日武装成为一支有统一领导、统一指挥、统一编制的部队。

中共中央山东分局在王庄的时间并不长，但它对于山东建党、建军以及各抗日根据地的建立具有极为重大和深远的意义。据山东省党史相关记载，至 1940 年底，山东正式建立了基本以一省的行政区划为主体的山东抗日根据地，有鲁南、鲁中、胶东、冀鲁边、滨海等 8 块抗日根据地；八路军第一一五师发展到 7.6 万余人，山东纵队发展到 5.4 万余人；还建立了两个行政主任公署、10 个专员公署和 79 个县政府。党的组织也得到了很大发展，党员达到 11 万多人。

旧址院内

参考资料

①《晏婴：力拒奢靡美名扬》，清廉潍城公众号 2016 年 5 月 10 日。

②《红色堡垒村·王庄村》，临沂市党史志网 2022 年 1 月 15 日。

盘龙崮

盘龙崮
绵延巧作
盘龙势

盘龙崮，位于沂水县高庄镇桃花坪村北，海拔450.1米，崮顶面积约100万平方米，山体为寒武系石灰岩及页岩。该崮自东向西，盘卧数里，崮高林密，悬崖陡峭，远观似巨龙盘卧，故名盘龙崮。

崮乡崮事

顶峰山寨阔　蜿蜒如龙蟠

从东面眺望盘龙崮，根本看不出其绵延之势，也察不到西高东低的形态，其崮顶看起来反倒是像一口棺材，难怪当地百姓称其为"棺材山"。可当来到桃花坪村由南北望，盘龙崮蜿蜒如龙蟠之壮观景象便呈现在眼前。

崮南的山脚下，立有一块"蟠龙崮山寨"文物保护碑，是沂水县人民政府2018年所立。由此碑处弯曲向上的一条山路，便可登至盘龙崮顶。

石碑上所写崮的名字是"蟠龙崮"，但人们一直称此山为盘龙崮。名虽不同，但意思相仿。蟠龙是中国民间传说中蛰伏在地而未升天之龙，龙的形状作盘曲环绕。用蟠龙形容此山倒也贴切。

看起来崮高林密，悬崖陡峭，但只要选对了爬山路线，登上盘龙崮并不太吃力。

由南北望可见盘龙崮长长的崮顶

盘龙崮山势大致为东西走向，东低西高，从西面最高处又往南甩出一段来。登上南边的这段山脊，便可一览盘龙崮山势绵延、悬崖陡立、松柏苍翠之景象，

让人心旷神怡。

这是大地的脊梁，是大自然的雄姿。

眺望远处，只见四周山峦起伏，连绵不绝，仿佛一幅巨大的山水画卷展开在眼前。有的山峰隐约可见，如同仙境般存在；有的峰峦起伏，如同大海舞动的波浪；有的则静卧在大地之上，宛如沉睡的巨人。

在这片绵延的山中，松柏苍翠的身影随处可见。不论是崮顶，还是山坡，成片的松柏林给盘龙崮穿上绿装，它们又像是守护者，默默地守护着这条盘卧的巨龙。一棵棵高大挺拔的松柏，犹如一支支插入云霄的巨矛。它们枝叶繁茂，仿佛一片片翠绿的海洋，给这座山以无尽的生机。

微风吹过，松柏的枝叶发出沙沙的声音，如同大自然的呼吸。站在茂密的松柏林中，仿佛置身于仙境，尽情地呼吸着新鲜的空气，享受着大自然的恩赐。

除了松柏，这片山势绵延之地还有许多其他的生命。野花、野草，欢唱的鸟儿，上蹿下跳的松鼠，它们在这片自然的怀抱中自由自在地生长。

沿南边的崮顶，穿过齐腰深的荆棵丛北行，便到达"蟠龙崮山寨"。这应该算是崮顶

山寨的南门

嵌入围墙内的掩体工事

山寨中，围墙保留最为完好的一处。南边有数百米长的围墙，踩着坍塌下来的乱石，穿过中间的门，便进入山寨。

来到这里，仿佛进入了一个宁静而又古老神秘的世界。

山寨的围墙厚度三四米，全部由石块垒砌，没有任何的黏合材料。墙体内，相隔不远都建有容人驻入的掩体，留有不大的孔，可瞭望寨外情况，也可作为射击孔，可见当年此寨防御严密。

山寨的北侧也遗存有长长的围墙，因为东西两侧是悬崖峭壁，围墙并不高大，且均已坍塌，只留下成堆的乱石。

据山下的文物保护碑上记载，蟠龙崂山寨建于民国时期，是百姓为躲避土匪、战乱而筑，现在山寨围墙之内存大量的房屋遗迹。山寨的每一段围墙，每一间残屋，都是一部血泪的动乱史，记载着当地百姓曾经的苦难。

山寨围墙

山寨建在盘龙崂的西面崂顶之上，此处海拔最高，地域平坦开阔。不过和东面的崂顶相比，这里没有成片的松柏，由于地面全是坚硬的岩石，只有在石缝间生长出的酸枣、荆棵等杂树、灌木，与崂的其他地方比，略显荒凉。

山寨东侧，一棵红枫独秀山崖，叶红似火，给深秋里的山崂增添了灵动之气。

枫树之下，是安放在盘龙崂怀抱里的美丽山村桃花坪。建村明朝崇祯年间，因遍地桃树，才有了这秀气的村名。春来之时，这里是桃花盛开的地方。

崮是革命崮，村是英雄村。

抗日战争期间，著名抗战老人、教育家范明枢被中共中央山东分局安排在桃花坪村隐蔽，村民自觉保护范老安全，没走漏丝毫风声，范明枢在村里工作生活四年多安然无恙。

"华东特等战斗英雄""华东一级人民英雄"林茂成就出生在桃花坪。这里还成长起一位著名的劳动模范。1940 年，桃花坪村的董廷会加入了中国共产党。1942 年担任村党支部书记。他带领群众进行反奸诉苦、减租减息，发动大家组织变工组、纺织组和运输社，开展大生产运动。1944 年 1 月 13 日的《大众日报》报道了他的模范事迹，随后相继被评为鲁中区劳动模范和鲁中区农业一等模范。

崮下的支部村委大院国旗飘扬，门前的党旗图版上，书写着"永远跟党走"。正是在党旗的指引下，盘龙崮才有了这山清水秀的美景，桃花坪才了如桃花盛开的幸福日子。

崖边的红枫

范明枢曾住盘龙崮

1942年8月，日军"扫荡"沂蒙抗日根据地前夕，山东临时参议会议长、著名抗战老人、教育家、时年76岁的范明枢，被中共中央山东分局安排到盘龙崮下的桃花坪村隐蔽，并指示该村党支部负责予以掩护和照顾。

范明枢是山东泰安人。清末秀才，后来留学日本，专攻师范教育。回国以后，他积极反对封建主义，主张妇女解放，提倡文化运动，致力于教育改革：先在本县创办教育图书社，兴办学校，从事小学教育，继赴济南创立模范小学，后从事中等教育，历任菏泽第六中学语言教师、济南师范学监、曲阜山东省立第二师范学校校长等职。

他任济南师范学监时，适逢1919年"五四运动"期间。他积极支持学生的爱国运动。当时，济南师范学生为了响应北京青年学生的爱国行动，要上街游行示威，抗议反动当局的屈辱卖国罪行。济南反动当局为阻止济南师范爱国学生上街游行示威，派兵荷枪实弹，严封校门，学生队伍不得上街。范明枢目睹其景，怒发冲冠，毅然挽起长衫，摘掉帽子，用头猛向把门士兵的刺刀撞去，吓得把门士兵急退，学生们则一声呼喊，乘机破门而出，蜂拥上街，一场声势浩大的示威游行运动就这样开始了。

由于范明枢热诚致力于教育事业，尤其在曲阜二师任校长期间，竭力引导学生上进，培养了大批革命青年。他任二师校长8年，因其思想进步，实行民主，支持进步学生，遭反动当局迫害，遂辞去二师校长职务。后于1931年应济南第一乡村师范学校之聘，出任乡师图书馆主任。当时，该校不少学生思想进步，倾向革命。范明枢主持购置了大批社会科学书籍，并多方收集社会主义书刊，供广大师生阅读。他们互相介绍，共同研究，开展宣传，气氛非常活跃。范明枢尤其

对进步书籍爱不释手，因此，他的所作所为为反动政府所忌恨。

1932 年，国民党山东当局为镇压蓬勃发展的革命运动，大肆逮捕共产党人。范明枢当时年近七旬，竟以"赤化""共产党"之嫌疑，被"捕共队"逮捕入牢。他在狱中与敌人展开了针锋相对的斗争，表现了不屈不挠的坚强精神。83 天后，在冯玉祥的斡旋下，范明枢获释出狱，回到家乡泰安，与在泰安隐居的冯玉祥先后创办了 15 处武训小学，为日后的抗日运动培养了大批人才。

1936 年夏，全国各界救国会在上海成立，范明枢被选为该会执行委员。1937 年，"七七事变"爆发。为开展救亡运动，争取民族独立，范明枢不顾七旬高龄，一马当先，奋勇参加抗日。他一面同情支持中国共产党发动的徂徕山起义；一面团结爱国青年和进步人士，带头组织泰安县各界抗敌后援会和泰安县民众总动员委员会，自己亲任主任，发动抗日运动。

此时，范明枢忧国忧民，热血沸腾，以充沛饱满的激情，到处演说，日夜赶写宣传材料，编印小册子，宣传群众，鼓动抗日，揭露日本帝国主义侵略中国的阴谋和蒋介石的消极抗战。七旬高龄的老翁为抗日救亡而奔走呼号，所到之处，老幼皆受感动。

1938 年 10 月，由于中共山东省委机关转移到蒙阴、沂水一带开辟鲁南抗日根据地，范明枢也随之奔赴沂蒙山区。在这里，他被选为鲁南民众总动员委员会负责人。为了进一步组织动员广大群众抗日，范明枢用白布做了一幅展示日军罪行的宣传画，让人推着在山区集市、村庄宣讲，极大激发了沂蒙山区群众的抗战热情。

1940 年 7 月 26 日，山东省各界人民代表联合大会召开，范明枢被选为省临时参议会议长。他不负众望，为推进山东民主政治、扩大抗日民族统一战线辛勤工作，作出了巨大贡献。

1942 年秋天，日军"扫荡"沂蒙抗日根据地前夕，中共中央山东分局决定将范明枢转移到桃花坪隐蔽。

范老来到桃花坪村的当天晚上，村党支部书记董廷会等人轮流把范老背上盘龙崮，住到一间看山的小屋子里，并在草屋下挖了一个洞，洞口开在羊圈里隐蔽

起来，同时选派了一名政治上可靠、办事机灵的青年王兴余专门护理范老生活。

不久，日伪军大"扫荡"开始了，远处传来了枪炮声。村党支部为保证范老的绝对安全，立即将他转移到山洞内，每天派人给他送饭送水。76岁的范老在洞内隐蔽生活了18天。平时，村里的群众也都自觉保护范老的安全。

从1942年秋天到1947年4月，范老一直住在桃花坪村，他与桃花坪村民建立了深厚的友谊。4年多的时间村里人没有向外界走漏丝毫风声，范老安然无恙地住在桃花坪，与村民结下了鱼水般的感情。

1947年春天，由于国民党军队对山东解放区进行重点进攻，经大家相劝，范老被转移到了渤海地区乐陵县，桃花坪村青年王兴余等护送前往。

1947年10月，范老不幸病逝。噩耗传来，沂水人民悲痛万分，桃花坪村的董廷会和林茂春代表全县人民赶到乐陵祭拜范老，并向范明枢亲属转达了沂水人民亲切的问候。

桃花坪走出的战斗英雄

林茂成是一名战斗英雄。他1924年9月出生在盘龙崮下的桃花坪村一个贫苦农民家庭，9岁就给地主放牛，为家里抵债。1938年，家乡来了八路军，年仅14岁的林茂成参加了八路军队伍，1940年8月加入中国共产党。

林茂成身经80余次战斗，12次负伤，战功显著。

1942年，日军对沂蒙山区进行篦梳式"扫荡"。为保卫抗日根据地，八路军采取"翻边战术"，深入敌后战斗。一天深夜，八路军奔袭日军据点张庄。张庄四面环山，山上怪石林立，日军利用石林作掩护，在两块石缝中间，架起机枪，封锁前进的道路。

　　在这紧急关头，林茂成趁日军机枪装填子弹的刹那间掷出一颗手榴弹，正好不偏不倚地落在那石缝中，日军的机枪哑了，战友们奋起同日军展开了一场激烈的白刃战。林茂成端起刺刀，一个箭步跨上去，狠狠地刺杀了一名日本兵，营救战友。林茂成的额头受伤，满脸鲜血直流。一名日本军官妄想逃窜，林茂成不顾自身伤情，一步步向日本军官逼近，将其射杀。

　　1943 年 10 月，在东柱子战斗中，林茂成率领突击班炸地堡、破围门，在只剩下他和 3 名战士的情况下勇猛突击，威逼伪军第三师师长缴枪投降，并只身冲到伪军据守的楼前，手举两颗手榴弹，迫使楼内 80 余名伪军放下武器。战后，林茂成被评为山东军区"乙等战斗英雄"。

　　1947 年 4 月在歼灭国民党军第七十二师的泰安战斗中，林茂成组织爆破组连续爆破，扫除了障碍，炸开城门，又率突击队冲入城内。两度负伤不下火线，击退国民党军多次反扑后，协同兄弟部队攻入国民党军师部。当年 5 月，获华东野战军领导机关授予的"华东战斗英雄"称号。

　　1947 年 8 月，林茂成作为中国人民解放军的唯一代表，参加了中国解放区青年代表团，出席了在捷克斯洛伐克首都布拉格举行的世界第一届民主青年代表大会。

　　林茂成是在解放浙江大榭岛战斗中英勇牺牲的。

　　1949 年 5 月，林茂成被任命为"洛阳营"营长。他所在的部队是陈毅、粟裕指挥的第三野战军七兵团第二十二军。这支被陈毅司令员称为"头等兵团""袖中老虎"的英雄部队，在横渡长江和解放杭州、宁波后，随即进驻浙东宁波沿海，展开进军舟山前的海上大练兵。林茂成所在的六十五师一九五团，是二十二军确定的攻打舟山定海的突击部队，其中"洛阳营"又为突击营。

　　1949 年 8 月 18 日 18 点 30 分，首战大榭岛的战斗打响了。次日拂晓，林茂成率营、连干部乘木船前往大榭岛前沿，侦察并学习渡海作战经验。在离大榭岛不到 100 米处，突遭敌机袭击，他不幸头部中弹，血染海水。同船战友奋力抢救，终因伤势太重，林茂成于当日上午 9 时光荣牺牲，年仅 25 岁。

　　林茂成牺牲后，二十二军在战地隆重召开了林茂成烈士的追悼大会。第三野

战军司令员陈毅亲发讣告："林茂成战斗勇敢，机智灵活，艰苦朴素，工作负责，爱护士兵，团结群众，十一年如一日，忘我奋斗，屡建殊功，堪为全军楷模。"

因战事紧张，林茂成烈士的骨灰被临时掩埋在大榭岛。

1972年4月28日，林茂成烈士的骨灰从大榭岛迁移到舟山烈士陵园，并举行了隆重的骨灰安放仪式。每逢烈士牺牲日和清明节，当地党政军民及社会各界人士都要来这里祭奠，缅怀这位著名的战斗英雄。

参考资料

①秦立凯：《鲜为人知的革命老人》，《党史博采》2014年版。

②朱彦波、李耀德：《抗战老人名扬齐鲁》，泰安党史方志网2016年4月12日。

③周永章：《英雄热血洒东海》，《冲锋号》2020年5月18日。

④中共山东省党委史研究室编：《中共山东编年史》（第6卷），山东人民出版社2015年版，第602—604页。

鏊子崮

鏊子崮　闲花落尽
山长在

崮乡崮事

鏊子崮,位于沂水县城西北 32 公里处,地处沂水、沂南、蒙阴、沂源四县交界处,高庄镇东杏峪村东北,夏蔚镇西峰峪村西面。海拔 616 米,面积 80 万平方米。为沂山支脉,山体由寒武系石灰岩及页岩构成,因崮形呈圆状,似烙煎饼用的鏊子,故名鏊子崮。

崮顶犹闻煎饼香

由西往东，从杏峪来到东杏峪，穿过街巷，经过那一座座古老的厂房，便来到鏊子崮下。

厂房是"三线"军工企业搬走后留下的，建在这山沟里的神秘工厂曾经为国防建设作出巨大贡献，如今这些建筑成为那段历史的见证。

站在南侧山下，看不到鏊子崮全貌，因为前面有山头遮挡，只能望见西面一块凸起的崮顶，下面有松柏缠绕。

挡住视线的这个山峰位于鏊子崮南侧，站在山下看似乎与鏊子崮融为一体，当沿着山路慢慢攀登，随着视线的抬高，山崮之间的层次才显现出来。

对于生活在农村的人来说，对鏊子一定不会陌生，它用铸铁做成，平面圆形，中心稍凸。下面有三根腿，腿高有五六厘米，底下烧柴火，顶上烙煎饼。鏊子据说是因为形同龟类"大鳌"而得名。鏊子存在的历史非常久远，据史料记载，鏊子在远古时期就有，最初的鏊子是石头做的石鏊，原始部落时期就有了陶制的鏊子，到了夏商周就是青铜所制，再后来就是用铁铸的鏊子，一直沿用至今。

据村民介绍，因为圆圆的崮顶像烙煎

被称为煎饼盖顶的小山头

饼的鳌子，当地人才给取了鳌子崮这个名字。鳌子崮前面的这个山头叫糊子盆，旁边的另一个山头叫煎饼盖顶。这两个山头和鳌子崮组合起来，就是以前山里人每个家庭都会上演的生活场景。

在沂蒙山区乃至山东其他地区，煎饼是人们的主食。作为烙煎饼的工具，鳌子自然也就是家家必备的。农村有"家家支鳌子，户户烙煎饼"的传统习俗。磨上一盆糊子，支好鳌子，在鳌子底下点着柴火，待鳌子烧热了，便从旁边的盆里舀出一些糊子放在鳌子上摊开，一个煎饼就这样烙成了。烙熟的煎饼揭下来放在一边的盖顶上，接着再烙下一张。就这样，盆里的糊子越来越少，盖顶上的煎饼越摞越高。鳌子、糊子盆、煎饼盖顶是农家烙煎饼缺一不可的组合，而鳌子崮前的两个山头的出现，正好满足了百姓对这一美好生活场景的想象。

爬到"糊子盆"上，鳌子崮的身姿才完整地呈现在眼前。也许是观看角度的原因，鳌子崮的顶子中间略有凹陷，并不像中间略有凸起的鳌子。倒不知是从哪个方向观看才更像是鳌子。

深秋的鳌子崮不再烂漫，满山的野花早已凋零，杂树的叶子也已飘落。山体上松柏的翠绿成为恒久的主色调，这才是山崮的本真容颜，那些随季节而来的花花草草只是这里的过客罢了。

崮顶的西侧可见以前山寨建筑残存

鳌子崮下松柏苍茂，鳌子崮顶杂树丛生。大概是水土的缘故吧，崮顶除稀少的几棵侧柏外，多为酸枣、荆棵等杂木杂草。此时多已凋零，没有生机。崮顶西侧悬崖的边缘有围墙的残存，平坦之处有数十间房屋遗址。在一土墩高处有一坍塌的类似碉堡的建筑，大概为战争年代遗留的军事设施吧。

站在这"鳌子"顶上，看着前方的"糊子盆"和"煎饼盖顶"，头脑中又幻化出烙煎饼的场景。不由想起了清代蒲松龄写的《煎饼赋》："一翻手而覆手，作十百于俄顷。圆如望月，大如铜钲，薄似剡溪之纸，色似黄鹤之翎，此煎饼之定制也。"此文对于烙煎饼的描述，还是非常生动的。

山风吹过，著者似乎闻到了煎饼的馨香。

红色崮事

代号"9426"的"小三线"

鳌子崮前的山坳里，矗立着很多20世纪五六十年代的老式建筑，这里便是代号为"9426"的"小三线"军工企业——国营山东前进配件厂旧址。该厂曾经生产54式12.7毫米高射机枪。

20世纪60年代，中苏关系破裂，苏军在北方虎视眈眈，美军又叫嚣着从东南沿海登陆。国家为了国防战略需要，把全国地域划分为前线、中间、后方地区，分别称为一线、二线、三线。三线地区位于中国腹地，离海岸线最近点也在700公里以上。相对于西北、西南的"大三线"，中部及沿海地区腹地称为"小三线"。

山东前进配件厂就是在各省开展"小三线"建设这一背景下上马的。"小三线"由各省国防工办领导，主要生产常规武器，力争做到在未来反侵略战争中"省自为战"坚持抵抗。

　　山东前进机械配件厂初期的选址是平邑县蒙山山脉的山沟中，虽然这里地形理想，因为当地的水源问题，最后定址在沂水县王庄公社杏峪村山峪内，也就是现在的高庄镇杏峪村、东杏峪村。这里三面环山，只有西面有一个狭窄的入口与外界相连，周围山峰海拔均在 400 米以上，正符合三线建设"靠山、隐蔽、分散"的建设方针。

　　厂址选定后，山东省委工交政治部牵头，以济南重型机械厂为班底，抽出一套班子，作为新建厂的骨干，截至 1966 年底，从济南重型机械厂调来 95 人，其中，厂级领导 2 人，中层干部 8 人，技术人员 7 人，一般干部和职工 78 人。同时，济南重型机械厂腾出两套楼房，拨出一批办公用品、生活用品和交通工具用于厂区建设。他们在杏峪村东南角成立了工地指挥部，指挥部由工地党委统一领导。

　　最初建厂的条件十分艰难，建设者们置身于近似原始的生存环境中，经历了常人无法想象的苦难历程，用青春和热血，默默无闻地开创着最神圣也是最艰难的军事工业。因为当时的环境问题，三线建设要求极度保密，所有一切都是在秘密中进行，这支三线建设队伍及所建工厂也只用了一个极为简单的四个数字"9426"作为名字，安全、高质、高效地将一个工艺繁复且技术要求很高的高射机枪厂建设完成，而且惊人地实现了"四个当年"——当年设计，当年施工，当年试制，当年投产。

　　建设者们发扬"愚公"精神，风雨无阻、昼夜施工、攻坚克难、忘我拼搏、无私奉献，再加上当地政府的大力支持，山东前进配件厂从 1966 年初开始破土动工到 1966 年底建成，并试制出厂了 17 挺 54 式 12.7 毫米高射机枪。

　　1953 年 10 月，我国开始试制 54 式 12.7 毫米高射机枪，在 1954 年 7 月 17 日至 8 月 12 日通过生产鉴定，命名为"54 式 12.7 毫米高射机枪"，并开始装备部队。部队反映："该枪操作灵活，可分解运输，不受地形限制，可靠性好，故障少。"后来，54 式 12.7 毫米高射机枪不仅装备解放军陆军步兵使用，也被安装在 59 式、69 式等坦克上使用。

　　因为"9426"厂设计之初只生产"54 式 12.7 毫米高射机枪"，所以，工厂最开始用的第一个厂名是"54 式 12.7 毫米高射机枪厂"。后来为了对外保密，就改

称为"国营山东前进配件厂"。

按照前进厂初期的设计规模，年产 54 式 12.7 毫米高射机枪 500 挺，1966 年实现当年出厂 17 挺。试制成功后很快开始量产，1971 年，厂子扩建，在原设计规模基础上，计划增加年产"56 式 14.5 毫米高射机枪"1100 挺。前进厂历年总产量达 5833 挺。

在艰苦创业的岁月里，前进厂不但完成国家交给的军品任务，为了职工生活保障，还陆续建设了一系列生活娱乐所需的配套设施。和其他三线企业的标准配置一样，前进厂区功能区分明确，配套设施完善，其中包括食堂、职工医院、澡堂、子弟学校、技工学校、邮电所和电影院等。可以说，职工们所有的社会功能需求，在这里都可以得到满足。

直到 20 世纪 80 年代，随着国际形势的重大变化，三线企业都开始面临军品任务锐减、经济效益下降、企业亏损严重的困难，不得不停止军品生产，转型生产民品。1986 年，面临转型剧痛的"9426"厂，不得不按照上级要求搬迁。至此，这个军工厂结束了在杏峪山区的生产、生活和经营活动。鳌子崮下的这片山坳又恢复了以往的寂静。

20 世纪 90 年代中后期，兵工厂撤离后，闲置的厂房引来双星集团入驻。沉寂一时的山坳又重新热闹起来。但"9426"这段历史，已深深地刻印在鳌子崮下。

双山村里的指挥所

鳌子崮东侧有一个双山村，当年孟良崮战役陈毅指挥所就设在这个小山村里。

孟良崮战役指挥所有两处，一处在蒙阴县坦埠镇云头崮下的老君洞；另一处就是沂水王庄双山村。史料证实，这两处都是华东野战军孟良崮战役指挥部旧址，

当地政府均已立碑保护。

双山村，原名西王庄，属沂水县西部山区，靠近蒙阴坦埠镇。孟良崮打响战役前，华东野战军领导机关就驻在沂水的双山村。进驻双山村的具体时间是1947年5月3日至5月11日，华东野战军首长们在这里制订了孟良崮战役的作战方案，并报中央军委批准。

为精心组织好这次战役，华东野战军把指挥部设在双山村东李洪义家的三间草屋里。走出屋子向东，有一条深3米、宽10米的水沟，可通到王庄河。指挥部借用了房东的门板、木棒在水沟北端搭起一个临时防空洞，以防空袭，确保首长安全。陈毅、粟裕、谭震林三位首长就在这简陋的草房和水沟里，精心运筹了这场震惊中外的孟良崮战役。

5月12日凌晨，中国人民解放军华东野战军司令部向全军下达了全歼国民党第七十四师、第二十五师的作战命令。与此同时，粟裕副司令员带着部分精干机关人员，来到距离西王庄30里外的蒙阴坦埠，在云头崮下老君洞里设立孟良崮战役前线指挥部。

华东野战军在孟良崮战役取得胜利后，全体参战官兵集中到王庄河滩上召开了庆功大会，并组织了军民联欢会。

位于双山村的指挥所纪念碑

水沟里的指挥所旧址

如今，李洪义家的三间草房已改为瓦房，当年搭建成"防空洞"的水沟仍在。陈毅司令员曾经借用房东烧水的铜燎壶一把、搭防空洞的门板被保留至今。

1983 年，沂水县人民政府将孟良崮战役陈毅指挥所遗址公布为县级文物保护单位。

参考资料

《沂水这个小村庄了不得》，沂水旅游号 2019 年 8 月 5 日。

天桥崮

天桥崮

古寨残影
映天桥

天桥崮

崮乡崮事

　　天桥崮，位于沂水县城西北 33 公里，高庄镇与夏蔚镇交界处，呈南北走向，海拔 624 米，面积约 60 万平方米。山体主要由砂质页岩、粉砂岩、灰岩等组成。崮坡曾发现古生代节肢动物三叶虫化石。抗战时期，这里发生过著名的天桥崮收复战。

芳草侵山道　青翠接圩城

西行穿过夏蔚镇的西峰峪村，便到了天桥崮下。

崮的北侧有一座很小的水库，一道坝拦住了从山涧流下的溪水，便有了这处供山里人滋养果树庄稼的水源。水源上游，有着享誉沂蒙大地的崮乡山泉水源地。战争年代，滋养着骁勇朴实的沂蒙山区军民矢志抗战，勇踏征途。今天，又守护着千万人的饮水健康，给当代人提供着清甜、温润的富锶山泉水。

站在水库坝上南望，天桥崮宛如一个中间凹陷的板凳，又像是一个马鞍。至于为什么叫天桥崮，据说是因崮顶直耸入云，如通天之桥而得名。但民间流传的说法，是天桥崮的名字来源，与牛郎织女凄美的爱情故事有关。

传说玉皇大帝的孙女织女擅长织布，每天给天空织彩霞。但她讨厌天宫枯燥的生活，就偷偷下到凡间，私自嫁给了勤劳善良的牛郎，并生下一双儿女，过上男耕女织的人间生活。

此事惹怒了玉帝，便差天兵天将把织女捉回天宫，强令他们分离。可怜那一双儿女看到母亲被带往天上，放声痛哭。观音菩萨被孩子们的哭声感动，于是就从柳枝上摘下一片叶子，抛向空中。那片叶子落在天桥崮上，立刻化作一座通天的桥梁，牛郎担着一双儿女踏上此桥，紧紧追着织女而去。后来，人们就把这座山叫作"天桥崮"。

天桥崮的西北是一条山涧，山涧有水缓缓流下，最终汇入山脚下的水库。沿山涧的一侧，有一条羊肠小道，是山里人山间劳作和放羊人放牧成年累月踩踏而成，路很窄，几乎被那些野生的花草灌木所覆盖。路虽难行，却是登上天桥崮的必由之路，因为这条小道通往相对低矮的天桥崮的"脊背"，到了这里，便可轻松地去往东侧的崮顶，可以亲近天桥崮上多处残存的圩城、碉堡。

登上天桥崮最矮处的山脊，一道自然奇观呈现眼前：综观整个天桥崮，阳面

侧生长着茂盛的苍松翠柏，而阴面侧是清一色的野草萋萋。松树林的翠绿与野草的金黄，两种色块形成鲜明对比，呈现出一种纯生态的自然之美。

崮顶的两侧，"经纬"分明

在天桥崮周围，有大小山崮 10 余座，形成一个小范围的"崮群"，天桥崮位于正中，且地势最高，站在崮顶，可将周围山崮尽收眼底。

山脊上有一座面积不大的山神庙，用清一色的石块垒砌而成，就连庙的顶部也都是石板覆盖。庙门前一棵苍茂的柏树似乎没有这座小庙年长，至于此庙建于哪个年代，没有碑文可以考证。

对山神的崇拜信仰，发端于古代科技不发达的年代，人们无法解释各种自然现象，便相信山川河流都有神灵存在。因此，古人在山上建造山神庙，定时供奉香火，来祈求风调雨顺和神灵的庇佑。对山神的

山神庙

崇拜一直延续至今，从这座山神庙前摆着的茶碗酒杯来看，这里依然还有香火供奉。

从山神庙往东面攀行，便是天桥崮的进山之门，崮顶的四周残留着两米多厚的石头围墙，门的一侧是一座六七米高的碉楼。爬满青藤的碉楼上有很多瞭望孔和射击孔，站在此处可俯瞰山下一切动态。毫无疑问，此处的碉楼是崮顶防御的重要工事。

过此碉楼，便是多处房屋的残存，东北悬崖边上的围墙残留依然还有三四米高。根据当地村民相传，结合石泉寨、盘龙崮遗存的碑记推测，天桥崮圩寨最早建造应在清咸丰年间，并在之后的几十年间历次修建扩建，才成就如此规模。

圩寨作为一种防御设施，早在宋代就已出现。清嘉庆年间白莲教盛行时，民间都曾筑寨自保，并形成了较为完备的圩寨修筑方法。咸丰年间，捻军起义，咸丰帝谕令各省仿照嘉庆年间的方法修筑圩寨，办理团练，以资保卫。捻军每到一地，都要求地方提供粮食马匹和武器装备等补给，适逢连年自然灾害，村民多无所供给，于是捻军便横肆掠夺。迫于形势需要，加上官府大力提倡，在咸丰后期和同治前期，沂水境内出现了大规模的修寨行动。境内的天桥崮、石泉崮、朱家顶、鳌子崮、五台山、盘龙崮等山顶上至今仍残存着大量圩寨遗址。但像天桥崮上规模如此庞大、如此完整的圩寨，在众多的崮中是独一无二的。

在天桥崮圩寨东北角，有一处圆形碉堡，它作为拱卫圩寨的"卫星堡"，是天桥崮圩寨的第一道防线。据山下的村民讲，当年起战争时，驻守在天

高大的碉楼

桥的军队在这个碉堡里可对着姜家崮射击。此事虽是村民听老一辈讲的，但此言不虚，此处的这个碉堡正对着东北方向的姜家崮，而抗日战争期间，天桥崮和姜家崮上都曾燃起过战火硝烟。

据当地人讲，过去天桥崮上面建有很多的房屋，起初是山下的百姓为躲避"光棍"筑起的山寨，抗战时期这些防御建筑便成了军事设施。抗日战争期间，这里曾发生了有名的天桥崮收复战。1941年夏季，国民党顽军乘日军对沂蒙山区大规模"扫荡"之机，抢占了抗日根据地的天桥崮，并在崮顶驻扎了一个连160多人的兵力，并修筑了碉堡、地堡等军事设施，以此作为侵扰八路军沂北的一个中心据点。八路军决定夺回天桥崮，由一旅二团担任了强攻天桥崮的首战任务，全团3000多名干部战士英勇作战，强攻天险，胜利完成了收复天桥崮的战斗任务，也就此拉开了八路军山东总队反顽作战的序幕。

天桥崮圩寨东北角的圆形碉堡正对着姜家崮

战争的硝烟退去，天桥崮展现出一幅青山绿水的画卷。残存的古寨，是一段苦难的缩影；碉堡的挺立，是一个民族不屈的脊梁。铭记历史，能激发砥砺前行的动力；不忘苦难，能品味出今日生活之甘甜。

天桥崮收复战

　　天桥崮也是一座英雄崮。当年，承担收复天桥崮战斗任务的是八路军山东纵队一旅二团，时任团长是吴瑞林。作为这场战斗的指挥官，后来他在《鏖战齐鲁》抗日战争回忆录中，对当时的情景进行了还原。

　　1940年冬至1941年初，国民党顽固派掀起了第二次反共高潮。在鲁中地区，国民党顽固派沈鸿烈、吴化文等和地方土顽互相勾结，不断"蚕食"分割抗日根据地。

　　1941年8月下旬，沈鸿烈调离山东，国民党第五十一军军长牟中珩继任省政府主席，东北军名义上实现了对山东党政军权的统一领导。这一时期的牟中珩同沈鸿烈一样，也是"积极反共、消极抗日"。9月下旬，牟中珩指挥国民党第一一四师各部屡屡进犯沂蒙抗日根据地。

　　1941年夏季，日军对沂蒙山区发动了大规模的"扫荡"。国民党顽军沈鸿烈、吴化文部趁八路军反"扫荡"之机，采取突然袭击方式，抢占了沂蒙山区抗日根据地北部的大部地区，占领了100多个村庄，并大有继续南侵之势，直接威胁着八路军中心抗日根据地。八路军山东纵队主力

天桥崮远眺

在反"扫荡"之后，便展开了自卫反顽作战。

在与国民党顽固派斗争中，八路军山东纵队始终遵守毛泽东提出的"有理、有利、有节"和"人不犯我，我不犯人；人若犯我，我必犯人"的原则，在政治上同于学忠交涉的同时，山东纵队一旅、四旅一部及纵队青年团发起北沂蒙反顽战役。

1941年9月间，八路军山东纵队一旅二团奉命调往沂蒙山区，此时，正处于反顽的第二阶段，即要将国民党顽军抢占八路军的地区全部收复。纵队一旅旅部命令二团的首要战斗任务是收复被顽军占据的天桥崮。天桥崮被国民党顽军占据后，成为顽军侵扰八路军沂北的一个中心据点，收复天桥崮的战斗，是八路军山东纵队第二阶段反顽作战的序幕。

八路军山东纵队一旅二团接受这个强攻天险的首战任务，全团3000余名干部战士群情激昂，纷纷请求担当主攻。

战斗打响前，八路军山东纵队一旅二团进行了周密侦察和精心部署。决定由三营主攻，一、二营打援。

作战方案确定以后，吴瑞林带着三营营连干部去侦察地形，了解敌据点工事构筑情况。从地势看，天桥崮的北边最高，南边和西边也都是悬崖峭壁，无法攀登，唯有东边有一斜坡，可以上下。国民党军为了防止八路军进攻，在斜坡处炸开了约10米的缺口，采用绳子软梯通过。

从多方搜集和观察所得的情况看，崮上驻国民党顽军一个连，有160余人，配备机枪7挺和步枪130余支，从群众中抢来10余口大缸储存粮食，足够吃一个月；

战争年代的军事防御工事残存

崮东边作为防守正面，修筑有 16 个地堡；崮西边因为山势较低，也筑有 4 个地堡，堡与堡之间由于岩石坚硬都没有打通，只能单独固守，缺乏联络。

二团根据这些情况，提出了可能遇到的十几个难题，发动全团指战员献计献策。一天一夜的工夫，200 余条计策送到团部，三营组成 30 余个突击组、梯子组、火力组和爆破组，信心十足，坚定表示攻必克、战必胜。

战前，二团确定的强攻部署是：以三营的七、八、九连组成 3 个突击队，每队 10 个突击组，共配备团直属的 4 挺重机枪和 4 个掷弹筒，又从一、二连抽调 8 挺轻机枪，这些武器均各半分置于天桥崮顶的东西两面，由八、九连组成的突击队作为第一梯队担任主攻，七连组成的突击队为第二梯队；团属工兵排分为 4 个爆破组，东西各 2 组，准备与突击队协同动作摧毁顽堡；梯子组准备 10 个独木梯，每梯附木杆 1 根，东西中使用 3 个梯子，2 个备用；一、二营在准备打援的同时，围歼天桥崮附近 4 个小崮上的小股顽军。

团长吴瑞林和三营副营长柴玉兴带领九连突击队强攻崮西，副团长王凤麟和三营营长刘培农带领八连突击队强攻崮东。一切就绪后，让全团指战员吃好饭，睡上几个小时，养精蓄锐。

10 月中旬的某夜 8 时，总攻开始。东西两面立即发出白色信号弹，10 余个火球同时射上山头，都射在地堡周围，崮上杂草顷刻间熊熊燃烧起来，将地堡照得如白天一般。

木梯组迅速搭好梯子，突击队、爆破组如离弦之箭，迅猛出击，纷纷登上山头。在八路军轻重机枪火力网的掩护下，爆破组连续炸毁 10 余个地堡，毙伤顽军 30 余人，突击队乘胜攻至崮顶展开围歼战。

预计需用一个半小时的战斗，历时 25 分钟就胜利结束。全部战斗，八路军仅伤 19 人，牺牲 7 人，胜利完成了强攻天险收复天桥崮的战斗任务。

崮乡的古桥古树

在天桥崮所在的区域，有多座古桥和数棵古树，成为这一方土地上的文化瑰宝。

高庄镇的古桥分别是兴隆桥、八步莲花桥、狮象桥、赵家庄子桥，这些奇巧瑰丽的桥梁凝聚着前人的勤劳智慧，是当地不可多得的重要历史文化遗产。

兴隆桥，位于高庄镇西良村，始建于大清雍正年间，于清嘉庆十二年重修，历经百年沧桑、风雨侵蚀，至今已成为危桥，影响村民出行。2014年在村"两委"的支持下，村民自发集资，在原兴隆桥边重建一座兴隆桥，此桥的重建，方便了群众出行，促进了当地经济的发展。

八步莲花桥，位于高庄镇上薛村，始建于元末明初，清嘉庆十二年重修，此桥宽八步，桥栏杆上刻有朵朵盛开的莲花，故名八步莲花桥。为方便村民出行，2010年，在村"两委"的支持下，村民自发集资，对此桥进行了维护加固。

狮象桥，位于高庄镇良疃村，始建于元末明初，桥两边的白石栏杆，共有24根望柱，石桥两侧的栏杆上，雕刻有大小不同、形态各异的石狮24只，有的如母子相抱，有的玩耍嬉闹，有的你追我赶，有的凝神观景，个个惟妙惟肖。桥头各有两只兽雕，像是麒麟，十分威武。桥两头有四只石刻异兽，形象威猛，极为生动。故名为狮象桥。大清嘉庆五年和光绪十二年由当地刘氏、张氏宗族捐资复修，2012年公布为县级文物保护单位。

赵家庄子桥，位于高庄镇赵家庄子村，始建于大清康熙年间，于清嘉庆十二年重修，现因改道而闲置，1978年被评为第一批县级文物保护单位。

除了这几座古桥，高庄镇还有银杏、古槐、苦楝和松柏四株古树。

拐棒峪村的百年银杏树，位于村子的入口处。村民说，这棵树是他们的"镇

村之宝"，他们敬重它如同敬重一位长者。这棵树至今已历经数百年风雨，依然枝叶繁茂，成为拐棒峪村民的骄傲。

在上峪村北面的山坡上，有一株300多年树龄的老槐树。遒劲、粗壮的树干十余米高，直冲云霄，树根盘曲在岩石的罅隙，枝叶漫天铺开，宛如巨大的伞盖。据说村里新人结婚时，都会绕道在这棵槐树下走上一圈，图的就是天长地久、白头到老。因为传说董永和七仙女就是在这棵老槐树下海誓山盟，所以它就成了爱情忠贞不渝和生活美满幸福的见证。

朱位村有一棵高大粗壮的苦楝树。经植物专家鉴定，其树龄达300余年。苦楝树是落叶乔木，别称哑巴树、苦楝、紫花树、森树，是一种农村常见的树木，每年三四月份，就会开出淡紫色的花，特别香。它的果实尚未成熟时是绿色，随着果实成熟，后期会慢慢变成黄白色，皮上还长着一些黑色的斑点。因为耐烟尘、能吸附二氧化硫、氟化氢等有害气体，苦楝树也常被用作城市绿化。因苦楝又名"苦怜"，谐音"可怜""苦恋"，所以自古农村就有"椿树不打床，楝树不上梁""门前不栽桑，苦楝不进门"的俗语。

谷子峪村南山上的古柏树至今已有500年的树龄。与其他松柏树不同的是，它的枝叶不是直冲冲向上长，而是向四周蔓延，远远看去，树形像是一个三角形，特别耐看。据说，这棵柏树是很久以前一位姓卜的富人栽的，等长到一抱粗的时候，它就开始渐渐成为村民眼中的圣物。村里一位待嫁的姑娘洗脸时，在脸盆里忽然看到了这棵柏树，姑娘的父母惊奇不已，认为这是个好兆头。后来这位姑娘真的过上了幸福的日子。从此，这棵柏树便成了村里待嫁姑娘祈求幸福的去处。现在这个村里还有很多卜姓后人，他们祖辈们还流传下了一个规矩——每过100年，由卜姓家族里最年长的男人往树上钉半寸多长的钉子，方言叫"挂痂"。植物一旦"挂痂"，就是在告示这棵树不能杀。

参考资料

①吴瑞林：《鏖战齐鲁》，金城出版社1995年版。

②张在欣：《高庄古桥，通往传说的方向》，微信公众号《高庄书斋》2018年6月12日。

刘家大崮

大崮无言
话刘家

刘家大崮

崮乡崮事

　　刘家大崮，位于沂水县诸葛镇大崮后村西南，海拔525米，大致呈西北—东南走向。崮顶略有凸起，东西700余米，南北近300米，崮顶面积60万平方米。石质为寒武系石灰岩及页岩构成。据传过去此山为刘姓所有，故名刘家大崮。山前有一村名大崮前，山北有一村名大崮后，山东南低洼处有一村名大崮洼，山东南山谷中有一村名大崮峪。

细雨朦胧觅古迹

东西长、南北窄的刘家大崗，崗顶四周都是陡峭的崖壁，唯有两处可登顶：南门和北门。崗前、崗后的两个山村对应着南北两门，从南门上走大崗前村，从北门上走大崗后村。

走大崗前村，无须费力攀登，开车便可沿蜿蜒上行的水泥路直达南门。南门之下，立有一块"刘家大崗山寨遗址"石碑。由此登上崗顶，便走进了这座古山寨。

登刘家大崗，除了赏其自然风光，更重要的是寻觅这座古山寨的遗迹。

登山之前只是阴着的天空，来到崗顶时，空中竟飘洒着细雨，崗顶上这些石墙、残壁变得愈加悲凉。

四周的悬崖

宽敞的崗顶足以对得起这"大崗"之名。

除了生长着为数不多的侧柏、刺槐及马尾松等树木，植被多为自由疯长的山草、酸枣、荆棵等。杂草丛中到处是一堆堆的乱石，平坦宽敞之处的岩石上，留

有多个大小不一的石臼。这些过去山寨居民唯一的粮食加工器物，里面满是积水。南门不远处，安放着一个圆形的大石碾盘，由于经年累月的使用，碾盘表面已变得十分光滑，被雨水打湿后闪着亮光。

刘家大崮的崮顶四周均为悬崖，边缘之处有围墙的残存，周边还有类似于碉堡的建筑残存，有方有圆，有的嵌于围墙之中，有的独立于悬崖边上，只要把守住南北两个入口，从周围其他位置想登上崮顶

碾盘

几乎是不可能的。可以想象，当年的防御是多么严密。这也是老百姓求得自保的不得已之举。

远的不说，从大清到民国年间，沂蒙山区匪患与战事频繁，扰得老百姓不得安生。易守难攻的崮顶，便成为他们躲避匪患、战乱之苦的最佳场所。凭着这山崮天险之利，即使与敌人交战，崮上的居民也占绝对的优势，确保能战胜来犯之敌。

杂草中一块横条石碑，上面刻有"民国二十二年重修"一行大字，左侧刻有"刘子明建"几个小字。这应该是1933年重修山寨的某个标志性建筑时留下的纪念物证，至今已有90多年的历史。那么这刘子明又是何许人也？

据传，刘家大崮与沂水刘南宅有着密不可分的关系。刘家大崮之"刘家"就是沂水刘南宅之"刘家"。

据刘南宅民国三年重修《刘氏族谱》记载，沂水刘家的始祖叫刘彦成，于明洪武二年自四川内江县玉带溪村迁居于山东省潍县司马庄，四世同堂，携三个儿子迁居到莒北冢头村，后来，其长子刘志仁迁居至沂水县南关。

据《沂水县志》记载，至民国初年，城内城外有坛、宫、庙、祠、寺、观

等 20 余座，常年钟声如浪，诵经如潮。但是，真的能给沂水这座城带来气势的，却是位于城之西南侧的明清两代缙绅的刘氏宅院——刘南宅。

据传，刘家的祖先曾为吏部天官，传说八仙之一的吕洞宾曾因触犯天条而遭天公追杀，吕洞宾逃至刘家，变作一只小虫钻入了天官正用来写字的笔管中，躲过了劫难。此后为报答天官的救命之恩，便按阴阳八卦之组合为刘家设计了一所宅院，这便是"刘南宅"。

刘南宅始建于明朝初期，按阴阳八卦设计，故亦称八卦宅，规模宏大，分为南宅、中宅和北宅，全部用水磨砖和湖石假山等组建。三宅毗连，鳞次栉比，亭台楼榭，花木扶疏，布置分割宜当，富有北方私家园林的韵致。其中以南宅为最，号称刘南宅。

刘南宅为中国封建社会后期的诗书耕读之家，先后培养出六位进士和数十位举人，其中刘南宅四世刘应宾为明万历癸丑进士，五世刘玮为清康熙甲辰进士，六世刘侃为清康熙庚辰进士，八世刘绍武为清乾隆甲戌进士等；自明至清数百年间，刘南宅累世在朝为官，有的曾经长期在朝廷吏部任职，闻名遐迩。

在数百年间，刘南宅代表了一种强大势力。据说有一泥瓦匠去刘南宅内抹墙，沾在腿上的泥几日不舍得洗，且逢人就炫耀泥是刘家的。旧制的历任县官来沂水赴任，是必先进刘宅拜谒，不然乌纱难保。

据记载，蒲松龄曾在刘南宅做过私塾先生。但他却对刘家极为鄙视，所以《聊斋志异》里就有了一篇《三朝元老》，讽喻刘家先祖为官随风而倒，保了明朝保清朝。

如今刘南宅已难觅踪迹，抗战时期日军侵占沂水城，刘家后人离家避难，其宅院为日军所占，后来同那些寺庙一样在战火中毁坏殆尽了。

那么，如此显赫的刘氏旺族，又是如何和这座大崮扯上关系的呢？

据当地村民讲，明朝末年，沂水刘南宅四世刘应宾，辞官隐退后，就在大崮上修筑山寨，躲避乱世。如今刘家大崮附近的刘姓，多为刘南宅的后裔。由此来看，那个石碑上所刻的刘子明自然便是刘南宅的刘家后人了。

在崮顶，除了这块横匾额石碑，还有一块立于民国二十四年（1935 年）的记事碑，碑文详细记述了刘家大崮的来龙去脉，因年代久远，碑上很多文字已经模糊难辨了。所幸临沂市博物馆的朱尤瑞在他的《走近沂水刘家大崮山寨》一文

中，有较为完整的碑文记载。

"吾沂苦匪患久矣，赖此山以保全者，不下数千户。委以此山形势险峻，除南北盘路可通出入外，四面悬崖峭壁，攀援莫登。故自前明末季，盗贼蜂起之时，有中丞刘公应宾解组归里，认为此山足可避秦，遂兴工修筑，以度乱世。自是以后，遂以刘家大崮名焉。迫至清咸同年间，捻匪作乱，刘公旦一被举为山长，重修一次，至今遗迹犹存。近数年来，蒙匪猖獗，附近居民咸以此山为乐土，公推刘公子明充任山长，几经患难，均保无虞。虽云地利可恃，亦赖主持得人。今也地方安谧，公民等念山顶树株，原系大家捐植，日后成材，应由公议抽卖，以作大家公用。凡住山各庄庄长首事等，共同负责保护，嗣后围墙以内，只许添植树株，不准开垦种田。事关公益，除呈县备案外，特勒石以志之。"

碑文的内容印证了当地村民的说法，刘家大崮山寨确为明代刘应宾始建。

在碾盘的西侧不远处，有一个刻在岩石上的类似棋盘的图案。该图案为边长约为40厘米的正方形，由内到外由大、中、小三个正方形和连接正方形的线条组成，既不是围棋的棋盘，也不是民间常玩的"大六""五虎"的棋盘。这也许是那个年代民间常玩的一种棋类，或许这种对弈游戏已经失传了吧。

看着这个古老的棋盘，眼前瞬间有了画面感：山寨里人来人往，居民悠闲地生活在这高高的山顶之上，妇人在忙着碾米碓粮，孩子们在一旁蹦蹦跳跳地玩耍，两位老者嘴里叼着烟袋，分坐棋盘两侧，在聚精会神地下棋，一决输赢。

细雨之下荒草之中的古山寨不再悲凉，刹那之间，升腾起浓浓的人间烟火之气。

古老的棋盘

沂蒙大地第一粒革命的火种

刘家大崮所在的沂水县诸葛镇，有一个叫下胡同峪的小山村。马克思主义在沂水最早传播者、沂水县党组织创建人之一李清漪就是这个村里的人。

1902 年，李清漪出生在下胡同峪村的地主家庭。他早年学习努力，爱好书法、绘画、篆刻，且有较深造诣。

李清漪 18 岁时，考入设在临沂的山东省立第五中学，后又转入济南育英中学。中学毕业后，他考入上海大学。

上海大学是 1922 年在中国共产党的支持与帮助下创立的一所进步学校，教员中多系共产党员和进步知识分子。国民党元老于右任任校长，邓中夏任总务长。

李清漪入校后，初修中国古典文学，旋即入瞿秋白当系主任的社会系。他在这里刻苦学习研究马列主义，并受到邓中夏、恽代英、蔡和森、瞿秋白等共产党人的教育与影响，思想进步很快。他积极参加社会实践，深入工农群众进行社会调查；到工人夜校任教，向工人群众传授文化知识和革命道理，表现出较高的思想觉悟。1924 年，经瞿秋白介绍，他加入了中国共产党。从此，在党组织领导下，致力于学生运动和工人运动，成为沂水县早期共产党组织的创始人之一。

1925 年，五卅惨案发生后，李清漪受党组织派遣，到刚刚成立的上海总工会工作。上海总工会拥有会员 21 万多人，委员长是李立三，下设总务科、交际科、会计科、组织科和宣传部等机构。总务科主任是刘少奇，副主任是谢文锦、刘贯之。李清漪在总务科文牍股工作，掌管总工会秘书、庶务，并负责组织指导及仲裁工会工作。当时，上海的帝国主义及国内反动势力猖獗，对工会的工作人员进行迫害、监视甚至绑架暗杀。这时期，李清漪协助总工会领导人李立三、刘少奇做了大量工作。他深入工人群众，进行宣传教育，编写文告，印发传单，揭露反

动派和资本家破坏工会的卑劣伎俩，组织工人进行斗争。

1926年，李清漪受党组织派遣，随于右任校长北上，往来于平、津、保之间，做国民军孙岳、邓宝珊部的工作，促其策应北伐。他曾携带油印机，寄居在天津南开中学教员徐眉生处，每日早出晚归，为党的工作奔走。同年秋，李清漪积劳成疾，组织批准他回原籍休养。

李清漪回到家乡沂水后，便开始了革命宣传活动。

首先让出房屋，集资在本村办起平民夜校，吸收30多名青少年参加学习。经费由他筹集，讲义由他编写、油印发给学生。他在讲课时，把文化知识的传授与革命的启蒙教育巧妙地结合起来，将共产主义的基本原理和共产党的主张渗透到文化教学中。

在这期间，李清漪还创办了《农民小报》，向农民宣传革命道理；把带回的《向导》《新青年》《中国青年》《新建设》等进步书刊和省港罢工的材料介绍给当地青年知识分子。

在他的影响和带动下，周围农村的一些进步知识分子，也先后办起了平民学校，有近200名青少年参加学习。在这些学校里，也都使用了李清漪编写的课本。一时间，革命思想和文化知识在沂水县的山村广泛传播。

1927年4月，李清漪介绍埠前村李鸿宝加入了中国共产党，李鸿宝又很快与沂水城瑞麟小学教师、地下党员邵德孚接上了关系，被编入沂水县第一个中共支部，参加党的革命活动。

就在这一年清明节前的一天，李清漪动身赴上海，打算寻找党的组织，投入大革命洪流。当他到达济南时，任共青团山东区委书记的原上海大学同学汪伯洋告诉他，"四一二"反革命政变后，白色恐怖笼罩上海，上海总工会、上海大学均被反动派查封。在这种形势下，李清漪服从组织决定，留在济南任中共山东省委区委机关书记。一天，他正在阅读党内文件时，被突然闯入的警察逮捕。

李清漪被捕后，以一个共产党员的大无畏气概，把敌人的法庭当作革命讲坛，义正词严地揭露反动当局的罪恶，宣传革命真理，把敌人驳得瞠目结舌。敌人使尽各种毒刑，逼他供出党的组织及其成员和党的秘密，结果一无所获。李清漪被

敌人连续严刑拷问三天三夜，两肋被烛火烧焦，但他威武不屈，守口如瓶，始终保守党的秘密。

敌人黔驴技穷，终于下了毒手，于 1927 年 5 月 23 日把李清漪枪杀于济南圩子门外，李清漪时年仅 26 岁。

李清漪被害的消息传到了家乡，震动了沂水山村。许多革命青年，尤其是接受过他革命启蒙教育的青年，个个义愤填膺，纷纷寻求党的组织，加入共产党。有的加入了党领导的农民协会，打土豪、分田地；有的拉起了革命的武装，直接与反动势力斗争，如火如荼的革命烈火在沂蒙山区燃烧起来。

李清漪，这位沂蒙大地革命火种的播种者，令后人世代敬仰。

梭峪战斗

在刘家大崮附近，有一个梭峪村。抗日战争期间，这里曾发生过一场抗击日寇的战斗。由八路军山东纵队后人所立的"梭峪战斗遗址"碑就耸立在村西的山坡上。

从 1939 年 6 月 1 日开始，日本侵略军出动 2 万余兵力，对鲁中进行了第一次大规模"扫荡"。日军由津浦、陇海铁路和台潍公路各据点出动，采用大部队、阵地战形式，在沂蒙山区寻找国民党

梭峪战斗遗址碑

主力部队决战，同时企图摧垮国民党在鲁中的军政领导集团和共产党领导的抗日力量。

同年 6 月 6 日，中共中央山东分局在得悉日寇"扫荡"的情报后，发出了《关于反"扫荡"工作的指示》，号召山东抗日根据地党政军民动员起来，反击敌人的进攻。6 月 9 日，中共中央山东分局、八路军山东纵队指挥部机关全体人员，在纵队特务团的保护下，自驻地王庄主动撤出，向东北方向的沂水县二区，也就是今天的诸葛镇一带山区转移。当日下午，到达了离王庄 10 余里的沙地村。10 日晚上连夜继续行军，天亮时来到梭峪村附近。

此时，大家经过连续的急行军，又累又饿，中共中央山东分局与山纵指挥部便分别在上、下梭峪村住下，准备吃饭。但给养还未筹到，大股日军就从南面突然出现了。

中共中央山东分局书记郭洪涛命令警卫排上去顶住日军，并要求枪法好的警卫排排长将日军走在前面举旗的士兵先打倒。分局社会部部长刘居英及朱予淦拔出枪，与警卫排一起投入战斗。

警卫排这边枪声一响，日军也展开了火力。山纵特务团和中共中央山东分局党校警卫连利用这一空隙迅速抢占了有利地形，向步步紧逼上来的日军猛烈开火，压住了日军气焰。机关大部分人员趁机向北边的山头撤退，只有郭洪涛和纵队指挥张经武等一些领导人仍与警卫部队一起抗击日军。机关的警卫部队，除部分骨干外，大都是抗战开始后入伍的新战士，缺乏作战经验，加上武器不足，当与日军对抗至下午 4 点左右时，八路军伤亡很大，战斗力大大减弱，而日军还在不断向这里集中。

就在这时，国民党第五十一军军长牟中珩和他的一部分部队也被日军赶到了离梭峪五六里的常庄。牟中珩从密集的枪声判断，南边有部队与日军激战，就派参谋王再天前往联系。王再天是一位中共地下党员，他如实向郭洪涛报告了牟部的情况，郭洪涛当即决定去见牟中珩。郭对牟说：日军增援部队上来，咱们都突不出去，你派两个连上去，咱们一块打退日军，然后各走各的。

于是，国民党第五十一军上去了两个连，与八路军警卫排并肩作战，20 挺

机枪一齐射击，将日军打退下去。中共中央山东分局、八路军山东纵队指挥部等机关人员当晚在上、下胡同峪村集中，村民们把新熟的麦子煮给机关部队人员当饭吃。

第二天，郭洪涛总结了这次转移与作战的教训，批评了少数机关人员遇敌时的惊慌失措。郭洪涛与纵队指挥部和各部门、各机关负责人讨论后作出决定：将非战斗人员就地疏散，以适应游击战争的要求。

在这场战斗中，八路军党校警卫排伤亡较大，战斗后无法再集中。特务团政治部主任王永才和副团长曹洪胜壮烈牺牲。

参考资料

①沂水县地方史志编纂委员会：《沂水县志》，齐鲁书社 1997 年第 1 版。

②朱尤瑞：《走近沂水刘家大崮山寨》，《文物鉴定与鉴赏》2020 年第 3 期。

③沂水发布：《沂水最早的共产党员》，"早安沂水" 2021 年 3 月 28 日。

透明崮

透明崮

高峰留景
日月生

透明崮，位于沂水县诸葛镇秀峪村南，海拔 474 米，崮顶面积约 50 万平方米，因崮顶岩石断裂脱落形成一个东西通透的石洞，故名透明崮。崮顶虽然面积不大，但依然布满前人居住的房屋遗址。崮北的秀峪村，是中共沂北工委、沂北行署诞生地。

崮乡崮事

群峰清秀出云来

在通往沂水县诸葛镇秀峪村的路口，有一座"牧童遥指杏花沟"的汉白玉雕像，一位憨态可掬的孩童坐在牛背上，手指向一方。沿着牧童手指的方向走，就到了秀峪村。村子是一个三朝古村落，村里有条承载村民"杏"福的杏花沟，春来杏花烂漫，夏至硕果满枝。

秀峪村南边的这座山就是透明崮。崮下是成片的果园，穿过果园，再从崮北侧翻越长满杂树野草的小山包，沿山脊便可登上透明崮。

和夏季满山的青绿不同，秋天的山崮变得丰富多彩。大自然的调色板已将这片山峦涂抹得色彩斑斓、变化多端。

崮顶之上的天空湛蓝如洗，高远无垠，与山脚下金黄色的谷田相映成趣。山坡上无序生长的绿色的松柏、黄色的栗树、红色的枫叶、橙色的柿树交织在一起，颇像一幅油画。

翻过透明崮北侧的小山包，几棵野生的石榴树早已落光了叶子，枝头挂满红艳的果实，有的已笑裂了嘴，露出晶莹的籽，掰开一个把籽放进嘴里，味道酸中带着苦涩，难怪这么多色泽诱人的果实无人采摘，原本这野生的果子不是用来满足口腹之欲，单纯是为装点这大自然美景的。

秋天的山崮有一种特别

牧童雕像

的气息，清新中透着一种成熟，还带着一丝丝凉意，很是宜人。野草已经发黄，许多已软绵绵地伏在了地上，踩在脚下，软软的，像踏在地毯之上。野山枣的叶子早已被风吹落，只剩下枝头的红果和尖尖的刺，登山途中最需要提防的就是它了。

从北侧登上透明崮，最先看到的就是这个耸立在岩石之间的洞。因为有了这个山洞，透明崮整个崮顶看起来很像是桂林漓江的象鼻山，只不过一个在水里，一个在山上。

山洞东西通透，应该是中间这片的岩石经年累月从这山体上脱离后，形成了这么个洞。洞不算高，中等身材的人不用弯腰勉强可直立通过。站在东西两侧透过这个山洞看对面的风景，别有一番情趣。这山洞犹如摄影机的取景框，对面的起伏的群山就是一幅绝美的风景画。

透明洞的东西侧，各有一个自然形成的石棚。西侧的稍大，长约20米，有两三米高，纵深三四米，系长年雨水侵蚀风化形成，有两侧这两个凹陷的石棚衬托，如果说透明洞北侧的山岩似大象的鼻子，南侧的这块岩体更像是大象圆鼓鼓的肚子。

大多自然奇观都有民间传说，关于透明洞的形成，千百年来，民间传说

透明洞

崮顶的悬崖

是二郎神用挑山的扁担捅出来的。

从透明洞的东侧，沿崖壁南行 10 多米，有一个斜坡山坳，由此处可以登上崮顶。平坦的崮顶被这个山坳分成了两块，透明洞上方的这块面积相对较小，而南边的这块面积稍大。上面有石屋的断壁残垣，这是前人在此筑寨生存留下的遗迹。

站在透明崮顶，环顾周围，连绵的群山，在透明崮北形成一个个漂亮的山谷，过去这里称为百谷峪，今天改称为秀峪。

坐落于此的秀峪村素有"三朝古村落，百年杏花林"之称，群崮环抱，溪水潺潺，特别是春天，万亩杏花银装素裹、如云似霞，将秀峪村装点得如诗如画。

秀峪有大小沟谷近百条，一条叫旺泉溪的河流，自上而下曲折跌宕，源头为30 余眼山泉，常年清流不绝，鱼潜鸭戏。作为古村落，秀峪村有古老庭院 300 余家，明、清、民国年间遗留至今的石屋 600 余间，北方农居文化尽显其中。

秀峪还是革命的摇篮，是中共沂北县委、沂北县人民政府、沂北县大队所在地。抗日战争期间，曾是八路军后勤物资重要藏匿地。中共中央山东分局、山东省参议院、山东省战工会及八路军山东军区主要负责人罗荣桓、黎玉、江华、马保三等人都曾在秀峪的山山水水间留下了不可磨灭的足迹。

透明崮之神奇，是大自然的鬼斧神工；这里的群山幽谷之秀美，是人们生态文明建设的硕果。

又是一年收获的季节，到处是山里人忙碌的身影。他们忙着收割庄稼，忙着采摘果实。笑声盈盈，幸福满怀。

透明崮周围雾气笼罩的连绵群山

二郎神捅洞促姻缘

传说在很久以前，沂蒙山区里住着两户人家。一户是张家，另一户是李家。张家住在山前，李家住在山后，两家都是靠几亩薄地过日子的穷人。

张家的张三和李家的李四是好朋友，平日没事的时候爱凑到一块侃个大山，喝杯小酒，以解生活苦闷。张三、李四成年以后各自成了家。后来，张家生了个女儿，取名杏花；李家生了个儿子，取名山子。两家日子虽然过得清苦，但添丁加口，也都其乐融融。

一天，张三、李四又在一起喝酒聊天。酒喝到高兴之处，张三对李四说："兄弟啊，咱俩这么多年的朋友了，非常投缘，彼此之间又知根知底，我家有个女儿，你家有个儿子，咱们俩做个儿女亲家岂不更好？"李四一听，说："大哥有这想法，是看得起我李四啊，岂有不行之理？"两人在酒桌上一拍即合，就定下了这门"娃娃亲"。

日子一天天过着，两家的儿女也在慢慢长大。虽说是两个孩子的亲事是父母指定，但山子和杏花也是特别有缘，青梅竹马，打小就交好，渐渐彼此爱恋，难舍难分。

两个孩子在成长，两个家庭也发生着变化。

张三这个人头脑灵活，平时除了种地，还做些倒腾山货和中药材的买卖，慢慢就成了当地有名的富户，家里有良田，城里有商号。

而老实巴交的李四呢，就知道守着那几亩薄地，日子依然是穷人的日子。

发了家的张三慢慢就看不上李四，更后悔当年与李四定下了这门亲事。他觉得和李四做亲家是门不当户不对，杏花嫁给山子是屈了。于是张三一门心思地想悔婚。

男大当婚，女大当嫁，当两个孩子长到十六七岁的时候，李四便备上一份厚礼，来到张三家里，与亲家商量孩子的婚期，想择个良辰吉日，给山子和杏花完婚。

尽管早有悔婚之意的张三对这门亲事心里是一百个不愿意，但也不好直接就提出退亲，还是好酒好菜款待李四。心里却不停地打着小算盘：怎么才能让李家知难而退呢？有了。

当酒喝得差不多的时候，张三酒盖着脸对李四说："兄弟啊，孩子也老大不小了，结婚之事该办，我知道你家里不富裕，聘礼啥的也就免了。不过要想让杏花嫁过去，你必须答应我一个条件。"

李四一听心里很感激，心想亲家通情达理，知道家里穷，不要彩礼，10个条件我也答应啊！赶紧对张三说："亲家，你有啥条件尽管提，我全答应。"

张三慢条斯理地说："咱们两家吧，说远不远，说近不近，中间隔着一座山，我年老了走趟闺女家多不方便。你要是在3天之内在山上凿个山洞，我就把女儿嫁过去，如果做不到，那咱两家的这门亲事还是算了吧。"李四一听瞬间傻了眼，别说3天，就是30年我也凿不出个山洞来，这是明摆着要退婚啊！

垂头丧气的李四回到家里，把这事给山子说了。山子知道娶杏花无望了，伤心欲绝，夜半时分跑到山顶上痛哭，打算一死了之。

山子的哭声，让担山路过此地的二郎神听到了，就问山子为何如此伤心。山子就把事情的原委一五一十地和二郎神说了。二郎神一听，哈哈大笑，说小伙子莫要哭，这有何难？不就是在山上掏个洞嘛，我来帮你。说完，挥起手里的扁担用力一捅，一个前后通透的山洞出现了。

没用3天，李四一夜之间就将山洞打出来了。张三无话可说，再也不提悔婚之事，板板正正将女儿嫁到了李家。

二郎神路见不平扁担相助，用力一捅成就了一对年轻人的良缘。

山子和杏花结婚后，勤劳持家，男耕女织，过上了恩恩爱爱、和和美美的幸福生活。那座被二郎神捅了个洞的山就是今天的透明崮。

韩湘子踏过仙人桥

在秀峪村西有一座山，山上有个洞，传说八仙之一的韩湘子曾隐居此洞修炼，于是当地老百姓把这个山洞叫作韩湘洞。离洞不远有两块巨石，被称作仙人桥。

韩湘子为唐代人，是中国古代民间传说中的神仙。他擅长吹箫，拜吕洞宾为师学道，是八仙中风度翩翩的斯文公子，道教音乐《天花引》相传就是韩湘子所作，而且还是在秀峪这座山上的山洞里修道时所作。

传说中的韩湘子历史上确有其人。

有史料记载，韩湘子是唐代著名文学家、思想家韩愈的侄孙，此人生性疏狂，不喜欢读书，曾经在初冬季节让牡丹开出多种花色，并拿着一个花瓣给韩愈看，说上面有“云横秦岭家何在？雪拥蓝关马不前”的句子。韩愈当时非常不理解，心想你小子发什么神经，花上哪有什么句子啊！

后来，韩愈因谏涉罪，被贬潮阳为官。赴任途中行至蓝关之时遇到天降大雪，风急雪大，雪有数尺之深，马难以前行。此时韩湘冒雪而来，问韩愈：“您还记得那花上所写的诗句吗？”韩愈问：“这是什么地方？”韩湘子答道：“这里是蓝关。”韩愈嗟叹良久，才说：“事物竟然有此定数。”后来传说韩湘子成仙也是以此记载演绎而来的。

据《韩湘子全传》记载，汉代丞相安抚的女儿叫灵灵，才貌双全，汉帝欲将灵灵赐婚给他的皇侄，而安抚坚决不同意。于是汉帝大怒，将安抚罢职发配。灵灵因此郁郁而死，投生为白鹤。白鹤受钟离权、吕洞宾点化，又投生为韩愈侄子韩老成的儿子，乳名湘子。韩湘幼年父母双亡，是由韩愈抚养长大，后来得到钟离权、吕洞宾传授修行之术，得成正果，成为八仙之列。

话说韩湘子在韩湘洞内闭关修炼，每日静坐冥思，却难以悟道，更别说练就

什么法术了。

一日，他走出洞来，在山顶漫步，见有两块巨石，相隔数尺。便踏了上去。瞬间感觉七窍顿开，耳边笙箫和鸣，仙乐阵阵。他轻轻抬脚，竟然迈上另一块巨石，再抬脚感觉身轻如燕，随阵阵仙乐，飘飞于空中，奔蓬莱仙岛而去。

韩湘子得道成仙后，他升仙踏过的两块巨石就被后人称为仙人桥。

中共沂北工委、行署诞生地

透明崮下的秀峪村不仅有独特的自然风光，还有灿烂的红色历史文化。1942年，中共沂北工委、沂北行署就诞生在这里。

沂水县境北部，是沂水建党较早、群众基础较好的地区，也是抗日战争开始后共产党领导建立的一块重要根据地。1939年下半年起，日军在这一地区南部交通要冲葛庄设立了据点，国民党第五十一军在沂山前驻防约两个团的兵力。从此，这里成为日军、国民党顽军、八路军激烈角逐的战场。

秀峪遗址碑

为打击国民党顽固派的进攻，恢复沂北抗日根据地，1942 年 8 月上旬，鲁中军区二军分区司令员吴瑞林指挥鲁中二军分区所属一支一团展开第二次反顽战役。部队自沂水县夏蔚区甄家疃村北进，涉过沂河，打退向葛庄乡进攻的国民党第五十一军一部，守住小黄山。

次日，吴瑞林率教导队前进到沂北地区。国民党第五十一军出动 3 个团，在吴化文两个团的配合下，向一支一团反扑。八路军第一一五师教导一旅一部及鲁中军区所属二团、山纵青年团等支援一支一团作战，一直将顽军赶至南流泉以北。沂水县大队也配合反顽部队进到纪王崮、连崮一线。沂水二区、三区和七区一部的抗日根据地得以收复。

此次反顽战役，八路军打垮顽军一个团部，毙伤顽军 300 余人，俘 200 余人。

9 月，鲁中部队向尹家峪南寨子崖的国民党顽固派再次发起进攻，将顽军赶至东里店以北，收复了沂水县王庄、夏蔚、郭庄等区以及临朐县南部部分根据地。

为了更好地坚持和建设这块根据地，上级决定在该地区建立沂北行署，沂水县委组织部部长武杰奉命随反顽部队到达沂北，负责中共沂北工委和沂北行署的组建工作，随后大批干部被派到沂北。

透明崮顶的山寨遗址

1942 年 8 月，沂北工委、行署在秀峪村正式成立。

鲁中二地委组织部部长潘维周宣布工委、行署领导人名单：武杰任工委书记、

岳洪春任行署主任、李德民任组织部部长、李怀德任武装科科长。当年冬至次年春又相继派刘亚明任工委宣传部部长、崔杰千任行署主任、王馨斋任民政科副科长、朱兰坡任财粮科科长、耿固斋任建设科科长、仇复任文教科副科长、李松舟任行署秘书、单昭祥任公安局局长、刘子敏任司法科科长,耿启明任抗联主任等。沂北行署辖原沂水二、三、七区及长安区、柴山区。沂北行署的成立,使沂水抗日根据地进一步扩大。

沂北行署成立后,沂水县更名为沂中县。原沂水县委、县政府领导沂中县。1943年春,沂北工委改称沂北县委,1949年7月,沂北县撤销,并入莒沂县。

参考资料

沂水县委党史研究中心:《中共沂北工委、沂北行署》,"沂水发布"2021年5月20日。

小崮子

小崮子
山顶青松翠
重重密布排

崮乡崮事

小崮子，又名青云山，位于沂水县诸葛镇新民官庄村东，海拔 433 米，面积约 50 万平方米，石质系寒武系石灰岩奇页岩。崮顶西、南、北三面悬崖，如刀劈斧凿，直上直下，峭不可攀。东与看山子相连，崮顶平坦，柏树茂密，中间有一座青云山老母殿。崮上有一山洞，沂水暴动前的一次秘密会议在此召开。

曲径蜿蜒入翠微

小崮子山又叫青云山，之所以名字里有个"小"字，是因为它紧挨着刘家大崮，在"大崮"面前，它被比"小"了。

在登刘家大崮的时候，就曾被小崮顶上茂密青翠的柏林所吸引，站在大崮顶上望小崮，小崮的头顶犹如戴了一顶翠绿的毡帽。

从新民官庄村穿过，便来到位于村东侧的小崮子山下。一条弯弯曲曲的山路，一直通往小崮子东面的一个山梁，由此西行，便进入小崮子崮顶的东山门。

站在山梁上，戴着绿帽的崮顶近在眼前，这绿帽是密密麻麻的柏树编织而成，这是此片山峰中最浓重的颜色，它是这山崮秋色的主角。搭配这主色调的，是银杏的金黄，是枫叶的火红，是柿子的橙色，这五彩斑斓之色交织在一起，在蓝天白云的映衬下，构成了一幅绚丽多彩的画卷。

时下，正是赏秋的最好时节。

走过山梁，不远处就是小崮子的东山门。山门还依稀有着山门的样子，门两侧古老厚重的围墙仍有残存。过了这道门，便是过去人们居住的寨子，一堆堆乱石，一截截断壁，诉说着当年百姓躲避乱世求生存的苦难。

崮顶茂密的柏树林

正是为了不再遭受这人间苦难，去谋求人民当家做主的新生活，才有了共产党领导下的革命与斗争，才有了那场与小崮子有着联系的沂水暴动。1933 年 5 月 13 日，中共沂水县委就是在小崮子山的一个山洞里，秘密召开了一次会议，决定与统治者斗争，攻打沂水城，营救被捕的同志，从而拉开沂水暴动的序幕。

整个崮顶，被高大密集的柏树覆盖，只有少许阳光从树间的缝隙透入。走在这树林之中，即使是炎热的盛夏，也不乏凉爽。

崮顶残存的山寨围墙

在崮顶的中央，一座庙宇出现在这山林之中。

庙宇坐北朝南，殿门的上方有"青云山老母殿"几个大字。这是一座供奉老母的道观。

在沂蒙山区的山上，建有很多庙宇，供奉碧霞元君的大殿居多，可老母殿并不多见。老母即女娲，亦称无极老母，是道教传说中的一位女神，又被看作中国古代的祖先之一，"古女神而帝者"。她同伏羲、神农史称三皇，是人类始祖，被尊为"创世圣母"。《说文》云："女娲，古之神圣女，化万物者也。"《山海经·大荒西经》云："女娲功烈，非仅造人，又兼补天"，"诚天地初辟摩肩盘古之大神也。"人们熟知"女娲补天""女娲造人"的故事传说，所以老母在中国民间信仰中占有重要地位。

不过民间供奉的老母分很多，如无极老母、金身老母、普贤老母、观音老母、泰山老母等，因为此时殿门紧锁，不知青云山老母殿供奉的是哪尊神，以我们沂蒙山区民间信仰，猜想应该是泰山老母吧！

老母殿周围，是古老的山寨围墙，此处过去是百姓的避难之所，早已坍塌成堆堆乱石。著者想，民间修建庙宇和当年构筑山寨的目的一样，都是为了满足民众护佑安宁和免灾多福这一最朴素实际的信仰与需求。

青云山老母殿

透过树林洒下的斑驳阳光，照在庙宇的红墙，让这翠绿崮顶中间的这点红格外醒目。老母殿的南北不远，都是悬崖峭壁。继续西行，虽然有一小段距离，但尽头也是悬崖。

小崮子的悬崖之下有一个山洞，但具体在哪个位置现在不得而知，因为站在崮顶根本无法发现。当年沂水三区区委书记耿启明被国民党地方顽军逮捕后，对敌谎称他在小崮子悬崖下的山洞里藏有枪支弹药。在取得国民党地方顽军的信任后，耿启明以进洞取枪支弹药为名，从崮顶利用绳索进入山洞，凭借对地势的熟悉，然后沿洞口悬崖边缘顺利逃走。

处在悬崖下的这个山洞，承载着发生在战争年代的红色故事，在民间广为流传。

天空湛蓝如洗，云朵悠闲地游荡。站立山崮之巅，远眺群山，层峦叠嶂；俯视山谷，层林尽染，让人感觉到秋天的宁静与美好。

山上的美景，山下的故事，让小崮子变得愈加鲜活、生动起来。

★★★ 红色崗事

山洞里的秘密会议

1933 年 5 月 13 日，在小崗子山上的一个山洞里，由中共沂水县召集的秘密会议正在召开。会议最终做出决定：攻打沂水城，营救被国民党反动派抓捕的 13 名同志。

是在什么样的背景下召开的这次秘密会议呢？

1928 年底，中共沂水县委建立，但第二年就遭到破坏。1932 年 5 月，在中共山东省委的领导下，沂水成立了中共特支，8 月扩建为县委。党团员发展到 300 多人。当时，沂水县有个名为"大刀会"的农民自发组织，拥有会众几万人。为了把这个组织争取改造为革命武装力量，县委号召党团员加入"大刀会"，有一些党团员成为其中的骨干，并逐步掌握了"大刀会"的领导权。

1933 年 1 月，中共沂水县委迁往群众基础较好的沂水县西北乡。4 月，中共山东临时省委派员帮助县委组织暴动。暴动首先从反"盐行"斗争开始。当时沙沟村的"大刀会"另一派别、青旗会首领、中共党员李成谦，为了打破"盐行"垄断食盐、高价盘剥群众，带领旗众贩运私盐，廉价卖给群众，被该村大地主、国民党七区民团团长李景岗告密。1933 年 5 月 10 日，沂水县反动政府逮捕了中共山东临时省委派往沂水工作的马德隆及地方党员、会众 13 人。

事件发生后，中共沂水县委先后两次召开会议研究营救方案，其中，5 月 13 日小崗子山洞秘密会议，确定在 18 日组织"大刀会"会众攻打沂水城，解救被捕人员。后因暴雨，河水猛涨，会众没能按时到达而中止。

5 月 29 日夜，沙沟一带的会首集合了近 300 名会众，攻打了设在崖庄的李景岗民团团部，杀死了队长于怀三等人。接着，暴动会众转移到沙沟南面的最高山峰盖家顶。为了迎击敌人的反扑，中共沂水县委紧急通知西北乡一带的党员、

旗会会员到古村集合，县委书记谢梅村亲到现场指挥。

31日上午，李景岗率领他的民团和县警备队队长张海亭率领的县民团前来攻山，受到山上义军的猛烈反击，溃退到院西沟。第二天，山下的义军从四面八方杀来，张海亭、李景岗先后毙命，义军将他们的头颅带到古村祭旗示众。

第三天，暴动会众又到沙沟收取了李景岗家的浮财，割了他家的小麦，分给穷苦群众。

自此，沂水暴动发展到高潮。

轰轰烈烈的武装暴动引起了反动当局极大的恐慌，国民党当局立即派出正规军队前来"围剿"。韩复榘急命国民党军第八十一师运其昌旅从临沂开赴沂水的苏村、高桥一带进行镇压，另派民政厅厅长李树春率"招抚团"进行诱降。

沂水县委及时揭露了敌人的"和谈"阴谋，并组织了1500名会众攻打高桥驻地。之后，县委根据省委指示，决定利用旗会开展游击战争。

敌人见诱降的阴谋未能得逞，便对"大刀会"进行血腥的屠杀。7月2日，运其昌率国民党第八十一师二四三旅先血洗了宝泉山山寨，杀死旗众200余人，接着又攻入黄石山山寨，残杀会众和老弱妇孺3000余人，黄石山下血流成河，酿成了山东近代史上最大的惨案——"黄石山惨案"。

中共沂水县委随即组织150人转移到沂山开展游击战争，但只坚持了两个月，最终因敌我力量悬殊失败。

暴动虽然失败，却给沂水地方反动势力以沉重打击，为以后革命高潮的到来发挥了重要作用。

借用山洞巧脱身

出生于1904年的耿启明，是小崮子山下的耿家王峪村人。他出身农民家庭，年少时上了 4 年学后，便在家务农。

1919 年至 1925 年，耿启明在东里店的一家酱园里当学徒。1928 年他以小商贩的身份为掩护，从事组织农民协会的活动。耿启明 1932 年 4 月加入中国共产党，并参加革命工作。他以葛庄药店店员的身份，秘密发展党员建立党支部，耿启明任党支部书记。1933 年埠前中心支部成立后，他担任宣传委员。

抗日战争全面爆发后，耿启明是中共沂水临时县委成员。他积极开展抗日

耿启明的家乡耿家王峪村

救亡运动，参与组建抗日武装——沂水县抗日游击队，并任中队指导员。此后，担任蒙阴县委组织部部长、沂水县三区区委书记等职。

耿启明曾经被国民党顽固派逮捕，但凭着自己的机智，安全逃出魔掌。

1940 年 7 月，时任沂水三区区委书记耿启明在前往三区村内检查工作的路上，遇到了国民党地方顽军，随后被对方认出并逮捕。

这股地方顽军，表面上打着抗日的旗帜，其实是"假抗日真反共"的反动派，一些人背地里甚至还和日寇串通一气。当年许多共产党员就倒在了他们的屠刀之下。

逮住了一位共产党的干部，这帮顽军士兵们很兴奋，随后决定将耿启明押送回县城，交上司邀功领赏。

被押着走在路上的耿启明知道落入顽军手里，一旦押回县城，便凶多吉少。但他临危不惧，心里盘算着脱身之计。这时，他突然告诉这帮人，有重要情报透露。他承认自己是共产党员，并说在小崮子石崖边的山洞里，藏有 400 颗子弹、2 支匣子枪和 1 挺机枪，并表示愿意把这些枪支弹药取出来交给国民党军。

就这样，耿启明引着这帮国民党地方顽军来到了小崮子山上。

小崮子 山顶青松翠 重重密布排

311

国民党地方顽军在耿启明所指的位置，将一条大绳拴在耿启明的腰上，让他顺山崖溜进洞里取出枪支弹药。

耿启明的家就在山下村里，从小在这山上玩，所以对这一带的地形十分熟悉。他沿着绳索下到洞口后，解开了拴在腰上的绳子，又在绳子上捆上了一块大石头，然后就贴着石壁，悄悄地爬下山了。

等山上的国民党地方顽军发现上当后，耿启明早已逃得无影无踪了。

成功逃脱国民党地方顽军魔掌的耿启明，后来一直战斗在革命斗争的一线。

1940 年下半年，耿启明调到沂水县委组织部工作。此后又先后担任蒙阴县农救会长；沂南县群委副书记、农救会会长；沂北县委委员、抗联主任；鲁中区党委农救会会长等职务。

1947 年 7 月，为贯彻中央"五四"指示精神，耿启明又带工作队到安丘的高崖、马疃一带进行土地改革试点，摸索经验，引导农民搞好土地改革，使土改运动在全区范围内健康发展。由于土改运动的顺利开展，翻身农民誓师保田，全区迅速掀起动员参军和支前热潮，为打破国民党反动派对沂蒙山区的重点进攻奠定基础。

1948 年 3 月，华东局、鲁中工委选派干部领导沂源人民生产自救，拨发救济粮、救济款进行急赈，开展生产救灾运动。耿启明随着鲁中区党委选派的一批干部来到灾情最严重的沂源县开展生产救灾工作，并任该县民运部部长。他和同志们一起战斗在第一线，带头节约，每天节省一角菜金和二两粮食，并将粮、款送到灾情最重的村庄。

1949 年初，耿启明随鲁中区党委干部南下，领导新收复区人民开展斗争，先后任浙江嘉兴地委委员、民运部部长兼农委书记，嘉善县委书记，浙江省委农村工作部干部二处处长、副部长兼机关党委书记，浙江省林学院党委书记等职务。1987 年，在杭州病逝。

参考资料

沂水县地方史志编纂委员会：《沂水县志》，齐鲁书社 1997 年第 1 版，第 537—538 页，第 808 页。

红石崮

　　红石崮，原名小崮子山，位于沂水县诸葛镇红石崖村东，海拔 516.2 米，面积约 40 万平方米。顶部四周岩石陡峭，形如斧削。因抗日战争时期共产党员武善桐为掩护群众、跳崖牺牲而闻名。1942 年 9 月 5 日，日军大"扫荡"，包围了红石崖村，武善桐挺身而出，将日军骗至小崮子顶，趁敌不备，拽俩敌兵纵身跳崖，壮烈牺牲。为此，小崮子山改名为"红石崮"，作为永久纪念。

崮乡崮事

苹果映红英雄山

红石崖村，一个被群山环绕、风光秀美的村落。村东的这座山，就是红石崮。

红石崖村和红石崮的名字都是因一位英雄的壮举而来。

红石崮以前叫小崮子山，山下的红石崖村过去叫小崮子村。因为在抗日战争时期，村里有一位叫武善桐的共产党员为掩护八路军伤员和保护村里的群众，设计将日军引上了这座山顶，最后抱着鬼子英勇跳崖，壮烈牺牲。为了纪念这位舍生取义的革命烈士，这座小崮子山就改名为红石崮，而崮下的这个小山村也改称为红石崖村。

大致南北走向的红石崮，虽山体连绵总体面积也不算太小，但头上的那顶"帽子"很小，在山下远远望去，像是一个馒头放在一张长桌上面，难怪过去被称为"小崮子山"了。

红石崮西侧的山脚下，红石崖村南位置，有一块刻有"武善桐舍身救伤员遗址"的石碑。2015 年 1 月 30 日，这里被临沂市人民政府列为第一批重点抗日战争遗址。由此处往东，便是通往红石崮的蜿蜒山路。

整个红石崮，被一层层的梯田缠绕。梯田呈阶梯状一级级地向山上延伸，直至陡峭之处，便是自然树木生长的天地。

武善桐舍身救伤员遗址碑

梯田的边缘都用山石垒砌起来，整齐有序，每块梯田的形状各异，面积大小不同，有的呈矩形，有的似弯月，组合在一起，就有了一种不规则的自然之美。

这片片梯田里，几乎是清一色的苹果树，泛着红晕的果实挂满枝头。果农们在果园里忙着给苹果去袋。为了保证果实的品质，苹果从一挂果就会被套上一个纸袋，这样长出来的苹果因为不经受风吹雨打，不会被鸟虫侵害，其品相非常好。但在成熟将要采摘的这段时间需要将袋去掉，让它接受阳光的照射，这样，苹果才会变得甘甜红亮，既有最佳口感，也有好的卖相。

山里人淳朴好客，热情地招呼我们摘食苹果。乡间百姓有句俗语："瓜果梨枣，谁见了谁咬。"分享地里的果实，是农家的传统，也是庄户人的一种美德。

放眼望去，红石崮山坡上、山脚下，满眼都是硕大、红彤彤的苹果，个大肉厚，色泽诱人，仿佛一颗颗红宝石镶嵌在绿色的翡翠之上。阳光照在果实上，折射出红亮的光，清新的空气中，弥漫着淡淡的果香。山中鸟鸣和园中果农的笑声交织在一起，融为一曲丰收的交响。

红红的果实映红这座山崮，这是大自然的馈赠，更是山里人辛勤汗水的结晶。

穿过层层的果树林上行，绕至红石崮的南端，沿稍缓的山坡可登上崮顶。崮顶有耸立的岩石，有肆意生长的树木，此时，挂满红果的果园尽在眼底，与山坳的村庄、谷底的水塘构成一幅秋景油画。

断崖之处的岩石被岁月侵蚀得似随时都会脱落，但根根石柱历经风雨，依然坚挺，似英雄威武不屈的身姿。

站立悬崖边缘俯瞰大地，万千景象映入眼帘。而英雄跳崖的场景也浮现于脑海，那是怎样的勇气，让武善桐抱着鬼子纵身一跃；那是怎样的胸怀，为革命事业宁可牺牲自己？

远处的群山起伏，如巨龙飞腾；近处的山峦叠翠，似写意青绿。

自从英雄那舍身的一跳，这座山崮便和烈士紧紧地连在了一起；因为那次的壮举，这座山的岩石变成了红色，从此便有了红石崖，便有了红石崮。

武善桐烈士墓碑就在红石崮下，已成为红石崮革命纪念地。

红石崮的风景，好美！

红石崮　烈士鲜血书写的名字

315

山东最早猿人居住地

在沂水县诸葛镇范家旺村西南山的山顶上，有一处山洞，因临近范家旺村南一片洼地，故名南洼洞。

洞口向南，高 3.6 米，宽 6 米，长 14 米，地理坐标为东经 118°28′，北纬 36°00′，是一个水平溶洞。1983 年，就是在这个洞内，发掘出打制石器，鹿角化石和破碎哺乳动物化石，由此证明，曾有人类在此生活，距今已有二三十万年，和沂源猿人属于同一时期。

1981 年 9 月 18 日，在当时还属于临沂地区的沂源县发现了一块猿人头盖骨化石，经中国科学院古人类研究所和北京大学的专家鉴定，确认为旧石器时代的猿人遗骸，并命名为"沂源猿人"。"沂源猿人"不仅是山东最早的人类，也是黄河中下游地区最早的古人类，填补了中国猿人地理分布的一个空白。

南洼洞遗址最初发现于 1958 年。这个古洞被村民发现时，是一个几乎完全充满堆积的洞穴，但由于受"大炼钢铁"的冲击，导致堆积被挖走、扰乱，以致难以搞清堆积的原貌，一些很久远的文化堆积层也遭到了破坏。

1983 年 5 月，时任诸葛镇委书记耿维方在这里发现了鹿角

南洼洞宣传墙

化石，才算真正揭开了这座山洞久远的秘密。

1983年6月，北京大学考古系教授带领一批考古人员来到这里考察，发现鹿角化石上有人工砍砸的痕迹，同时还发现了一件有人工打击痕迹的石核。

1984年3月，市县相关专家学者又对该遗址进行了考古调查，在山洞的内外共发现了7件斑鹿角化石和其他两种动物的少量牙齿化石，以及7件人工石器和骨器。动物化石可见3个以上的种属，有食肉类犬齿残尖，猪类的残破牙齿和许多斑鹿的盘角。前两者无法判定种属，后者经鉴定为葛氏斑鹿。鹿角上多见有人工砍砸的痕迹。

后来经过鉴定，鹿角是与北京猿人、沂源猿人遗址同时期的葛氏斑鹿，属于中更新世时期旧石器时代早期，说明早在20万年前就有古猿人在这里生活，这也是山东省第一次发现的旧石器时代早期的历史文化遗存。

在南洼洞发现的骨制品仅1件，是用葛氏斑鹿角制作成的角锤，长181毫米，角环直径52毫米，角柄直径34毫米。仅保留了角柄、角环、主枝及一段眉枝。该标本在眉枝和主枝及角柄的断口处有明显的砍砸痕迹。角柄的断口呈圆钝近光滑面而无棱叉，断裂面较平齐，原是纵向排列的骨质，变为倾斜并成片状，应是做锤头敲击石片砸压所致。

南洼洞出土的旧石器，弥补了沂源只发现猿人化石未发现使用工具的缺憾，是山东省境内的首次发现。

★★★ **红色崮事**

拽着日军跳悬崖

在通往红石崖村的路口处，有一面2米多高的红色宣传墙，上面密密麻麻的文字，详细介绍了抗日英雄武善桐的生平和英勇事迹。

1916 年，武善桐出生在红石崖村的一个贫苦农民家庭，全家 10 口人，只有 3 亩半瘠薄山地，食不果腹的他从小就起早贪黑地为地主干活，饱尝苦难。

1938 年春，日寇的铁蹄踏进沂蒙山区，烧杀抢掠、无恶不作，沂蒙大地顿时笼罩在腥风血雨之中。面对凶残的日寇，沂水县党组织深入发动群众，建立抗日队伍，掀起了轰轰烈烈的抗日救亡运动。

时年 22 岁的武善桐毅然投身抗日斗争，加入了当地民众抗日武装，不分昼夜到处

武善桐事迹宣传栏

奔波，勇敢地与敌人周旋，积极开展游击战，协助八路军打日寇。

1939 年夏，由诸葛乡党支部书记李子仁介绍，武善桐光荣加入了中国共产党。入党后，武善桐更加忘我地投身抗日救亡运动。他机智聪明，同时熟悉这片土地，积极带领乡亲们根据地势挖山洞、修地道、设陷阱，将红石崖村建成了远近闻名的抗日堡垒村，并先后担任了红石崖村党支部书记、诸葛乡党支部书记、夏蔚区委委员。后来，党组织派他到沂水七区开展工作。武善桐于家洞、沙沟村一带发展党员，宣传抗日，成为一名出色的抗日干部。

1940 年冬天，由于日军"扫荡"，鲁中二军分区一个分队自卞山撤到红石崖村进行休整。时值数九寒天，寒风刺骨，30 余名战士都没有穿棉衣。武善桐看到后，当即拿出自己的棉衣，又积极发动党员群众制作棉衣送给战士，很快解决了战士们的御寒难题。

为更安全地保护八路军伤病员和群众，武善桐带领群众在村内挖了许多山洞，并进行精心伪装。由于这些山洞位置隐蔽、保护措施到位，周围很多部队的伤员都被安置在红石崖村进行救治，缴获的物资也经常放在这里中转。

1941年秋，八路军某部从日军手中缴获一批医疗用品，但运输途中被日军发现，遭到追击。当驮药品的马匹到达离红石崖2公里处时，武善桐得到情报后，当机立断，立即组织人手，抢先一步将药品运到村里，藏到隐蔽的山洞中，后来日寇多次到村里及其周围搜剿，都无功而返。

同年，中共沂水县委派武善桐参加了鲁中二地委举办的训练班。学习结束后，他因病回家治疗。在家期间，他领导全村群众同日军展开了顽强的斗争。

1942年11月1日，日伪军拉网"扫荡"时，武善桐将两名八路军伤员藏在隐蔽的山洞中救治。日寇在村内搜查了一天，也没发现什么。此时有汉奸探听到消息，并向日寇告密。

第二天，日军包围了红石崖村，将武善桐在内的全村群众赶到村外，围在一块平地上。日军用枪口对着人群，逼着他们交出八路军、枪支和药品。面对凶残的日军，全村上下无一人作答，气急败坏的日军把武善桐及其兄弟武善亭拉出人群，用枪托和皮带毒打他们，逼他俩说出八路军伤员和枪支藏在哪里。武善桐被打得遍体鳞伤，满脸是血，但仍然一声不吭。日寇将枪口对准群众，准备射击，一个日本兵端着刺刀向武善亭刺去，武善亭倒在血泊中。

眼看一场血腥的大屠杀就要发生，在这千钧一发之际，武善桐挺身而出，制止了日军的暴行。他说枪支藏在哪里只有他一个人知道，他让日军释放了在场的所有群众，自己带日军去取枪。

武善桐领着两个日本兵向村南的小崮子山上爬去。小崮子山高坡陡，四周悬崖如刀削。武善桐把日本兵引上悬崖绝壁，用下巴示意，枪就藏在山半腰的洞中。两个日本兵信以为真，探着身子顺着武善桐指的方向望去。就在日本兵冷不防的一

武善桐烈士纪念地

刹那，武善桐猛地把一个日本兵踢下悬崖，另一个日本兵还没醒过神来，又被武善桐紧紧拽住，一同纵身跳下悬崖。年仅 26 岁的武善桐为保护人民群众的生命壮烈牺牲。

人们将武善桐的遗体安葬于小崮子山以北、红石崖村以西的开阔地里。1945 年 12 月，沂水县抗日民主政府在这里立起一座烈士纪念碑，以纪念武善桐舍生取义的英雄壮举。同时，将小崮子山改名为红石崮。

参考资料

①沂水党史史志办:《南洼洞遗址》,"沂水在线"2019 年 9 月 20 日。

②临沂市党史研究院:《血染红石崖的好书记武善桐》,沂蒙精神网 2020 年 3 月 12 日。

对崮山

对崮山，又名笛崮山，位于沂水县城西北 50 公里的沙沟镇对崮峪村西，处在沂水、临朐、沂源三县（分属临沂、淄博、潍坊三市）交界处，海拔 597 米，面积约 120 万平方米，因顶部有南北两个山崮对峙而得名，两崮相距约 500 米，北崮较小，南崮崮顶由北向南倾斜，东西长五六百米，南北宽百余米，呈椭圆形。东面是 10 多丈高的悬崖峭壁，如刀削斧劈。西面和南面是平缓的山坡，可由此攀登。山上岩石嶙峋，山下松柏苍茂。1942 年 11 月，对崮山上发生了一场抗击日寇"扫荡"极为悲壮的突围战。14 名八路军勇士英勇跳崖，用鲜血和生命谱写了一曲撼人心魄的壮丽战歌。

崮乡崮事

血洒崮顶壮山河

对崮山东侧山脚下的美丽山村叫对崮峪，虽然该村离山最近，但因对崮山的东面是数丈高的悬崖峭壁，攀登极为困难。因此，较为便捷的登崮路线是向西绕到小崮头村，从山的西南方向取道上山。

并不宽敞的山路上耸立着一个高大的门楼，两侧有一副对联："曲径通幽处，鸡鸣三县闻。"穿过这座门楼，便是小崮头村。

小崮头和对崮峪一样，都在沂水县沙沟镇的辖区之内。该村四面群山环抱，深藏于山坳深处，位于沂水、沂源、临朐三县交界处，所以才有了"鸡鸣三县闻"这一说。远在古代，小崮头就因路陡难行，地处偏远，政令不达，被称为"不在天朝"的村子。

一条山涧从村中穿过，山涧里有缓缓的溪水流下，山涧两侧是座座民居。从小崮头村中的一座石桥往东拐行，一条弯弯的山路可达对崮山顶。

来到崮顶，一片平阔之地展现在眼前，仿佛又进入了平原。宽敞的崮顶显得有些荒芜，除了零零星星并不太高的马尾松树外，全是已经发黄的野草，或许是这里的砂岩地质并不适合树木的生长。周围连绵的群山起伏跌宕，如同一幅美丽的画卷，这视野开阔的崮顶，犹如大自然特意为人们打造的观景台。

山顶之上，装有风力发电设备，巨大的风车慢悠悠地转着，发出呜呜的声响。脚下的荒草树木随风摇曳，传来呼呼的声音，仿佛在诉说这山崮昨天的故事。

在崮顶的中间位置，有一个直径 20 余米的大坑，坑深数米，底部少有积水，满是野草，本以为是天然形成，仔细查看原来是人工开凿而成，难道是为了蓄水，还是？正当百思不得其解之际，抬头望见附近正在不断旋转的高大风车，突然明白了：这个石坑原本是安装发电风车而用，不知何故，本打算安装在此处的风机取消了。

有几头牛在崮顶啃食着地上的草，这里野草疯长，成为山里人放养牛羊的好

牧场。

对崮山的南侧、西侧和北侧都有较缓的坡，唯有东侧是悬崖峭壁，也只有站在此处，才能观崮下最美的风景。立于悬崖之上，俯瞰下面的山水，我们可以看到一幅美丽的自然画卷。

山峦起伏，峰回路转，蜿蜒的山路，犹如蟒蛇卧于大地。苍翠的树木覆盖着山体，给这片山域增添了生机与活力。

山脚下一条弯曲河流穿行于峻岭之间，宛如一条银带。河水在阳光的照耀下波光粼粼，闪烁着醉人的光芒。

山水之间，散落着几座村庄，民居若隐若现，与周围的自然景观融为一体，相得益彰。田野里有人躬身劳作，与大自然和谐共处，好一派宁静美好的田园风光。

站在这高高的山上，你可以尽情地欣赏大自然的鬼斧神工，感受山水之间的灵气，将青翠的群山、山脚下碧绿的水塘和多彩的山林尽收眼底。

回望山顶的另一处，草丛之中立有两块岩石，一块上面写着"炮"，一块上面书有"火"。这"炮火"二字，立刻让这寂静的山崮有了硝烟的味道，让人们的思绪回到那个炮火连天的岁月。

就是在这座对崮山上，发生了一场八路军和国民党军队联手抗击日本侵略者的战斗。在这次突围战中，共歼敌600多人，给日军以重创；八路军参战部队数百名指战员牺牲，国民党参战部队近200人阵亡。烈士们用自己的鲜血和生命谱写了一曲撼人心魄抗击日寇的壮丽战歌，捍卫了中华民族不屈不挠的尊严，诠释了中国军人誓与敌人血战到底的英雄气概。

就在这东侧的悬崖之下，有一座1944年修建的烈士公墓，在这场对崮山战役中牺牲的400余名国共将士长眠在这里。

崮顶东侧的悬崖峭壁

公墓坐北朝南，高耸的墓碑上，刻有"革命烈士永垂不朽"几个金色大字，墓碑的后面，是一个圆形的合葬坟茔。坟茔周围是白色的围栏，上面覆盖着一层

洁白的石子。墓碑两侧各建有两座碑亭，碑亭里分别立着"为人民牺牲烈士之墓"纪念碑和墓志铭。

崮下的烈士墓

为了民族的独立，为了人民的幸福，革命烈士将鲜血抛洒在这座山崮之上，长眠在山脚之下，他们将永远受到世人的缅怀与敬仰。

★★★ 红色崮事

血战对崮峪

这场抗击日寇的悲壮突围战发生在1942年11月。

1942年10月，日本侵略者在华北派遣军畑俊六的指挥下，秘密调集了第三十二、第五十九师团和独立混成第五、第六旅团各一部共1.5万人，由三十二师团师团长木村兵太郎指挥，对鲁中沂蒙山区进行"拉网合围"，企图一举消灭山东八路军领导机关和直属部队。

10月27日，日军1.2万人分12路对转移到南墙峪地区的山东党政机关和群众进行合围。担任掩护任务的山东军区独立团占据有利地形，顽强抗击日军的进攻。经过一天的激战，打退了敌人的数次进攻，使被围的山东党政机关和群众于当日黄昏分路突出了敌人的重围。

11月1日，气急败坏的日军又集中8000多兵力，在飞机、大炮的配合下，分11路扑向对崮山地区，将山东军区机关和直属部队、山东战工会、抗大一分校以及国民党第五十一军1个营共计1000多人再度合围在对崮山一带。

1日深夜，刚刚转移到对崮山东麓的山东军区指挥部陆续接到各个方向侦察员的报告：西北蒙阴方向、东北马站一带、东南沂水方向均发现大批日军向对崮山一带运动，说明军区机关和直属部队等已经被日军包围，形势十分危急。

担任突围总指挥的山东军区副司令员王建安当机立断，命令军区特务营营长严雨霖带领部队迅速抢占对崮山制高点，把守主峰和上山必经之路，层层抗击日军，把日军的注意力全部吸引过去，掩护军区机关和大部队以及友军从日军空隙中安全突围。此时，国民党第五十一军的一个营长带着一个连从北面被日军压过来，请求八路军准许他们上山。黎玉政委说："大敌当前，应同仇敌忾，进行火线上的统一战线，即刻准许他们上山共同抗敌。"八路军派干部插入他们中间进行协助，很快就使五十一军官兵参与到对日伪军的战斗中。

王建安副司令员随特务营也登上对崮山，他察看、了解地形后，随即制订了阻击作战方案，命令严雨霖营长在对崮山东北面小高地布置一个排的兵力，作为前哨阵地，用以迫敌及早展开，迟滞消耗日军。北面、东面由五十一军和八路军共同防守；东南面和西面由八路军各部防守，建立多道阻击阵地，以最大限度地拖住日军，为军区机关和大部队突围创造条件，争取时间。

11月2日凌晨，战斗任务布置完后，各部队进入阻击位置。

天刚蒙蒙亮，日军就从四面八方逼近了对崮山。

日军以步兵搜索方式前进，呈一字排开的散兵群，一层接一层地拥上了特务营某排据守的对崮山东北小高地。突然间，小高地上枪声大作，前哨阵地上战士们愤怒的子弹和手榴弹一齐向日军倾泻，十几名日军即刻就倒了下去。被打得晕头转向的日军回过神来后，立即集中兵力对小高地发动猛烈进攻。

八路军前哨阵地的官兵坚守阵地，英勇阻击。激烈的战斗持续了一个多小时，顽强的战士们打退了日军一波又一波的进攻。接连受挫的日军恼羞成怒，便集中炮火和掷弹筒火力对小高地实施狂轰滥炸，顿时火光冲天，硝烟弥漫，前哨阵地很快就被日军钢铁火网所吞噬。

　　猛烈的炮火持续了40多分钟后，一股股日军号叫着蜂拥而上，占领了前哨阵地，山头上出现了一面刺眼的太阳旗。

　　正当一批日军站在小高地顶部庆祝他们占领前哨阵地时，突然，小高地上响起一阵猛烈的手榴弹爆炸声，"药膏旗"连同十多个日军顿时化为乌有，原来是守卫前哨阵地的一位年轻伤员挣扎着从血泊里爬起来，在最后时刻拉响了身边所有的手榴弹，与冲上来的日军同归于尽。

　　日军占领小高地后，很快组织兵力从几个方向扑向对崮山主峰。八路军将士们在阵地上沉着冷静，严阵以待，当日军指挥官挥舞军刀带领士兵如蝗虫般拥到八路军前沿阵地时，突然间，阵地上的手榴弹呼啸而起，近百颗手榴弹像天空飞过的一群群麻雀落了密集冲锋的日军头上。一时间，手榴弹短促连续的爆炸声震耳欲聋，横飞的弹片在日军阵中四处窜飞，冲在最前面的日军即刻倒下一片，血肉横飞，后面的日军慌了阵脚，鬼哭狼嚎地滚下山去。

　　日军向对崮山的初次进攻遭到重挫，恼羞成怒，很快调来数门重炮，向对崮山猛烈轰炸。但由于对崮山地势很高，山峰陡峭，日军的炮弹大都打在悬崖的岩石上，炸出的飞石像天女散花一样散落在山下的日军阵中，砸得山下准备冲锋的日军抱头乱窜，顿时乱成一团。

　　稍后，日军集中了10多门迫击炮、掷弹筒向八路军阵地实施猛烈轰击。顿时，八路军阵地上火光四起，碎石横飞。一阵狂轰滥炸后，日军再次集中兵力向八路军阵地发起连续冲击。山峰阵地的八路军官兵凭借天险地势顽强地阻击日军。每当日军接近山头阵地时，八路军就以一阵步机枪火力和手榴弹予以重击，打退了日军一次又一次的猛烈进攻。

　　中午时分，多次进攻均无收效的日军稍作喘息，将主要兵力全部集中到对崮山，还调来了数架飞机助战，摆出一副不攻下对崮山阵地决不罢休的架势。

　　中午过后，大批日军在飞机大炮的火力支援下，向对崮山阵地发起了不间断的更加疯狂的攻击。在日军飞机、大炮的猛烈轰击下，对崮山上硝烟弥漫，弹片纷飞。日军凭借炸弹、炮火的掩护，端着寒光闪闪的刺刀，一波又一波地冲向八路军阵地。坚守阵地的八路军官兵机枪步枪集中扫射，暴风骤雨般的子弹扫向成批号叫冲锋的日军，将一波又一波进攻的日军撂倒。八路军阵地上的机枪手也不

断有人倒下，后面的候补射手又迅速补上，继续扫射。此时日军的攻势一浪高过一浪，敌我双方在阵地前往返冲杀，来回争夺，战况异常惨烈。阵地前摆满了日军的尸体，坚守阵地的八路军官兵伤亡也很大。

经过大半天的反复拼杀，对崮山阵地依然控制在八路军手中。残暴的日军将抓来的群众赶在前面挡子弹，掩护他们进攻。八路军官兵怕误伤群众，只好暂停射击。被抓的群众明白了日军的意图，爬到山腰时便拒绝前进，誓死不把日军引上山，气急败坏的日军残暴地枪杀了停步不前的群众。面对日军的暴行，战士们怀着满腔怒火，用复仇的子弹、手榴弹打得日军连滚带爬地逃下山去。随后，日军又组织敢死队与八路军死拼。他们在 20 多挺轻重机枪和十几门迫击炮、掷弹筒的火力掩护下，日军敢死队队员竟毫无遮掩地端着刺刀发疯似的向八路军阵地冲锋。战士们用机枪和"排子枪"一阵猛烈扫射，一排排日军敢死队队员倒了下去，紧接着，战士们的手榴弹在日军敢死队队员中连续开花。

激战到下午 4 点多，坚守阵地的八路军战士子弹、手榴弹快打光了，山东军区机关的参谋、干事，首长的警卫人员也投入了战斗。这时，从对崮山西面冲上山的日军离八路军指挥所只有百米左右，情况十分危急。

突然，一阵急促的冲锋号吹响，八路军某连连长王继贤带领战士奋不顾身地冲向敌人，与拥上阵地的日军展开白刃战。阵地上，大刀、军刀和刺刀寒光闪闪，喊杀声、惨叫声响成一片，战斗很快进入白热化，许多战士刺刀拼弯了就用枪托和手榴弹猛击日军的脑袋。在异常惨烈的搏斗中，阵地上日军的尸体横七竖八，特务营也牺牲了 200 多名官兵，八路军官兵依然控制着对崮山主要阵地。

激战至夜幕降临时，领导机关在警卫部队的掩护下分头冲下对崮山，突出日军的包围圈，安全转移。在最后担任掩护任务的特务营没来得及下山，就被日军包围了。

此时，特务营只剩下包括营长严雨霖在内的 14 人，子弹也几乎打尽，最后被日军逼到对崮山东端悬崖顶上再也无路可退。最终，14 名勇士打光了最后几发子弹，砸毁了枪支，一起退到了悬崖的最边缘。这时一群群日军已冲到了悬崖顶上，并停止射击企图让战士们投降。只见 14 名勇士在悬崖边上紧紧围抱在一起，随着严雨霖营长一声高呼："跳！"战士们便一个接着一个地飞身跳下身后的悬崖。

这场悲壮的对崮山突围战终于以山东军区机关和直属部队的胜利突围而结

束。跳崖的 14 名勇士中，严雨霖营长等 8 人幸而在悬崖树枝的拦截下得以生还，其他 6 人壮烈牺牲。

这次战斗共歼敌 600 多人，给日军以重创。八路军和国民党第五十一军也付出了很大代价。山东军区特务营及其他参战部队数百名指战员牺牲；国民党第五十一军参战部队阵亡近 200 人。国民党第五十一军参战部队表现出英勇顽强的精神。战斗中，一位副营长身负重伤，仍拒绝卫兵背他撤退，手持双枪向日军射击，掩护别人，在连续打倒 7 个日军还剩下最后一发子弹时，饮弹殉国。数名国民党士兵在一屋内连续射杀了 20 多名日军，最后被包围的日军放火烧死。

战斗结束后，随机关撤出的《大众日报》就这次战斗发表了多篇消息、通讯，对惨烈的对崮山阻击战和突围战进行了报道。

圆形的烈士合葬坟茔

"红色报人"李竹如

在对崮山革命烈士公墓，有一块"对崮山抗击战主要烈士简介"石碑，石碑上介绍的第一位烈士就是时任山东战工会秘书长，曾兼任《大众日报》管理委员会主任的李竹如。

李竹如 1905 年 1 月 5 日出生于山东省利津县城区庄科村，他家境贫寒，守寡的母亲苦撑着把他养大，并坚持送他读书。他在家乡读了小学，取名贻萼。1922 年到 1925 年，他在惠民第四中学读完初中。当时，王尽美、邓恩铭等在山东各地宣传马克思主义，建立党组织。在惠民也有党的活动，李竹如在这里开始

受到革命思想的熏陶。

1927年4月，蒋介石发动了反革命政变，许多革命战士牺牲在蒋介石的屠刀之下，一些不坚定的革命者离开了党的队伍。在这样的白色恐怖中，李竹如毅然加入了中国共产党。

1931年"九一八事变"发生后，李竹如积极投入这轰轰烈烈的抗日救亡运动，并曾担任中央大学地下党支部书记。党支部的会议有时就在他居住的那间校外平房中举行。

1940年是抗日战争中的一个艰难年份，同时也是山东抗日根据地建设取得辉煌成绩的时期。在这一年里，李竹如为建立山东抗日民主政权做了几项工作，其中一项就是根据中央指示成立宪政促进会。他是山东宪政促进会筹备会的发起人之一，并具体负责筹备工作。

李竹如是中国新闻战线上杰出的组织者和活动家，中国新闻史上著名的红色报人。他先后创办、负责和参与过《新亚日报》、《文化报》、《中国人报》、《新华日报》（华北版）、《大众日报》五份报纸的工作。

1939年5月，中央决定组建八路军第一纵队，统一指挥在山东和苏北的八路军各部队。李竹如被北方局选调去山东，任八路军第一纵队民运部长。此前的1939年元旦，中共中央山东分局机关报《大众日报》创刊。

来山东不久，李竹如就担任了中共中央山东分局的宣传部部长，并且继续兼管了一段民运部的工作。他主管宣传部以后，特别重视报纸工作，亲自兼任《大众日报》管理委员会主任，还担任中国青年记者学会山东分会的理事长。《大众日报》是中共中央山东分局的机关报，当时报社工作人员多是年轻人，缺乏经验，李竹如就亲自抓编辑、记者队伍的建设，抓报纸的改进。他强调宣传工作的计划性、主动性。在日常工作中，除了有总的计划外，每天早上他都交代下面的同志要办几件事，到晚上就检查做得怎么样。当时《大众日报》上许多重要社论和评论都出自他手。他常参加《大众日报》的社务会议，对各项工作总是抓得很细。他认真、严谨的工作作风，给宣传部和报社的同志留下深刻印象。

1941年6月28日，为适应山东抗日斗争形势需要，经中共中央批准，中共中央山东分局在大众通讯社基础上组建成立新华社国内分社中的第一个省级分

社——新华社山东分社，李竹如兼任分社社长。

1940年9月1日，李竹如为纪念"九一"记者节发表了《光荣的历史与光荣的任务》一文。文中强调：历史上从来没有无立场的报纸，也从来没有无立场的新闻记者，新闻记者应站在抗战和进步的立场上，接受党的领导，担负起光荣的时代责任。

在艰苦的战争年月，李竹如在组织根据地干部学习理论方面做了大量工作，同时热心团结文化教育界人士一道进行工作。

在1941年冬季日军大"扫荡"中，山东战时工作推行委员会副主任兼秘书长陈明同志不幸牺牲。次年初，李竹如被任命为省战时工作推行委员会秘书长，负责政府日常工作。

1942年秋末冬初，日寇又在山东实行大规模"扫荡"。当时，山东党政军首脑机关都驻在滨海，为了缩小目标，中共中央山东分局和八路军第一一五师留在原地，省军区和省战工会由滨海向鲁中转移。

11月2日拂晓前，向鲁中转移的机关和部队北过沂水后，突然发现敌情，立即向南撤退。当接近对崮峪时，一场惨烈的对崮峪战斗打响了。

李竹如长期做党政工作，不熟悉军事，但他在战斗中表现得沉着、勇敢、毫无畏惧。中午，在战斗的间隙，他还谈笑自若地鼓励大家：坚持到天黑，一定会胜利突围。午后，数倍于八路军的日军向八路军发起一次比一次猛烈的攻击，八路军弹药打光，便用刺刀、石头与日军拼杀，连续打退日军数次进攻，一直坚守到黄昏。

天黑后，八路军开始突围，李竹如在翻越山顶上的石墙时，被一颗子弹击中头部，壮烈牺牲，时年37岁。

参考资料

①刘本森：《国共合作抗战下的对崮山战役研究》，《中国高校社会科学》2020年第6期。

②中共临沂市委党史研究院：《对崮山上的悲壮战歌》，临沂市委党史史志网2020年8月13日。

③常宗、康民：《呐喊与战斗的一生——李竹如烈士》，齐鲁壹点2022年11月11日。

锄刃崮

　　锄刃崮，位于沂水县崔家峪镇驻地西北2公里，凤龙湾村北，大辉泉村南。海拔381米，面积约50万平方米。山体由寒武系石灰岩及页岩构成，因崮形似农民锄地用的锄头，故名锄刃崮。

崮乡崮事

错把"庙崖"当"锄刃"

走到大辉泉村东，远远望见村西的那座山，在这一区域的诸多山峰中，只有它独立成峰，最具崮的模样，崮顶之下很长的一段崖壁，很有气势，便想当然地以为这便是锄刃崮了。驻足猛拍了阵子远景照片，便直奔此山而去。

来到崮下，不知从何处登顶，便问一位在坡地里收红薯的老汉，从哪个地方可以登上锄刃崮。老汉听说是去锄刃崮，便告知这座山不是锄刃崮，而是庙崖。著者又指着庙崖南侧的那座山问，这是锄刃崮？老汉说也不是，这座山叫大山，也叫青龙山，还叫青龙寨，青龙山东边的那座山才是锄刃崮。

瞅了一眼青龙山东边，瞬间对老汉的说法产生了怀疑，那么矮小的山怎么会是锄刃崮呢？老汉说没错，上面有个炮台，经常有人上去玩呢！

锄刃崮虽然矮小，但植被远比青龙山和庙崖丰茂得多，整个山体覆盖着密密麻麻的树林，山坡遍布村民种植的板栗、桃子、柿子等果树，山顶上是翠绿的松柏。可以说，个子不大，颜值不低。

因为长得像个锄头就得了这么个名字，锄刃崮应该是少有的用农具命名的山崮。

作为传统农具的锄子，由锄把、锄裤、锄钩、锄刃几个部分组成，锄刃是半月形的模样。对于种地的山里人来说，锄头是他们最为亲

庙崖

密的伙伴，可谓是"田里行走，锄不离手"。

看着锄刃崮，倒使人想起沂水农村端午节除了吃粽子以外的一项传统习俗——缝制"锄刃"荷包。荷包是用三块颜色不拘的布片，缝制成形似锄头的样子，下面缀上三串流苏穗子。"锄刃"荷包是给男孩子佩戴的，寓意孩子长大后，是庄稼地里能耕会耪的"好把式"。

锄刃崮矮小，攀登起来自然不太费力。从北侧一条放羊人踩出的依稀小径，很快就能登上崮顶，甚至中途都不用休息。

崮顶面积不大，东西长，南北窄，上面乱石成堆，同样是先民在顶上居住留下的遗迹。

在崮顶最高处的岩面上，凿刻有一个长宽约40厘米的正方形石槽，石槽很浅，正中心有一个圆眼，里面似乎有铁质物断在其中，满是锈迹。正百思不得其解，刚才指路的那位收红薯的老汉也随后来到了这里。他说这个地点以前放着一个铁架，听说是测绘所用，后来又被人拆走了。

老汉姓刘，就生活在山下的大辉泉村。该村历史悠久，相传是明朝嘉靖年间马姓到此立村，后来有李、刘等姓来居，现村中赵、王、刘三姓居多。村中有一泉，因泉内岩石呈灰色，故名灰泉，村子以泉得名，原来就叫灰泉。后为取吉祥之意，"灰泉"就改成了"辉泉"。

刘老汉说，他们村庄是个大村，如今村里房子盖得漂亮了，道路也通畅，生活条件好了，居住的人却越来越少了，1200多口人的村庄，现在生活在这里的不足200人，多数是像他这样的老人。

锄刃崮南的村子叫凤龙湾，建在崮前的低洼之处。传说村南的黄土岭上曾经落过凤凰，而黄土岭又恰似蜿蜒巨龙，所以就有了"凤龙湾"这个名字。

沿崮顶东行几十米，就是村民口中的"炮台"。

那是一个近乎方形的岩体，四面是垂直向上的崖壁，西北角可攀登顶上，平坦的岩面上，零星生长着几棵树木。也有人将这个地方称之为"戏台"。因为孤立于锄刃崮顶之外，造型别致，便成为这里一处绝佳的风景。

"炮台"并不是因为上面真的支过大炮，"戏台"也并非这上面唱过大戏，只因这块山体是一个高耸的平台，自然天成，百姓便随口取了这么个名字。

沿崮顶西行，就是青龙寨。此山之所以叫大山，是因为和它身边锄刃崮相比，的确大了很多。山坡梯田环绕，只是山上树木很少。人们将其叫作青龙寨，这因为在民国年间为防御"光棍"，此山筑有山寨。山顶北部有一块已断为数截的石碑，上面刻有"青龙寨记"，此碑立于民国二十九年，文字残缺不全，大意是：在沂水西面50里处有一座青龙山，以前为避土匪之乱，在这里修墙筑寨。直到民国时期，又起匪患，山下人家又重建围墙，生活在山寨之中以求平安，因此竖立了碑碣，刻记下操办这件事的人员名字。

从青龙山西北的山坡下来，北侧便是被误认为锄刃崮的庙崖。庙崖比锄刃崮要高得多，海拔504米，北、东、南都是崖壁，西面有坡可以登顶。此山之所以叫作庙崖，是因为崖壁下面有座三官庙。此庙始建于哪个朝代无考，但在清康熙三十二年和民国二十五年进行过重修，遗存的"重修三官庙碑""修屋碑记"均称此山为"会仙崖"。

炮台

站在庙崖南望锄刃崮，显得愈发矮小，却更为灵秀生动。虽然"梦云不入小山屏"，但"画屏细展小山川"。正可谓"小山花竹便幽意""香满小山丛"。

青龙山

水泉峪遗址

在锄刃崮东南方向，有个水泉峪。在这里，考古人员发现了具有原地埋藏性质的细石器遗存。

2022年3月初至6月下旬，山东省文物考古研究院联合沂水县文化和旅游局组成联合调查队，在沂水县西部展开为期4个月的旧石器时代专项调查工作，共发现旧石器、细石器遗存5处。其中以水泉峪遗址地层堆积厚，跨度时间长，考古学内涵最为丰富。基于地貌埋藏情况，经初步观察，该遗址文化堆积应涵盖旧石器时代中、晚期；文化面貌体现出从打制石器到细石器的转换与发展。

水泉峪遗址位于沂水县崔家峪镇水泉子峪自然村北部。文化遗物出自沂河支流清源河与次级支流交汇处南部的山前阶地中。

清源河南北两岸分布有一、二级河流阶地，其中342国道及其北邻镇政府与民居所在台地为一级阶地。二级阶地主要分布于清源河以南，除水泉峪遗址所在部分保留面积较大外，受河流侵蚀及20世纪70年代取土造田影响，其他区域则较少保留。

水泉峪遗址所在二级阶地顶部海拔约180米，与清源河河面高差约30米，阶地表现出堆积清晰的二元结构，底砾层之下即为基岩，为典型的基座阶地。因遗址所在区域系民居及院落，开辟有羊圈、牛圈等设施，对地面改造颇大，因此阶地面高低错落。同时，遗址南部可见依地势零散建造的民房，其间种植蔷薇科果树。

该遗址面积较大，东西长约200米，南北长约100米。东部为较厚的土状堆积，西部石制品散布于杏山东坡，地层堆积极薄，大量石制品即采自基岩之上。经勘查，在地表及清理断坎剖面均发现石制品。石料以石英为主，采自西部杏山岩脉

之中。偶见灰白、黄褐、深红色等燧石制品，石料或来源于北部以花岗岩为主的山岭之中。

与水泉峪隔河相望的北岸阶地中，也在清理剖面的过程中出土 2 件石英制品，其中 1 件为制作精良的端刮器。

因为遗址所依靠小丘当地人称为东疙瘩山，因此命名为东疙瘩山遗址。受清理深度所限，地层堆积与水泉峪遗址暂无法追索、对应。但据其所处清源河道相对位置，其文化遗物应出自同级阶地的下部堆积，时代应较水泉峪遗址早。

结合地层堆积及采集、清理剖面出土的石制品情形来看，水泉峪遗址文化遗物出自二级阶地上部，厚度近 4 米。可见部分可划分为 5 个层位：一层为表土层，其下第二层至第五层均有石制品出土，暂未见动物化石；二层为红褐色粉砂质黏土，厚近 1 米，清理出土以船形石核为主、兼有拇指盖刮削器等典型细石器产品；三层为棕红色黏土，厚度不足 1 米，出土数量丰富的石英制品，暂未见细石器；其下第四层、第五层亦可见以白色石英为主要石料的打制石器，同样不见细石器；五层以下堆积情况暂不清楚。目前来看，水泉峪遗址第二层以下文化层暂未见细石器，仅发现以当地砂岩山体裂隙发育的脉石英为石料的石制品，推测年代应为早于本区细石器技术出现的阶段。因未见明显沉积间断，时代或存在连续关系。

水泉峪遗址发现后，调查队以此为中心展开进一步调查，先后发现旧石器地点 4 处。除东疙瘩山遗址外，在西距水泉峪遗址约 2.3 公里、3.8 公里处，同属于清源河南岸二级阶地面及坡前地表均发现有石制品。前者采集以脉石英为主要原料的石制品 11 件，坡面散布大量脉石英石料，地层堆积十分稀薄，大多裸露基岩。后者发现地点 2 处，相距甚近，均位于吕公峪村北约 600 米，共采集到脉石英及燧石制品数十件，暂定为吕公峪 S1 和 S2。其中 S1 土层稀薄，无法深入工作；S2 堆积厚度 3~4 米，可望搜寻到石制品的原生层位。通过调查工作可知，5 处旧石器遗存发现位置极为一致，均位于沂河支流和次级支流交汇处南部靠近山前的堆积，亦即清源河二级阶地后缘，埋藏环境相同，只是文化堆积保存状况差异很大。水泉峪遗址、东疙瘩山遗址及吕公峪 S2 地点地层保存相对完好，其余 2 处不见地层或地层太薄。5 处遗存不论从所处环境还是石制品类型来看，均

极为接近，应系相近地质时期的活动遗留。这也是本区旧石器遗存，尤其是晚更新世以来史前遗址埋藏的一个主要特点。

水泉峪遗址与跋山遗址相距约 10 公里。跋山遗址地层连续，堆积厚重，文化时代跨度大，是目前山东境内发现的文化内涵最为丰富的旧石器时代中晚期遗存。初步测年数据显示其年代为距今 6 万 ~10 万年。水泉峪遗址的年代很可能与跋山遗址的年代相衔接或有所重叠。

★★ 崮事传说

聚宝盆害死谝能人

传说宋真宗时，沂水东郭庄村有一人在京中当大太监，其名郭槐，因其犯罪被抄家灭九族，丞相包文正奉旨率大军来抄家。

包大人率兵来到崔家峪，驻扎在离驻地 4 里地的对荆峪村，打算让村里的大户人家给大军供应饭食。

村中有一位叫刘文进的富人，满口答应了给军队供饭的要求，并夸下海口：1000 多人的士兵全吃水饺，而且水饺都是一般大小，样子相同。

包大人与众兵士感到异常惊诧，心中暗想，这么多人吃相同的饭，而且是吃费工费时的水饺，他怎么可能在短时间内做出这么多的水饺来？

包大人便问刘文进，这么多饭是怎么做出来的。刘文进说："老夫家中有一口破锅，放上同样的饭食，便可源源不断地往外盛。今日家人只做了两碗水饺，便可供大军食用。"包大人问："你这口锅是从何而来？"刘文进便告知了这口锅的来历。

刘文进说："家中有一放牛的小儿，天天到荆山岭上去放牛割草，发现一处嫩绿草丛，不管春夏秋冬都生长茂盛，永远割不完。我见放牛小儿天天割同样的

337

青草。便问青草来自何处，放牛小儿说出实情，我心中怀疑，便去看个究竟。到那一看，果有一丛青草如无人动过一样。我心中很是纳闷，便掘土探查，发现草丛下面的土里埋着一口破锅，别的东西没有，于是我就把锅拎回了家，感觉没什么用处，就随手丢在墙脚下。有一日，一伙计将锄头放进锅里倚在墙上，饭后顺手拿走了锄头下地干活去了。我吃完了饭后，看到锄头仍在锅中，不由火冒三丈，心想大胆伙计不拿锄头怎么干活。可我到地里一看，发现伙计正拿着锄头在地里干活呢。心中更加疑惑，又悄悄回到家中，将锅里的锄头拿出，谁知又出现了一把，这样三番两次后，没有停止，心想，既然如此，我用这口锅来做饭，岂不是光吃不见少吗？于是就将锅放在灶上添上水，结果锄头不见了，令人包了水饺，煮水饺，熟后连续不断地往外盛，光盛不见少，一碗水饺全家人总是吃也吃不完。以后不管在这口锅里做什么饭，都能源源不断地往外盛。我这才知道是个聚宝盆，我给大军提供的水饺正是在这口锅里煮出来的。"

包文正听说刘文进家里有这等宝贝，便想，这聚宝盆应献于朝廷，怎么可以私自隐匿？于是大喝一声："大胆刘文进，有宝不献，按律当斩。"随后将刘文进抓走押入大牢，拿走聚宝盆献给了皇帝。

这正是："有宝不献瞒朝廷，谝能奉食送性命。"

抗日战斗模范村李家峪

锄刃崮所在的崔家峪镇，有个战斗模范村——李家峪村，抗日战争期间，李家峪村抗日武装同日寇作战近百次，击毙日寇 200 余人。男儿上战场，妇女筹军粮，做军鞋，护理伤员，为抗战胜利作出了不可磨灭的贡献。

抗战时期，李家峪村地处根据地中心，八路军经常在这一带活动。为保卫革

命根据地，李家峪村 1938 年起就在中国共产党领导下组织全村群众投入抗日工作。发动村民组织了农救会、妇救会、儿童团等抗日团体，站岗放哨，传递情报。同时，建立了精干的抗日武装，成立了自卫团和游击小组，坚持训练。

1938 年，李家峪村成立了由 24 人组成的游击小组，到 1945 年扩大成为 150 人的游击队。其中有 16 位女青年组成了全县第一个女游击小组。他们拥有 64 支钢枪、一挺机枪。抗战期间，李家峪抗日武装同日伪军作战 83 次，毙伤敌人 205 人，俘虏 70 人，缴获步枪 32 支、手榴弹 500 枚。

村民们救护八路军伤病员，积极拥军支前。1943 年反"扫荡"中就用地洞掩藏八路军及伤病员 110 人，还掩藏了大批物资、文件。抗日战争和解放战争期间，全村共有 132 名青壮年参加主力部队。解放战争时期，全村组织了 64 人的担架队，共出担架 8700 人次，为部队提供给养 53 万斤。

革命战争年代，李家峪为革命事业作出了巨大贡献，受到上级的多次表扬奖励。1945 年 4 月，山东省战时工作推行委员会、山东军区授予李家峪村"战斗模范村"的光荣称号。

锄刃崮下的伏击战

抗日战争中，崔家峪镇的花峪村和垛庄铺村，分别发生过"花峪伏击战"和"垛庄铺伏击战"，给日寇以沉重打击。

花峪村位于摩天岭东侧一条东西走向的山峪里，地势险要，是蒙阴通往沂水的必由之路。1939 年 9 月 6 日下午，一队日军沿沂蒙路西进。沂水县四区区中队及崔家峪、夏蔚乡分队预先在花峪南北两侧山头上设伏。当日军进入伏击圈后，两边同时向日军开火，日军不敢抵抗，仓皇西逃。

9月13日，日军40余人，携炮一门、机枪一挺，自沂水城西行。当敌进至花峪村东仙人桥时，又遭四区区中队和乡分队伏击，日军猝不及防，其指挥官当即中弹落马。日军失去头领，如无头苍蝇，纷乱逃窜。八路军伏击队员如猛虎下山，跟踪追击，杀得日军丢盔弃甲。此战共毙伤日军10余人。

南埠庄铺村位于崔家峪村东3.5公里处，南有高山，北临泰石公路。1940年6月19日，一部日军由沂水城出发开往沂水县西部据点。这一行动被沂水县四区区中队发现。他们决定抓住战机，打击日军气焰。

按日军的行军速度计算，到达崔家峪附近就会进入夜间。区中队便在此预伏等待。当日军进入南有小河、北有高地的南埠庄铺地段后，四区区中队突然向日军开火。日军不熟悉地形，又难以展开火力。经3小时激战，区中队共毙敌3人，伤6人，其中一人为鹿野队长。

同月20日，四区区中队和乡分队正在埠庄铺村西活动，一农民前来报告，说从黄山铺据点出来一股日伪军，有三四十人，朝李家峪方向行进，正在南埠庄铺村南一口井边休息。区中队和乡分队一阵急行军，赶到了便于伏击的地点。战士们有的埋伏在厕所里，有的埋伏在破屋框里。待日军全部进入伏击圈后，朱思信队长一声令下，战士们手榴弹一齐投向了敌群。日军被这猝不及防的手榴弹炸得哇哇乱叫，慌忙躲到南埠庄铺村中。待明白八路军的实力进行反攻时，区中队和乡分队早已无影无踪。

这一仗打得干脆利索，八路军给日军以重创。炸毁日军机枪一挺、掷弹筒两个，缴获机枪一挺和其他物资一宗。

参考资料

任雅鹏、李罡、尹纪亮、颜世全：《山东沂水发现细石器遗存》，齐鲁晚报网2023年2月11日。

双崮

双崮
两峰竞秀
壁立擎天

崮乡崮事

双崮，又称对崮、奶头崮，位于沂水县崔家峪镇施家官庄村北，黄山铺圣水坊村西北，海拔424.1米，面积约150万平方米。山体由寒武系石灰岩及页岩构成。因山有两个崮顶对峙相望而得名。又因远观此崮像一对乳房，当地百姓亦称"奶头崮"。

青山多绣绮　绿水丰涟漪

站在双崗南侧的圣水坊北望，双崗的形态是最美的。

分列东西两个崗顶都呈圆形，端庄秀丽，稳重大气。但此处只适合赏崗，登崗则要穿过施家官庄绕到崗的北侧。站在这里再看双崗，头上的两顶"帽子"完全变了模样：东崗顶是下圆上尖的锥形，而西崗顶则近似于长方形，两崗并不是那么和谐对称了。但从崗北侧登崗，却是最为合适路线。

远观双崗的两峰高度大致相等，相隔两三百米，中间有一凹岭相连。

沿一条小路，可蜿蜒登上两个崗顶之间的山梁，往东往西可分别通往相距数百米的崗顶。两崗的植被还算丰茂，但鲜有松柏，多为刺槐、构树等自然生长的杂乱树种，而北面的山坡上，则是成片的山里人栽植的杨树。秋天的杨树叶子已经发黄，给这片山增添了一抹金色。

关于双崗，当地有多个版本的民间传说，有王敖担崗说，有二郎担山说。

传说在远古之时，海水泛滥，到处都是一片汪洋，人们无土地可生存。于是玉皇大帝便命二郎神担山填海。杨二郎奉玉帝之命，用一根被他施了法术的高粱秸秆，挑着两座大山向东海走去。走到一个村子时，一位老嬷嬷见状说道：你这个人怎么这么能啊，用一根秫秸秆就能挑着两座山走。老嬷嬷的一句话，

崗北南望双崗的形态

结果破了二郎神的法术。老人话音刚落，只听"咔嚓"一声，二郎神的担子断成两截，挑着的两座山也就落在了地上，成了今天的双崮。

东崮顶　　　　　　　　　　　西崮顶

　　和大多数山崮的顶部一样，两崮之上均遍布废弃的石墙，亦有舂米的石臼。一堆堆的乱石诉说着昔日乱世百姓生活的艰难与悲凉，把险峻难登的地方当成安身立命的居所，是他们不得已的选择。

　　西崮的悬崖之上有一个山洞。说是山洞，其实就是一个很浅的石棚，两三米深的样子。这类的石棚很多崮上都有，均系雨水常年侵蚀，底部的岩石风化脱落而成。最大的石棚当属蒙阴的莲花崮上的那个，最深处达三四十米，棚内可容纳数千人。

　　站在崮顶远眺，可见远处的山川、湖泊、村落。山野五彩斑斓，层林尽染；湖水波光粼粼，与山村景色相映成趣。南望群山连绵起伏，北望水库碧波荡漾，西看崮群巍峨雄奇，东看沂城楼宇层叠。沂水风光，尽收眼底。

　　双崮山，承载着优美的自然风景和丰厚的历史文化。

　　山南的圣水坊村依山而建，北高南低，四面环山，民房高低错落，街巷蜿蜒幽深，绿树成荫；村前小河蜿蜒回转，流水潺潺。村西有一汪碧水叫佛缘湖，村南是有着1000多年历史文化的龙兴寺。山崖前有千年银杏树，西侧山崖下有泉水奔涌的"圣水龙宫"。

　　下了双崮南行不远，是下泉村。村中有一眼流淌了千年的古泉，村北有一座

343

修建于清代的石桥。

下泉村北的这座古老的石桥，村民叫作北石桥。桥架在一条山涧之上，为全石拱桥，桥面长 8.5 米，宽 5.3 米，拱孔由 6 块条石组成。桥孔高 3.9 米，宽 4.4 米。桥上安装护栏的石槽尚存，东西两侧桥拱的中间各有石刻的龙头和龙尾，均已毁损。桥北立有民国三十年"重修北石桥记"石碑。据此推断，这座桥最迟建于清代。

古泉、石桥、古寺；绿水、青山、家园。双崮之秀美，不仅美在自然风景，更美在历史文化。这些文化不断地传承与沉淀，让双崮更有了人文的厚重。

下泉村里的古泉

北石桥

★ 崮事传说 ◢

王鳌担山落地成崮

关于双崮，除了杨二郎担山的传说，还有王鳌担山的故事。

王鳌又是何方神仙？想必大家对鬼谷子王禅并不陌生，他是战国时期孙膑与庞涓的老师，很多关于鬼谷子的故事在沂蒙地区民间广为流传。王鳌则是鬼谷子的曾祖父，同样是中国传说中的人物，从战国时期到唐宋年代都有他的传说，如此算来他足以活过千岁。被神话的王鳌后人称其为王鳌老祖。

传说在很久以前，王鳌在平邑的云梦山上跟随师父修炼。王鳌天资聪明，勤奋好学，认真学习师父所授法术，进步也很快。师父看在眼里，喜在心里，经常夸他，可每当师父一夸奖，王鳌就沾沾自喜，有骄傲情绪，修炼起来也就不那么用功了。跟师父修炼了些时日，王鳌自我感觉已经修炼到家了，就要求师父放他下山，利用自身的法术做一些大事。

有一年，南方持续降雨，长江被洪水冲出两个口子，造成很多房屋田地被水淹没，百姓四处逃难。这时，师父把王鳌叫到跟前，吩咐他，利用自身法术，挑两座山去把长江决开的两个口子堵上，让百姓免受水患之苦。

王鳌一听师父让他去做这么件大事，并且造福百姓，感觉终于有了用武之地，心里自然十分高兴，转身便要走。

师父叫住他，反复叮嘱，担上山后，一路直奔长江，途中不能停歇，重要的是不能和女人搭话。王鳌说，师父放心，一定记住您老人家的话，保证把这事给您办得明白的。

王鳌对着一根秫秸吹了口仙气，秫秸立即成为一根神扁担。王鳌用它挑起两座个头差不多的山，直奔南方而去。

王鳌翻山越岭，一步不停地往南奔。紧赶了两天，路上遇到一位打鱼的老翁。老翁劝他停下来歇歇，做几条鱼填饱肚子再走也不迟。对老翁善意的劝说，王鳌毫不理会，继续挑山赶路。

又走了一天，走在河滩地上，鞋里灌满了沙子，走起路来硌得脚疼。这时一位放牛的壮汉劝他歇歇脚，把灌进鞋子里的沙子倒出来，这样走起路来就不磨脚了。虽然王鳌也感觉沙子磨得双脚生疼，但想起师父的告诫，对壮汉的劝说充耳不闻，继续往前走。

又走了些时日，经过一片果园，一位老农正在摘桃子。见王鳌挑山赶路汗流

浃背的样子，就喊他停下来歇歇，摘些桃子给他充饥解渴。王鳌虽然又渴又累，但依然坚持前行。

又走了几日，王鳌渴得嗓子都快要冒烟了，心想要是有个泉子喝上几口那该多好。果然，在前方不远处的山脚下，还真有一个山泉。泉边，一位美丽的姑娘正在取水。见大汗淋漓的王鳌，便热情地招呼他放下担子，过来喝口泉水解解渴。

盯着清亮的泉水，看着美丽的姑娘，王鳌此时早把师父的叮嘱抛在了脑后，放下压在肩上的两座大山，跑到泉边，大口大口地喝起水来。

喝足了水，王鳌坐在树荫下又和姑娘聊了会儿天，感觉也歇息得差不多了，决定再挑山赶路。可是不管他如何施展法术，落在地上的两座山纹丝不动，无论如何也挑不起来了。这两座山便是今天的双崮。

王鳌这才想起当初师父的叮嘱，可为时已晚。原本志得意满的他，此时深知自己的修炼还远远不够，只好悻悻地返回师父身边，老老实实地潜心练习法术。经过长期的修身养性，终于修成正果，成为一位通晓纵横捭阖之术、独具通天之智的千古奇人。

历史崮事

云水禅苑圣水坊

在双崮的前面，有一个古老而美丽的山村，叫圣水坊村。村名的由来，是因为村子南面的山崖洞里有一眼山泉，泉水淙淙、清澈甘洌，经年不断。后来，人们在这个地方建起了一座圣水祠，也称圣水龙宫庙，成为保留至今的千年道观。村子便被叫作"圣水坊"。

早在明代，圣水坊就成为文人墨客经常驻足之地，并留下很多关于圣水坊的辞赋。明代沂水籍进士杨光溥非常喜欢圣水坊，在游过之后，赋诗《游圣水坊》曰：

"路入仙境万虑轻，无边佳景足怡情。峰头树带烟霞色，洞口泉流日夜声。隔浦泥融闻燕语，傍林松漳觉风生。因来疑问前村酒，元晏先生倒屣迎。"《重游圣水坊》曰："仙境无人久寂寥，从来山色解相招。烟霞笼树春还在，苍草熏人酒易消。洞口寒泉飞作雨，水边仆柳卧成桥。担头正苦诗囊重，却被东风也上挑。"这两首诗收在明万历年间进士、曾出任陕西省布政使参议、河南道监察御史杨东野整理的《沂川文集》里，一直流传至今。

圣水坊

圣水坊之所以出名，皆源于圣水祠。它集中了这座山的历史文化遗迹。

圣水祠是一位叫王应的人捐资所建。据史料记载：明熹宗天启二年（1622年），济南府莱芜县薛野堡芦地乡绅王应遭人暗算流徙沂地，在圣水坊遇救脱险。王应回乡后倾尽家财，捐建了这座祠院。当时的圣水祠规模宏大，院落5亩有余，有三元洞府、圣水龙宫、观音祠、文昌阁大殿等建筑数十间，祠内香火兴盛，闻名一时。如今，规模宏大的圣水祠仅剩下喷涌泉水的圣水龙宫和三元洞府、观音祠。

圣水龙宫里的泉水是从巨石下涌出，粗如碗口，潺潺有声，水质甘洌，清凉爽口。尤其在夏秋之季，状若喷泉，即便大旱之年，泉水也势头不减。泉水流出山崖，绕过山脚后汇入清源河。

圣水龙宫里的泉水

圣水龙宫的上面建有一座龙王庙，里面供着东海龙王的塑像。相传东海龙王常来沂蒙72崮游玩，有一次，龙王从双崮下来，在圣水坊歇息，见这里虽环境清幽，但缺少泉水，就随手一挥，留下了这股清泉，给这座山添了灵性。山下的百姓喝上了甘甜的泉水，记着龙王的恩典，就在圣水龙宫的上面建庙纪念，早晚供奉香火。

三元洞府坐落于古银杏树与圣水龙宫中间，又称无梁殿，建于明朝，康熙十七年重修。三间正房，全部用石头砌成。两扇窗户系巨石凿就，屋顶呈拱形，由44块石板组成。整座建筑无一点木材，建工精细，巧夺天工，浑然一体，遂有了"无梁殿"之称。

毗邻"三元洞府"的观音祠面积较小，高约1.5米，长2米多，由上下、前后、左右6块巨石合扣而成。西边的石壁上刻有文字，记述了建造的背景和过程。观音祠虽小，却历经400年的岁月风雨，见证了几个朝代的变迁，是圣水坊现存最古老的建筑。

三元洞府

观音祠

据"重修圣水坊记"记事碑记载：明末清初，沂水、蒙阴一带归莒州管辖，清康熙十七年(1678年)，莒州知州张文范曾数次来圣水坊，并亲自主持重修了三元殿和龙王庙。当时的圣水坊已在沂水一带小有名气，是一处祈雨很灵验的地方。张文范曾亲自带领官员在此祈雨，并如愿以偿，此后这里就成为官方祈雨祭祀之地。

圣水祠内，有一棵千年银杏树，树高33米，直径2.25米，遮阴一亩有余，虽经千年风雨，依旧枝叶繁茂、生机勃勃。1997年11月，国际知名园艺家荷兰人韦列特应邀访华时来到沂水，曾用科学仪器勘测后认为，该银杏树的树龄达1300余年。围绕这棵千年银杏树的东、南、北三个方向，相距二三十米处，均匀排列着8棵银杏树，粗者过抱，9棵银杏树一大八小，如同一个和睦的家庭，当地人称此景观为"九仙落圣水"。

自2006年开始，唯方法师携弟子历经5年时间，修复建立了规模宏大、设施完善的龙兴寺，整个圣水坊成为远近闻名的"云水禅苑"，引来慕名而至的善男信女和八方游客。

山沟里的八路军卷烟厂

抗日战争时期，由于日寇对沂蒙根据地实行经济封锁，八路军部队里物资相当匮乏，部队里有许多烟瘾大的干部战士需要吸烟，于是决定建立卷烟厂。

1941 年左右，八路军卷烟厂设在了崔家峪镇驻地南 1.5 公里处的南峪村，在村民李延沼的屋里进行卷烟生产。

当时用的是半机械化机器，没有动力，靠手工操作，制烟丝用一铡草刀似的铡刀，卷烟机一次卷一根长的，有四五根香烟长，再用人工截成烟卷长度。当时卷烟厂里还有手摇式织袜机，给战士织袜所用。

卷烟厂在南峪村驻了一年多，日军来了，工作人员就赶快将机器埋起来，日军走了再进行生产。

那时南峪村是根据地的边缘区，也叫游击区，鬼子时常来"扫荡"。村里的人们都全心全意地支持八路军的工作，送饭送菜。工作人员也和村里人相处得很好，村里的好几个姑娘经常去帮忙，还沾习上了烟瘾。

1949 年以后，生产旧址的房屋用作学校教室，直至 1985 年左右被村民翻修。旧时的房子低矮，那个曾用作厂房的南屋，长不过 10 米，宽不过 4 米，高不过 2.5 米。就是这样简陋的房屋，却承载了抗日大业的重任。

参考资料

刘振良：《人文景观胜地圣水坊》，在临沂客户端 2020 年 4 月 28 日。

无儿崮

无儿崮
群木多秀
雾露清

崮乡崮事

　　无儿崮，位于沂水县城西北，龙家圈街道营盘村南，崮前是崮安村，崮东、崮西分别是河奎村河东团坪峪村，海拔384.2米，西、北临跋山水库，大致呈南北走向。清康熙《沂水县志》载：县西北二十五里为兀儿崮，下有瑞云宫。后因谐音"兀儿崮"被称为"无儿崮"。又因靠近水库崮顶常有雾气升腾环绕，又叫雾露崮。抗日战争时期，无儿崮曾是著名的葛庄伏击战战场之一。

山色空蒙雨亦奇

崮安村依山而建，顺着山势，北高南低，灰墙红瓦的民房错落有致。在这个镶嵌在山间的村落里，人们与大自然和谐共处，过着简单而宁静的日子。

当你问村民村后这座山的名字，村民便告之曰"无儿崮"。关于这个崮的名字，总感觉怪怪的，但当地村民都是这么叫着。

其实，据史料记载，这座崮原本叫作"兀儿崮"，清康熙《沂水县志》上有"县西北二十五里为兀儿崮"的文字记载，至于为什么叫"兀儿崮"，没有传说，也没有记载。倒是无儿崮名字的由来，有着不同版本的民间传说。其实，这无儿崮的民间称谓，应该是由"兀儿崮"谐音而来。

或许是无儿崮这个名字太不雅致，这座崮的书面名字或"官方"称谓叫作雾露崮，既有无儿崮的音，也符合它靠近大片水面，山上常雾气升腾景象之特点。此处有一历史遗址保护地，其保护名称就是"雾露崮周代遗址"。

别看崮安村紧贴着无儿崮，从其村后却寻不到登山之路。据村民介绍，此处山势陡峭，很难登上崮顶，绕到营盘村附近，那个方位有可供登顶的路径。

按照村民的指引，在营盘村东半山腰的一个蓄水池旁，果然找到一条通往山上的小路。

一连两天的秋雨，让登山的路变得格外湿滑，行走间需要十分小心。山间生长着几棵高大的柿子树，树叶早已凋零，枝头挂满橙红色的柿子，成为山间一道美丽的风景。许多熟透的柿子或是被风吹落于树下，散发出一股浓烈的酸腐气味。

无儿崮植被丰茂，高大的刺槐、板栗、橡树满山遍野。沿蜿蜒的小路深入山中，空气变得愈加清新，弥漫着草木的芳香。虽然秋风吹下了许多落叶，但那些不知名的野花有雨水的滋润开得依然绚烂。山坡间散落着许多从崮顶滚下的大石

块，石上长满青苔，或许，它们自行脱离上面的悬崖已数百上千年，因为没人能请得动它们，除非是大自然的力量。

虽然秋天的山里有了些寒意，但登山之劳仍会让人大汗淋漓。在山的西侧选择这条登山小路并不算陡峭。整个无儿崮大致呈南北走向，崮顶南北长、东西窄。这条山路可直接攀至中间的崮顶之下，却无法由此登上崮顶，数十米高的峭壁让你只能选择绕行。沿着崖壁小心往南行走，来到最西南端，便可登顶。

西南处的入口是过去的山寨之门，在耸立悬崖一侧，有一段人工在岩石上雕凿出来的台阶，沿着这陡峭的台阶，便到达宽敞的崮顶。这是动乱年代居住在崮顶的人们开凿的入寨之门，此处地势险要，易守难攻，只要守住此门，可保山寨无虞。

登顶的入口

崮顶被密密麻麻的树木所覆盖，树丛间，一堆堆的乱石诉说着当年那段筑山寨、躲兵匪的苦难历史。俯瞰山下，波光浩渺的跋山水库尽收眼底。跋山水库位于沂河干流上，是山东第三大水库，被誉为"沂蒙母亲湖"。现在的跋山水库水面辽阔，水质清澈，三面环山，景色秀丽，连绵数十里，构成一幅"船在水中游，人在画中走"的美丽风景，成为沂蒙山区的旅游胜地。

无儿崮除了拥有山水相依的自然风光，还是一座英雄的山崮。那场抗击日寇的伏击战曾发生在这里，是八路军鲁中军区在抗日反"扫荡"中打得最漂亮的一场伏击战。

崮下的跋山水库

无儿崮下的沂水革命烈士陵园里，长眠着在革命斗争中英勇献身的 220 名烈士，革命烈士纪念碑上镌刻着 3877 名沂水籍烈士和 654 名外籍烈士的名字。他们为了今天人们的幸福生活而流血牺牲，献出宝贵的生命，我们世世代代缅怀他们、敬仰他们。

行走于无儿崮顶，阴沉沉的天空又飘落下毛毛细雨，树木上、芳草间瞬时挂满了晶莹的水珠。

山下的水面、周围的群山似乎被蒙上了一层面纱，若隐若现，构成一幅梦幻般的别样风景。

站在崮顶的残垣断壁上，在细雨中静默，望着旖旎的风光，望着挺拔的松柏，望着险峻的山崖，倾听它们的诉说，倾听那一段段久远的历史。

崮名的由来

当你问山下百姓，这座山为什么叫无儿崮？上了年纪的人会给你讲一段关于无儿崮名字的来历。

关于无儿崮名字的由来，有两个传说。两个传说尽管人物不同、情节有异，但故事的最终结局都是"儿子没了"。

从前，在无儿崮一带，民间一直传说这座山下面，压着一匹金马。金马是一件无价之宝，谁要是得到了它，祖祖辈辈就有享受不尽的荣华富贵。但如果想得到这个宝贝，需要一母所生的兄弟十人，一起用力，才可撬动大山，得到金马。可是却很少有人家能生出十个儿子，所以一直也没人能撬动大山，也无法验证这大山下面是否真的压着一匹金马。

山下村子里有个财主，一直惦记着得到山下的这匹金马，可前提是得生出十个儿子来。他的老婆一连生下了九个儿子，可第十个却生了个女儿。生完女儿后，老婆也就因病去世了，导致他生十个儿子的美梦也化作了泡影。

可如果放弃那匹金马，财主岂能甘心？等小女长大成人，找了个女婿。这时他便有了个打算，决定让女婿和九个儿子一起，完成"十个儿子组合"，前去撬动大山，获取宝贝。

九个儿子和女婿一起来到了山下，财主在一旁加油鼓劲，兄弟十个齐心协力，果然撬动了大山，山底裂开了一条缝隙，顿时从山下冒出一道金光，可看到山底有一匹金灿灿的马儿，四蹄乱蹬，急欲出来。无奈缝隙太小，还无法将金马弄到手里。

此时看到金马的财主既激动又着急，大声喊着："儿子们别偷懒啊，闺女婿也再加把劲啊，金马就要是咱们的了。"谁知财主的话音刚落，这座刚刚撬动的

大山，嘭的一声又落下了，将财主的九个儿子和女婿全都压在了山下。

财主的一句话，泄露了他让女婿冒充儿子的秘密，受到了神灵的惩罚，不但没有得了金马，连儿子女婿全都葬送了。从此，这座山就被称为"无儿崮"。

这个传说和纪王崮上的八宝琉璃井传说如出一辙，情节和结局都是一样的，都是为贪财求宝弄虚作假，结果是说漏了嘴导致"竹篮打水一场空"。

另一个关于无儿崮名字由来的传说是这样的。

在无儿崮的西北方向，有座纪王崮。相传公元前690年亡君纪王率残兵驻扎在这个崮上，筑城修路、盖房造屋，在崮顶建成了一座规模宏大、功能完备的王都。

纪王膝下只有一个儿子，名叫纪由。纪由从小娇生惯养，被纪王视为掌上明珠。纪由没有他爹的志向和本领，不学无术，好吃贪玩。纪王要求他每日里识文练武，而纪由为了逃避老爹的约束，要求纪王让他带领一些兵马去镇守一方。

纪王一向对儿子娇惯，自然也就答应了他的要求。于是就派纪由领一队人马，去一座山上驻扎。并叮嘱儿子，山上有个石鼓，一旦有人马攻打此山，就敲响石鼓，纪王闻听后便会派出兵马火速支援，确保山寨无恙。

纪由带着部分兵马来到山上驻守，脱离了纪王的视线，犹如一匹脱缰的野马，无拘无束，整天在自己的山寨里饮酒作乐。

有一天，纪由吃饱喝足来到石鼓前，他想试试父王说的话灵不灵验，于是击响了石鼓。

纪王崮上的纪王闻听鼓声，以为有兵攻打纪由驻守的山头，亲率一队兵马，火速前去救援。结果等增援部队来到纪由山寨一看，原是虚惊一场，什么战事也没有，纪由正在饮酒玩乐。

面对生性顽劣的儿子，纪王只好无奈地带着兵马返回纪王崮。

时隔不久，真有敌军前来攻打纪由的山寨，感到情况危急，纪由敲响石鼓向父王求援。

当纪王听到鼓声传来，以为儿子又喝醉了酒搞恶作剧呢，便没把这求援的信号当回事，没有派出援助的兵马。直到纪由派出的信使赶到纪王崮，纪王才知道大事不好，立即发兵前往施救，但为时已晚，纪由的山寨已被敌军攻破，纪军大

败，身为山寨之王的纪由也已战死。

纪王悲恸欲绝，哭喊着"我无儿了"。从此，纪由驻守并丧命的这座山被人们称为无儿崮。

★★★ 历史崮事

峪子惨案

上、下峪子是连在一起的两个自然村，位于沂水县城西南 7.5 公里处，与无儿崮同属龙家圈街道辖区。1938 年 3 月，日本侵略者在这里对手无寸铁的村民举起屠刀，制造了杀害 150 余名村民的惨案。

上峪子村

1938 年 2 月 21 日，日本侵略军占领沂水城后，城里及周围村庄的村民都到乡下逃难，上、下峪子两村住满了难民。国民党沂水县政府保安队队长范桐山也带领其部属四五十人撤到上峪子村。

1938 年 3 月 6 日深夜，范桐山带领武装偷袭了沂水城南日军岗楼，当夜又

357

返回了上峪子。

这时，日军派茶庵街的汉奸宋三到上、下峪子刺探情报。宋走到该村东头，被范桐山的岗哨查住。范的士兵大多是沂水城里人，认识宋三，并知道他已投靠日军，做了汉奸，于是便将宋三押到大队部关了起来。

宋的母亲得知儿子被抓，便跑到日军那里报告了这一情况。得知宋三的母亲去了县城日军那里，范桐山立刻有了警觉，遂决定转移队伍。

沂水城日军获得宋母的报告以后，遂于3月7日夜悄悄出动百余人占领了上峪子北山，架好了机枪，同时还在下峪子村东的吴家林里架起了大炮。

3月8日凌晨，日军两个排封锁了上、下峪子两村并展开突袭，开炮轰击，进行疯狂报复。此时范部已撤走，村民慌作一团，纷纷向南跑去，北山上机枪子弹雨点一样落下来，许多人倒在弹雨中。紧接着，日军冲进村中，见人就杀。一时村中哭声连天，血溅断壁，火光熊熊，硝烟滚滚，尸横遍野。

上峪子村的刘成及其父亲、兄弟、姐姐一家八口，沿着村前一条沟向西逃难，日军追赶而来，当场将其父亲、弟弟、姐姐六口杀死。刘成被子弹穿破耳朵，当场昏倒在尸堆之中。王振泉一家七口，被活活杀死五口。还有的被大刀砍掉大腿、胳膊。

日军在村中惨杀一阵后，接着将上、下峪子未及逃跑的30余名村民押到下峪子东北沟子，用机枪集体枪杀。霎时，惨叫声、机枪声混成一片，手无寸铁的百姓纷纷倒在血泊之中。在这些惨遭杀害的30余人中，仅有孔庆瑞被击中耳朵，昏倒在尸体堆里，染成血人，日军走后，他才醒过来，艰难地爬回家中。

在日军肆意进行大屠杀的时候，范桐山正带着保安队驻在安子庄，他不但不去救援，反而仓皇率队撤到墓上贤村。

这次惨案日军共杀害村民150余人，有7户人家仅剩下7个寡妇。

惨案之后，范桐山将宋三处决。

1944年沂水城解放后，去给日军送情报的宋三的母亲在反奸诉苦运动中被上峪子村民抓了去，受到群众的批斗，当场被那7个寡妇用剪刀、锥子戳死，得到应有的惩罚。

一场漂亮的伏击战

1944 年 9 月初，八路军鲁中军区 4 个团在无儿崰附近的葛庄、陶沟等地设伏，无儿崰成为这次伏击日寇的战场。英勇的八路军与敌人激战数日，共歼日伪军 1600 余人。成为山东抗日战争史上在运动中歼灭日本侵略军的一次比较成功的战例。

葛庄伏击战遗址保护碑

在葛庄战斗结束 38 年后，作为这场战役的指挥者之一的孙继先，回忆起当年的战斗场景，仍然历历在目。

1944 年 8 月底，鲁中军区三分区机关和所属主力一团、十二团，参加了郯部战役后，驻在沂水北部马站一带休整。

此时，"扫荡"滨海区之敌，正向莒县麋集，将由莒县经过沂水北窜博山。这股敌人，有日军第五十九师团四十三大队，即草野清大队 450 人、伪军 500 余人。

日伪军"扫荡"滨海，窜犯鲁中，有两个意图：一是最近沂水被八路军攻克，

拔掉许多据点，恼羞成怒，妄图对八路军根据地实行报复；二是虚张声势，掩盖其兵力不足，后方吃紧的困境，趁机将鲁中南分散之兵力向北抽集，以保胶济线。

八路军鲁中军区决定抓住这一战机，在葛庄打一场伏击战，让这股敌人有来无回。

经研究决定，军分区政委兼地委书记霍士廉同志分工组织支前和调集地方武装配合；三军分区司令员孙继先和副政委李耀文、参谋处处长张耀辉组成战斗指挥部。随后，对部队各级指战员进行战前动员，对战场地形实地查看核实，对各团的任务区进行划分并严密封锁消息，命令部队夜间向葛庄一带隐蔽运动。

葛庄是沂博路上重要乡镇，是通往东里、南麻等鲁中地区的咽喉地带。以葛庄为中心，从东到西是3华里的一片狭长洼地，东临跋山，西接乔山和松山，南有沂河，北面是通向卞山的一条宽阔的山峪。八路军进入阵地后，除派一个警卫连隐蔽于沂河西侧的河奎村，监视沂河方面的动静外，把主要兵力部署成三面伏击圈：二团埋伏于西面乔山坡一带担任阻击；十二团隐蔽于北面青纱帐准备侧击迂回；一团埋伏于东面跋山一带担任收口堵击。这样，既能迫敌背水作战，又能使八路军攻击部队充分展开火力。

葛庄东面的跋山，向西伸出一个支角，叫镢头岭。此岭宛如平地凸起的一块完整的巨石，悬崖峭壁，坡陡石滑，沂博路就横贯岭下。镢头岭雄踞路东，是控制公路两端的制高点，遗憾的是岭上光秃秃无树无草，而且距公路太近，战斗前无法在这里布置伏兵。因此，孙继先命令埋伏于金银官庄的一团二连，要他们在战斗打响后，迅速抢占镢头岭，控制公路，扎住口袋头，坚决堵住日伪军向东南突围之路。

这场战役的指挥部设在葛庄北面的大峪南岭，从望远镜里，可以俯瞰战场全貌。

9月2日上午11时许，日伪军沿沂博路过来了。前面打着太阳旗，是一队日军，先头部队已过了暖阳河。日军队伍中间，夹着骡马拉的两门山炮和骑在马上的几个日军指挥官。日军后面，是队形凌乱的汉奸。日军先头部队进入葛庄稍停，后面的汉奸已大部进入八路军伏击地段。

日伪军全部进入伏击圈后，随着八路军指挥员的一声命令，一团自后边、二团自前边、十二团自侧翼三面一齐向日伪军开火。一团从埋伏地急速运动，抢先日伪军一步夺下了沂河边的制高点镢头岭，把日军压在了沂河滩。一个回合过去后，日军死伤累累。

草野清断定西进之路难以通过，立即命令炮手掉头轰击一团阵地，同时组织两个中队的日军和部分伪军抢占葛庄村北松山前的水母娘娘庙，组织另一中队猛攻侧面的松山。八路军第十二团三营九连在连长杨运田带领下连续打退了日伪军的 5 次攻击，最后 400 余名日伪军只得退到水母娘娘庙，负隅顽抗。

这时，八路军第十二团一营一连和二连从松山右侧，三营七连和九连从松山左侧向前围拢。西面二团又把窜犯松山西南角李家营村的日军赶了过来，一团也自东面向敌人展开猛攻。八路军轮番对退守水母娘娘庙的日伪军实施袭扰，一夜未停。

4 日天亮后，日伪军在炮火掩护下，从娘娘庙冲到沂河滩，两队人马分头向东西展开，用机枪压住八路军一、二团火力，意欲掩护其一部南涉沂河突围。八路军东、西、北三面部队跟踪追歼，不给日伪军以喘息机会。

从战斗打响到结束，除日军大队长草野清带领残敌 14 人趁突围混战之机潜逃无儿崮，后被驻莒县的日军派飞机援救而漏网外，敌伪 1600 余人全部被歼，其中汉奸大部被俘，日军被俘 31 人。敌各类武器弹药和各种辎重，除战斗中被击毁外，均被八路军缴获。

在葛庄伏击战打响的同时，左路伪军在进至草沟村附近，被鲁中四团及沂中县大队等部截击，日伪军以主力向后山的一个排进攻，以 400 余人分两路再次冲锋。八路军待敌接近，首先猛掷手榴弹将敌击退，随之，发起反冲锋。下午 4 时，第三梯队赶到，将日伪军全部压缩到西草沟村内。下午 6 时，四面包围部队对日伪军发起总攻。日伪军顽固抵抗，各种枪炮声响成一片。八路军各突击部队勇猛冲锋，突入村内，杀敌百余人，俘虏几十人。

至第二天 12 时，日伪军向东南突围，八路军四面埋伏部队先后跃起，追击杀敌，当场击毙伪旅长陈三坎。日伪军沿途溃逃，至沂河岸大部被歼灭。残敌400 余人向莒县奔逃，至三十里堡村，被警戒部队击散，仅剩 100 余人，窜入莒

县城。

这场战役的胜利，与沂蒙山区人民大力支援是分不开的。

听说八路军主力部队要消灭来犯之敌，一两天内，仅沂北几个县就由 3000 多名民工、几百副担架，组成了浩浩荡荡的葛庄战斗支前队伍，为八路军送弹药、运粮草、抬伤员。

因为山路崎岖，大部分运输民工都用扁担挑，白天不便行动，到了夜晚，在通往葛庄的条条山道上，一串串灯笼火把，一队队扁担大军，向着葛庄四周汇集。

为了保证军队在战斗中及时吃上饭，周围各村群众，连夜赶做热饭送往前线。战斗进行中，许多老乡冒着敌人炮火，担着一罐罐热气腾腾的小米绿豆粥和一包包煎饼，一直送到前沿阵地的工事里。

当时，八路军没有重武器，仅靠手榴弹爆破工事，杀伤敌人。支前民工把大批手榴弹源源不断地送往前线。有的民工不顾劝阻，扛着一箱箱手榴弹，直接送到前沿工事里。有的民工看到战斗打得激烈，就在工事里打开盛手榴弹的箱儿，一个个揭开手榴弹的盖子，拉出了弦，供战士及时使用。

葛庄战役的胜利捷报传开后，人心大振，沂蒙山区一片欢腾。新华社向全国发出电讯，公布鲁中军区关于葛庄战斗的公报。当时的《大众日报》和各抗日报纸连续报道。

沂水和鲁中、滨海等许多地方，频频召开祝捷大会，敲锣打鼓，鸣放鞭炮，人山人海，盛况空前。人们把葛庄战斗的胜利消息和战斗事迹编成歌，排成戏，载歌载舞，广泛演唱。直到现在，在沂蒙山区，特别是沂水县一带，人们还在传颂着葛庄战斗的英雄事迹和战斗故事。

葛庄战斗的胜利，在沂蒙抗战史上，写下了光辉的一页。

参考资料

①沂水县地方史志编纂委员会:《沂水县志》,齐鲁书社 1997 年 11 月第 1 版,第 538 页、第 541-543 页。

②孙继光:《忆葛庄战斗》,沂水党史史志。

鹰嘴崮

鹰嘴崮　壁立千仞　崖如削

鹰嘴崮

鹰嘴崮，位于沂水县城西北 15 公里，龙家圈街道柴山村北，东李家庄村东，崮前有一村名前湾村。海拔 315.6 米，面积 250 万平方米。南北长 1000 多米，东西最宽处 250 多米。因崮顶形似鹰嘴，故名鹰嘴崮。鹰嘴崮紧靠跋山水库，三面临水，绿树环绕，像一座水上仙山，风光秀丽。

崮乡崮事

湖水映得青山翠

跋山水库南岸，清澈的湖水拍打着堤岸，荡出阵阵涟漪。岸上一座由岩石构建的石亭，成为这里的一处风景，也是人们观赏湖光美景的驻留之地。

亭子南边的这座山就是鹰嘴崮，而亭子正对着的这个山坡，也正是攀登鹰嘴崮的最佳位置。

从这里登崮没有像样的路，只有平日登山者踩出的一条羊肠小路，虽崎岖难行，但顺着这条小路，可以直接到达北端的崮顶。

鹰嘴崮海拔并不高，攀登起来相对容易，只是登顶的时候面对陡立的悬崖，需要一些胆量和勇气。

最北端这处浑圆突兀的崮顶植被较少，稀疏的柏树间隙，岩石地面上有多个直径约 10 厘米的圆形石窝，石窝多分布于崮顶的边沿，据说是过去插旗杆所用，因此这个崮顶也被人们称为"旗杆顶子"，也叫"旗杆垛"。

那么，何朝何代又是何人占据此崮安营扎寨，将旗子插在这高高的崮顶？没有史料记载，便不能妄加猜测。不过，这一个个圆圆的石窝，倒是给这鹰嘴崮增加了历史的厚重，并涂抹上一层神秘色彩。

此处虽然有些荒芜，但站在旗杆顶，却能赏到崮下最美的风景。

鹰嘴崮三面临水，水

旗杆顶子

崮相依。崮下的跋山水库波光粼粼，清澈的湖水，倒映着周围的山峰和空中的云朵，白色的水鸟翱翔于水面，给这湖光山色增添了几分诗意。

崮的西北方向浩渺的水面之中，有一个美丽的村庄，白墙红瓦的民居错落有致。村庄坐落在一个丫丫葫芦状的湖中小岛之上，面积最大的葫芦肚上是成片的民房，四周有成片的绿树，有可耕种的田地，只有长长细细的葫芦把向南伸去，连着陆地，这是村子连接外界的唯一通道。

这个湖光山色相伴的小村庄就是南黄家庄村。

除了这湖中岛村南黄家庄，崮的西南方向是柴山村；东南方的村落是前埠村；崮西的村子是东李家庄。这些村子的人们环崮而居，与湖相伴，生活在这如诗如画的美景之中。

鹰嘴崮大致呈南北走向，长达千余米。除了旗杆顶植被较少略显荒芜，往南长长的崮顶上，被茂密青翠的侧柏所覆盖。沿树林中间的小道，可一直行至崮顶的最南端。

崮下的湖面

如果说旗杆顶这个高高圆圆的崮顶是鹰头，前面那处向东北方向伸出一块的崮顶便是鹰嘴，崮的名字也是因它而来。

快到鹰嘴时，崮顶中间偏东处出现一个数十米深的洞，可见洞内部的一些碎石，但此处并非底部，而是向一侧斜伸出去，不

湖中的村庄

365

知通往山的哪个地方。

再往前走，更大的坑洞呈现在眼前。从顶部的一个四周被绿树遮掩的大坑斜走下去，眼前是一个10余米高通透的洞口，洞口呈上窄下宽的三角形。往前看，迎面是崀东侧陡立的山坡和跋山水库碧波

崀顶上的洞

荡漾的湖水；往上看，是一大一小的两个"天眼"。与透明崀的那个洞有些相似，但比透明崀要大得多。当地人把这个山洞称为"风门子"。

过了"风门子"继续南行，树林里的房屋遗迹比比皆是，两边悬崖处的围墙多已坍塌，碎石滚落崖下，形成一个个灰暗的石堆。可以想象，在动乱的岁月，鹰嘴崀上建有规模不小的山寨，山下那些生活在美丽山村里的人们的先祖，或许从前就生活在这里，度过那时的苦难岁月。

山崀之上，镌刻着旧时光里的风雨沧桑；山崀之下，展现着新时代的美丽画卷。

感叹历史的风云变幻，感恩当下的幸福生活。

风门子

崮事传说

崔家峪的崔玉环

在距鹰嘴崮西面约10公里的地方，有个村庄叫崔家峪，村里有一座用大石块垒筑的坟墓，远看像一间屋子的形状，看上去有些年头了。据村里人传说，这是隋唐时期瓦岗寨英雄、美男子罗成妻子崔玉环的墓。

隋朝末年，隋炀帝杨广暴政虐民，天怒人怨，天下英雄豪杰为了推翻隋朝暴政，纷纷揭竿而起。农民起义风起云涌，隋朝江山陷入风雨飘摇之中。

山东的尤通、程咬金、秦琼、罗成、史大奈等绿林好汉都曾在瓦岗寨聚义。隋末唐初，罗成投奔秦王李世民，南征北战，对抗隋军。

有一年，罗成率军北征经过沂水摩天岭东面的一条山谷，此时天色已黑，累饿交加的罗成走进山沟里的一个村庄，敲开了一户人家的门。

玉环墓

墓碑

367

这户人家姓崔，家有一女叫崔玉环，芳龄 16 岁。崔老汉开门见外面站着一位英俊潇洒的青年，也不像是恶人，就将其引入家中。

罗成报上自己的姓名和身份，并说明了因何来到此地。老汉听罢甚为欢喜，立即吩咐小女生火做饭，好生招待这位征战沙场的英雄。

崔玉环花季之年，模样俊俏。罗成见了非常喜爱，便产生娶玉环为妻之意。崔老汉一听也很高兴，女儿能嫁给罗成这样的大英雄，他怎能不同意呢？崔玉环对英俊的罗成也十分爱慕。于是两人便拜堂成亲，崔玉环成了罗成的第十二位妻子。

罗成在村里小住些时日，便留下玉环在家，又继续带兵奔沙场而去。临行前叮嘱玉环在家等他，承诺打败隋军后一定回来接她。

谁知，两人的此次分别竟成永别。罗成归唐后虽战功赫赫，却遭李建成暗害致死。不久，崔玉环也因过度悲伤而逝。

村里人都知道玉环是罗成的夫人，于是请来石匠，修造了一座石墓，在墓石上雕刻了精美图案，把崔玉环葬于皇墩山脚下。

后来，村里人一直管这座用石垒砌的坟墓叫玉环坟。崔玉环所居住的村子取名为崔家峪。

后经相关专家鉴定，此坟属明代墓葬，墓主虽为崔姓之女，或许此女真的就叫崔玉环，但不可能是隋唐时期的罗成之妻。因为不仅差着朝代，罗成本来就是历史小说中虚构的人物。

李家峪的试剑石

在崔家峪镇驻地正南 4 公里李家峪村北山上，有一黑色花岗岩石柱立在路边。

石柱周围有一抱粗、高约1米，上面的一截齐刷断掉，另一头落在柱边。

传说这根石柱是八仙之一的吕洞宾路过此地试剑时留下的。

吕洞宾是唐代河东蒲州河中府人，也就是现在的山西省运城市芮城县永乐镇，道教丹鼎派祖师、妙道天尊，是民间传说中"八仙"之一。当年吕洞宾在沂水县院东头乡的四门洞修炼，并锻造了一把斩妖除魔、削铁如泥、剁石如粉的利剑。

剑造好以后，吕洞宾就想找个东西砍一下，试一试剑的锋利程度，于是便走出了四门洞，到处寻找试剑之物。

就这样，吕洞宾游游逛逛地来到了李家峪北山，见此处有很多浑圆的黑花岗岩，其中有如鹅卵形的，有长柱形的，奇形怪状，种类很多。

吕洞宾来到一圆柱石前，其粗细与剑长合适，高矮与自身相配，便挥剑轻轻一扫，石柱瞬间横断两截，断面光滑如镜，足以证明其剑锋利无比。

被斩断两截的石柱被后人称作试剑石，一直留在那个地方。

★★★ 崮乡风情

鹰嘴崮一带的婚嫁习俗

婚俗即为与结婚有关的风俗。我国不同民族、不同地域其婚俗各异，具有各自的独特风采。鹰嘴崮下的崔家峪一带，其传统的婚俗也独具特色。

过去，女孩子在嫁前，要提前一个月将大辫子绾成发髻，用一个发网网起来，别上梅花银针。后来，结婚的新娘会提前将大辫子剪成短发。

山里的女孩子十二三岁就要开始学缝衣、做鞋、绣花之类的针线活，几年后就要备嫁妆了。

首先，最费工夫的是结婚时穿的云肩。一种用一个一个的菱形绣花布板，用琉璃珠穿上线连接起来的装饰衣物，穿在外面，上面连有祥云形的绣花图案，所

以叫云肩。也有些姑娘不会做，出嫁时就借别人的穿。

其次是绣卧室的门帘。门帘与门口大小一样，高2米，宽1米。上边四分之一处有一个镶花边的门帘腰子，高30厘米，长1米。上绣个人喜好的图案，如凤穿牡丹、鸳鸯戏水、龙凤呈祥等，门帘两边各有一条宽20厘米、长150厘米的门帘带，同样用彩线绣上各种精美的花鸟虫鱼。

最后就是绣大枕头套，就是婚后男女两人共枕的枕头。枕头顶子和两头绣有精美图案。另外还要绣花鞋，要准备好几双。这些都是需要待字闺中的女孩大费工夫置办的嫁妆，也就是检验女孩针线活优劣、是否心灵手巧的依据。

临嫁前，女方要等男方来送"日子"，也叫"送书子"。按照男女双方八字查出的结婚良辰吉日写在红纸上，内容包括时辰、上轿方向、用属相相合的人抬嫁妆、梳头方向、下轿方向等。另外，男方还要送嫁衣、送礼品、送订婚时商定好的女方所要的东西。同时征求女方对结婚时的一些要求。一般男方请媒人一同前往，以便商讨一些结婚事宜。其中有女方去多少男客，几个女的送亲；男方的酒烟怎么准备，什么人开赏钱，赏钱开多少。过去由于物资缺乏，经济不宽裕，酒饭菜的问题都摆在了议程上。

女孩出嫁时，家长给做好几样木制家具。第一个是柜子，盛衣服用；其次是一对方杌。家境好一点儿的人家，会给女儿做一个橱子，再好一点的做上一张大八仙桌、一对太师椅。大户人家，还给做上小八仙桌、衣架等，最多的24样。在过去那就很了不起了。

女孩爹娘要给买办桌碗茶盏、暖壶瓷盆、穿衣镜。当时有个顺口溜：暖壶瓷盆子，头上戴银子。

旧时农村没有现代化的交通运输工具，嫁妆只能人工抬。不管远近，步行着送嫁。远者早走，近者晚走。

送亲时，走在最前头的是打吉帖的，也叫提包袱的。因为他手提一个印花包袱，包袱里盛有宽心面、新郎的鞋和上面写有上下连体的"大吉"二字的正方形红纸。大吉帖有好几十张，甚至上百张。走在前面逢桥、碾、磨、河、巨石、井等，都要贴上一张"大吉帖子"，以求吉祥。

紧接着是抬柜子的。柜子里有新娘的衣服,外面有新娘的好几床被褥,有的"两铺两盖",有的"四铺四盖",现在有"八铺八盖"的。被褥四角缝上一串花生栗子枣,兆示早生贵子,生男又生女,变着花样生。

再就是抬橱的。四个人抬橱也不轻快。橱里装满餐具,顶上有两把暖壶、镜子、锅、盆、小花枕头好几对,后来还有收音机等,用红绳反复交叉呈网状扎好,使其牢固不动。再后面就是扛小机或椅子的。

最后才是轿子。新娘坐在轿里过河要扔钱叫买路。旧时也有骑马、骑驴的。穷人家新娘子就步行。一行人浩浩荡荡,向新郎家走去。

到了男方家门口,按既定方向落轿,男方鞭炮齐鸣。男方搬一座位,让新娘子坐下,新娘子盖着红盖头叫"定性"。坐下时要双脚踩在一个用红布包起来的糕上,叫步步登高,预示日子越来越好。糕是糯米或黏米做的。

"定性"的这段时间,男方要给抬轿的赏钱,提包袱的人去抠磨眼,他将剩余的大吉帖子,放到磨眼里,拿出磨眼里的赏钱。说磨眼是天眼,抠了磨眼叫长天眼,生了小孩会早说话。抬柜子的一个人将被褥抱进洞房。另一个拿着新娘子绣的门帘,挂在洞房门口。

被褥由一个"女客"铺好,边铺边念念有词。同时一个人填双人绣花枕头,边填边说口诀:一填金,二填银,三填填上聚宝盆。被褥铺好后由一个三四岁的小男孩在上面滚一遍,叫压床,兆示早生贵子。

洞房布置好以后,再去迎娶新娘。

新郎官穿着长礼袍,身上斜挂一朵红绫子做的大红花,头戴礼帽。红绫的一头在升(量粮食的器具)里,表示节节高升。新郎从家里出来到门口迎新娘,来到新娘面前,新郎新娘交换手帕,叫以心换心。红绫一头搭在新娘肩上。新娘将一双新鞋拿来让新郎换上,然后随新郎缓缓向家里走去。边走边撒糖果。看热闹的人一拥而上去抢,叫"抢栗子枣"。

院子中央摆有一桌,上有花瓶、点燃的蜡烛、酒杯和一些供品。新郎新娘男左女右站好后,司仪宣布婚礼开始。过去一般人不念什么证婚词。一拜天地,二拜高堂,夫妻对拜,送入洞房。

新郎新娘送入洞房。新娘坐床头，新郎坐在一旁，这时要吃女方带来的宽心面。

结婚这一天，女方的舅舅是最关键的人物，迎亲的人都要听他指挥，男方要看他的脸色行事，被捧为上宾。男方陪客的要以"大客"为中心，6个人轮流把盏让大客喝足吃饱。席间，男方父亲或委托其他兄弟到大客席上敬酒。

酒宴分三个步骤，叫"三遍席"。首先是吃点心，上一盘糖果。吃一会儿后，再上面条，每人一碗打卤面。这碗面做得很好吃。用鸡蛋肉丝打卤，加上一些香菜作"衬头"。吃完面条再上各种各样的菜。先上鸡，后上鱼，三上一个大猪蹄。如果大客吃得满意，就拿出赏钱赏"厨子"；如果不满意就发脾气。这是大客的权力。

等宴罢，送亲队伍走后，新娘新郎要给男方长辈磕头，父母、叔伯、姑姨、哥姐，都要磕。当然少不了"磕头钱"。磕头结束后，才是新郎新娘轻松的时候。

吃过晚饭，是闹房的时间。说是新媳妇不能见天上的星星，否则就只会生女儿，不生男孩。因为天上有九个仙女。前来闹房的多是新郎的伙伴们，最要好的伙伴才能到洞房里去。或男或女，或大或小，但长辈是不能闹房的。

天黑上灯后，新娘的小姑子给新郎新娘端尿盆，还有一套口诀："小姑子拿盆，当年抱侄。"

第二天清晨，新娘子要到灶房灶洞里掏灰，表示从此以后就成为这家的主妇了。灰里有赏钱，是公婆事先放上的。

第三天新娘回娘家，由娘家人到新郎家去叫。至此，整个婚礼才完全结束。

如今，这些婚俗都成为历史，作为民俗文化，留在人们的记忆里。

参考资料

王斌玉：《崔家峪非物质文化遗产》，崔家峪文化站提供。

岚崮

苍黛凝重
翠林如海

岚崮

崮乡崮事

　　岚崮，位于沂水县黄山铺镇段家旺村南，海拔约360.7米，占地面积约400万平方米。崮顶较平，四周陡峭，因常有雾气笼罩而得名，系九顶莲花山最高的一个山峰。岚崮正南不远处的黄石山历史上曾发生过骇人听闻的"黄石山惨案"，崮下附近的岳庄村是《青年报》的创刊地。

连绵的九顶莲花山

　　岚崮所处的这片连绵起伏的山脉叫九顶莲花山。一组山峰，互相叠压，彼此相连，状如莲花，当地群众就给取了这个好听的名字。九座山峰高矮不一，形态各异，也都有各自的名字，相比之下，唯有岚崮个头最高，挺拔秀丽，名字也最富有诗意。

岚崮周围，群峰连绵

　　山中的雾气称之为"岚"，山间雾气经日光照射而发出的光彩称之为岚光；雾气缭绕的山峰称之为岚峰；岚崮之意自然是指此乃一座常有雾气缭绕的崮了。如果说像"歪头崮""锄刃崮"之类的崮名出自百姓，那么，岚崮之名必定是出于满口"之乎者也"的文人雅士。

　　传说很久以前，这九顶莲花山上有很多洞穴，洞穴里住着一群妖魔鬼怪，经常祸害山下的百姓，使得山下村庄的父老不得安宁。百姓无奈，就到庙里烧香祈求泰山老母惩治这些妖怪。

泰山老母虽心怀悲悯之心，却无降妖捉怪之本领，于是老母就求助于观音菩萨。

观音菩萨腾云驾雾来到这里，从莲花上取下九个花瓣，压在这九个山头之上，镇住了这些妖怪。从此，这一带再无妖怪作乱，老百姓过上了安生日子。为感念观音菩萨，百姓就将这座山取名为九顶莲花山。

初到九顶莲花山，自然分不清哪个山头是岚崮。寻人打问，当地人会告诉你，最高的那个山峰便是。岚崮既是最高的山峰，也是处于九峰的最中心的位置。岚崮东侧分别是王山、龙山，岚崮东南侧是黑山，黑山东南侧的山叫黄山子。先登上岚崮东南侧的一个小山包，沿着山顶北行再折拐向西，就可攀登至岚崮东侧崮顶崖壁之下。

沿着高数丈的悬崖根部西行约百米，便是通崮顶的南门。门宽约2米，两侧是石板垒起的门垛，下方左右各有从岩石上凿出的圆形石槽，想必当年此处是装有门板的。西侧门垛中间一块长条石上，有一个直径约20厘米的通透圆孔，从其位置上分析，应该是插门闩所用。

崮顶残垣密布，乱石成堆，坍塌的石头房子一间挨着一间，可以想象，乱世岁月，岚崮顶上建有一个规模不小的山寨，至少可容数百人居住在此。整个崮顶除了南门可以进入，四周皆为悬崖峭壁，悬崖凡有缺口之处，都被用石块砌起，让人无法由此攀登。可见当年山寨防御之严密。

出了南门，沿崮顶南侧的崖壁往西行，可以到达岚崮西面的山峰。在两峰相接的山坡处，有一座供奉泰山老母的小庙宇。泰山老母也称

南门

泰山奶奶、碧霞元君，在中国民间宗教信仰中占有重要地位，其道场是在中国五岳之尊的东岳泰山。碧霞元君的影响力历经千年，特别是在明清时期以后，对于中国北方地区文化产生重大的影响。中国民间有"北元君，南妈祖"的说法。沂蒙地区的庙宇中，供奉碧霞元君的奶奶庙占了多数。在这岚崮山上建一座老母庙也在情理之中，毕竟当年是泰山奶奶请来了观音菩萨，才降住这山里的妖怪，还百姓一方安宁的。

绕到崮顶的悬崖北侧，此处悬崖比南侧更为高耸险峻。陡立的悬崖下面，有一个天然的石棚，棚内有一深四五米的山洞，因底部贴近岩石，洞内光洁无物，只留下登山者到此一游的痕迹。倒是这石棚之上向外凸起的崖壁不由让人惊叹：从侧面观看，崖壁自然剥落形成了一个完整的头像，酷似一面

悬崖下的石棚

酷似佛像的崖壁

目端庄慈祥的女子，笔直的鼻梁，小巧的嘴巴，目光低垂的眼睛。这难道就是镇住此山妖怪、赐百姓以安宁的救苦救难的观音菩萨吗？

站在悬崖之下北望，也正是崖壁菩萨目光所及之处。繁华的小镇，静谧的村庄，穿梭的公路，清亮的河流，尽收眼底。这山清水秀之画卷，这政通人和之景象，让人油然而生身处太平盛世之幸福。遥想那些躲到崮顶山寨艰难度日的先辈，怎能不感念那些为缔造今日之幸福流血牺牲的革命英烈？

山间一泉，泉水甘爽。弯腰掬一捧泉水，敬先烈。

★★★ 历史崮事

骇人听闻的"黄石山惨案"

用骇人听闻来表述那场惨案一点都不为过，因为在黄石山上，反动军阀以铲除"大刀会"之名，惨杀了数千人，大多为无辜百姓。

1933年农历五月初十，国民党军运其昌旅、唐邦治旅在这里屠杀了大刀会会员以及无辜的民众3000多人，造成了震撼全省乃至全国的大惨案——黄石山惨案。

黄石山距岚崮不远，同属黄山铺镇，位于蛮庄村南。

"黄石山惨案"的起因是"大刀会"。那么，"大刀会"又是怎样的一个民间组织？

20世纪30年代初期，军阀混战，民不聊生。尤其是田赋非常重。农民除了要承担地租和高利贷盘剥以外，还要承受名目繁多的苛捐杂税，再加上旱涝、蝗灾频生，兵连祸结，官逼民变，老百姓到了山穷水尽走投无路的境地。沂蒙山区几乎遍地土匪，大小土匪最初抢劫的矛头是地方上的富户，后来不论穷富都抢。在这样的环境下，有钱有势的就修起寨墙，以防土匪。沂蒙山区崮顶的山寨多为那个时期修筑。老百姓还有一个自卫组织，那就是大刀会。

377

当时，莒县东、北部和莒、沂两县交界处，大刀会四派，青旗会人最多，五旗会次之，黄旗会、红旗会人最少。青、五、黄之间关系较好，红旗会和以上三派有矛盾。红旗会头目于兰田是大地主，他想用红旗会争夺地方权力，青旗会和五旗会不服，因此双方常常起摩擦，甚至动武。

红旗会会首于兰田勾结贿赂驻防莒县的国民党第八十一师运其昌旅为自己撑腰，他们互相利用、狼狈为奸。国民党政府和运其昌为了搞垮大刀会，也就趁机从中挑拨离间。因此，运其昌明里说是调解红旗会和青旗会、五旗会的矛盾，其实是站在红旗会一边，压青旗会和五旗会。这样一来，旗会之间的矛盾对立就更加尖锐了。

那时，参加红旗会的多是有点身份或吃官饭的。当时满堂坡、丰台一带的红旗会就驻在其首领丰台地主王宗堂的围子里。在1931年或1932年麦季，青旗会五团在丰台与红旗会开战，双方都有伤亡，红旗会伤亡大，青旗会阵亡3人。

1933年夏，韩家官庄青旗会会员左福被红旗会的人抄了家。左福的女婿是大李家庄青旗会会员袁福堂。袁福堂听说岳父被抄了家，就报告了本村会首。这时会首已把会友们集合起来准备抵抗运其昌，他一听说自己的会友受了红旗会的欺负，就把队伍开到了孟家庄。

此时，红旗会也把人调集起来，开到袁家庄的一条沟里，准备迎战，两方对垒，剑拔弩张。这时下店村绅士袁仲一、黄旗会会首杜历山、大李马庄铺子掌柜李升庭三人出面调解，才避免了一场械斗。

同年，五旗会和红旗会在小薛庄也发生过一次冲突，双方都调了不少人。红旗会会首于兰田带领他的两个儿子亲自出马，五旗会会首钟志道也上了阵。这时国民党莒县政府和驻军旅长运其昌出面"调停"，他们袒护红旗会，钟志道不服，结果被运其昌抓到莒县县城杀害，接着五旗会另一会首刘东也被杀害。

1933年农历五月初，莒县垛庄乡乡长李寿辰派区丁到盛家垛庄庄长盛阶家催征8块钱的防务捐。李寿辰平时为虎作伥，催征钱粮极为苛刻，经常带着十几个区丁挨户催征，凡遇不交者，即拘捕关押。

盛阶是青旗会会员，对李的敲诈早就不满，见区丁来催征就更为生气，当即

回答拿不出，结果被捆到乡政府关押起来。

盛阶的弟弟盛富及其侄等五六人都是会员，见盛阶被押，便集合了本村的会员到乡政府将盛阶抢了回来。为惩罚李寿辰，以平民愤，第二天，青旗会会首梅景玉向各村传令调兵。在梅景玉的带领下，组成了几千人的队伍，围攻乡政府所在地盛家垛庄。从上午开火一直打到下午。

这时，李寿辰的姑表兄弟王文楼，到莒县县城请来了运其昌的部队。运其昌带了一个步兵营到盛家垛庄，谎称"和解"，叫梅景玉暂且退兵，有事慢慢商量。

梅答应退兵，但要求必须交出李寿辰。运其昌佯装答应，但并没有兑现诺言。梅景玉退兵至岭西不久就识破了运的欺诈手段，于是在初五这天再次围攻了盛家垛庄，并一枪击中了正在训话的运其昌的左腿。恼羞成怒的运其昌彻底撕下了伪装，命令手下全副武装的队伍向青旗会发起猛攻。大刀会难以抵抗，只得向沂水方向撤退。运旅一面追击，一面放火烧会庄。梅景玉率会员边退边组织反击。

其实在此之前，运其昌旅和梅景玉的青旗会就交过手。同年农历五月初，梅景玉会同沂水、费县的旗会援兵，在沭河边的夏庄，与运旅打了一仗，双方各有伤亡。

五月初九，青旗会退至黄沙沟，又进行了一次反击，村上男女老少全部投入了战斗。从早晨黎明，一直打到下午 4 点，不分胜负。后莒县县长讲和，经双方谈判，运旅带着伤亡人员撤出了黄沙沟。

几次交战，运旅均未能获胜。他扬言"非把青旗会消灭不可"，运其昌对莒、沂两县的青旗会恨之入骨。因此，"黄石山惨案"的悲剧就在这些小规模武装冲突中慢慢地孕育着。

莒县大刀会与运旅在黄沙沟交战后，青旗会自知运旅肯定会报复，因此莒县青旗会便通过田瑞写信向沂水大刀会首领张恒远求援，结果被张拒绝。于是田瑞写信骂张恒远没良心，并声言要把会众拉到沂水与张拼了。因为沂水青旗会在渊子河剿匪、打良水时，田瑞都曾带领会众前往增援，所以此时田瑞对于张恒远拒绝出手援助的做法非常恼火。

当张恒远接到莒县青旗会头子田瑞的威胁信后，即召集青旗会头子开会商量办法，又去刘家店子找刘楣荪出主意。刘楣荪即教他调一部分会众到莒、沂边境，名义上是声援莒县的大刀会，实际上是堵截他们进沂水县境。

张恒远等认为这是一个两全其美的妙计，就欣然回东营庄召集大刀会会首宣布计策，下令调人，并说"谁不来就切开晾着（杀头）"。于是会员们就自备干粮，拿着大刀、长矛，漫山遍野而来。当他们走到苏村、司马店子一带时，便和从临沂向北开来的国民党第八十一师展书堂部遭遇了。

原来刘楣荪向张恒远献的是两面计策，当他知道张恒远已下令调集人马之后，便又暗中向沂水县政府报告说："大刀会又要举行暴动。"县长范筑先闻讯后，立即电告省政府主席韩复榘。韩复榘即电示临沂驻军八十一师开赴沂水。当队伍行至苏村、司马店子一带时，见大刀会漫山遍野而来，便以为是大刀会暴动已经开始，因此便下令向大刀会开火。霎时，步枪、轻机枪一齐向大刀会射击。这一冲突，虽然双方无大伤亡，但却弄假成真，使青旗会骑虎难下。

刘楣荪是沂水六区刘店子村地主，晚清拔贡，乡人称之为"拔爷"。他反对辛亥革命，参加共和党、进步党、保皇党、保发会，积极拥护张勋复辟，是沂水封建势力中最顽固、最阴险毒辣的反动分子。大刀会暴动的消息，本来是刘楣荪有意捏造的，至此也被认为是"事实"了。因此，大刀会不得不继续调集会众，准备作战。这时，沙沟的恶霸地主李景岗又挑起事端，由此拉开了"黄石山惨案"的序幕。

李景岗，外号叫李五秃子，沂水县沙沟人，任地主民团团长。自从古村、沙沟的青旗会二十一团建立后，当地地主感到对自己是个很大的威胁。有一次，李五秃子派人来请青旗会的李德和李方俊商量到沂山里剿匪事宜。二李知道李五秃子阴险狠毒，对他不能不防范，估计李五秃子想借沂山剿匪之名吓唬大刀会，或借此搞垮大刀会。但既然李五秃子有"请"，不管怎么样，李德、李方俊还是到了沙沟。

见了李五秃子，李德说："到沂山里剿匪可以，你得准备几千斤馍馍，几千发子弹，几千双鞋，我们包打。"这本是一句大话，还真就把李五秃子等地主们吓倒了，没敢答应条件，此事不了了之。

李五秃子觉得大刀会不好惹，就向县里告大刀会的状，说沙沟古村的大刀会中有共产党分子作乱。县政府接到李五秃子等人密报，于 1933 年农历四月十六日指令县公安局与民防团在沙沟古村抓了 13 名青旗会会员，并关进了沂水城监狱。

这时，二十一团派人到黄罗历请李德和李方俊去商量对策。李方俊派李德和两个会员先到了古村。临行，李方俊对李德说，要是县政府在那里继续抓人，你们就在宿山上放炮，我们听到炮声，就马上率十九团、二十团去增援。

三人到古村见了李文富，他说现在抓人抓得很凶，连自己也保不住。李德一听，觉得情况十分紧急，当日（农历五月初六）下午就派人给李方俊送了一封急信。到晚上 9 点来钟，大刀会在古村集合了二十一团的 300 多名强壮会员，凑了 200 条枪，由李德、李文富带领向崖庄进发。半夜以后，包围了李五秃子设在崖庄的局子。他们估计李五秃子可能在局子里，想找他算账。

局子里的人首先向大刀会会员开了火，会员立即还击，一直打到早晨四五点钟。局子被打开了，打死打伤民团十来人，得了一支二把匣子枪。但这天晚上李五秃子没在局子里，没有抓到这个罪魁祸首。天亮时，会员撤到沙沟南山顶上。

撤到南山顶后，周围的会友们也来了，到了 600 多人。李德整理了一下队伍，让大家就地休息。这时，李五秃子也调兵遣将，并向县政府求援。县政府就派兵到沙沟。这些大兵从沙沟经过村南沭河上的木桥时，山顶上的大刀会会员看得很清楚。会员们一一数过，整整是 68 人。于是李德就叫大家把会旗放倒，并规定，不见旗竖起来谁也不准打。当时大刀会占的是盖家顶西山头，李五秃子带人占的是东山头，两者相距半里许。李五秃子首先向大刀会开火，打了数百枪。这时，李德叫会员们谁也不能急于还击。李五秃子指挥他的人打了一阵枪后，看见大刀会没有动静，就带人扑来。当他们距离大刀会的阵地只有几十步时，李德立即把旗举起来向东摇了三下，会员们见旗竖起，随即一跃而起向民团扑去。李五秃子的民团一下子乱了阵脚，慌作一团，连枪栓也拉不开了。大刀会乘胜冲杀。不到两个小时，就把民团杀得四处溃逃。李五秃子立即带领他的残兵东撤。大刀会紧追不舍，一直追到宋南山的一条沟里。这时杨家坪村的 30 余名会员迎头把李五秃子一伙截住，本想活捉李五秃子，用他把被关在狱中的会员换出来。但李五秃子拼命抵抗，李德便开枪将他打死了。

第二天，十九团、二十团共900余人，在李方俊、陈凤林、杨花信带领下到沙沟增援。李德就把四个俘虏交给陈凤林，回了黄罗历。李方俊、陈凤林、杨花信又带领会员攻打李五秃子的圩子。李五秃子的二弟（外号二县长）指挥着几十个武装人员，凭借坚固的圩子进行顽抗，但最终被攻破。

李五秃子死后，他全家被接到杨家城子，他的儿子李春臻和侄子李建荣到县政府递上呈子告青旗会。闰五月十一日，县政府就把关押的13个人杀了。十三日，运旅烧了古村等村，接着一二百人开到沙沟；李五秃子家的人回来后，到处抓青旗会，腥风血雨，迫在眉睫。

展书堂的八十一师受韩复榘之命开到沂水后，就向县政府提出解决弹药费、医药费、埋葬费、抚恤费等军费问题，要县长范筑先出钱，数目达几万元，并说"没有钱是不能打仗的"，百般要挟。

八十一师驻沂水，军纪败坏，强奸抢劫，无恶不作，弄得鸡犬不宁，民不聊生。社会上又谣言纷纷，说什么"大刀会要打开沂水城，杀他个孩丫不留"，"军队要把沂河以西有大刀会的村庄全洗（杀光）"，等等，弄得人心惶惶。城里人怕大刀会攻城，纷纷到乡下避难；乡民特别是沂河西岸的老百姓害怕军队洗劫，有些向城里搬家，有的逃往莒县其他村庄，去亲友家避难。

这时，沂水城的统治者，既不满八十一师的敲诈勒索和军纪败坏，又害怕大刀会真要攻城。在进退两难之际，终于想出了一个办法，对大刀会"剿抚兼施"，先行招安。经请示，韩复榘也表示同意，并派省民政厅厅长李树椿来沂水实施"剿抚兼施"计划。招安的条件是：给大刀会以"第三路总指挥"的名义（与韩复榘名义一样），发给1万支钢枪、1万套军装、1万元现大洋，这显然是骗局。为了试一试这剂药灵不灵，于是便选了一个"张善人"到大刀会去做说客。

张善人是沂水城西岳庄地主，他久居黄山铺，开"双祥号"铺子，专营杂货和油坊。张善人将官府招安意图转达给大刀会。大刀会虽系乌合之众，但也绝非尽是草包，其中也有头脑清醒者。当时张恒远认为事关重大，请来一些会首开会

商量对策。

经多次磋商，决定张之祥作为张恒远的代表，以六区区长的身份，由张善人陪同进城谈判。

张之祥被"迎接"进沂水城后，便直接到运其昌的旅部，在那里受到"殷勤招待"。宴会上，运其昌对张之祥极力恭维，推崇备至。张也趾高气扬，自吹自擂，说"能调集10万大刀会众"，并自告奋勇愿包打沂水北部的青旗会。此时，运其昌已电告韩复榘，韩复电"立即就地正法"。于当天晚上即将张之祥钉镣收监，第二天一早便绑赴西门外枪决了。

国民党军第八十一师杀死张之祥之后，决定按原计划，剿灭大刀会。

"凡有大刀会的村庄全洗"的传言很快家喻户晓。黄石山附近的几十个村庄的大刀会会员及其家属、农民群众皆扶老携幼，带着粮食、衣物、牲口搬上宝泉山和黄石山避难。

1933年7月1日，运旅首先纵火烧了东营庄、西营庄、杜家庄、金桥庄、孔家湖、蒋家庄等7个村庄，接着攻上了石观坪山寨，杀死了200余名群众，随即包围了黄石山。此时，运其昌旅驻胡庄，唐邦智旅驻尧崖头。

7月2日，运旅开始从南面炮击进攻黄石山。

当时，山上由山长刘同与青旗会团长李孟春以及刘恩裕、段其桂、张典正五人负责守卫。他们与会员以大刀长矛等武器顽强地与拥有钢炮、迫击炮、步枪、机枪的运旅抵抗着，一直打到晌午，国民党军第八十一师没有攻上去。

运旅放了一阵炮后，便派人上山去"劝降"，被山长刘同拒绝。八十一师见劝降不成，过晌又开始了炮击，迫击炮、小钢炮一齐向山上轰。这时唐旅赶到了蒋庄，从东北面炮击。后来李孟春眼看山寨守不住了，就带领50多人从山寨西北角的悬崖上跳下去，有些当场摔死，没摔死的直奔岳庄围子。岳庄的地主带领武装站在围子上，向逃来的人开枪，致使有些人没死在黄石山上，却死在了地主的枪口下。

在运旅攻山、形势越来越危急时，青旗会会首张恒远率领3000多人赶来增援。途中，张恒成占了一卦说"今天出兵不利"，会员们遂星散而去。但张恒远仍然

带了 80 多人赶到了黄石山，刚冲至黄石山的西南坡就中炮阵亡，其余会众也被军队冲散。

下午 4 点多，官兵连破三道寨门，攻进山寨，群众与军队展开了肉搏战，身强力壮的妇女也拿起大刀与官兵拼杀。运旅、唐旅的大兵也有被大刀会杀死砍伤的，所以他们攻入寨内，便兽性大发，开始了惨绝人寰的大屠杀，就连手无寸铁的老弱妇孺也不放过，被残杀的男女老幼尸身相叠成堆，惨不忍睹。

运其昌是这场大屠杀的指挥者和目击者，他曾在一篇《告民众书》中谈到他亲眼所见："三日早，兄弟（运其昌自称）同李参谋长上山查看，见山上山下尽是死尸，血肉模糊，尸身狼藉，有受伤未死的老幼妇女，呻吟在血泊之中，见穿军衣的来，恐又杀害，其惶惶可怜之状，未可以言语形容。又见有妇人已死，她的小孩还在她怀中含着她的乳头者，又有妇人已身首分离，她的小孩还抱着她那血肉模糊的头而哀号喊娘者，又有两三个月的小孩，在其母死尸旁，口含自己的小手指当乳吮咂而哀啼者……"

连刽子手唐邦智也承认"太残忍了"，并说"剩下的（没杀死的妇孺）谁愿领就算谁的"。大兵们把妇女们领走后，有的做了自己的老婆，有的污辱后又卖掉，一个妇女仅卖 5 元至 10 元。

此次惨案，展师运旅、唐旅共屠杀民众 3000 余人。仅胡家庄当时 800 多人，就被杀死 300 多人；另外，蒋庄被杀死 300 多人，武家庄被杀死 200 多人，蛮庄被杀死 190 多人，胡家庄被杀绝的有 30 多户，埠西仅二十几户人家就被杀死了 100 多人，崖上村连死带逃只剩下七八口人。

"黄石山惨案"发生后，日本人在济南纬三路办的《济南日报》首先刊登了这个消息，直接说八十一师运其昌旅杀死老百姓 5000 余人，青岛肥城路《泰晤士报》（英国人办的）也刊登了这个消息。以后上海办的报纸也有登载。

事后，刽子手运其昌被韩复榘调到胶县驻防了事。

《青年报》的创刊地

在岚崮山下，有一个村庄叫岳庄。1938 年春，在岳庄村的小学校里，一群志同道合的知识青年李戴、安然、刘力子、张惠、马民等，办起了一份宣传抗战的报纸——《民生报》，同年 7 月，改名为《青年报》。

岳庄村党支部书记张立军在《青年报》创刊的民宅前介绍《青年报》往事
（2023 年 10 月 12 日拍摄于岳庄村）

沂水县作为山东当时的大县，文化基础要好于其他地区，抗日战争爆发后，相当一批赴外乡求学的知识青年返乡，刘承塾与哥哥刘力子、弟弟刘承远分别从北京、青岛等地返回沂水。很快，一批志同道合的抗日青年聚集在一起，商量着为抗日做些事情。于是，在岳庄村，就诞生了《青年报》。

李戴当时已经结婚，家里有几亩地和房子，是这伙热血青年中较为富有的。于是他负担了所有人的吃饭，担任社长。他们利用收音机抄录下国民党中央电台

新闻，再用油印机印几百份，分送县里和士绅。

当中共苏鲁豫皖边区省委决定要办一张报时，负责此事的省委宣传部部长孙陶林想到了《青年报》。他亲自到《青年报》联系动员，前后去了两三次，双方一拍即合，甚是投机。孙陶林把共产党的主张告诉大家，大家很受鼓舞，盼着快些能加入队伍中去。

1938 年 11 月，期盼已久的通知来了。孙陶林派卢石流到岳庄村通知大家，可以到王庄报到了。李戴、刘力子、安然、张惠、马民、刘承塾、张喜修等 10 余名进步青年，推着一辆自行车，载着纸张、油墨、油印机、收音机这些全部家当，高高兴兴地向王庄走去。

王庄的一间房子外挂着一个木牌子——"《大众日报》筹备处"，白底黑字。里面没几个人，有社长刘导生，总编辑匡亚明，编辑李辛夫、卢石流，还有女编辑何浩。《青年报》的加入，使《大众日报》队伍一下子壮大到 20 多人。

尽管条件艰苦，但大家信心十足，热情高涨。特别是 1939 年元旦，《大众日报》创刊号如期出版，更是激发了这帮热血青年的干劲。

1939 年底，在《大众日报》创刊一周年之际，收到毛主席从延安发来的题词："动员报纸，刊物，学校，文化艺术团体，军队政治机关，民众团体，及其他一切可能力量，以提高民族觉悟，发扬民族自信心与自尊心，反对任何投降妥协的企图，坚持抗战到底，不怕困难，不怕牺牲，我们一定要自由，我们一定要胜利。"

同这一时期各个敌后抗日根据地的抗战报刊一样，《大众日报》创刊于硝烟战火中，肩负着动员人民起来抗战的时代使命。

参考资料

①中国人民政治协商会议临沂市委员会编：《临沂文史集粹第二册》，山东人民出版社 1997 年版，第 284 页。

②朱铭、王宗廉主编：《山东重要历史事件 南京国民政府时期》，山东人民出版社 2004 年版，第 254-262 页。

③中国人民政治协商会议山东省委员会文史资料研究会编：《文史资料选辑第 2 辑》，山东人民出版社 1982 年版，第 68 页。

和尚崮

英雄的鲜血
染红了它

和尚崮

和尚崮，位于沂南县城西 12.5 公里的孙祖镇西赵家城子村北山，海拔 422 米，面积 100 万平方米。因崮顶状似僧帽，当地俗称和尚帽子，西南、南面、东南面为悬崖绝壁。和尚崮山势陡峻，周围有野猪丑山、石旺崮等群山"包围"，自古为兵家必争之地。1941 年，这里发生了惨烈的"和尚崮战斗"，17 名八路军战士英勇跳崖，164 人壮烈殉国。

崮乡崮事

亭亭山上松，——生朝阳

在沂蒙地域的众多崮中，有两个和尚崮。一个在平邑县城东南 24 公里处地方镇境内；另一个在沂南县城西 12.5 公里的孙祖镇赵家城子村北。1941 年 11 月发生的"和尚崮战斗"就在沂南和尚崮上。

来到赵家城子村，打听和尚崮的具体位置，村民都一脸茫然，声称这里没有和尚崮，只有一个崮，叫石旺崮。莫非和尚崮当地人就叫石旺崮？其实不然，石旺崮是与和尚崮相邻的一座山，而和尚崮当地人并不称之为崮，而是叫"和尚帽子"。

一条弯弯曲曲的生产路，把著者引到了和尚崮下。崮下坡地里是当地百姓种植的大片黄烟。崮顶有五个大小不一的山头，最高的那个崮顶上立着高高的输电铁塔，给古老的山崮增添了现代气息。据当地百姓讲，传说以前这里住着一位和尚，后来云游远方去了，这连着的五个山头是和尚的五个脚指头。

与其周边的群山相比，和尚崮上的树木显得极为稀少，山体上的绿衣除了百姓种植的农作物，便是因雨水充沛肆意生长的野草。

沿生产路可攀至和尚崮的半腰，也就是和尚帽子的帽檐之下。这里是一大片开阔之地，种着黄烟和玉米，黄烟肥硕的叶子在微风里挥舞，很快就到收获的时节；玉米刚刚抽穗扬花，绿得晃眼。这一大片播种着希望的平坦之地的西南却是悬崖峭壁，悬崖之下安放着一个小村落，是赵家城子村的一个自然村，叫高家旺。

登崮之前，著者曾在高家旺和一位高姓老农聊天，他说，他知道当年发生在这座山上的那场与日军的战斗，却不知道村后的这座山叫作和尚崮。听村里老人讲，那场战斗他们村里就有 30 多人被日军杀害。听说著者打算上崮，老人非常不解并极力阻拦：天太热，山上的荒草太深，很难走的。

正如老人所言，因为满山遍野生长着密密的、齐腰深的荒草、荆棵、山枣，从"帽檐"下往"帽子顶"攀登之路相当困难。地面被荒草覆盖，不知深浅；带刺的山枣枝会时不时地拉住登山人的衣服，划伤登山人的皮肤；加上太阳的暴晒，如雨的汗水，都极大消耗着体力。

山坡上除了杂草灌木，也生长着稀稀拉拉的几棵柏树和马尾松，这树下便是攀登途中的乘凉之处。

一棵挂满果实的野山桃树，独立于山坡，虽然桃子已熟，但由于果实太小，核大肉薄，山里人根本不会把它放在眼里，没人前来采摘。它却是登山人口中的美味，采下几棵，放在嘴里，酸酸的味道让人满口生津、唇齿留香，虽然没有果农精心培育的大个水蜜桃美味，却能给人带来天然野味的享受。

一路荒草丛中的攀登，身上带着被山枣枝划出的道道印记，终于站在了和尚帽子的顶部。

崮顶的树木

俯瞰山下的水库，一汪碧水像镶嵌在山脚的一颗不规则的蓝宝石；遥望西南方向，孟良崮顶上的孟良崮战役纪念碑巍然屹立，清晰可见。而脚下的这片山野，曾被战争的硝烟弥漫，曾被英雄的鲜血染红；曾记录下日寇肆意践踏的暴行，曾挺起过中华民族不屈的脊梁。

崮顶上的松柏虽不茂密，但英姿挺拔，冠如伞盖。尽显"亭亭山上松，一一

389

生朝阳"之壮美。

望着这一棵棵挺立的劲松，心里陡然生起一种悲壮。80多年前的和尚崮上，17名八路军战士面对日军的重重围困，在弹尽粮绝的情况下宁死不屈，摔坏枪支后，就是从这里纵身跳下悬崖，壮烈牺牲。

棵棵挺立的松树，不正是这些勇士的化身吗？

血染和尚崮

时间回溯至20世纪40年代，和尚崮上硝烟弥漫，枪声四起，一场惨烈的战斗在这里打响。

1941年，日军为巩固其后方占领区，调集4个师团、3个混成旅团共5万多人，在侵华日军华北派遣司令畑俊六的指挥下，对沂蒙根据地进行铁壁合围大"扫荡"。

11月，山东党政军机关在马牧池、留田突围后，相继跳出日军的合击圈。日军进入根据地中心区后，在垛庄、青驼、张庄、界湖、铜井等地，安设了师团或旅团司令部，指挥日伪军对根据地中心区——沂南县采用"梳篦战术"，反复拉网、清剿。所到之处，烧杀淫掠，无恶不作，沂南县境内四分之三的房屋被烧，青壮劳力1万多人被抓，群众惨遭屠杀，生产生活资料被抢劫一空，根据地遭到空前的破坏。

为了保卫根据地，鼓舞抗日军民的士气，跳出日伪合围圈的八路军山东纵队机关在罗荣桓、朱瑞领导下，又重返中心区，领导根据地军民与日寇展开了生死较量，并取得了很好的战果。日军因此也随即展开疯狂报复。

12月4日凌晨，日军从垛庄、界湖、铜井出动数千人，合围赵家城子北山的和尚崮，袭击机关和兵工厂。

和尚崮山势陡峻，周围被群山"包围"，自古便是兵家必争之地。

拂晓时分，当地几个村庄的群众和沂南县政府机关干部数千人，发现陷入日军合围，马上向北面的和尚崮转移，一下拥到了狭窄的山沟里。

这时，从孟良崮出动的日军已占领了和尚崮东侧的制高点，从界湖、铜井出动的日军占领了和尚崮，情况十分危急。

就在这紧急关头，一支八路军部队突然出现，掩护这部分人撤退。

这支部队就是八路军山东纵队二旅四团三营九连和十连（县大队一连）。他们本来奉罗荣桓政委的命令，从孙祖前往岸堤一带执行任务。半夜时分，部队在栗林宿营，不料遭数百名日军偷袭合击，与外部的联系被日军切断。

这支八路军立刻集合部队，在副营长秦鹏飞的指挥下，向东边和尚崮方向突围。经过一个多小时的激战，部队向东撤到了和尚崮西侧的山脚下。此时，从孟良崮北侧一带分兵迂回合击的日军，已占领了和尚崮东侧和山顶的制高点，截断了这支八路军部队向东撤退的道路。

在发现敌情变化后，部队准备从和尚崮西侧山下深沟向西北转移。当他们突围到瓦庄北山沟时，山沟里已拥满了当地群众和沂南县行署机关人员，总共2000多人，如果没有部队掩护，当地群众和地方机关将遭受不可估量的损失。

这时，副营长秦鹏飞毫不犹豫地命令九连一排的一、二班强行抢占和尚崮西侧的无名高地，掩护群众撤退。

一、二班刚占领制高点时，由铜井方向西来参加合围的日军已越过和尚崮，并向一、二班控制的阵地进攻。激战10余分钟后，一、二班战士全部壮烈牺牲。

日军在占领和尚崮西侧的制高点后，当即设下三道防线。这时，已进入和尚崮西侧半山腰的九、十连，三面受敌，陷入了极端的困境，且山沟里的群众还没有完全转移出去。

秦鹏飞指挥着部队向外突围。霎时，日军就都围起来了，枪一个劲地向里打。八路军战士把衣裳甩掉，扔掉背包、外衣，轻装去夺被日军占领的山头。

在一片喊杀声中，八路军战士奋不顾身冲上和尚崮，又有30多名战士献出了宝贵的生命。日军失去了阵地后，紧接着组织兵力向九、十连发起反冲锋，企

图夺回失去的制高点。九、十连再度和日军短兵相接，战斗进入白热化状态。

由于日军人数太多，八路军的武器又不占优势。在激烈的战斗中，九、十连刚打开的进攻道路也被日军截断，包围圈越来越小。虽组织了几次突围，皆未成功。

上午11点左右，日军占领了和尚崮西侧的山头。九、十连所余的战士被压到和尚崮西南面和南面的悬崖绝壁上。战士们个个视死如归，英勇不屈，跟日军展开激烈白刃战。

副营长秦鹏飞打光了子弹，被鬼子刺刀刺死后，仍拿着匣子枪，怒视敌人；机枪手把手榴弹捆在枪头上，子弹打光了就抡枪砸日军，最后一拉弦与敌人同归于尽；连长孟有三两腿被打断，坐在地上挥着大刀砍日军……八路军指战员终因寡不敌众，加之连续战斗，滴水未进，体力不支，大部同志壮烈牺牲。最后剩下的17名战士，宁死不屈，摔坏枪支，跳下悬崖。

这次战斗，共歼灭日伪军300余人。八路军山纵二旅四团三营亦遭受重大损失，九连、十连两连共172人，除4人突出重围，4人受伤被当地群众救出外，其余164人全部壮烈牺牲。同时，还有100多名群众未能及时突出日军的合围，也惨遭杀害。

抗日烈士纪念碑

孙祖大捷

　　和尚崮所在地孙祖镇，是一个红色革命根据地。抗日战争期间，中国共产党在山东的很多重要机关驻在这里。1940 年春，八路军第一纵队司令部驻孙祖南 2 公里处的东高庄，大众日报社驻孙祖西南 2.5 公里处的西高庄，中共中央山东分局党校驻孙祖西北 3 公里处的东铁峪。

　　孙祖是一个大村，位于沂南县驻地西南 13 公里处一个西北至东南走向的山峪中。峪底地势平坦，孙祖河经村前东流。村子的北边有一个山口，两边是悬崖峭壁，中间一条大道，村西南有一座二三百米高的独山，叫九子峰。1940 年 3 月，徐向前指挥的九子峰战斗在这里打响，经两昼夜，击毙日军 120 名。这场战斗，史称孙祖大捷，也称九子峰战斗。

　　1940 年 3 月 15 日，沂水、莒县、朱位、东里店、铜井等据点的日军 300 多人、伪军 200 多人，向孙祖一带根据地进犯，企图偷袭八路军纵队领导机关，捣毁抗日民主政权，掠夺群众财物，实行所谓"以战养战"。

　　八路军第一纵队司令员徐向前抓住战机，具体部署歼灭来犯之敌。此次参战部队有八路军山东纵队第二支队、纵队警卫团、第五支队交通营及地方武装等。徐向前司令员指出："敌人这次的行动路线是过荆山，经孙祖，穿九子峰，继续向南。你们要把主力放在九子峰，给敌人以迎头痛击。敌人受挫后，必然强攻，你们要坚守阵地，给以狠狠打击。敌人的嚣张气焰被打下去之后，定会退守孙祖，你们要集中优势兵力，乘胜追击。这时，敌人就会顺着来路逃窜，埋伏在荆山的警卫团要断其后路。一定要在这里把他们彻底消灭！"部署完毕，孙继先等率八路军山东纵队第二支队飞速赶往孙祖，其他各部都迅速进入阵地。

　　3 月 16 日拂晓，日军在抢劫了孙祖西北的代庄、大平一带后，经西铁峪向

孙祖进犯。行进到九子峰下时，埋伏在九子峰上的第二支队九连战士迅速运动到山下，猛然给日军以强烈袭击。日军慌了，人马乱作一团，四处奔逃。

这时，埋伏在周围几个小岭上的战士一齐开火。霎时，枪声大作，火光四起，手榴弹密集地投向敌群炸响。日军迫不得已，只好就地组织进攻。他们兵分两部，一部在大路附近找到一块隐蔽地反抗；另一部冒险过河，占领河南岸一带山岭。

双方展开了激烈的争夺战。在伏击部队的猛烈射击下，日军血肉横飞，许多被打死的骡马也横倒在沙滩上。日军不敢恋战，迅速收拢人马，妄图从西南方向冲开缺口逃脱。见此情况，孙继先赶快命令一连即刻从南山脚下迂回到日军后面，又命令二连迅速占领北面的小山，堵住日军的退路。凶恶的日军见无路可走，不得不掉转回头，再次抢夺九子峰，妄图冲破包围圈，在炮火掩护下，越过河床，向山坡冲来。守卫在九子峰西头的九连指战员，沉着等待。当冲来的日军离阵地只有 30 米左右时，曲连长紧握拳头喊了声："打！"随即，枪声、手榴弹爆炸声和战士们的怒吼声交织在一起，在烟雾弥漫中，日军倒下一片尸体。

日军不甘心失败，在激烈炮火的掩护下，接二连三地往上冲。当日军将要冲上山头、九连战士枪上刺刀准备与敌肉搏时，日军一颗炮弹打来，曲连长身负重伤，倒在血泊中。几个战士赶忙要架他下火线，他坚决不肯，强忍剧痛，吃力地坐起来，指挥战士与日军搏斗。先后打退了日军的七次进攻，守住了阵地。

临近中午，纵队司令部参谋处长罗舜初来到前沿阵地，了解战斗情况，察看兵力部署，慰问指战员，并指出："今天下午还会有场恶战，你们只要能坚持到黄昏，就可以全线出击。"

下午 1 时，日军集中了所有兵力，更加疯狂地反扑。密集的炮火，在阵地上爆炸，燃着了山上的野草、树木，烈焰蔓延，浓烟滚滚，熏得战士睁不开眼，透不过气。这时，日军借着浓烟烈火，冲上山顶。战士纷纷端起刺刀，与日军展开肉搏，日军节节败退。指导员孙秀泉喊了声："同志们，杀啊！"带头冲下山去，追歼敌人，不幸被日军的子弹穿透胸膛，壮烈牺牲。

黄昏时分，徐向前司令员下达了全歼日军的命令，战士们如虎添翼，冲下山来。坚守在九子峰的三连一排排长李前仁带头冲进山坡下日军占据的一间小屋。

这时，日军已退守到这一带壕沟，李前仁迅速带领几个战士迂回到壕沟左侧，沿山坡摸下去，只见一伙日军正在逃窜，他赶忙掏出手榴弹掷了过去，手榴弹一颗接一颗地爆炸，日军发疯似的号叫着转回身来，机枪、步枪一齐扫来。李前仁冒着日军的枪弹，端着刺刀扑上去，接连刺倒了几个日军。当他拔出刺刀正要继续往前冲时，不料身负重伤，倒在血泊中，经急救无效，不幸牺牲。

入夜，八路军数次冲入日军阵地，与日军展开白刃血战，迫使残敌退到孙祖等待援兵。八路军又将孙祖团团围住。

17日夜，八路军发起攻击，残敌支持不住，便大肆放火，烧民房20余间，将沿途抢劫的粮食、财物全部销毁，遂拼命向北逃窜。日军逃出不远，便遭到纵队警卫团和地方武装的伏击，日军大部被歼。八路军乘铜井敌伪据点空虚，又一举收复了铜井。

战斗中，孙祖附近的抗日民众自动组织起担架队、运输队、情报队，送茶送饭，送情报，运送伤员。

战斗打响后，西高庄的拥军模范胡大娘仍坐在门口纹丝不乱地烧着茶水。有人劝她赶快避开，她却坚定地说："我走了还行吗，前线的同志没有水喝怎么能打胜仗呢？"她坚持把水烧开，冒着枪林弹雨，提着水壶给战士们送水。有的群众直接参加战斗，和战士们并肩杀敌。

铁峪村有个叫田大的农民，当他在附近小山上看到战士在顽强阻击十几名日军时，不顾一切地跑过去参加战斗。他从受伤和牺牲了的战士手上取下枪来，装满子弹，递给3名正在射击的战士，日军冲上来逼近时，他又和3名战士一起猛力推倒一道大土墙，当场压死2个日军，接着他们又扔出几颗手榴弹，打退了日军。

田大由于过度紧张劳累，战后得了精神分裂症，吃不进饭，睡不着觉，四处奔走呼喊"杀鬼子"，不久就去世了。孙祖一带的民众为纪念他，特地开了追悼会，还编了一首歌："三月里来麦青青，八路军大战九子峰。英勇的田大也参了战，铁峪的南山显了威风。拼命流血战日军，为人民解放壮烈牺牲。"

这场战斗，共毙日军120余人，击伤日军70余人，内有日军指挥官小林及炮兵中尉队长1人、翻译官3人；俘虏汉奸11人；缴获小车60余辆，军马5匹，

大盖枪20余支，钢盔、刺刀、大衣及其他军用物品一大宗。八路军有110名指战员牺牲、负伤。

战后，徐向前总结这次战斗，肯定了在战前侦察与判断敌情、兵力部署、选择地形和作战时机等方面的优点，同时指出了指挥员不够机动灵活、协同动作不好，以及在通信联络等方面的缺点，使指战员们受到很实际的教育，促进了部队战斗力的提高。

跟着共产党走

"你是灯塔，照耀着黎明前的海洋；你是舵手，掌握着航行的方向。伟大的中国共产党，你就是核心，你就是方向，我们永远跟着你走，人类一定解放；我们永远跟着你走，人类一定解放。"

歌曲《跟着共产党走》诞生地

这首《跟着共产党走》，又名《你是灯塔》，慷慨激昂，唱出了亿万人民的心声，唱出了人民群众对党的热爱和拥护。而这首歌曲，就诞生在和尚崮附近的孙祖镇东高庄村。

东高庄村是抗日军政大学第一分校驻地，其旧址在 2019 年 10 月 7 日被国务院列入全国重点文物保护单位。

1940 年 6 月，沂蒙抗日根据地的发展进入鼎盛时期。中国人民抗日军政大学第一分校从晋东南长途行军，冲破日军的重重封锁，迁到沂蒙山区，校址就选在沂南县孙祖镇的东高庄村。校部和各大队驻地的周围，不是日军的据点，就是地主反动会道门武装盘踞的山头和村庄。环境十分恶劣，但师生们却斗志昂扬，以苦为乐。

"七一"前夕，为了迎接党的 19 岁生日，抗大一分校文工团决定创作一首新歌。擅长诗歌创作、刚满 20 岁的校政治部宣传科宣传干事沙洪承担了作词任务。沙洪原名王敦和，1920 年 4 月 12 日出生，安徽省萧县人。1937 年 12 月在安吴堡西北青年训练班、延安抗大学习，1938 年 5 月加入中国共产党，写过不少革命歌词。沙洪在东高庄村老百姓看护庄稼的窝棚旁，用 10 分钟的时间就完成了《跟着共产党走》这首歌的歌词创作。

位于东高庄村的抗大一分校旧址

紧接着，抗大一分校文工团副主任王久鸣为这首歌谱曲。王久鸣1937年参加革命，后入鲁迅艺术学院学习。在革命战争年代，他用自己的笔，谱写了一曲又一曲革命歌曲，激励着一代中国革命志士。此时的王久鸣年仅22岁，他手拿歌词，边走边吟，10分钟后歌曲就写完了。

歌曲创作出来以后，各级领导都非常满意。抗大一分校文工团马上试唱，并在抗大一分校党代会和建党19周年庆祝会上正式演出。王久鸣还向出席会议的全体人员教唱了这首歌，受到广大师生的欢迎和一致好评。

后来经过各地代表的传唱，这首歌曲很快传遍山东、苏皖等抗日根据地，并通过党的地下工作者传到了敌占区，后来唱遍全国。

解放战争中，这首歌成为解放区广泛流传的革命歌曲之一。

1949年10月1日，在中华人民共和国开国大典上，军乐队奏响了《跟着共产党走》，万千群众齐声高唱，其中一句歌词由"年轻的中国共产党"改为"伟大的中国共产党"。

这首歌表达了广大党员、干部、群众对中国共产党的衷心拥护和无限热爱之情，也表达了对革命胜利的坚定信心。由于歌曲短小，曲调流畅，易记、易懂、易唱，很快就被人民群众所接受，可以说是重大庆典必唱歌曲之一。

1980年，这首歌曲被中国人民解放军总政治部、文化部列为向全军推荐的12首歌曲之一。

2001年7月1日，中共临沂市委、临沂市人民政府为庆祝中国共产党建党80周年，在东高庄村隆重举行了《跟着共产党走》歌曲诞生地纪念碑揭碑仪式。

参考资料

中共临沂市党委史研究院：《和尚崮战斗》，临沂市党史史志网2020年8月13日。

水塘崮

水塘崮，位于沂南县岸堤镇驻地西北 5 公里，窝洛峪村北。海拔 519.8 米，面积 400 万平方米，因山顶四陷，雨季积水而得名。崮西为蒙阴县旧寨乡，崮东和崮南为沂南县岸堤镇。水塘崮植被丰茂，树高木密，山峦叠翠。上有晾金顶，半山腰有蝙蝠洞，对面洪山崖壁上有一处古代摩崖石刻造像。

崮乡崮事

水塘崮上有人家

"夏末秋初沂南之北的山林，有了那年青春的气息。感谢众山在我来时，依然以晴空、朗日、祥云、熏风相迎。此时，与大山相望，心中无边温柔……"这是一位文友登山时发出的感慨。当著者在雨后的夏日，来到水塘崮下，也是同样的一种心境。

水塘崮名字的由来，让著者对登上崮顶充满了想象和期待。因刚刚下过一场雨，著者暗想，时下水塘崮低洼的崮顶上，一定是一片积水，有水鸟飞，有蛤蟆跳。

水塘崮与洪山之间，隔着的一条山谷叫姚家峪，姚家峪呈牛角状，东面是宽敞的峪口，而往西则渐渐合拢到一起，形成一个尖角，水塘崮和洪山也在此处被粘连在了一起。

水塘崮相对保持了原始状态，没有人工雕琢的痕迹。问从哪个地方可以登上崮顶，当地的村民回答是，从哪个地方都可以，没有像样的登山路，只有放羊人或登山者踩出的小路。这些小路并不明显，秋冬还能看见，而在夏天，早就被疯长的野草遮盖，只能跟着感觉走了。

从姚家峪南侧、水塘崮的阴面开始往崮上走。开始上山的这一段还是有路可寻的，因为山脚下、半山腰有村民栽植的花椒、香椿、核桃等树木，他们常年上山劳作，自然会踩出较为成形的弯曲小路。因为刚下过雨，有控山水下流，山路变成了小溪，水哗啦啦地往下淌，这倒是给燥热的登山之旅增添了些许凉意。

这山上流下来的水，更是坚定了著者"水塘崮上有水塘"的想法。

慢慢上行，水渐渐没有了，杂草却多了起来。踩在上面，脚下变得松软，像踩着厚厚的地毯。山上的柏树也越来越密集，上山的路不再清晰，沿着向上的大致方向，在树林间行走。

远远望见，半山腰有一处红瓦石墙的房子，房后一棵冠如伞盖的松树下，一位

光着膀子的老者正坐在马扎上乘凉。见著者过来，老人笑眯眯地站起身来，把屁股下马扎递给著者，让坐下"凉快凉快"。他则坐在旁边的一块石头上，打开了话匣子。老人是山下姚家峪人，独居在山上的这座房子里。最早是他的爷爷奶奶在山上盖了这处房，并一直生活在这里。他17岁结婚时，家里穷盖不起新房，就在爷爷奶奶的老屋里办了喜事。老人年轻时是村里的赤脚医生，干了20多年。后来，在临沂城里生活的儿女把他接到城里，从此便离开了水塘崮，这里就成了一处空宅。

在他70岁的时候，查出得了冠心病。医生建议动手术，他没同意，就回到了水塘崮的这处老宅，吃药保守治疗。如今已82岁高龄了，身体依然还硬朗着。

老人对自己的生活很知足，儿女们常回来看他，来了就把冰箱塞得满满的，吃喝不愁。尽管孩子希望他进城里跟他们一起生活，但老人还是觉得，待在水塘崮上的老宅里生活更舒服。

或许是独自生活在山上太孤独，老人打开话匣子就收不住。他说水塘崮周围共有9个山洞，崮顶西侧半山腰山崖处有一个上下两层的洞，每层洞能容下200多人。旧社会曾有个财主把山洞用石墙围起来当作居所。上面的那层洞人能进去，下面的洞没人敢进，传说里面住着大蛇；崮的北面中间有一个洞，不算太大，能容下四五十人，里面住着很多的老鸹；崮的东面一个洞叫"鳖虎子"（蝙蝠）洞，里面住着很多"鳖虎子"，他年轻时去过，里面的"鳖虎子"屎足有半尺厚。另外还有个王母娘娘洞，据说是王母娘娘的行宫，过去，周围老百姓常去烧香跪拜王母，祈求福寿平安。

告别老人继续登崮。密集的树林里，冒出许多鲜嫩的蘑菇。松下的蘑菇是难得的美味，却无暇采摘，心中崮顶的那片水塘在召唤着著者。

当汗流浃背、气喘吁吁登上崮顶，眼前的景象让著者目瞪口呆。水塘崮顶不仅没有低洼

崮上老人说崮事
（2023年8月2日拍摄于水塘崮）

401

之处可以积水，而且也不像其他的崮那样平坦，崮顶呈馒头状，遍布灌木杂草。看来，崮顶的水塘只是存在于人们的传说和想象之中了。

水塘崮曾经也是当地百姓避难之地。据说在清朝末年，水塘崮一带闹"光棍"，从西南来了一伙匪徒，打家劫舍，无恶不作。当时新兴村的有两位"带头大哥"，一个叫桑红袍，一个叫公尧斗，他们二位积极组织百姓在水塘崮上筑起围墙，盖起房子，附近群众纷纷跑到水塘崮上躲避土匪袭扰。

见老百姓都上了崮，下面空无一人，攻又攻不上去，这伙急红了眼的匪徒就把崮团团围住，打算把百姓困死在崮上。过了几天以后，崮上提前备下的水用完了，而崮下又被这伙土匪围得铁桶一般，根本无法下去取水运粮。在这危急时刻，桑、公二人想出一退敌之策，他们令崮上百姓用尿将衣物弄湿，然后晾晒在悬崖边上。崮下的匪徒见崮顶上的百姓都可以洗衣服，说明崮上有充足的水源，再围困也毫无意义，于是都撤走了。这个传说和蒙阴水泉崮的故事如出一辙，到底是真是假，无从考证。但这个故事至少证实了一点：过去水塘崮上也是没有水，更别说水塘了。

水塘崮东边有一个凸起的山峰，当地老百姓叫它凉金顶。

关于凉金顶名字的由来，有两个传说。据传很久以前，水塘崮一带突发洪水，田地房屋都被大水淹没。当地一个财主，背着积蓄的一袋金子，逃到了水塘崮顶，并将金子摆在岩石上晾晒，百姓就把财主晾晒金子的地方叫作凉金顶。

凉金顶还有另一个说法，说是从前一个放牛郎，有一天在水塘崮上放牛时，远远瞄看山顶的位置明晃晃、金灿灿地发光，不知何故。夜里，放牛郎在睡梦中，有人给他托梦，告诉山顶发光的地方是金子，如果他去翻开晾晒一下，这些金子就归他所有了。第二天，放牛郎来到山顶，果然那里有很多的金子。于是他按照托梦人所说，把金子一块一块地翻开晾晒。等把所有的金子都翻完了，突然间，电闪雷鸣，倾盆大雨从天而降。当雨停了，山顶上的大片金子大都消失不见了，只剩下一块。放牛郎将这块金子捡起揣进怀里。老百姓说，这个放牛的命里就担这一块金子的财，不属于他的财富，再多也得不到。

苍翠的水塘崮不仅有壮丽的风景、动人的传说，这里也曾洒下革命烈士的鲜血。在抗战时期，八路军曾在这里和日军周旋。在一次独立作战中，10多名八

路军战士全部牺牲在了水塘崮上，当地百姓将烈士的遗体安葬。在著名的孟良崮战役中，解放军四纵十一师据守在水塘崮一带，成功阻击了国民党军的增援部队。

下崮途中，又经过老汉居住的地方，他依然独坐在屋后的松树下，静静地望着山下，不知老人在想什么，在回忆什么……

★★★ 历史崮事

一佛独尊在山崖

水塘崮的北边是洪山，两山靠得很近，就隔着一道山峪。

洪山南边的崖壁之上，有一处摩崖石刻造像，被称为"姚家峪摩崖造像"，是第三批市级文物保护单位。

摩崖石刻起源于远古时代的一种记事方式，是直接雕刻在山崖石壁上的文字或图像，盛行于北朝时期，直至隋唐以及宋元以后连绵不断，是中国古代的一种石刻艺术，有着丰富的历史内涵和史料价值。

从山下的台阶蜿蜒而上，穿过一丛丛的香椿林，便到达位于半山腰的姚家峪摩崖造像处。

这是一尊刻在 5 米多高崖壁上的佛像，佛像高 0.65 米。释迦牟尼盘坐在莲花座台之上，螺壳发髻，面部丰满，慈眉善目，尊荣安详。技法为浮雕阴线刻，雕工细致，袈裟的褶皱、莲台的纹饰都清晰可见，

水塘崮对面的洪山

十分精美。因为处于高高的崖壁之上，人不能及，所以保存得非常完好。有资料显示，该佛像是一处清代摩崖石刻。但也有人说，从雕凿风格来看，雕凿年代为隋唐时期。

据说在佛像的下面，有一处40厘米见方的摩崖题刻，大致内容为"沂水县朔仙……僧妙云游化前到本境……"有人根据这点滴的文字，推断出当年是沂水县一位法号为妙云的僧人游化到洪山，留住下来，在悬崖上雕刻了这尊佛像。现在即

姚家峪摩崖造像

便著者将长焦镜头推得再近，努力寻找，也没有发现这处题刻文字，或许是这些文字因刻得较浅且细小，渐渐被风雨侵蚀掉了吧。

在摩崖造像附近，有一个仅能容一人进出的石缝，从此缝进入，里面有一个石洞，其空间可容一两人休息。据说当年雕刻佛像的人就住在这个石洞里。

悬崖壁上的这处小小的摩崖造像，引得无数文人墨客到此驻足。现任岸堤镇政协办公室主任代恩全，曾为此摩崖造像作下一赋，其中写道：

透氤氲尘烟，穿沧海桑田，一隅山乡僻处，僧侣蹒跚。许是厌倦尘世悲欢，抑或追寻佛法伟岸，忘却故土几万里，妙入姚家洪山。劈一石洞躺望繁星，汲口甘露品茗自然，如歌虫鸣，如银皎月，书写人间造化，修渡义胆侠肝。临石崖普度众生造像铭之，摹苍松参悟尘世题碑雅然，悲喜情愁尽在佛像眉宇，风餐露宿皆在字里行间，一刻千金，似水流年……

代恩全的这段赋，再现了当年一位僧人云游到洪山，栖身山洞，风餐露宿，精雕佛像的场景。

★★★ 红色崮事

白佛寺：山东省委党校创建地

水塘崮的东面，有个石旺庄村，村里曾有一座千年古寺——白佛寺，历史上一直僧人众多，香火旺盛。如今，石旺庄老村址和白佛寺，均淹没在高湖水库之中。

抗日战争时期，山东省委党校就诞生在这座白佛寺。

为加强对党员干部的培训，以适应斗争形势发展的需要，中共苏鲁豫皖边区省委决定继山东抗日军政干部学校之后，建立省委党校。

1938年11月，中共苏鲁豫皖边区省委在岸堤西北之白佛寺创办省委党校，开始叫党训班，对外称山东抗日军政干部学校分校，省委书记郭洪涛兼任校长，潘维周负责具体工作，教职员有陈侠、孙彭等。学习时间为两个月，郭子化、程照轩、孙陶林等负责讲课。

在旧址上建成的山东省委党校岸堤校区

405

同年 12 月 8 日，中共苏鲁豫皖边区省委改称中共中央山东分局，学校遂改为中共中央山东分局党校。1939 年 10 月，朱瑞兼任党校校长，陈明任副校长，潘维周任教务主任，张格心、穆林、狄生、宋竹庭等任教员，王寅任总务处指导员。

1940 年 10 月，鲁中区党委成立，分局决定将分局党校改为鲁中区委党校。中共中央山东分局于 12 月在青驼镇王家圈村建立山东分局高级党校。至 1940 年 9 月，省委党校共举办 5 期干部培训班，培训学员 1000 余人。

2017 年 6 月，中共苏鲁豫皖边区省委党校被临沂市人民政府公布为临沂市第二批重点抗日战争遗址。如今，在高湖水库的北岸，占地面积 60 亩、建筑面积 1.7 万平方米的山东省委党校岸堤校区在当年省委党校创建地落成，并于 2019 年 9 月正式启用。

田家北村：罗荣桓率部驻在此

在水塘崮的东南方向，有一个村庄叫田家北村。在抗击日寇的岁月里，时任山东军政委员会书记的罗荣桓曾率领部分人员驻进田家北村，后转移至水塘崮，取得了斗争的胜利。

1941 年，抗日战争进入最艰难时期。日军先后两次在山东野蛮推行"治安强化运动"，对鲁南、鲁中、清河等抗日根据地进行"扫荡"。秋天，日伪军将"扫荡"的重点转向沂蒙山区。

1941 年 8 月，中共中央山东分局按照中央决定，确定分局委员的分工：朱瑞主持党的组织工作，罗荣桓主持军事工作，黎玉主持政府工作，陈光主持财委会。九十月间，罗荣桓和陈光率师部经四天强行军，到达临沂青驼寺。罗荣桓在这里主持召开了山东军政委员会的第一次会议，研究了八路军第一一五师和八路军山

东纵队建立统一指挥的问题，并对秋季反"扫荡"进行了部署。

田家北村

1941 年冬，驻山东的侵华日军第十二军司令官土桥一次中将纠集 3 个师团、4 个旅团的日军主力，再加上伪军，共 5 万余人，对沂蒙山区进行"铁壁合围大扫荡"，妄图歼灭山东党政军领导机关和主力部队。这是抗日战争时期日军在山东敌后发动的规模最大的一次"扫荡"，也是罗荣桓主持山东军事工作以来面临的一次严峻考验。

11 月 4 日，日军从沂蒙山区西部的蒙阴县城出发，偷袭八路军山东纵队机关驻地马牧池。经过苦战，山纵机关分散突围，随后向北部的泰山区转移。

同年 12 月 10 日，八路军部队转移到岸堤北面的东北村。司令部驻村内，政治部驻村北，罗荣桓率部分人员驻田家北村。

拂晓时分，由沂水、蒙阴、铜井、垛庄据点出动的 4000 多名日军，分路合击东北村。枪声骤然响起，罗荣桓敏锐洞察敌情，马上做出决定，让田家北村村长田立官当向导，指挥着部队从田家北村西门出来，火速转移到了水塘崮，行动中没有开一枪，也没有损失一兵一卒。

407

参考资料

①董士君：《沂南摩崖石刻》，齐鲁壹点 2022 年 11 月 22 日。

②沂南县委党史研究中心：《中共苏鲁豫皖边区省委（中共中央山东分局）党校》，沂南县人民政府网 2021 年 4 月 29 日。

③罗东进：《抗战最艰难时的沂蒙反"扫荡"》，新华网 2015 年 7 月 10 日。

石崇崮

山清水秀
草木深

石崇崮

石崇崮，位于沂南县城西北 20 公里处铜井镇三山沟村，与沂水县院东头乡接壤，海拔 596.6 米，面积 200 万平方米。山体由石英斑岩和片麻岩组成。崮下有著名的凤凰石刻，崮上有石龙、仙人楼子等美丽风景和古老传说。

崮乡崮事

但闻鸟语声　空山不见人

　　沿平坦洁净的沂蒙生态大道，在山野中穿行，山峦重叠，水流曲折，七折八拐来到群山环抱的村落——三山沟村。石崇崮就在这个村子附近。

　　站在村中，环顾四周一座座的山峰，却不知哪座山是石崇崮。望着西南方向崮形态最为明显的那座山，以为那便是石崇崮，村民却告之，那座山叫窦家崮，紧靠村子东北方向的这个山头才是石崇崮。

　　每个山名、崮名，都是有来历或出处的，或以形，或以人。"石崇"二字以崮形去理解，匪夷所思，若说是人的名字，历史上还真有此人。

　　西晋时期开国元勋石苞的六儿子叫石崇，此人生于青州，敏捷聪明，有勇有谋。晋武帝因为石崇是功臣之子，又有才干，非常器重他。20多岁就担任修武县令，后入洛阳任散骑侍郎，又迁任城阳太守。太康元年（280年），因参与伐吴有功，被封为安阳乡侯。此人虽然有才，但其行为不检点。任荆州刺史时，竟抢劫商客，掠得巨额财物。后被赵王司马伦所杀。永宁元年（301年），惠帝复位，以九卿礼仪重新安葬了石崇。就这么个历史人物，怎么可能与这座崮扯上关系呢？当地的百姓甚至连历史上有这么个人都不知道。

　　不过，据这里的百姓讲，石崇崮过去叫作石虫崮。

　　传说很久以前，石崇崮下有一水塘，塘边有块巨石，石下卧一大虫，每日到塘内饮水，饮罢或卧于石下，或游于山中。后来山体坍塌，巨石滚于塘中将塘掩埋，大虫没有饮水之地和栖身之处，便从这里消失了。于是人们就将这座山叫作石虫崮，再后来，石虫崮就成了石崇崮。传说不一定可信，但此说作为石崇崮名字的由来还是较为合理的。

　　时为盛夏，天气炎热，雨水充沛，山中草木疯长。在密集的松林里穿行，在

杂草灌木丛中攀爬，只为登山崮顶，寻找那些历史遗迹，饱览一番山峦连绵起伏的秀美风光。

远眺石崇崮

天气炎热，没有村民上山，也没有游者光顾，蝉嘶鸟鸣却让这本该寂静的山野变得喧嚣，这是鸟儿们的世界。

登上崮顶，视野变得开阔起来，窦家崮及与这连绵的虎头顶、望海楼等山峰仿佛近在咫尺。崮顶被荒草覆盖，周围残存的围墙、岗堡也都淹没于杂草之中，若隐若现。

据祖辈居住在崮下的百岁老人武传太讲，民国年间为了躲匪患，人们在崮顶上修筑了围墙、房屋，围墙有 6 米多高，3 米多厚，十分坚固。山下的树仁里村、偏良村、三山沟村这三个村庄的百姓收成完以后，都搬到了崮顶上居住，上面的这些围墙就是那个时候留下的。

老人说，他出生在崮顶，一直到了 10 岁那年，才跟着大人下崮生活。

在围子的中间位置，有一条凸起的长形岩石，人们称之为石龙。在石龙的一端，有一个人工堆砌的石塔，人们称之为"仙人楼子"。仙人楼子何人所修？修其何用？众口不一。而武传太老人揭开了谜底。

清朝年间，这里闹蝗灾，蝗虫成群飞起像云雾一样，所到之处寸草不留，地里的庄稼一点不剩。为了祈求神仙保佑这一片的庄稼不遭受蝗灾，百姓有个好收

411

成，武传太的叔伯大爷武仕奎，在石崇崮上修筑了这个仙人楼子。据知情人讲，最早的仙人楼子建得非常精美，后来被一个人无意中弄倒了，结果从此这个人就得了一场病，久治不愈。无奈，只好又将倒塌的仙人楼子重新垒砌起来，但已不是从前的模样。

留着山羊胡的武传太老人已百岁高龄，他一直居住的石崇崮下这个叫作栗子垭的山坳里。抗日战争期间，八路军新——一师独立团团长侯宜禄曾在他的家里住了40多天。1942年10月，侯宜禄在仙姑顶战斗中英勇牺牲。到现在，这位山里的老人仍十分怀念侯团长。

石崇崮一带是片红色的热土。1941年，日军对沂蒙地区进行大"扫荡"，山下村庄都被日军封锁，坚持敌后斗争的八路军一个连在大山里与日军进行周旋。白天，战士们在山里，难进食水。居住在石崇崮下山洼里的三山沟村民武士贵晚上用大锅煮稀粥给八路军战士充饥，每晚如此。武士贵拿出家里的全部粮食，连续40多天，直到"扫荡"的日寇从山下撤走。

石崇崮的另一侧，是沂水县院东头乡西墙峪村，那里是抗日堡垒村，有更多的红色故事。

百岁老人武传太
（2023年8月7日拍摄于石崇崮下）

崮下的凤凰石刻

　　和石崇崮联系在一起的历史文化古迹，就是两块凤凰石刻。登石崇崮，必赏凤凰石刻。既然来到这里，著者也毫无例外地想找到凤凰石刻，一睹它的神韵。

　　以前，两块石刻就放在三山沟村东南的林场院内，而如今，村干部说这两块凤凰石刻已被县里有关部门保护起来了，因为拓石刻的人太多，怕这珍贵的石刻被损坏，就将其锁了起来。他们村里没有钥匙。

　　正在为看不到凤凰石刻感到遗憾时，村党支部书记孙洪旺说，可以到三山沟村史馆里看石刻拓片，同样能够了解这两块石刻的内容。

　　在村史馆内，两块凤凰石刻的图片和拓片均清晰展示，并有详细的文字介绍。两块石刻一大一小，分别刻着凤凰图案，人称之为"凤凰石"，亦称鲍宅山凤凰刻石。如今，石刻处已被列为临沂市级重点文物保护单位。

　　凤凰石刻有大、小两只凤凰。大凤凰长 24 厘米，高 20 厘米；小凤凰长 12 厘米，高 11 厘米。大小凤凰右侧分别刻有"凤凰""三月七日凤""东安王钦元""元凤"等字样。"元凤"是西汉昭帝刘弗陵年号（公元前 80 年—公元前 75 年），距今已有两千多年的历史，是

凤凰刻石拓片
（2023 年 8 月 7 日拍摄于三山沟村史馆）

413

我国现存的有纪年最早的汉画像石刻。

凤凰石刻的雕刻技法为在原生糙砂石面上施阴线刻，构图简单疏朗，古朴、简洁。大胆运用艺术夸张，突出凤凰的高冠、大尾、长腿。所刻文字为带有汉简意味的隶体，粗犷简练，大朴不雕而又精妙有姿。

据考证，三山沟凤凰石刻产生的历史背景，应当从汉武帝的求仙和立嗣说起。

西汉时期的汉武帝，有着雄才大略，英武过人，他还企求长生不老，成神成仙，永享富贵，并为此求仙数十载，耗费大量钱财。当时山东地区是阴阳学说兴起和兴盛的地区，武帝长达数十年的求仙经历，更使山东地区神仙方士云集。汉武帝求仙一直持续到了征和四年（公元前89年），这年他东巡至海，眼望无边无涯的大海，终于放弃了与神仙相会的念头，遣散了所有的方士，从此不再言神仙之事，并下了一个著名的"罪己诏"，向天下表示忏悔。但从此山东地区的巫术神道盛行，成为凤凰石刻产生的重要历史原因。

三山沟凤凰石刻产生的另一个重要原因是汉武帝立嗣。

武帝共生六子，晚年在皇位的继承人上颇费了一番脑筋。在元凤元年（公元前80年）夏天，皇宫里接连发生了种种怪事，正是在这样的多事之秋，人们才急于让年幼的天子拥有"凤凰来仪、天下清平"之祥瑞。因此，神仙方士云集的山东地区纷纷上报出现了凤凰来仪，这便是三山沟凤凰石刻产生的另一个重要原因。据《汉书·昭帝纪》记载："冬，十月，凤凰集东海，遣使者祠其处，七年八月，改元年号为元凤。"三山沟凤凰石刻上的"元凤"二字，说明正是此时所刻。

凤凰石刻在汉画及书法界均影响极大。中华人民共和国成立初期傅惜华所著《汉代画像全集》即有收录，鲁迅、郭沫若等都曾珍藏此石刻拓片。

泰山老母的两滴泪

从石崇崮顶顺着山脊而行，可达另外两个山峰——虎头顶和望海楼子。三山沟流传着一句话："山高不压虎头顶，望海楼子触着天。"来到石崇崮，又岂能错过这两个山峰？

过了毛猴子顶，在虎头顶的下面，发现一处泉子，泉水清澈，久旱不枯。而在虎头顶的另一侧，同样还有一处泉水，当地人称，这两个泉子是当年泰山老母流下的两滴眼泪。

传说在很久以前，泰山老母云游到这里，就在这虎头顶上落了脚。坐在虎头顶上，环视四周，发现这里山清水秀、层峦叠嶂、风景秀美，就打算在这个地方长久住下来。

决定住下来的时候，她心里盘算着，要仔细数一数这片区域到底有多少个山头，如果有 100 个山头，那她就在这里长久住下，不再回泰山；如果没有 100 个，那就再回到泰山上去。可她数来数去，却只有 99 座，这意味着她无缘在这里居住，还得返回泰山，可是她十分留恋这个风景秀美之地，走却不舍，于是无奈地掉了两滴眼泪，这两滴眼泪化作了半山腰的两处山泉。而实际上，这个地方正好有 100 个山头，当年泰山老母坐在虎头顶上数山头时，却把屁股底下的虎头顶给遗漏了。如今虎头顶上，泰山老母的石座位还在，泰山老母庙也已重修。

泰山老母去了泰山以后，对石崇崮这个地方一直念念不忘，并时时保佑着这一方百姓的平安。

传说崮下有一户人家，婆婆得了病，孝顺的儿媳妇四处求医问药，煎药熬汤，好生伺候，可老婆婆的病就是不见好转，眼看就要不久于人世。听算命先生讲，婆婆的病是因为她的儿子与婆婆命相不和，犯克，要想婆婆病愈，就得把儿子送

到泰山下。为了婆婆能治好病，儿媳妇忍着骨肉分离之痛，将儿子送走。

等她把儿子送到泰山脚下回到家里时，不仅婆婆的病已经好了，送出去的儿子也正待在家里。

原来，是儿媳妇的孝心感动了泰山老母，不仅治好了她婆婆的病，还送回了她的儿子。

★★★ 红色崮事

抗日堡垒村西墙峪

翻过石崇崮，北侧就是沂水县院东头乡西墙峪村。西墙峪村子不大，200来户人家，五六百口人。村子虽小，这里却是抗战时期鲁中军区根据地中心，有"山纵的好后勤""抗日堡垒村"之称。抗日战争期间，八路军山东纵队指挥机关、八路军山东纵队野战医院曾长期驻扎在这个村里，王建安、罗舜初等多名开国将军在此工作、战斗过，军民同心、生死与共。

在西墙峪红色记忆馆里，一幅幅图片，一件件实物，一组组文字，讲述着革命战争年代西墙峪一带军民情深、无私奉献的红色故事。

西墙峪村山高林密，便于隐蔽，这里党组织坚强有力，群众基础好。1939年至1942年间，此地先后发生过仙姑顶战斗、挡阳柱西山战斗，村里的党员、民兵积极配合八路军打日寇，救伤员，藏枪炮，为

西墙峪红色记忆馆

部队顺利突围当向导。每当有八路军伤病员隐藏到西墙峪村，就被分到每家每户，重伤员被村民藏在山洞养伤，百姓按时送水、送饭，悉心照料，宁愿自己吃糠咽菜，也要让伤病员吃饱穿暖。就是这个当时还不到 200 人的小山村，冒着生命危险掩护救治八路军伤病员 320 余人。

1940 年除夕夜，天寒地冻，八路军山东纵队指挥机关 50 余人来到西墙峪村。队伍连续急行军，战士们又累又饿。但为了不给百姓添麻烦，部队全部驻扎在村外。村民张在周发现以后，连夜挨家挨户敲门，告诉村里百姓："八路军来了，咱们有什么就给八路军吃什么，有咱们吃的就不能让八路军饿着肚子。"很快，群众走出家门，把八路军请进了村里，住在家中，包饺子和战士们一起过年。

当年藏八路军伤员的山洞

西墙峪村群众除了站岗放哨救伤员，还承担着一项重要任务，那就是给部队筹措军粮。村党支部分工明确：书记张道中负责粮食的筹集，委员张道进负责分摊到户，储藏保护。先是把筹集到的军粮放在黄龙庵大殿里，随后连夜分到各家各户掩藏起来。村民都把分配保存的军粮藏在地窖里。

有一年春旱，粮食减产，老百姓靠挖野菜度饥荒。村民张道乾一家四口，村里分配他家藏 200 斤军粮的任务。大儿子张在明当时只有 6 岁，饿得都走不动路了，哭着央求把藏的粮食拿出一点来熬粥喝。张道乾含着眼泪说："这些粮食是给八路军吃的，他们吃了才有劲打日本鬼子，咱再饿，这些粮食一粒也不能动。"部队在西墙峪村 3 年多的时间里，筹集到的 15 万斤军粮没有发生一丝差错。

西墙峪村是八路军山东纵队军需物资的堡垒，每一座山峰、每一条山涧，每一个山洞都曾掩藏过军需物资，村民们精心掩藏，舍命看护，没让物资受到任何损失。

为了支持中国抗战，共产国际送给八路军山东纵队一头花奶牛，用于产奶给伤病员补充营养。八路军山东纵队把这头奶牛掩藏在西墙峪村，由张道中、张在周和张道象负责饲养、看护。为了躲避日军搜查，张道象把奶牛藏在山洞里。日伪军把村里的18头耕牛全部抢走了，而八路军的这头奶牛却安然无恙。黄渤主演的电影《斗牛》就是以这个故事为原型创作的。

仙姑顶战斗

在沂水县院东头镇西部，距离石崇崮不远的地方，有一座山峰叫仙姑顶。1942年，这里曾经发生了著名的仙姑顶战斗，八路军和民兵8000余人胜利突围。

1942年10月，驻山东日军以善于山地作战的第三十二师团为主力，并纠集津浦、胶济铁路和台潍公路沿线之敌共1万多人，对活动在鲁中山区的党、政、群机关和主力部队进行拉网式"扫荡"。在此之前，沂中县委、县政府和沂北工委、行署，已对反"扫荡"做了部署。这时，机关在南、北沂蒙之间游击，部分病弱干部分散到群众中隐蔽。

1942年10月28日，日伪军1.2万余人在完成了对泰石路以南中心抗日根据地的包围后，开始用"拉网"战术向预定目标推进。鲁中军区后勤处政委张玉华带领的机关工作人员及其警卫排，暂配属张玉华指挥的铜井金矿警卫连，山东抗大一分校副校长袁仲贤带领的上干队，鲁中青年营百余人，新———师副师长郭维城带领的师机关、干校、独立团及其警卫连，蒙阴、沂水、沂南的干部、群众共约8000人陷入日伪军合围圈。除少数冲出外，大部退守沂中县南墙峪村附近的仙姑顶。

日伪军将该山团团包围，并出动7架飞机配合地面部队，频频向崮顶发动进

攻。张玉华长期战斗在这一地区，对地形及民情熟悉，他主动与上山的各部联络，协同作战，拼死守崮。

当时，八路军实战部队一共只6个连1个排，其中新———师就占了5个连。———师原属于"九一八事变"因不抵抗撤入关内的东北军，1942年8月，该师发动了"八三"起义，正式脱离国民党控制的苏鲁战区，成为八路军所指挥的"东北挺进军"，在抗战中屡立战功。而仙姑顶战斗，则是这支战功赫赫的部队加入八路军后的第一次战斗。

当时的战斗部署是：北部主峰山顶，部署独立团两个连，负责阻击北面之敌；山的东南侧，由一营营长程书麟带领一个连，与干校战斗人员配合，阻击东面来敌；山的西南侧，由二营营长带领警卫连，负责阻击西面日伪军，并负责警卫军区机关；山的西北侧是日伪军的重点进攻方向，地段呈马鞍形，有一条南北小路通向山顶，由独立团团长侯宜禄和秦霜亲自指挥两个连，与鲁中军区警卫排在那里阻击敌人。

仅一个上午，日军就连续发起了5次冲击，均被八路军打退。日军伤亡惨重，八路军也有较大伤亡。战斗减员过半，连排长几乎全部牺牲。到中午时，阵地上只剩副团长宿殿魁和一排副、战斗英雄杜玉怀，仍在顽强地指挥战斗。战斗一直持续到下午4点，新———师守军已经足足坚持了8个小时了，八路军防御阵地仍岿然不动。

黄昏时分，战斗暂时停止，日军紧缩包围圈，在周围山上燃起堆堆篝火，准备天明再战。八路军也做好了趁黑夜突围的准备，至深夜，守崮各部开始组织突围。

入夜，在当地熟悉地形的群众带领下，大部分走南山半腰小道。新———师独立团3个连余部为吸引日军火力，主动向东北反方向突围。独立团火力，果然引起了日军的全部注意力。日军在暗夜集中了绝对优势兵力四面合围，新———师独立团行至南墙峪村东干河滩边时，与正面阻截的日军相遇，双方展开了激烈的暗夜近战。战斗中，团长侯宜禄不幸中弹牺牲，年仅30岁。一支一团副团长、抗大一分校学员刘怀文也同时牺牲。余部在营长程书麟的带领下，趁暗夜突出了重围。

由于独立团战士们的拼死掩护，8000名八路军和民兵顺利通过山腰小道，

安全跳出日军包围圈，未受损失。

仙姑顶之战，八路军以少胜多，共毙伤敌 500 余人，抗日军民伤亡 200 余人。因为八路军新———师和机关警卫部队的浴血奋战，掩护了大批干部群众安全转移，胜利粉碎了日伪军的这次拉网"扫荡"。

参考资料

①沂南县地方史志编纂委员会:《沂南县志》，齐鲁书社 1997 年版，第 507-508 页。

②沂水党史研究中心:《沂水红色纪事（七）》，沂水发布 2021 年 8 月 27 日。

天宝山

天宝山

物华天宝 景色妖娆

天宝山，位于平邑县城东南 30 公里处，地方镇境内。海拔 541 米，崮顶平坦宽广，方圆近 3 公里。山上苍松翠柏遍布，林木茂密，顶有清咸丰年间重修的苏仙祠遗址、民国初期立的"一乡之望"等多座石碑和清代村民在山上构筑的围寨遗迹。

崮乡崮事

座座石碑立林中

　　天宝山是一座富饶之山，植被茂密，有着崮的典型特征。崮顶之下遍地是刚刚坐果的山楂和梨树，有的山楂树树龄长达百年，身上被过往的行人拴满了象征吉祥的红布条。选择从上碳沟村登天宝山，走到半山腰便路过一棵山楂树，在大片的山楂树林中，它就像一位长者，受到人们的敬仰与尊重。

　　沂蒙很多崮山间都会有泉，行走在寂静的山路上，有水的响声入耳，这滴答滴答水声就是从小路边的一眼山泉里传来的。猛看起来像是一口水井，有被山民粗糙砌起的井口。泉水是从井的上沿滴答滴答流到下面去的，半井筒的泉水，清澈照人。

　　天宝山过去有一个名字叫"苏家崮"。为什么后来改叫天宝山了呢？据记载，清咸丰年间，土匪横行，老百姓苦不堪言，为了过安生日子，苏家崮附近的村民在山上构筑围寨，抵御土匪，但土匪屡屡攻打山寨。苏家崮周边山上的山寨常被土匪攻陷，唯有苏家崮的山寨却久攻不破，百姓感觉是天公神灵相助，他们才得以在此过上相对安宁的生活。于是，村民们重修了山上的苏仙祠，并将苏家崮改名天保山，有上天保佑山寨平安之意。时间长了，天保山也就渐渐成了现在的天宝山。

　　从上碳沟村往西南方向行走，沿着果农踏出的小路，可攀至天宝山的东寨门，虽没有人工修筑的登山台阶，但并不陡峭，不难攀行。翻过东寨门，宽敞的崮顶和高大茂密柏树林便呈现在眼前。松涛阵阵，清风徐徐，瞬间吹走一身的汗水和疲惫。

　　此处崮顶上，松柏林间有很多旧石碑，细数一下，共有 9 幢。这些石碑多数立于崮顶的岩石之上，朝向不一；东侧的 5 块石碑稍小，均有 1 米多高；而西侧

的4块石碑较大，有2米多高。此处还有4座庙宇，面积不大，就是普通的石头小屋，没有名字。因庙门紧锁，看不到里面的神像，但庙前的香炉沉积着厚厚的香灰。

一块高大的石碑上，刻有"一乡之望"四个大字。正面的碑文是："恭颂天保团练长继震廉老先生为一乡之望，民国岁次癸酉仲春上浣之吉，天保团全体敬立。清邑庠生砚农王敬虞撰文，初等教员明齐吕恒聪书丹。"

山顶的这处房子看似民居，实为庙宇

而背面刻有密密麻麻的文字，虽年代久远，但字迹多数都能辨清：

"自古享大名照当时传后世，未有功德及人而能自当之者小之，排难解纷大之，御灾除患皆可享大名照当时传后世，不然徒托空言而人不心服。我乡廉公者，可以享大名时传后世矣。公讳继震，字声远，情慷慨，有胆略，于承平之日，不过一乡人耳，而人亦未之奇迨，光绪二十年，费境即为不靖，一乡之人聚族而谋曰，斯何时乎，使我竟置于此，何以御侮？众皆有难色，因思咸同之乱。吾乡赖廉公与孟保全之，而其人已往可若何？有人曰：其子继震在。皆曰：可。于是举为练长，而廉公随谢不遑，众不允……"

"廉公往矣，人犹思其功，感其德，皆曰：我赖廉公而生，廉公因我而疫，何以报德？为之立碑以志不忘使后之贤。"

这些文字告诉后人立这块"一乡之望"碑的来龙去脉。

过去一个地方有名望的人会被尊称为"一乡之望"。这块石碑是民国年间天保团的全体人员为团练长廉继震所立。天保团在当时应该是保一方平安的民间自卫组织，那时社会动荡不安，常有土匪兵痞扰民。作为团练长的廉继震因"情慷

423

慨，有胆略"，为保境安民作出了贡献。他去世后，人们念其恩德，就立下了这块"一乡之望"碑。

在"一乡之望"石碑的旁边，还有一块高度与其差不多的石碑，正面有"督军署军务员费县知事朱"字样，立于中华民国七年八月三日。"督军"是民国时期各省"督办军务"之军队将领的简称，后来改叫"督办"。而这"费县知事朱"不知是何许人也。

东侧的小石碑多数为光绪、同治、民国年间重修关帝庙碑记，还有一块是"修碧霞并上门碑记"。从这些遗存的石碑看来，过去天宝山上有很多寺庙，且香火兴盛。

在天宝山南麓山崖上，有一处造型优美独特的山峰，远远看去，好像一个男子背一女子，倚靠在一块巨石上休息。男子在前腰微弓，女子双手搭肩驮伏在男人脊背上，姿态逼真，栩栩如生。人们将这一自然奇观称为"张郎背姜婆"。这个山峰后来就演绎成一个美丽动人的传说。

一乡之望碑

相传很久以前，遥远的南方有一身强力壮的张姓小伙，自幼父母双亡，家境贫寒，为讨生活只得在当地的姜员外家做长工，人们都称呼他"张郎"。

张郎人勤劳，性善良。姜员外有一独生女，长得漂亮，性格温柔。时间长了，这对青年男女产生了爱情，私订下终身。

姜员外得知后，勃然大怒，以门不当户不对为由，力阻这桩姻缘。张郎与姜女无奈，相约私奔他乡。

二人相携，风餐露宿，奔蒙山方向而来。姜女生在大户人家，天生娇弱，没吃过苦，张郎每日里背着姜女跋山涉水。

当走到天宝山南麓，二人身困力乏，实在走不动了，

林间的古石碑

只得倚着大石休息。谁知这一歇就成了永恒，由于二人疲劳过度，精力完全耗尽，再也没能起来。

相亲相爱的一对男女，化作了这座"张郎背姜婆"的美丽山峰。

★★★ 历史崮事

"地方"水土养育的民族英雄

天宝山所在的平邑县地方镇，有一个地方村，这个村子养育了一位民族英雄，他就是著名清末将领左宝贵。

《辞海》中这样介绍左宝贵：

左宝贵（1837—1894年），清末将领。字冠廷，山东费县人。回族。行伍出身。1856年（清咸丰六年）投身江南军营，参与镇压太平军和捻军，初隶僧格林沁部，升副将。1875年（清光绪元年）晋记名提督。1889年任广东高州镇总兵，仍驻留奉天（今辽宁省）。1894年中日甲午战争爆发，率所部渡鸭绿江入平壤。扼守城北玄武门，登城督战，中炮阵亡。

确切地说，左宝贵应为平邑县人，因为他的家乡地方镇现已划归平邑县。

《临沂地区志》（下册）在"近现代人物传"一节中这样介绍这位临沂走出的民族英雄的人生履历：

左宝贵幼年家贫，早丧父母。后背井离乡，靠摆摊补鞋聊以度日。1856年，挈其两弟左宝贤、左宝清应募从军。一次战斗中，旗兵中炮死，他持旗帜冲锋，战斗大胜，从此知名。

据《临沂地区志》及相关史料记载，左宝贵"性勇敢，多大略"，屡立战功，受到上司的提拔重用。

1872年，奉檄往热河朝阳剿办"马贼"，积功以副将尽先补用，并赏加总兵衔。

1875 年，率部从刑部尚书崇实赴奉、吉两省查办案件，诏以总兵记名简放，赐铿色巴图鲁勇号，自是以客军驻防奉天。

1880 年，左宝贵奉命统领奉军并总理营务翼长，驻防奉天。因其治军有方，纪律严明，深谙韬略，勇猛过人，先后经将军庆裕、大学士李鸿章以"勤明忠实、骁勇耐劳，晓畅军事，谋勇兼优"入奏朝廷，晋升为建威将军，记名提督，成为清廷高级军官，人称"左军门"。1889 年授广东高州镇总兵，仍留守奉天。1891 年，赏穿黄马褂，并赏给头品顶戴。1894 年，赏戴双眼花翎。

作为一名高级将领，左宝贵"治军严肃，重才文士，爱材勇，有奇技异能者，辄罗之麾下，功不吝赏，罚不私刑，士乐为用"，他虽系武人，但"性慈善，于地方公益尤"。长期驻军奉天，曾先后设立"赈灾粥厂、同善堂、栖留所、育婴堂，县治四境，津梁道路，多为宝贵捐廉其修"。

地方镇的地方村是回民聚居区，村内建有一座清真寺，便是当年左宝贵捐资修建。

对于他的家乡地方镇，左宝贵也曾多次为捐资建桥、办学、整修清真寺。平邑县史志办公室编审李常松 1984 年对县城古建筑遗迹遗物调查时，在百姓家中发现一块面板，竟是平邑清真寺内的左宝贵题词匾。此匾写于 1892 年，长 208 厘米，宽 73 厘米，厚 5 厘米，正面上书"天方正教"四个正楷贴金大字。落款是"光绪拾捌年岁次壬辰叁月谷旦"，"钦命头品顶戴、赏穿黄马褂、简放提督、广东高州镇总兵、总理奉天营务翼长、总统奉军马步等营，铿色巴图鲁左宝贵敬立"。据李常松介绍，左宝贵与平邑县地方镇清真寺有极深的渊源。同治年间，左宝贵捐资修建了清真寺水房，光绪八年 (1882 年) 再捐资重修了寺门，光绪二十年 (1894 年) 又出资重修南北讲堂。1894 年清真寺功竣，形成今天的规模。

左宝贵壮烈牺牲在甲午战争的平壤之战。据《中国大百科全书·中国历史Ⅲ卷》记载，平壤之战发生于 1894 年 9 月 15 日，是双方陆军首次大规模的作战。

当时驻守平壤的清军共 35 营，1.7 万人，进攻平壤的日军有 1.6 万多人，双方兵力旗鼓相当。高州镇总兵左宝贵登玄武门指挥，亲燃大炮轰敌，官兵感奋，英勇杀敌。激战中，左宝贵不幸中炮牺牲。

左宝贵牺牲后，1894 年 9 月 23 日，清廷明降谕旨，准照提督阵亡例从优议恤，任内一切处分悉予开复，赠太子少保衔，予谥忠壮。

左宝贵牺牲后，遗体留在了朝鲜。《清史稿》这样记载左宝贵的功绩："中东之战陆军皆遁，宝贵独死平壤；海军皆降，世昌独死东沟。"左宝贵、邓世昌因而并称为甲午"双忠"，流芳千古。他是清军在朝鲜阵亡的陆军高级将领。但是没有在甲午海战阵亡的海军管带邓世昌出名，其中一个重要的原因是电影《甲午风云》家喻户晓，邓世昌的英雄形象随着电影的传播早已深入人心；而左宝贵只是在史学界被人熟知。

清光绪二十一年 (1895 年)，清政府在左宝贵的祖茔地为他建造了衣冠冢立碑记德，题记"气壮山河"。左宝贵衣冠冢位于平邑县地方镇西约 1 公里处。为了表示对他的怀念，人们在他的故乡祖茔地掩埋了他生前穿过的一只靴子和一顶帽子，并在上面筑起一座方形圆顶坟。据了解，左宝贵衣冠冢原来占地近 10 亩，周围是砖墙，植有松柏，立有牌坊、石狮和墓表。现在衣冠冢的封土已经很小，高 1.1 米，直径 4.5 米，冢前神道仅存石狮、华表、赑屃碑座。华表高 3.8 米，由底座、碑身、望天吼（如今已丢失）组成。华表东、西两侧为八仙浮雕图案，正面刻有兵部左侍郎杨颐的挽联："孤军支拄穷边，伤哉为国捐躯，万里未能收战骨；几辈逍遥海上，恨不藁街悬首，九原何以谢忠魂"。背面刻有驻藏帮办大臣内阁大学士礼部左侍郎尚贤的挽联："经百战勇冠诸军，常开平天下奇男子；守孤城心拼一死，张睢阳古之烈丈夫。"

左宝贵衣冠冢先后被公布为县、市级重点文物保护单位，2006 年又被山东省人民政府公布为重点文物保护单位。

左宝贵作为清军的高级将领，不仅在战场上英勇善战，大义凛然，平日里更是体恤百姓、扶危济困，驻军一处，兴利一方，深受人们的爱戴。面对日本侵略者，他表现誓死卫国的民族气节，顽强御敌，血洒疆场，成为世人称颂的民族英雄。他这种为了民族利益而不畏强暴的精神，和所有的抗日民族英雄一样，永远存留在人民的心中。

左宝贵军旅生涯几十年，英勇善战，驰骋疆场，南至广东高州，北到黑龙江，东到朝鲜平壤，西达宁夏，南征北战，东荡西杀，历经大小几十战。他疾恶如仇，却爱士卒如手足，尊百姓如父母，杀敌卫国，救民众于水火之中。

左宝贵为人"贵不忘本，富而好施"。据老家地方村流传，左宝贵当总兵后曾回地方镇省亲，在村外下马徒步行走。村中老人按制喊他"左大人"时，他连忙制止，让长辈们喊他的小名，非常平易近人。

左宝贵衣冠冢

他屡次捐资修复地方村的清真寺，前后计有 700 两银子。他的题词匾悬挂于平邑清真寺大殿上方。

令人惋惜的是，在 2012 年 7 月中旬前往地方镇调研时，位于地方的这座清真寺刚刚拆除，重新建起一座现代风格的清真寺。古老的清真寺已不复存在，只留下一些牌匾和残砖断瓦。

左宝贵出身贫困，使他深切体会到老百姓苦处。他驻军一处，即能为百姓兴利一方。光绪元年以后他驻兵奉天（沈阳），在当地设栖流所，建育婴堂，办牛痘局、字纸局，捐助受灾民众。他还关心民间教育事业，曾在营口海神庙、沈阳练公所南北寺等地设立义学，劝诫孩子入学认字。奉天县治四周的津梁道路，左宝贵亦多捐资葺修，并多次为故里捐资建桥、整修清真寺，故深受民众爱戴。还捐赠白银 1000 两，支持家乡兴办崇文书院。光绪十四年七月，辽河泛滥淹没数县，左宝贵亲自率部驾驶帆船拯救官民，并捐资修缮桥梁道路。他的爱民之举，深受百姓颂扬。

面对日本侵略者，左宝贵血战平壤，威武不屈，表现出崇高的爱国精神和一

股浩然正气。他牺牲后，国内他生前所驻扎的地方，当地百姓纷纷为他建造祠堂，寄托哀思。左宝贵大义凛然的英雄形象、崇高的人格风范和气壮山河的民族气节将永载史册，勉励着后人。

左宝贵所表现出的英勇顽强、乐善好施、爱国爱民的精神永不过时，值得当今社会弘扬。

左宝贵的爱国主义精神和英雄业绩，作为中华民族的优秀文化遗产，被写进了教科书；他的遗物在中国历史博物馆、山东省博物馆、甲午战争纪念馆等均有陈列；颂扬他的碑刻、塑像见于朝鲜平壤、辽宁及故里等地，他的英勇事迹和视死如归的伟大献身精神至今为世人追念和传颂。

中华民族在五千多年的历史发展中所形成的民族精神，是中华民族生生不息、发展壮大的强大精神力量，也是中国人民在未来岁月里继往开来、开拓创新、振兴中华的强大精神力量。弘扬和培育中华民族精神是时代精神的体现，是推进民族复兴的重大举措。临沂是养育这位民族英雄的地方，打造左宝贵以民族精神为内涵的文化品牌有着十分重大的现实意义。

平邑县围绕左宝贵这一历史名人也做了一系列的工作。

1984 年，在左宝贵壮烈殉国 90 周年之际，平邑县委、县政府衣冠冢举办了隆重的纪念仪式，并组织有关人员左宝贵衣冠冢做了调查，征集了部分文物。1988 年，平邑县文化部门制订了修复规划方案。

1994 年，在左宝贵壮烈殉国 100 周年之际，平邑县委、县政府在衣冠冢再次举办了隆重的纪念仪式，决定修复衣冠冢，并在县城雕刻了左宝贵像，出版了《民族英雄左宝贵》一书。左宝贵的后人也在衣冠冢立碑纪念。

2000 年，由平邑县政协组织各有关单位对左宝贵衣冠冢的修复方案进行了修改，准备扩建成左宝贵纪念馆，占地面积 30 亩。

2003 年，左宝贵衣冠冢被公布为市级重点文物保护单位，确定了保护范围和建设控制地带。之后，地方村民筹资新塑左宝贵石像一座。

2007 年，在左宝贵诞辰 170 周年之际，平邑县委、县政府决定扩建左宝贵衣冠冢，在以衣冠冢为中心的基础上，向四周辐射，新增左宝贵事迹陈列室，左

宝贵的碑廊等，建一座规模较大的左宝贵墓园，形成一种寓游览与纪念为一体的旅游场所和人文景观，打造一处爱国主义教育基地。

天宝山歼灭叛军

据《中国共产党平邑县历史》记载，抗日战争时期，天宝山的南峪子是天宝山区抗日活动的中心。天宝山区崇山峻岭，道路崎岖，树木茂密，便于隐藏与转移，是个比较富足的地方。当时，这里被封建势力廉德三的民团统治着。

天宝山民团是由当地的地主、富农买枪，吸收贫苦农民组建而成，共有200多人枪。

1940年春，八路军第一一五师和地方武装粉碎了日军对鲁南山区的春季大"扫荡"，保卫了鲁南抗日根据地。粉碎日军"扫荡"后，师直属机关于5月中旬转移到了天宝山区，开始在天宝山区建立抗日根据地。

廉德三在八路军的威慑之下，不得不对八路军第一一五师的到来表示欢迎。经过一段时间的教育争取工作，廉德三接受了八路军的改编，天宝山民团的武装改编为八路军第一一五师天宝山游击大队，廉德三为大队长，八路军第一一五师派出干部任中队指导员。

天宝山民团改编后，队员们的思想觉悟不断提高，对廉德三的统治基础产生了动摇。廉德三接受改编只是迫于形势，不得已而为之，其目的是保存实力。抗日形势的发展，使他保住实力继续做山大王的美梦破灭。而此时，国民党费县党部书记、日军特务王公武，极力迎合廉德三的心理，教唆廉德三反对共产党八路军。

1940年8月17日，廉德三在日特分子王公武的拉拢、煽动下，带领天宝山

游击大队 150 余人叛变投敌，裹挟不明真相的千余名群众，占领天宝山，并将八路军第一一五师 13 名战士缴械后送交给盘踞在费县县城的日军，这些战士惨遭杀害。

廉德三叛变后，带领叛军盘踞在天宝山一带山上，居高临下，对西边山下驻扎的八路军第一一五师师部、公鸡山村驻扎的师政治部和油篓村驻扎的鲁南区党委构成了严重威胁。八路军第一一五师和鲁南区党委立即决定，把解决廉德三叛变问题作为第一工作，并制定了平叛原则，说服教育为主，争取和平解决。

但叛军错误地估计了形势，以为天宝山和偏头崮是天险，八路军攻不上来，所以不听八路军第一一五师派出人员苦口婆心地劝说，廉德三和叛军拒绝下山。

在此情况下，八路军第一一五师和鲁南区党委决定，先解决对八路军领导机关威胁最大的偏头崮。偏头崮三面悬崖，山上修有围墙，易守难攻。战斗持续了 1 天 2 夜，进攻的八路军才冲上山顶，消灭了叛乱分子。

偏头崮被攻克后，廉德三仍固守天宝山南峪子。八路军坚持和平解决方针，罗荣桓亲自主持这项工作，经多方努力，未能使廉德三转变立场。他把一小队日军请上了山，杀牛款待，还将土匪刘黑七引上山，完全堵死了和平解决之路。

10 月 13 日，八路军第一一五师和鲁南区党委在和平解决无望的情况下，从六八六团和七团抽出 4 个连的兵力，向天宝山发起攻击。战役由陈光指挥。

由于廉德三部凭险顽抗，战斗打得非常激烈、艰苦。第二天下午，战斗出现转机。天宝山东南方向是叛军防御的次要位置。守在这里的是中队长廉德五的人。廉德五的女儿廉茂催是中共党员，她做通了父亲工作，廉德五带人撤到了天宝山主峰，为八路军攻上天宝山主峰提供了条件。八路军指战员英勇无畏，于下午 5 时攻上了山顶。战斗中击毙了日军特务王公武。廉德三负伤后，用绳子溜下悬崖，逃到了地方的日军据点。

此次平息叛乱战斗，八路军第一一五师政治部刘四喜及 60 余名干部战士牺牲，师部作战科科长李作鹏负伤。

天宝山战斗结束后，八路军第一一五师和鲁南区党委组织了工作团。进村宣传八路军坚持抗战、建设根据地的方针、政策；揭露廉德三勾结日军的罪行，劝

说外逃或上山的群众返回家园，对受廉德三迫害的群众进行安置。动员群众配合八路军打击日伪破坏活动，受到社会各界人士的欢迎。人民群众对共产党的政策更加拥护，人心稳定。在共产党的领导下，天宝山区军民开始了艰苦卓绝的抗日斗争。

风风雨雨九间棚

天宝山目前已被当地政府打造成景区，包含龙顶山天池、九间棚等景点。

九间棚是一个山村，村内一个天然形成的奇特巨大的石棚，长 30 米，深 10 米，高 3 米，棚内原有石龙、石虎、石牛等自然景观。九间棚有着久远的历史和很高的知名度，村民艰苦创业、无私奉献的精神，闻名全国。

乾隆六年，一对刘姓夫妇逃荒到大山深处的平邑县龙顶山，在山上发现了可栖身的石棚，就在此定居、繁衍生息。后来，儿孙大了，要成家立业，逐步把石棚隔成了九间，九间棚村由此而得名，但周围的村子都习惯叫它"干山顶"。因为山上严重缺水，太旱、太穷、太荒凉，山下的姑娘不肯嫁到山上，怕没水喝；亲戚上山，最贵重的礼物就是水。未修路前，只有一条攀崖上下的小道，唯一的交通工具是一副门板，人生病、猪上市全都靠它。

"九柱擎天"是九间棚村的 9 名党员干部带领群众改变穷山致富的事情，当年被全国各大新闻媒体争相报道。

1984 年底，退伍军人刘嘉坤上任村党支部书记，和新老班子一起制定了"架电、修路、整山、治水、栽树"的 5 年规划，村民大会上一宣布，得到村民的一致拥护。对九间棚人来说，要摆脱贫困，只能实干苦干背水一战。架电的时候，1800 多斤重的水泥电线杆，硬是被他们肩扛人抬搬上了龙顶山。

1985 年，九间棚开始修盘山路，村里只有 50 个劳动力，面对的却是 7 里劈崖越涧的山路，算算要修通大概得 5 年。可他们日夜鏖战，只用了 5 个月；建在悬崖上，扬程 102 米的二级扬水站仅用 25 天完工。引水上山后，九间棚人治理了 2100 亩荒山，整治了 450 亩耕地，栽植水土保持林 1600 亩，栽果树 2 万多棵，人均果树 120 余棵。

九间棚人从最贫困的起点起步，勒紧腰带搞工程，没有向国家要一分钱，用勤劳的双手战胜恶劣的自然环境。经过 6 年的奋斗，到 1990 年，全村产果 10 多万斤，人均收入达到了 800 元，基本解决了温饱问题。在与贫穷的搏斗中，9 名党员是核心，撑起了九间棚的天。关键时刻不退步，吃亏的事他们做，最累的活他们干。靠着这种模范作用，他们把全村人拧成一股绳干事情。

九间棚人依靠自力更生，艰苦创业，立足于自己力量的基础上，克服困难，完成了前人未能完成的伟大事业，这就是九间棚精神，受到党和国家领导人的肯定。

自 20 世纪 80 年代后期，全国各地的干部、群众逾百万人先后登上九龙山顶，学习九间棚人的创业精神；上海电影制片厂摄制的以九间棚为原型的电影《沂蒙山》在全国播映，更使九间棚成为全国人民心目中的一面旗帜。

1991 年，刘嘉坤提出"立足山上农林果，出山进城办企业"的新目标，带着九间棚人把工厂办到了县城，先后办起花岗石厂、机械配件厂、塑料厂、金银花茶厂，一个个厂子建起来，村民进城当了工人，村里在县城建了九间棚住宅小区，九间棚人住进了新楼房。1992 年，九间棚村又成立了旅游公司，依托天宝梨乡，山区特色，挖掘创业文化，发展旅游观光业，现在已经是国家 AAA 级旅游景区，"全国农业旅游示范点"。

1999 年，九间棚村把公司开进了北京，成立了北京九间棚农业科技园有限公司，在平邑成立了平邑县九间棚农业科技有限公司，以金银花为主导产业，大力推广种植、研发新产品，和中科院药用植物研究所徐长青博士一起，培育出"九丰一号"金银花新品种，达到国内金银花育种领先水平。在平邑县经济技术开发区建起占地 260 亩的制药厂，形成了从良种培育、推广种植、干花购销到食品药

品研制的一条龙产业，占据了国内金银花产业的制高点，带动了全国金银花农致富，促进了金银花产业的科学发展。

今天的九间棚村，已经形成了农业、工业、旅游业三大发展板块。九间棚村党支部先后被评为"全国先进基层党组织""全省干事创业好班子""沂蒙乡村振兴好支部"。九间棚村也被评为"山东省农村建设样板村""全国农业旅游示范点""国家 AAA 级景区""全国文明村""全国幸福村""全国生态文化村"。

当年贫穷落后的干山顶，变成了富饶美丽的新山村，成为一颗璀璨的"沂蒙明珠"。

参考资料

①中共平邑县委党史研究中心:《中国共产党平邑县历史》(第一卷)，平邑县人民政府官网 2008 年 9 月 5 日。

②平邑县人民政府网 2008 年 9 月 5 日。

苏家崮

苏家崮

气壮山河

崮乡崮事

苏家崮，位于平邑县城南 29 公里处，郑城镇兴源村南。海拔 498 米，面积 200 万平方米。山体由寒武系、奥陶系的灰岩、砂岩、页岩构成。原名抓九山，后归苏姓管理，遂改今名。山顶平地北低南高，长约 1800 米，北部宽近百米，中部以南宽约 200 米，南部隆起为一小高地，与西南侧晒书台高地相连，山顶中部稍凹，有十几间旧房残壁。1941 年，那场悲壮惨烈的苏家崮血战就发生在这里。

碧血千秋　精神不死

　　对苏家崮的了解，是因为抗日战争时期那场阻击日寇的血战，八路军的英勇顽强、战斗的惨烈早已载入史册。苏家崮，就是一座英雄的丰碑，瞩目它，令人心生敬仰。

　　从苏家崮的北侧，沿台阶登上崮顶，迎面是一块高大的石碑立于碑亭，石碑上刻着"气壮山河"四个大字。

　　这里，是苏家崮战斗遗址。

　　苏家崮是长形山崮，略呈东北—西南走向，崮顶周边是数十米高的陡岩峭壁，四周低缓，中间略微凸起，山顶开阔且较平坦。上面生长着侧柏，北面因岩面裸露，树木稀少，而越往南则松柏越是繁茂，杂草树林间，有数十间旧房残壁分布。这里以前也有人居住生活过。而整个崮顶，都在讲述一个血战日寇的悲壮故事。

　　由碑亭南行不远，是一处两个人指挥战斗的雕塑。左边的是八路军山东纵队一旅三团团长王吉文，右侧是政委张玉华。1941 年 12 月 8 日，为掩护中共中央山东分局党校 400 多名学员转移，王吉文、张玉华在这里指挥部队与日伪军展开殊死较量，圆满完成了任务。

　　山上有许多处当年战斗留下的掩体工事，有的呈一字长蛇状摆开，有的围成堡垒形，留有观察射击孔。当年，这里站立的是八路军指

崮顶的纪念碑亭

战员威武的身躯，如今，此处耸立的是一棵棵苍松翠柏。

崴顶的南侧，是悬崖绝壁。苏家崴战斗的当天，日军炮轰了八路军阵地四五十分钟，八路军一连只剩下了30多名战士。子弹打光了，对围上来的日军就用石头、枪托做武器，打退了日军的13次进攻。下午5时许，日军开始了对苏家崴上八路军第14次进攻，已经弹尽粮绝的一连30多名战士誓死血战，边撤边和日军展开肉搏拼杀，有20多人先后在拼杀中壮烈牺牲，有10余名战士和围上

跳崖处

来打算活捉八路军的日伪军抱在了一起，从这个地方抱敌跳崖，与敌人同归于尽。遥想当年的战斗场景，是何等的悲壮，八路军战士是多么的英勇！

崴顶有一个当年战斗中"四连突围处"的标志牌。日军攻占一连阵地后，所有日军围攻崴顶西北四连阵地。该连处于狭窄地形，一无工事，二无天然障碍物，且在日军火力持久压制下已有较大伤亡，难以坚持。日军集中了20多挺轻重机枪于西山头，一齐向四连扫射。在日军密集的弹雨中，又有十几名八路军战士壮烈牺牲。此时已天黑，战士们趁着夜色掩护分头突围，有4名战士到了田家庄，突出重围。另有4人向西，在日军夹缝中突出重围。战斗结束后，找到八路军遗体118具，另外生死不明者112人。

在一连跳崖处的北面一开阔地，松柏林下有一座一座的石头坟茔，这里是烈士墓区。

战斗结束后，当地的老百姓在一连阵地的坚硬岩石上，硬是凿出了43个墓穴，将山上49名牺牲战士的遗体掩埋，其中6个墓为两人合葬，保护了烈士遗体。2005年，这些烈士遗骸被迁往郯城烈士陵园安葬。

八路军用鲜血和生命证明了革命军人的英勇和无畏，老百姓用行动表达了他

们对人民军队的热爱，表达了军民鱼水情深似海。

曾经硝烟弥漫的苏家崮，如今已被苍松翠柏所覆盖。山上松涛阵阵，山下瓜果飘香。崮下的老百姓都过上了小康生活，这幸福的日子，是烈士们用鲜血和生命换来的。

★★★ 红色崮事

血染的风采

时间拨回到 1941 年 12 月 8 日。

参加那场苏家崮战斗的，是八路军山东纵队第一旅第三团的第一、特务连第四连及第五连的一个排。而八路军战士与之决战的，是合围苏家崮的 6000 多人的日伪军。

从苏家崮战斗时任八路军山东纵队第一旅第三团政委的张玉华和苏家崮战斗时任参谋的魏学成这两位亲历者的回忆文章中，我们能够较为真实地了解那场战斗的经过。

1941 年 11 月 3 日开始，日军集中 5 万余人，对沂蒙山区实行"铁壁合围"，进行了空前规模的"扫荡"，妄图摧毁鲁中抗日根据地，消灭根据地领导机关和主力部队。

为配合鲁中部队反"扫荡"，并防止遭敌袭击，根

八路军山东纵队第一旅第三团团长王吉文、政委张玉华雕像

438

据上级指示，八路军山东纵队第一旅第三团将部队分成40个单位进行分散活动。

12月5日，旅电示三团在外围进行积极活动，打击牵制敌人，配合沂蒙山区的反"扫荡"。这时，八路军第一一五师师部也由沂蒙山区转到鲁南，随行的中共中央山东分局党校约400人交由三团负责掩护。

日军侦察到八路军第一一五师转到鲁南，宁家圈地区有部队集结的情况后，随即集中约6000人的兵力，分别由滕县、邹县、平邑、铜石、地方、费县等据点出犯，利用夜暗隐蔽开进，以宁家圈为合击目标，于8日拂晓占领晒书台、白彦、山阴、薄石板、郑城、崇圣庄等要点，并在常庄、桃花山布置伏兵，防止八路军向西北方向突围。

宁家圈位于费县正西35公里、白彦东北4公里处。它是一小块山间盆地，六七个小山村错落其间，周围是标高在400～500米的山岭，西北通山阴方向有一敞口，向西南翻山口通白彦，向东翻山口通郑城，均有人行路。八路军三团团部及一营驻在盆地中央，二营驻西北山口之凉水河及辛庄，分局党校驻在山岭东侧的铁里营。

7日夜晚，各路日军轻装疾进，途中遭八路军侧击，仅以少部掩护，主力仍奔向预定目标。八路军虽加强了警戒，却没有想到日军会突然进行合围，加以只靠徒步通信，未能及时得知日军行动情况。

8日拂晓6时，八路军二营各连饭后正集合出操跑步，进占山阴东岭的日军突然向凉水河发起袭击。六连立即占领阵地，抗击日军。接着，白彦、崇圣庄、郑城方向也响起枪声。

战斗打响了。当团长、政委率担任前卫的第一连进至通往白彦山口时，发现白彦及其东西各高地已布满日军，凉水河方向战斗正激烈进行，东北郑城方向尚无大的动静。判断西面、南面已到多路日军，向西南方向突围已不可能。随即改变决定，以第四连占领宁家圈南山及西山阻击白彦之敌，以第一营营长徐振明率第三连跑步抢占宁家圈东北的重山，掩护团直及分局党校向东北方向突围。

此时，太阳已高高升起，晨雾已消。当团首长率一连掉头向东北疾进时，六连已在日军猛攻下向重山转移。突过凉水河的日军即以火力压制八路军运动的部

队。炮弹在附近爆炸，机枪弹在部队运动道路的左侧打起的泥土阵阵飞扬。白彦东西一线的日军则同时向西山、南山发起攻击。

王吉文团长针对当时严重情况，决心由参谋主任孙光率团直及分局党校，由二营掩护，向正北方向突围，三连控制重山阻滞日军，而后任后卫跟进；团长、政委率一连抢占东南高地苏家崮牵制日军，并杀开一条血路，向东南方向突围，求得和三营会合，寻机打击日军。由于笨重武器已不便携带，即令特务连将两门迫击炮及数十发炮弹埋藏在河滩沙堆里。

各部依照团长决定立即行动。第一连从北面登上苏家崮向南进展。王团长、张政委、政治处主任陈晓峰及机关少数人员也随即上山。由于情况紧急，决定变得快，具体任务未逐级交代清楚，特务连、第四连及第五连的一个排，见团首长上了苏家崮，也随后跟上来。

苏家崮能上下通行的道路很少，只有北头及南头有路，东西两侧均为数十米高的崖壁，山顶平地北低南高。当一连沿山顶前进时，日军也从南头登上山顶，一连越过中部废墟，便同日军遭遇。一连连长立即率一排向日军冲击，攻占小高地，但遭敌反冲击，连长牺牲，该连退守废墟，与日军对峙。

当年的战斗工事

团首长登上山顶后，发现苏家崮东北及东侧之郑城、崇圣庄一线已布满日军，有的正烧火做饭，有的正部署火力、修筑工事。为杀开南突血路，派参谋到一连

传达命令，命该连坚决夺占小高地，驱逐日军。一连受令后，即以第二排发起冲击，用刺刀、手榴弹杀退日军，冲向高地。日军随即以成倍的兵力反击，小高地得而复失。晒书台、崇圣庄、郑城各点之敌均以火力向八路军猛烈射击。

团首长眼见一连两次冲击受阻，晒书台的日军继续增援苏家岗南头高地，八路军所占山顶北半部较狭窄，部队展不开。此时是上午 10 时许，很难固守到天黑，八路军向东北突围的部队已安全突出，宁家圈东山及重山已被敌占领，各路日军正向八路军迫进，但东西两面之敌尚相距 2 公里多，尚有空隙可利用，当即决定迅速下山向东北方向突围。突围的顺序是第五连一个排为前卫，其后是团首长率特务连、四连、一连，并以第四连机枪占领北山嘴，以火力压制郑城西侧小高地之敌，阻其西进。

团首长下山后，未见五连的那个排跟上来，即将身边几十人稍加组织，由通信排排长任保庆带一个班对东掩护，迅速向北突围。

日军发现八路军突围行动后，立即分多路东西对进，并集中火力向八路军射击。顿时，在八路军前进路上形成层层火网。八路军掩护兵力有限，无法压制日军。政治处主任陈晓峰、组织干事张凯、见习参谋张兴柞及部分战士中弹牺牲。四连及五连特务连部分人员看到下山突围部队受到敌人夹击，伤亡重大，即就地抵抗。一连见四连未动，继续同对面敌人对峙。

山下战斗结束，已近中午。日军集中兵力火力转向八路军守在苏家岗上的部队，从四周实施猛烈射击，在山南头集结优势兵力向一连连续冲击。一连依托山顶中部十几间废墟同日军展开了残酷的拉锯战，先用火力和手榴弹打，子弹打光了就同日军拼刺刀。日军反复冲杀数次，阵前日寇尸体成堆，八路军也

战斗场景雕塑

441

伤亡惨重。战至下午 3 时，一连还剩下 30 余人，有的在同日军肉搏中倒下，有的抱住日军滚下山崖，同归于尽，全部壮烈牺牲。

随后，日军向四连冲击。八路军指战员勇猛冲入敌阵，大部分同志在同日军肉搏中英勇牺牲，少数人利用日军空隙边打边突。最后，突围出来的有七八人。

英雄们的行为是壮烈的，这次战斗对日军打击是沉重的。在这一场血战中，八路军打死了日军 400 余人，伤其一部，战后日寇在郑城、白彦等处焚尸两天。

在苏家崮山顶、木头崖及蒋家庄南北岭等处共找到烈士遗体 118 具。

118 座抗日烈士陵墓

郑城烈士陵园就坐落在苏家崮东北方向的山脚下，现已更名为苏家崮抗日烈士陵园。

陵园最早是 1944 年费南县各界民众建立。后来经过多次改扩建，现在的陵园占地 200 余亩，抗日烈士纪念碑 2 座，纪念碑 8 座，八路军第一一五师在沂蒙纪念馆 2 处，王保胜事迹陈列馆、报告厅、石刻碑林、紫藤架回廊、荷花池等纪念设施分布园内，建设面积 10000 余平方米。2012 年建制为市级烈士陵园。现园内有抗日烈士陵墓 118 座。

苏家崮抗日烈士陵园

在抗日烈士纪念碑的西侧有一石碑，为"重修苏家崮烈士陵园碑记"，上面记录了修建陵园的过程。

"1941年12月8日，八路军山东总队一旅三团，掩护中共中央山东分局党校400多名学员转移，250名战士奉命抢占苏家崮高地钳制敌人，血战竟日，党校学员全部安全转移，而八路军战士除少数人突围外，团政治部主任陈晓峰及大部分战士壮烈牺牲，最后30多人誓死不为俘虏，跳崖殉国，有的抱敌同归于尽，民族气节大义凛然！烈士多山西人，为国捐躯，魂系华夏，长眠于斯，岁时享祭，当无马革不裹之憾。然，垒垒青冢，姓氏难辨，英名不留，令人痛心！丰功伟绩，彪炳史册，碧血丹心，无愧炎黄。是故，将陵园易名为苏家崮抗日烈士陵园。"

1944年费南县各界民众建立抗日烈士纪念碑一座，碑阴刻县内509名烈士英名，两侧碑记概述了境内历次战斗及民众的光辉事迹。1964年纪念碑毁于雷击，现纪念碑为1966年平邑县人民委员会按原貌重立。陵园建成之初，将苏家崮战斗牺牲葬于崮下的118名烈士奉安入园。随后，陆续将散葬各地的55名烈士迁入。2005年10月14日，复将苏家崮顶的49名烈士墓迁入，其中6座合葬墓。2012年4月6日将散葬在白彦镇50名烈士和原魏庄乡15名烈士搬迁入园。2012年至今，烈士陵园提升改造扩建，散葬烈士陆续搬迁形成现在规模。

在陵园正门的两侧，是八路军第一一五师在沂蒙纪念馆，展馆用文字、图片和实物的形式，记述了八路军第一一五师在沂蒙的革命历程。

在中共中央六届六中全会上，毛泽东发出了"派兵去山东"的号令，八路军第一一五师师部和部分主力在代师长陈光、政委罗荣桓的率领下，挺进山东。师直机关及主力一部越过津浦线到达蒙山西麓平邑县仲村镇马家峪村，这是八路军第一一五师挺进沂蒙山区的第一站。1940年初，八路军第一一五师发动了三

八路军第一一五师在沂蒙纪念馆

打白彦的战斗。1940年5月下旬，八路军第一一五师司令部驻进平邑县桃峪村，中共鲁南区党委在油篓村正式成立。1940年9月、10月，八路军第一一五师随即召开了师直机关和各支队长参加的桃峪高干会议。总结了八路军第一一五师入鲁以来对敌伪顽斗争和开辟鲁南抗日根据地的经验教训。桃峪高干会议结束后，山东的八路军及地方武装，围绕思想建党、政治建军的要求，把部队淬炼成了"铁的模范党军"。

在艰苦卓绝的抗战岁月，八路军第一一五师在沂蒙山区南征北战，东讨西伐，守重坊、战胡集、攻郯城、夺海陵，取得了反"扫荡"、反"封锁"、反"蚕食"的一次又一次胜利。据党史部门统计，共作战4万次，消灭日伪军25万余人。

八路军第一一五师在沂蒙的辉煌战绩、巨大功勋、优良作风、光荣传统，尤其是建设"铁的模范党军"的政治思想、决策部署，对我们今天加强党的建设和军队建设，对于开辟新征程，担负新使命，力争新作为，谱写新篇章等，都具有重要的现实和历史意义。

如今，苏家崮烈士陵园已被中共临沂市委宣传部确定为沂蒙精神教育基地，被中共临沂市委组织部确定为临沂市党员教育基地。

参考资料

张玉华、魏学诚：《血战苏家崮》，烽火HOME网2019年1月3日。

太皇崮

因有名水
出大匡

太皇崮

　　太皇崮，原名大匡崮、大黄山，位于平邑县城西南33公里白彦镇太皇崮村西。海拔505米，占地330万平方米，为三层崮顶，最顶层呈不规则的圆锥形，其下四壁峭立，十分险峻，具有崮的典型特征，祊河发源于此，崮上古遗址众多。抗日战争时期，这里发生过太皇崮战斗，9名壮士抗击日寇，英勇跳崖。

崮乡崮事

崮上寻古

　　登太皇崮走子泥沟村有两条路可行，一条沿弯弯曲曲的盘山路上行，可一直抵达崮顶下方的云台寺；一条南行绕到山前，沿山下的台阶攀行，可登上崮顶。从这条道登崮是正路，虽路途稍远有劳身之苦，却有攀登之乐趣。

　　太皇崮这方区域以前属于滕县。据清朝道光版《滕县志·山川》记载："越峰山又东三十里，巍然高出云表者为大筐阜山，山三层，如台阁相承，每层四面，皆削壁，一径直上如竖表千仞，登则后人仰见前人履底也。有固有洞，亦避兵所。稍南二里许，巨石巉（chán）岩崛然筐阜之前者，为巉山，山有两泉，水对出落崖下若两白龙竞逐于涧中，奇观也。"

　　太皇崮以前叫大匡崮，也称为大黄山，那后来为什么叫太皇崮了呢？从名字上单解，应该与皇帝有关，与哪位皇帝有关？

　　原来，在清乾隆年间（1736年），乾隆皇帝下江南时路过此地，见此处风景秀丽，感慨良多，挥毫留下传世佳作："正重归宛泰山方，因有名水出大匡。温凉清水流不尽，万山尽在水中央。"

　　乾隆爷所说的"水"指的是太皇崮山北面峭壁下有一清泉，名滴答泉，乃是祊河之源头。此河在平邑、费县境称之温凉河，至兰山区境内称祊河，在南坊三河口处汇入沂河。关于太皇崮是祊河之源头，史书上多有记载：元于钦《齐乘》

山门

卷2"沂水"条称："祊出县南关阳川。"《清·沂州府志》载：祊河"名祊者，以

地为古祊田也。出崮东北流径县南，汇为桃花渊。渊在崖石间，水深多鱼。桃花上为二郎渊，下为丁沟渊，皆祊水之曲也。祊水东入于小沂水"。

乾隆皇帝驾临过的大匡崮从此也就有了如此高端大气的太皇崮之称。

立于山下仰望太皇崮，崮顶岩石层叠，崖壁上"挂着"寺庙，自然风光里，透着浓厚的文化古韵。现在因太皇崮被开发成了景区，登崮有人工修筑的台阶，便少了些爬山的辛苦，很快就能到达云台寺下。

太皇崮与其他的崮有所不同，崮顶的岩石有三层，可谓崮上有崮。崖壁最高处可达 50 多米，最顶层崮顶四周峭壁如削，徒手无法攀上其顶。

云台寺坐北朝南，依崖壁而建，就像贴在悬崖上面的"剪纸"，在雄浑高大的山体映衬下，显得极为单薄。

据了解，云台寺始建于宋景德元年（1004 年）。后经过两次大规模的重修。明朝正德年间（1506 年 7 月），有峄县籍比丘僧名真秀号天竺者率众徒重修。嘉靖元年（1522 年）到嘉靖十二年（1533 年），当地名人李官裕、谢文举等众善士捐资，在兖州知府崔伟、费县知县刘振等众官员的率领倡导下，对云台寺进行了第二次大规模的重修。当时云台寺规模宏大壮观，呈上、中、下三层层叠式建筑，庙有僧侣百余名，佛事频繁，香火旺盛，是鲁南地区重要的佛教圣地之一。后经日月侵蚀、战乱损毁，悬碑、刻石造像年久风化，残缺不全，寺院旧址损毁殆尽。

由南北望，太皇崮的崮顶便是长形的

现在看到的云台寺除了历史存留的一些古迹，其他均为白彦镇社会知名人士于 2014 年通过自捐、自筹、贷款等方式，筹集善款 300 多万元搞的恢复性建设。壁龛内重塑佛像，临崖壁新建半面大殿，原有石砌山门今已被包裹在内，正中陡峭狭窄的山门通道已被改为佛殿，另在两侧新修了上、下台阶。在云台寺最高处佛殿内崖壁上，如今仍存有原来雕凿出的四躯佛像（残）及石龛、地面雕刻莲花

等花纹图案以及柱础痕迹，可见云台寺历史之悠久。

虽为当下重建，但云台寺里仍有很多古寺遗存之物。石砌山门就是原物。门内东、西两侧尚存古代石刻："方便门开惠僧来，菩提路上意天常。"门上方横刻着"菩提路"三个字。东、西侧均刻有一些小字，但因年代久远风蚀严重，辨别不清。此处的"方便门"便是人们俗称的南天门。出此门，只见正殿供台上贴壁连山体刻有四尊护法菩萨立像，已被损坏，有身无头；另有三尊大佛有座无身，其东西殿大佛均有座有身。这些都是历史留下的缺憾。

在陡壁之上凿进去半壁形成的 3 间华严堂佛殿，东西各一处壁殿，壁刻、地刻图案花纹依然存在。在寺院东侧石壁上，有一处摩崖石刻，题为"大黄山华严堂记"，保存基本完好。据介绍，太皇崮崮顶一周圈崖下共有 70 多处摩崖石刻。这让著者想起在山下的"摩崖刻保护碑"，列入保护的大概就是这些石刻吧。

来到第二层崮顶，西崮台上有人工雕琢的一处天池，此处也被人称之为饮马坑。著者想该池的作用不应该是"饮马"吧，如此绝壁之上，人上来都费劲，马又怎能立于其上？这应该是过去生活在崮顶的人储水所用。一块独立柱状巨石与主体崮顶若即若离，人们称此石为"拴马橛"，也有浪漫之人戏称其为"千年之吻"。这"若即若离"的一吻，又岂是千年，恐万年不止吧。

从第二层崮顶绕至山后，崖下一泉，泉边立一石碑，上刻"惠僧泉"三个字。泉被人

惠僧泉

用水泥砌起，里面有水，上方有一水管，不时会有水从管内滴出，落入池内滴答有声。泉上则垒有一供台，供奉着玉皇大帝和王母娘娘。

崮东南的悬崖峭壁，是 1943 年 9 名抗日壮士跳崖处。太皇崮下的宣传牌及景区的宣传页上，都有壮士跳崖之英勇事迹的介绍。

英雄的鲜血，洒在了太皇崮上，他们的英雄壮举，值得世人铭记。

嘉靖帝重修云台寺

据云台寺的一些历史遗存得知，云台寺始建于 1004 年的宋景德元年，后来在明朝正德年间和嘉靖年间经历过两次重修。有一个民间传说，讲的就是重修云台寺的故事。

民间传说一般只有农村上了年纪的人能拉上几段，随着时间的流逝，知道这些传说的人越来越少。这个民间传说曾被平邑县作家李春晖挖掘整理过，按照他写的《太皇崮蔡八缸的传说》，能知道故事的大概。

传说在明朝嘉靖年间，太皇崮下住着一位姓蔡的员外。此人心地善良、乐善好施，深受当地乡亲们尊敬。

有一年，太皇崮一带大旱，庄稼颗粒无收，老百姓只好背井离乡外出讨饭。蔡员外见状，心生怜悯，忙吩咐家人在街上支起大锅舍粥，十里八乡吃不上饭的乡亲们闻讯，都赶来喝免费施舍的米粥，每一天就要施舍八大缸米粥，救了许多饥寒交迫的老百姓。大家感念他的恩德，于是就送他一个外号"蔡八缸"。这"蔡八缸"的名字代表着老员外救苦救难的功德。

有一天，蔡八缸到地里查看庄稼长势，忽然看见远处一棵树下闪闪发光。他好奇地拿着镶头过去刨，挖出来一只古香古色五彩描绘的小盆，十分可爱，他就将盆揣进怀里带回家了。

他的妻子正在家里打豆子，他见场边上撒了很多豆粒，就捡起来放进了小盆里。忽然间豆粒变成了金光灿灿的金豆子。夫妻二人惊诧地张大了嘴巴，莫非这是一只聚宝盆？他们拿来一只银锞子放进盆里，马上变成了满满一盆的银锞子。

原来，这个小盆果然是个聚宝盆，是上天见他积德行善、广结善缘而赐给他的。

蔡八缸家里有聚宝盆的事越传越广，县官、州官都知道了，连省里的巡抚大

人也听说了。巡抚马上给当朝的嘉靖皇帝上了一道奏折，嘉靖闻奏，龙颜大悦，说："溥天之下，莫非王土；率土之滨，莫非王臣。聚宝盆是朝廷的，应该献给朕。"于是下了一道谕旨，命山东巡抚派兵马速到太皇崮收取聚宝盆。

官兵们穿州过县，一路浩浩荡荡向太皇崮而来，附近的乡亲闻讯，忙跑来告诉蔡八缸。蔡八缸闻讯大惊，急急忙忙安顿好家人，用包袱将聚宝盆包好，抱着它向南山上跑去。

他一口气跑了十几里，累得走不动了，就想把聚宝盆埋在山上，等官兵走了再来挖。于是他扒了一个坑，把聚宝盆埋了进去，为了防止以后找不到，又拔了一棵小松树栽在上面，当作记号。

官兵没有抓到蔡八缸，也没有搜出聚宝盆，只好回去复命。

蔡八缸见官兵退去，就来到山上找他的聚宝盆。

可爬到山顶一看，他傻眼了，只见满山遍野全是郁郁葱葱的松树，哪里去找他的聚宝盆？

后来，嘉靖皇帝的公主得了一种奇怪的病，皇宫的太医谁也治不了，这可愁坏了嘉靖帝。他命太监贴出皇榜，招天下名医救治。一连数日无人揭榜。

有一天，一位仙风道骨、须发皆白的道长揭榜进殿，言称可治公主之病。嘉靖忙请他到后宫诊治。道长隔帘一望，便知端详。他对皇帝说，公主之病非药可医，只因你欲抢上仙赐予蔡八缸的聚宝盆，故有此灾。欲除公主之病，须重修太皇崮云台寺，方能保公主痊愈，长命百岁。说罢，飘然而去。

救女心切的嘉靖皇帝忙命礼部侍郎为钦差，带谕旨到山东沂州府地，对太皇崮顶上建于宋朝的云台寺大殿、佛堂、山门等建筑进行了重修，重塑了菩萨、金刚、罗汉金身，令古刹重现香火、再响梵音，四方善男信女，皆来朝拜，保佑此方土地风调雨顺、人们安居乐业。

九壮士之壮举

太皇崮不仅拥有丰富的历史文化，它更是一座英雄之崮。抗日战争时期，著名的九勇士抗击日寇舍身跳崖壮烈殉国的太皇崮战斗就发生在这里。这是和"狼牙山五壮士"一样壮烈的战斗。

今天，我们应该永远铭记他们的名字：

孟育民　八路军皇崮区委书记兼区长

王万立　八路军皇崮区中队队长兼指导员

陈立三　八路军皇崮区委司务长

公　浩　八路军皇崮区农救会会长

李光有　太皇崮村农救会会长

谢恒玉　小黄坡农救会会长

谢恒柱　小黄坡区中队民兵

谢恒顺　小黄坡区中队民兵

谢洪连　小黄坡区中队民兵

对于这场太皇崮战斗，子泥沟村的宣传栏、景区的宣传栏、宣传页上都有详细的介绍，党史文献资料也有记载，原白彦镇政协副主席范孝林也曾就这场战斗写过文章，我们通过这些文字资料，去还原并追溯九壮士的英勇壮举。

1939 年至 1940 年，日本侵略军重点对山东抗日根据地疯狂进行"扫荡""蚕食"，企图一举扫平抗日武装，但在八路军第一一五师东进支队的沉重打击下，阴谋终未得逞。在鲁东南白彦地区出现了一派大好形势，反动地主、四县联防司令、伪区长孙鹤龄被一举歼灭，劳苦大众纷纷组织起来，开展"减租减息""改善雇工待遇"活动，组织抗日自卫团、游击小组、"三三"制抗日民主政权，抗

日救亡活动空前高涨。

对此，日伪军惶惶不安。1941 年至 1943 年，日寇对山东的"扫荡"更加频繁、更加残酷，所到之处实行"三光"政策，在重点地区建据点、筑碉堡、修公路、挖封锁沟，妄图彻底摧垮中国共产党创建的抗日根据地。国民党顽固派杂牌军和地方反动武装也猖狂活动，配合日寇袭击抗日政权，残害抗日志士和家属，杀害黎民百姓。

1943 年 1 月，日伪军集中万余人，使用残酷的"拉网""铁壁合围"战术，疯狂"扫荡"鲁南山区，相继打通费县至梁邱、陈桥至九女山、邹县至白彦等公路线，增设了白彦、埠阳、九女山等据点，把鲁南根据地分割成若干小块。

为了夺取反"扫荡"的胜利，巩固扩大鲁南抗日根据地，鲁南军民采取机动灵活的战略战术奋起反击。

当时，白彦一带的形势变得相当严酷，西至城前，东至梁邱公路沿线，每 2.5 公里左右一个岗楼，白彦东山是日寇的据点，建有四个碉堡，驻有一个日军小队，城前、梁邱也安有日军据点，白彦、小营村驻扎国民党杂牌军两个营部，分别在小北山和小团山设岗楼。当地伪区部名为保安队，实为汉奸队，破坏抗日，残害百姓。

尽管形势险恶，但中国共产党领导下的抗日组织没有被吓倒，以孟育民、公浩、王万立等同志为首的皇崮区机关、区中队指战员始终坚持在太皇崮一带与敌人周旋。他们白天到深山密林中隐蔽，晚上就到各村协助组织抗日武装，带领群众扒公路、割电话线，给日伪顽以打击，致使日寇惶惶不安、恼羞成怒。

1943 年农历二月二十日，夜幕降临后，皇崮区区长孟育民、区农救会会长公浩，区中队指导员王万立等同志在太皇崮北的小黄坡村，召开村农救会会长会议。会上，孟育民同志分析了当前形势，号召各村组织民兵积极行动起来，紧密配合八路军主力部队，全面加强对日寇的打击，迎接抗战胜利的到来。会议一直开到深夜 11 点多才结束。由于群众发现有陌生人的出现，孟区长决定，为了安全起见，转移到崮东的太皇崮村宿营，随行的还有小黄坡村农救会会长谢恒玉和民兵谢恒顺、谢恒柱、谢洪连。

21 日拂晓，一声枪响刺破夜空，惊醒了睡梦中的人们。据民兵侦察，枪声从东北方向传来，并发现白彦的日、伪、顽 100 余人集结向西南方向扑来。孟区长等一面组织群众转移，一面带领共有 11 人的小部队迅速向西南方向的柴山转移。

不料，刚刚行进三四里路，即遇到日伪军的阻击，复而向西北转移，又遭到西面和西北方向日伪军的阻击，这就是说日伪军已三面包围了他们。

原来，驻山东南部的日军早就对该地区的抗日武装恨之入骨，接密报得知皇崮区机关在太皇崮周围活动，就乘八路军主力部队不在之机，集结了山亭、城前、高桥、团山和白彦等地的日、伪、顽对该地区进行长途奔袭，分进合围，三面夹击，企图一举打垮抗日武装，实现他们所鼓吹的"治安强化运动"。

孟区长等明显觉察到目前的处境非常严峻，再向东南转移已不可能，因为白彦方向的日伪军已包围了崮东。这时，有当地民兵建议："上太皇崮，只要守住西嘴子，敌人插翅也难飞上去。"孟区长等同时考虑到这 11 人中，有 2 个村农救会会长、4 个民兵和 1 个炊事员，战斗力极为有限，要采取硬冲的办法怕很难突出去，如凭借天险待援，也有可能化险为夷。于是同意了上述建议，由民兵带路登上了四周全是悬崖峭壁的太皇崮。

海拔 540 多米的太皇崮，耸然而立，十分险要，由于它与周围别的山脉隔断，因此从军事上讲，它不宜坚守，因为四面峭壁，没有依托、没有退路。但由于日伪军的逼近，也只好"背水一战"了。

日伪军发现了这支登山的小部队，遂集中兵力、集中火力向太皇崮西侧猛烈射击。

崮西偏南有一突出点，人称

太皇崮上的悬崖峭壁

西嘴子，是登崮峰的必经之路，地势险要，真有"一夫当关，万夫莫开"之势，只要守住西嘴子，一般情况下日伪军是上不去的。因此，同志们充满了必胜的信

心。冒着枪林弹雨，11 位同志有 9 位顺利登上了崗峰，只有通信员小陈在炮火的震撼和烟雾沙土弥漫下迷了双眼，没有登上崗峰，还有一名意志薄弱的民兵半路悄然离去。

登上崗峰后，孟区长要求同志们节省弹药重点守住西嘴子，坚守待援。日伪军用三挺歪把子机枪掩护，企图登峰。孟区长一边把灰色大衣脱下挂在树杈上吸引火力，一边将手榴弹投向敌群，其他同志一边射击，一边用"石头弹"消灭日伪军，砸得日伪军焦头烂额。日伪军抛上去的手榴弹又被掷了下来，在半空爆炸，炸得石块翻飞，吓得日伪军到处躲藏。

就这样，从早晨 7 点一直到太阳偏西，八路军连续打退日伪军的 3 次冲锋，孟区长的棉大衣被子弹打成了布条条。本来武器就差，弹药又少，弹药终究还是用完了，山顶一时出现了沉默。

山下的汉奸队伪区长孙秀珍等好像察觉到崗顶上没有弹药了，就喊道："缴枪吧，投降吧，你们跑不了啦。"还有一投敌变节分子也喊道："孟区长，下来吧，我能保证你的性命。"回答他们的却是孟区长匣子枪打出的子弹和一阵"石头弹"。日伪军又威逼通信员小陈向山上喊话劝降，可山腰里却只响着"孟区长、孟区长"的呼唤。

日伪军一面在"西嘴子"佯攻，吸引八路军的注意力，一面找来用杉杆扎成的 30 多米高的软梯，从崗北面悬崖峭壁偷偷爬了上去，等孟区长他们发现为时已晚。孟区长和太皇崗村农救会会长李光有被西边的枪弹击中；日军的刺刀穿透了谢恒顺、谢恒柱的胸膛；民兵谢洪连抡起枪支打倒一个日军后，连中数弹倒下；陈立三抱着敌人滚下悬崖；区指导员王万力高呼"打倒日本帝国主义""中华民族万岁！"拉响了最后一枚手榴弹与敌人同归于尽；区农救会会长公浩誓死不屈，跳下了万丈悬崖。

九义士以身殉国，血染太皇崗。

八路军三打白彦

太皇崮所处的白彦镇，位于抱犊崮与天宝山区的中间，是鲁南通往沂蒙山区的必经之地，是南北交通的枢纽，战略地位十分重要。

白彦镇的孙鹤龄是当地一恶霸地主。他的儿子孙益庚是白彦的乡长，还有自己的私人武装，在其庄园的周围建有炮楼，因此当地人把白彦称为"祝家庄"，孙鹤龄被称为"庄主"。

在此之前，八路军第一一五师本着团结一切可能团结的力量的原则，曾派人与孙鹤龄联络，想争取他一道抗日。但孙氏父子不仅拒绝了八路军第一一五师的倡议，而且还与日伪勾结，强迫周围几十个村庄组织反动民团，断绝交通，成为八路军向天宝山区发展、打通沂蒙山区联系的巨大障碍。于是，罗荣桓和陈光决定拔掉这颗钉子，拿下"祝家庄"。

1940年春节前的一天，八路军第一一五师决定派出六八六团和特务团、苏鲁支队第一大队去白彦剜除孙鹤龄这颗毒瘤。

正月初九，天上飘着鹅毛大雪，八路军第六八六团和特务团、苏鲁支队第一大队向白彦隐秘行进。出敌意料是用兵关键，罗荣桓和陈光选春节刚过的时间进攻，正是因为白彦反动武装此时最为松懈。这是第一次攻下白彦。

根据罗荣桓和陈光的指示，攻下白彦后，在原来伪区公所门前，挂起了"白彦区抗日民主政府"的牌子。并打开了孙鹤龄的粮仓，把粮食分给群众。许多把附近树皮都剥光当粮食的贫苦百姓，捧着刚分到的口粮，双手颤抖，流下了热泪。很快，群众被发动起来，建立了抗日组织。

白彦不仅是八路军的交通枢纽，同样也是日伪军的交通枢纽。日军不但意识到白彦对自己的重要性，同时也想到八路军因得到白彦而获取的巨大利益。丢失

了白彦，不仅仅是丢了一个村庄，同时也把周围几十个小村庄丢了。

3月7日，驻滕县的日军100多人向白彦作试探性的攻击，八路军第一一五师特务团打了一个伏击战，这批日军狼狈地退回滕县。

3月12日，日伪军又从北面的平邑、西北面的城后、东南面的梁邱调集了700余人，向白彦合击。八路军按第一一五师师部的指示，主动撤离白彦，在白彦两侧的山地里，借助有利地形伏击日军，日军伤亡惨重。好不容易进入了白彦，日军却发现这里已成一个被坚壁清野的空镇，想修建工事固守，却抓不到一个民夫；要吃饭，找不到一颗粮食；想要找水，却发现井都被封起来了。日军人困马乏，又饥又渴，好不容易驻扎下来。当晚，八路军第六八六团一部又趁夜色攻入白彦。日军乱作一团，又无工事据守，只好灰溜溜地退出了白彦。

3月19日，不甘心白彦被八路军控制的日军，又从各县召集了2000余人，分东、西两路夹攻白彦的八路军，八路军第一一五师先在白彦外围与日军激战两天，最后让日军占领了白彦。

当晚，八路军第一一五师再次在夜色的掩护下攻进白彦，并与日军展开了白刃肉搏战。日军支持不住，施放了一阵毒气后，又一次退却了。

在连续14昼夜的三次白彦争夺战中，八路军第一一五师共歼敌800余人，缴长短枪350余支。日军在遭到三次失败之后，从此就再也不敢进攻白彦，白彦这个战略要地终于掌握在八路军的手中。

参考资料

①李春晖：《太皇崮蔡八缸的传说》，中国崮文化网2021年10月29日。

②范孝林：《平邑太皇崮不输狼牙山》，平邑县人民政府网2023年2月17日。

③张仁初：《争夺白彦》《红色平邑》，山东齐鲁音像出版社2021年版，第319页。

马家崮

　　马家崮，位于平邑县城南 17 公里，流峪镇少山前村北。海拔 690.5 米，面积 250 万平方米，是一座马鞍形的崮顶山，原名马鞍崮。因此崮曾是当地林姓人家山场，亦曾称林家崮，后因此崮由当地马姓人家看管，故得名马家崮。崮西侧有洞，称马家洞；洞上有窟窿，深可透至崮下，风从窟窿里吹出，扔树叶于其中，则树叶飘摇而上，称风窟窿。清末幅军起义领袖程四虎曾在此占山据寨，割据一方。至同治二年（1863 年）所有会集此地的幅军都被消灭，幅军起义彻底失败。

神秘的"脚印"

　　走平邑县铜石镇北寺村，穿过村庄里东转西拐的街巷，有一条通往马家崮的路。到一个陌生的环境很容易走错路，因为几乎所有的道路都有岔路口。本该转弯的时候却选择了直行，结果发现前面已无路可走，然而，却发现前方出现了一座红墙红瓦的庙宇。

　　这座庙叫圣水庵。据考证，圣水庵创修于唐代，历史上此庙颇具规模，内有王母殿、龙王殿、灵宫殿、牛王殿，香火百劫不衰，世经沧桑，终因年久失修，昔日之景象已荡然无存。现在的这座圣水庵是 2006 年老百姓捐资重修的，规模不大，只有一座王母殿。或许，北寺村的名字就来源于这座寺庙吧。

马家崮下的王母殿

　　沿北寺村北的一条羊肠山路，可直达马家崮下。往上有台阶可登，上行的难度自然不是太大。然而，沿此台阶登顶的这座崮并非马家崮，而是少山崮。不过，少山崮与马家崮有山脊相连，算是马家崮的连体山吧。崮顶四周皆为悬崖峭壁，

数座山头起伏连绵，山势险峻，风光秀美。

站在少山崮顶，可更清晰地观马鞍形的马家崮。少山崮顶少有植被，多为杂草和一块块裸露的岩石，凸起的石块像鳄鱼的牙齿。而马家崮顶却植被丰茂，难怪过去是一片林场。因为少有树木，建在少山崮顶的仙姑庙就显得格外引人注目。

这是一座建设较为精致的石头建筑，庙宇坐北朝南，四周有不太高的石砌围墙，因南边是悬崖峭壁，所以围墙开了东、西两门，门不高，身材稍高之人需要躬身出入。这是否是设计者有意为之，以示对仙姑的恭敬？

仙姑庙院内和西门外，各有一块老石碑。院内这块是光绪二十七年重修少山崮碑记，另一块是光绪二十八年重修少山崮碑记，这座庙宇接连两年都进行过重修。院内石碑上的文字虽有残缺，但多数皆能辨认。

"邑西七十里，多佳山。其魏然其具大者，唯其不老崮也（马家崮古称不老崮）。崮之南有长山而峙其北者则少山也，少山何以重，因神而重也……雨于其上往往应时而降。光绪庚子岁始建庙于其颠，越两岁五六日之间，旱而祷雨者群至，祷能辄雨至；秋初又旱，又祷又雨。饱暖其岁者，皆神之赐也，是四方善士不忍或忘乐输其财，增修庙院，塑像装金，极具辉煌，庙之而创建。"

从碑上的这些断断续

仙姑庙

光绪二十六年重修仙姑庙的石碑

续的文字，我们能够了解到，少山崮上的仙姑庙创修于光绪庚子年也就是光绪二十六年。庙修建两年后，天旱百姓皆来求雨，结果每求必应，天降甘霖。秋天又旱，百姓又来祷雨又降。所以他们觉得能够丰衣足食都是神灵赐予的。因此，老百姓都自愿捐钱于光绪二十八年再次对仙姑庙进行重修，给神像塑了金身，使庙宇更加气派辉煌。

仙姑庙供奉的仙姑是民间传说中的八仙之一，也是唯一的女神仙，叫何仙姑。百姓们认为，仙姑是一位解民疾苦、与民福寿、有求必应的神仙。所在，过去仙姑庙一直香火不断，前来烧香的人络绎不绝，因此，少山崮以前也叫烧香崮。

出了仙姑庙的西门，沿山脊前行就可到达马家崮。

离仙姑庙不远处的岩石上面，有一处似人之脚印的石坑，当地山民称之为"仙姑脚印"，传说是仙姑在山上行走时留下的。坚硬的岩石上能够踩踏出脚印，也只有神仙才能做得到吧。有人将这神秘的"脚印"用石头围了起来，以示保护。

"仙姑脚印"的朝向正是前往马家崮的方向，既然有仙姑"指引"，从这里踏上马家崮便不会走错。

马家崮山体为沉积岩结构，顶端系厚层石灰岩。崮顶长有柏树、黑松等树木，而崮顶下山坡多被刺槐、杨树等杂树覆盖，植被十分丰茂。

在马家崮主峰北部，有一山洞，当地人称之为"鬼门洞"。鬼门洞为一天然双层溶洞，洞口接近主峰顶部。从山下远看，山洞黝黑，很像是"上山之门"。

密林处有一断崖，下崖后顺山脊直行可达风窟窿。风窟窿为一天然上下透明洞穴，穿堂风由洞穴自下而上穿过，如将树叶或纸片放入其中，会立即被吹回来。风窟窿是一个自然形成的竖井风洞，底部与崮底山洞相透，站在

仙姑脚印

460

风窟窿旁边会感觉到气流上升，这也是树叶会被吹起的原因。

从风窟窿处下山，便到了流峪镇上水寨村，这里是清末幅军起义领袖程四虎的居住地。

神秘的"仙姑脚印"，黝黑的"鬼门"山洞，有风上吹的风窟窿，都是大自然鬼斧神工所成就。这些奇观，成为这座山崮的独门秘籍，让人心生翻阅的欲望，引发无限的遐想。

清末幅军领袖程四虎

清咸丰、同治年间，鲁南地区爆发了一次大规模的幅军起义，马家崮下水寨村村民程四虎，就是幅军一个分支的首领。

据《山东地方史·晚清时期》关于幅军起义的记载，早在太平天国起义前夕，山东的民众已经不堪清朝反动统治阶级虐政压迫，纷纷组织团体，进行各种形式的反抗。其中幅军是形成时间久、发动广、影响深的一支农民武装。

幅军自咸丰三年（1853年）公开武装起义至同治二年（1863年）最后失败，在兰、郯、费、峄四县山区，由小到大，由弱变强，坚持武装斗争十几年，逐渐形成4个根据地。

这4个根据地分别是以侯孟刘平为首领，以穆柯寨为主的运南山区；以枣庄石碑人刘双印为首领，以云谷山为主的抱犊崮山区；以费县黑土湖人孙化祥为首领，以岐山为主的临费山区；以平邑县水寨人程四虎为首领，以水寨为主的费滕山区围寨。

幅军根据地方圆几百里，围寨数百个，形成强大的武装割据势力。在安徽河南捻军、曹州府长枪会、兖州府邹县文贤教军、淄川刘德培起义军等部配合下，

幅军沉重地打击了前来进犯的清兵及其将领,消灭了大批地主豪绅及其反动武装,极大动摇了清政府在山东的统治。

幅军起义的外因是帝国主义侵略和太平天国革命运动影响,而内因则是严重的阶级矛盾。

幅军初期称幅党,在江苏北部比较活跃,由于当地统治势力较强,1861 年后,活动中心转入鲁南山区。

这伙人首先是留着头发,然后各用五色幅巾勒头作为本部标志,故沂州俗称其为"红头""红胡子"等。形成武装组织后,他们夜聚昼散,杀富济贫。民间俗称"涌子""掫乎子""长毛贼"等。当时在兰山、郯城及苏北一带称"幅"。在台儿庄一带称"复",寓意反清复明。在费县、峄县一带称"棍"。关于"棍"的说法有两种:一是这些人以木棍为武器;二是成员多数为光棍。因为这部分人蓄发勒头相同,互相配合活动,难以区分,因此旧籍记载中常常"幅""棍"混载。

幅军最初只有经济目的,以杀富济贫为口号、索取金银财帛为目标,捉住财主甚至清政府官员,可以用白银赎回;后来随着势力增强逐渐有了政治目的,即杀尽贪官污吏。1861 年后,幅军占山据寨,割据一方,公开申明号令,消灭前来进犯的官兵,明确了扩大势力和夺取政权的思想,公开号召武装推翻清政权。

道光二十二年(1842 年),山东巡抚徐泽醇有《为第五次审明幅匪讹抢拒杀事主兵役各情从重惩办折》,其中出现"幅匪"的称法。道光二十五年(1845 年),清廷已明令:山东匪类如聚众抢夺结幅 40 人以上者,不论赃数多寡,分别首从斩绞。刑罚虽严厉,但是民不畏死,团伙仍如雨后春笋出现。

道光二十七年(1847 年),山东"并有掖(掫)匪、捻匪、枭匪、腹(幅)匪等名目,结伙持械,收括兵刃,竖立旗帜名号,劫掠饱飏,种种不法"(《宣宗实录》,卷 449)。

据《平邑县志》记载:程四虎,名九三,排行老四,外号程四虎,生卒年不详。其祖籍平邑县白彦镇石门村,后迁至马家崮下的水寨村定居。1853 年(清咸丰三年)7 月,境内陈更池、薛得志等数十人在北部仲村镇仙姑山一带聚众起义,起义军与境内外各地幅军联合作战,势如破竹。程四虎得知后结幅聚众响应,

首先从白彦镇石门村起事，后于 1860 年（清咸丰十年）立水寨为大营，竖旗造反，修守寨圩，任用林献英为军师。张扬白旗，以白布缠头为标识。水寨义军联络各寨，发展武装，势力迅速扩大。

程四虎以水寨为据点，率义军转战蒙阴、新泰、莱芜等地，攻打官府，杀富济贫，如有所获，交公分配。义军纪律严明，所向披靡。

1862 年（清同治元年）4 月 13 日，程四虎联合滕县幅军马传山、岳相林部夜袭并攻占了平邑附近的南泉寨。4 月 29 日，南泉寨幅军攻打平邑失利。5 月清军多次攻打幅军南泉寨，寨中义军奋勇抵抗，杀退了清军。6 月 1 日，清军先用火炮将寨墙炸毁，随后数千人从西、南、北三面向南泉幅军发起攻击。守寨幅军与清军激战半日后突出重围，退至马家崮下水寨大营固守。

后来，清军纠集民团围攻水寨，程四虎联合周围张里寨、林家洞寨、大田地寨幅军凭险扼守。6 月 6 日，幅军张里寨先失。6 月 23 日，幅军林家洞、大田地两寨又失，水寨幅军陷入孤立无援的境地。6 月 24 日，清军联合地方民团共七八千人进攻水寨，水寨幅军抵御不支，军师林献英被俘，程四虎率部突围，退至宝泉崮。

6 月 25 日，程四虎联合邹县白莲池教军 2000 余人，打算分路突然杀回水寨。然而当时清军重兵把守水寨各路险要之地，幅军、教军攻击受阻，激战 3 个多时，毙清军把总司元魁后收兵。

8 月，清军会攻宝泉崮，程四虎率 2000 余人夺路东走，又返回水寨大营。后来，因为其他地方的幅军此时已非败即降，程四虎势单力薄，被迫投降清军。至此，幅军斗争历时 10 年后被清政府镇压下去。

程四虎死后葬于马家崮下水寨之西苗家庄。其名字至今在当地广为流传："程四虎，贾二郎，打起仗来真刚强。"

马家崮的战争硝烟

马家崮一带地区，因为地势险要，自古以来就是兵家必争之地。抗日战争及解放战争期间，中国共产党领导的八路军第一一五师及其武装，在此地区与日军、伪军、土匪、汉奸及国民党军等作战达几十次，仅发生在马家崮的战斗就三次。

第一次战斗发生在 1941 年 3 月，土匪刘桂棠部又到常庄、卓庄、巩家山一带进行抢劫。八路军第一一五师教导大队及费南县大队将这伙土匪包围在马家崮，激战了半日，歼灭土匪 50 余人，缴枪 20 余支。同月，刘桂棠部土匪 1000 余人，袭击费南县机关驻地蒋家庄(今属平邑县郑城镇宁安庄)。八路军第一一五师教导大队一部及其县大队予以迎击，将这伙土匪击溃。

第二次战斗发生在 1941 年 12 月 8 日，日伪军 6000 余人，分九路合击天宝山区。八路军山东纵队一旅三团团直机关及中共中央山东分局党校转移到马家崮附近的苏家崮山区休整。敌人"奔袭合击"，双方展开激战。三团一连、四连及特务连坚守苏家崮，激战 7 小时，打退日伪军 14 次冲锋。此战毙伤敌旅团长以下 400 余人，为团直机关及党校安全转移赢得了宝贵时间。

第三次战斗发生在 1948 年 1 月 21 日，国民党整编第七十二师第四十三团的两个营、第四十五团和第五团一部及"还乡团"共 3000 多人，由泗水县下桥镇及城前两地出动，窜至平邑县丰山区的朱家村会合后分两路东犯。一路经龙王河到蒲芦，另一路经仁庄到了土门、流峪以东。北路国民党军行至马家崮时，遭鲁南基干团埋伏痛打，进犯者死伤 100 多人后逃回原据点。

崮下豪杰

在硝烟四起的岁月，马家崮下山村的农家院里，分别成长起两位革命英雄，他们分别是乐平庄村的马健和下固安村的袁长巨。

马健原名马振经，字为九，1897 年出生在流峪区乐平庄。他自幼在本村私塾里读书，下学后，又曾在本村里教过私塾，后来去了大连，在码头当工人，最后又回到家里务农。

马健在当时的农村，算得上数一数二的文化人。加之他为人正义，办事公道，因而在群众中享有较高的声望。

1922 年冬天的一个晚上，村里来了三四十个土匪前来打劫，被东门的打更夫发现，随即鸣响土枪报警。马健在睡梦中听到枪声后，立即起床，摸起汉阳造，冲上东门岗楼向土匪猛烈射击。在全村人的奋力抗击下，这伙土匪狼狈逃窜。"七七事变"后，为了挽救民族危亡，他在当地组织抗日武装，毅然投身革命事业。

1938 年 7 月，中共费县五区分区委为争取合法名义成立抗日武装，采纳诸葛子范的建议，乘旧政权南阳乡乡长自行辞职之机，发动群众选举赵仲三为乡长、马健为副乡长，并成立了 100 多人的武装力量。同月，马健在崔晓东、高锡贵介绍下，光荣加入了中国共产党。

这一年的冬季，五区游击大队成立，马健担任大队长。1939 年 3 月，八路军山东纵队将五区游击大队改名为"八路军费县第二游击大队"，他继续担任大队长。7 月，费县县委决定将一、三游击大队和四、六大队组建为八路军津浦路东支队第二团，下辖 4 个营，马健任独立营营长兼五区区长，配合主力部队六八六团打开天宝山区的局面，开创了天宝山抗日根据地。

1940 年底到 1941 年 5 月，马健任中共费南县委民运部部长。1941 年 8 月，

费南县（后改称费县、平邑县）召开人民代表大会，他又被选为县长兼县大队队长。

1947 年 7 月，国民党军队重点进攻解放区，中共费县县委决定非战斗人员随地委转移，中共费县县委书记木森和马健率领县、区武装配合主力十五、十六团各一个连坚持敌后斗争。在一个月内，他们作战 20 余次，消灭还乡团千余人，俘虏 400 余人，摧毁伪保公所 10 个。

1948 年 2 月，马健调离本县，先后任济南市第十区区长、南下干部纵队中队长、上海市邑庙区接管专员、中共上海市邑庙区委书记兼区长、中共上海市监察委员会副书记等职。

1905 年，袁长巨出身于下崮安村一个贫苦的家庭。

怀着保家卫国的一腔热血，1938 年秋，他参加了当地抗日组织，并加入中国共产党。1939 年他担任游击队分队长，积极发动当地群众，参加抗日救国活动。

1940 年，袁长巨配合八路军第一一五师取缔了资邱尹家村道会门"红枪会"；配合八路军第一一五师六八六团攻克天宝山南大顶，歼灭叛逆廉德三部。1943 年 8 月，配合主力部队在郑城松林伏击国民党九十二军一四二师。战斗中，他的腿部 3 处受伤，仍坚持不下火线。同年 11 月，袁长巨带领游击分队，参加了全歼巨匪刘桂棠的战斗。1945 年 8 月，他担任费县县大队副大队长。1946 年 4 月至 1949 年 4 月，又任平邑县县大队副大队长，带领地方武装积极开展对敌斗争。

1947 年 12 月，袁长巨率部在平邑城北莲花山附近，消灭了国民党军山东保安旅 1 个连，受到鲁南军区和军分区通令嘉奖，中共平邑县委给县大队记集体一等功。

由于长年艰苦的斗争和生活，袁长巨身患严重疾病。1949 年初，他仍抱病参加清剿四开山的武装匪特，同年 4 月，因病情恶化不幸逝世，终年 44 岁。山东省人民政府批准他为革命烈士。

参考资料

①省情网：《幅军的反清起义》，山东省情网 2007 年 8 月 1 日。

②中共平邑县委党史研究中心：《红色平邑》，山东齐鲁音像出版社公司2021 年版，第 83、106 页。

　　范家崮，位于平邑县白彦镇境内，西山湾村北。传说是因宋代地方武装范瑛花占据此崮而得名。崮顶面积较大，地势平缓，南宽北窄，柏树成林，遍布山寨石屋的残垣断壁，有饮马槽、旗杆洞等历史遗迹。崮的南侧有座青山寺，据考始建于唐代，历史悠久。

崮乡崮事

柏林寂静鸟空鸣

除了山下百姓栽植的板栗林，范家崮的山腰和崮顶，都被青翠的松柏树所缠绕。

与其他崮山最大的不同就是，这里少有杂树生长，大概是因为范家崮岩石多土壤少的缘故。但在这样的环境中，松柏却能生长得极为茂盛。这便是人们常为之称颂的"不畏风霜、坚强不屈、永不言败"的松树品质和精神。

山上尽是岩石，山下却是松软的土地。老百姓在层层梯田上种植花生、玉米、红薯等农作物。正可谓一方水土养一方人，和蒙阴崮下清一色的果树相比，这里的农民很少种果树，如果非要找出果树的话，那就只有板栗。地域不同，种植习惯有异罢了。

有条土路是可以蜿蜒至崮顶的，尽管路很窄，但勉强可以行车。崮顶有三台高大的风力发电风机，这路应该是项目施工运料时修筑的。有路，登上范家崮顶就显得较为轻松。

崮顶极开阔，四周略低，下面是悬崖峭壁，中间要比四周高出许多。生长着片片松柏林。由北向南，北边的面积稍小，南边的面积最大，中间则显得窄了许多，总体上的感觉像是一个两头粗中间细的"丫葫芦"。

因酷热无风，崮顶的风机纹丝不动。独行于松林间，十分寂静，只有不时从远处传来的几声鸟鸣。

整个崮顶，除了中间的小路，其他地方遍布一堆堆的石头，那是石房子坍塌后形成的废墟，能看出屋子的轮廓，多数留有半截屋墙。房子的面积都不算大，每间一二十平方米。

凭以往登崮的经验，著者断定在这些石头堆附近肯定能找到石臼之类的遗存。

果然，一个直径有五六十厘米的大石臼出现在眼前，经年使用让石臼内壁和边缘都十分光滑。还发现另有诸多大小不一的石窝，只是猜不透其用途。有一块重达几吨的石块上，有一直径约 10 厘米的圆孔，孔洞非常光滑，难道是用于拴牛马牲口的？

四周的悬崖边上，有一段一段的古石墙残存，石墙有 1 米多厚，用石块干砌而起，多数已塌，有几段尚好，这是崮上人员防御所用无疑。可到底是砌于哪个年代，何人所砌，是宋代的范瑛花，还是清代的幅军，还是迁居山寨躲避流寇战乱的山民？这些皆无考证。

据传说，范家崮是因为宋代地方武装范瑛花占据此崮而得名。传说总归是传说，范瑛花到底有没有这么个人，是男还是女？没有任何史料记载。但从崮上遗存的这些山寨残垣断壁和石臼、碾盘等生活设施看，可断定历史上有人群居于此。

宋代的地方武装是否盘踞在此没有实据，清代有幅军在范家崮上安营扎寨却有着历史记载。幅军是清朝末年太平天国时期，山东省南部的一次农民起义。时间自咸丰三年（1853 年）公开武装起义至同治二年（1863 年）最后失败，在兰、郯、费、峄四县山区，由小到大、由弱变强，坚持武装斗争十几年。

拴马石

据《山东通志·卷首·列圣训典六》记载：鲁南幅军首领，初期都仿效明末义军首领王俊，一律称"九山王"。各部互相策应，但是互不统属。形势的发展需要统一作战，因此曾形成两次联合。

崮顶悬崖边的围墙遗存

469

《费县志》载："云谷山孙宝珠夜袭棠阴，滕化光攻占底阁，刘双印出兵郭里集，大战十里泉，南逼峄县城，又指使范家崮幅军策应凤凰山文教军向西南进攻，并联合曹州府长枪会王广继、捻军张守义部，同清军作战，全歼参将绪伦部千人。"这段史料记载证实，范家崮当年的确是驻扎着一股幅军。

在范家崮顶，有多处圆形的石窝，直径大的无疑是生活于此的人加工粮食所用的石臼，而直径小的则有人称其为"旗杆窝"，说是宋代范瑛花驻扎在这里时插旗所用。如果真是旗杆窝，那也是清末幅军在此插旗更为合理。

似有风来，发电风机慢悠悠地转了两圈，发出"呜呜"的声音，然后又静止不动了。寂静的山林还是那样的寂静。

盯着这一片片的房屋废墟，心想，这里以前是多么的热闹啊，旌旗猎猎，你来我往，人喧马嘶……

庙前有座方石碑

下了范家崮，往南不远，有座海拔只有300多米的小青山，山上有座庙，叫青山庙。

青山庙始建于唐代，历史悠久、人文厚重，香火极盛。据当地老人回忆，1949年以前青山庙庙堂还在，有正殿堂、东西廊坊，庙院前还有个大戏台，山顶有大殿。每年三月三这里逢庙会，附近百姓会自发到庙里焚香许愿，祈愿平安。青山庙一度成为这方百姓的精神家园。

虽然这座小青山和费县的大青山比起来矮小了许多，但因为有青山庙，也就有了"大青山不大，小青山不小"的说法。后历经数次战乱及人为损毁，青山庙只剩下遗址残碑。现在看到的青山庙是2015年由小青山附近乡亲众筹重建起

来的。

越过青山庙高大的牌坊门，进入庙内。山下院落，左右是钟、鼓楼，建有白云宫、观音殿、元君殿。沿着坡度较大的台阶上行，可到达山顶的云霄殿，殿里供奉着玉皇大帝和王母娘娘。云霄殿周围苍松成林，巨石耸立，风景秀美。

在青山庙左侧的墙根处，立着一块石碑。该石碑高约2米，上有雕着精细花纹的碑帽。我们见过的多数老石碑一般都是两面刻有文字的偏碑，而这座石碑却是四个面一样宽，横截面为正方形，四面均刻有文字。正面上刻"告示"两个大字，下面是密密麻麻的小文字，虽年代久远，但字迹仍可辨别。另一面上刻"重修青山庙碑"，下面是捐款人的名字。另外两面也是刻着人名和村名，上方刻有"万古流芳"四个字。

从"告示"面的文字上可以看出，这块石碑立于大清光绪二十九年二月二十一日。有细心网友"善国如强"专门将碑文做了拓片，"告示"原文可辨文字大致为：

军机处存记，尽先即补同知，直隶州抚院营务处，东昌府茌平县调署费县正堂，加四级纪录五次，豫……据白彦社从九王清彦等禀称，邑之西南白彦社即古武城之地，万山丛染，祊水出焉。多培养树株，居山者藉以谋生，临水者用以护堤，由此野无旷土，斯材不可胜用。白彦村南二里许有青山，山势突起如笔。唐开元间建庙其上，明季诸生修文昌阁，为文人讲学之所。光绪十五年孟春，徐荣先裁

青山庙

方形的告示碑

柏树一千余株，并根生树统计三千余株。伺候屡被樵采，迄今查点仅存一千九百余株。若不严加守护，势以归于无有。仁天荣任以来，培养树株之谕，不啻三令五申，唯无知之徒，闻系庙地尚行残伐，倘蒙仁天出示禁止，庶山涧水滨，不闻丁丁之声，林庙墙下，旋见九九之象，为此公恳出崇谕禁，到县查栽养树株实为当务之要。以成材木岂可任听窃伐，致废善举，候即出示禁止。该山如有隙地勘以树艺之处，该职等务按地土所宜，速购树秧，补栽齐全。以兴利源而壮观瞻，切勿任其荒弃，是为至要。除禀批示外合行出示谕禁，为此示，仰该山附属居民人等知悉，自示之后，尔等务各遵照，互相守护，加意培养，以兴地利。不准任听孩童摧折，放纵牲畜作践。如有无知之徒，不遵示谕，仍敢窃伐损坏，即许该职等协同地保指名具禀，以凭传案究罚。该职等亦不得借端妄禀，致干并究。名宜凛遵毋违。特谕。右谕通知。

"告示"碑文大意是：据白彦的王清彦禀告，白彦村南面二里多有座小青山，这里有唐朝开元年间建的庙，还建有供文人讲学的文昌阁。光绪十五年春天，徐荣先在山上栽了1000余棵柏树，加上根生的树共有3000多棵。但是经常被人盗伐。现在还剩下1900多棵。如果不加以制止，早晚得被砍光。仁天荣上任以来，为保护树木，多次制止乱砍滥伐，但仍有人不听。出此告示后，希望大家都要爱护林木，小孩子不能乱折树枝，牲口不能啃食糟蹋，如果还有不法之徒不听劝告，砍伐毁坏树木，必将按律严惩不贷。

古人都如此重视生态环境的保护，现在我们更应该牢固树立"绿水青山就是金山银山"之理念，保护环境，爱护家园。

小山后村的"王坟子"

在离范家崮不远的小山后村，明代毓秀山鲁王墓就在村东北的土坡之上。2013年，毓秀山鲁王墓被山东省人民政府公布为山东省第四批省级文物保护单位。

到小山后村，向村民打听"鲁王墓"，大多村民都表示不知道。也有村民会反问"你说的是王坟子吧"。原来，当地百姓称鲁王墓为"王坟子"，所以当提起"鲁王墓"，他们难免会感到陌生。

在村东一个大壕沟的上方，有一个凸起的土堆，土堆前立着一块石碑，上刻："临沂市重点文物保护单位鲁怀王、悼王墓"，系临沂市人民政府2006年12月27日公布，平邑县人民政府2008年8月3日立的此碑。

这个地方有两座王坟，封土保存尚好。据史书记载和出土墓志证实，墓主人分别为明代鲁怀王朱当滚和鲁悼王朱健杙。

朱当滚是兖州府滋阳县人，明朝第四代鲁王——鲁庄王朱阳铸嫡子，母妃张氏。生于成化九年（1473年）九月初一日未时，成化十九年（1483年）九月十八日封鲁王世子。他当了22年的世子，弘治十八年（1505年）十月初三日去世，年仅32岁。他的儿子朱健杙被册封为世孙。孙子端王朱观嗣位鲁王后，追封朱当滚为鲁怀王。

朱当滚墓居其子鲁悼王朱健杙墓以东约50米。怀王墓高3米，直径11米。墓葬坐北朝南，墓室

古墓保护碑

为券顶砖室结构，底部用条石垒砌，有左右耳室，石质墓门。墓志出土后现存于

平邑县博物馆。墓志青石质，志盖长 91 厘米，宽 88 厘米，阴刻篆书"御赐鲁府怀简世子圹志"。志石长 90 厘米，宽 87 厘米，楷书志文：

大明怀简世子圹志

世子讳当㳘，乃鲁王之子也，母妃张氏，于成化九年九月初一日未时生，成化十九年九月十八日册封为世子，弘治十八年十月初三日以疾薨，享年三十二岁。妃王氏，临清州南城兵马指挥副王轩嫡长女。生子一人，讳健杙，受封为世孙。女三人，长女受封清远县主，次女受封怀远县主，未受封女一人。讣闻，上辍视朝一日，遣官赐祭，特谥曰怀简，仍令有司治丧葬如制。在京亲王皆致祭焉。以正德二年七月二十日葬于毓秀山之原。呜呼！世子以宗室至亲，为国藩辅，茂膺封爵，贵富兼隆，胡不永逸止于斯。爰述其概，纳诸幽圹，用垂不朽云。

正德二年七月二十日长子健杙泣立。

朱健杙是明朝第四代鲁王——鲁庄王朱阳铸的世孙，母妃王氏。生于弘治七年十月初七日未时，十二年七月二十七日赐名，十六年（1503 年）三月初五日，封鲁王世孙。弘治十八年（1505 年），父亲世子朱当㳘薨逝，朱健杙成了鲁王第一继承人。当了 17 年的世子，正德十五年（1520 年）八月二十九日未时，朱健杙薨逝，年仅 27 岁。其儿子端王朱观嗣位鲁王后，追封朱健杙为鲁悼王。

朱健杙墓高 5 米，直径 11 米。墓葬坐北朝南，墓室为券顶砖室结构，底部用条石垒砌，有左右耳室，石质墓门。墓志出土后现存平邑县博物馆里。

其墓志青石质。志盖长 88 厘米，宽 82 厘米，阴刻篆书"明故鲁世孙圹志"。志石长 87 厘米，宽 81 厘米，楷书志文：

明故鲁世孙圹志。鲁世孙乃太祖高皇帝七世孙，今鲁王嫡孙，已故鲁世子怀简之嫡子也。弘治十二年七月二十七日，御赐名健杙。弘治十六年三月初五日受封为鲁世孙，正德三年正月二十四日奏奉敕给与世子冠服，代行礼仪，娶孔氏，已故袭封衍圣公孔弘泰长女。正德九年十月初三日鲁王因世子早卒，在己年老，奏请世孙代理府事，奉武宗皇帝圣旨："王既年老有疾，着世孙健杙代理府事。钦此。"遵钦奉命以来，代理府事。至正德十五年八月二十九日未时以疾卒，生于弘治七年十月初七日未时，存年二十七岁。庶生四子，皆夭卒。后次月，夫人孔氏嫡生一子，奏闻，荷蒙武宗皇帝于准奏暂理府事。敕内开谕有"待健杙夫人孔氏所生子长成，奏请名封"之旨。此朝廷亲亲之恩、重嫡之典也。女二人，尚

幼，俱未请封。世孙病故，讣闻，上遣长史赐祭，爰念亲情，首七窆窆十旬，期岁再期禅除，皆赐祭焉，命有司营葬如制。工部委主事一员督工，以嘉靖元年八月二十九日圹成，葬于兖城东费县毓秀山之原。呜呼！生长宗藩，早膺封爵，正宜永年，以享荣贵，夫何一疾遽尔云亡。爰述其概，纳诸幽圹，用垂不朽云。

志文所言，朱健杙是明太祖朱元璋的七世孙，鲁庄王的嫡孙，怀简世子朱当淴的长子。他生于弘治七年(1494年)，弘治十二年由武宗皇帝赐名，十六年封为鲁世孙。正德三年(1508年)，健杙娶孔氏袭封衍圣公孔弘泰长女为妻，正德九年因祖父鲁庄王年迈代理鲁王府事，正德十五年病卒，终年27岁。嘉靖七年(1528年)，朱健杙之子朱观封鲁端王后，朱健杙被追封为鲁悼王。

★★★ 红色崮事

抗战拥军支前模范

白彦镇北沟村贾锡兰，生长在穷苦的农民家庭，日军入侵她的家乡后，她目睹了侵略者的暴行，义愤填膺，积极参与抗日救国活动。

1940年2月，八路军第一一五师某部七连驻进北沟村，贾锡兰积极为战士们腾房子、补衣服、热心照顾伤病员，对待八路军战士如同自己的亲人。

1942年11月，贾锡兰被推选为村妇救会会长。1945年3月，贾锡兰光荣加入了中国共产党。1947年春，国民党军重点进攻沂蒙山区革命根据地，贾锡兰根据上级指示组织村里几名共产党员，成立民兵小组，配合区中队坚持斗争。

有一次，她机智地将3名民兵掩护转移，并把留下的武器隐藏起来，躲过了国民党军队的搜索。她分工负责12个村的支前工作，日夜奔波，发动妇女做军鞋、备军粮，曾创制鞋流水作业法，将各村妇女统一组成"做帮组""纳底组""绱鞋组"，分工合作；并想出在磨脐上垫个铜钱，用石磨代替碾的办法，大大加快了碾米速度，及时完成碾米任务。

至 1949 年，贾锡兰负责的 12 个村子，共为前线做军鞋 1.5 万双，烙煎饼 18.9 万公斤，碾米 5.4 万公斤，磨面 2700 公斤，送柴草 81 万公斤。贾锡兰多次被评为抗战模范、拥军模范、支前模范。

1952 年，贾锡兰光荣出席了山东省劳动模范代表大会。1954 年 7 月被选为山东省人民代表大会代表。

1963 年，贾锡兰病逝。

青山庙里的地下党

革命战争年代，白彦是一方红色热土，这里有许许多多共产党人为了革命事业抛头颅、洒热血的红色的故事。

抗日战争时期，范家崮南的青山庙有一个道士叫徐景山，是青山后村人。表面上他是庙里的道士，而他的真实身份是中共地下党员、白彦区区长。

1940 年，他所在的青山庙成为中共地下党组织秘密联络交通站。青山庙在抗战时期是中国共产党培养进步青年、发展党员的一所地下学校，不少青少年在此受到党的培养和政治影响，后来都陆续参加了革命。

1947 年，徐景山在当地龙湾村英勇牺牲。

龙湾村的孙固珍也是在当地加入党组织后又参加八路军。1945 年 7 月，孙固珍在浙江金山寺战斗中英勇牺牲。《平邑县志》烈士谱上对徐景山和孙固珍都有记载。

参考资料

①善国如强：《百年前碑刻告示保护绿青山》，百度 2020 年 4 月 28 日。

②《毓秀山鲁王墓》，平邑县人民政府网 2022 年 3 月 12 日。

③中共平邑县党史研究中心：《红色平邑》，齐鲁音像出版公司 2021 年版。

吴王崮

吴王崮

吴王崮，又名盘龙山，位于平邑县城东南14公里处，轿车山村附近。山体为沉积岩结构，上层覆盖厚层石灰岩，海拔653.9米，面积约200万平方米。因相传春秋时期吴王伐鲁时曾驻军于此而得名。吴王崮气势雄伟，植被丰茂，风光秀丽，文化厚重。附近有创修于元代的灵泉观遗址，还有抗日战争时期八路军北海银行鲁南印钞厂诞生地朝阳洞。

崮乡崮事

群峰簇拥林环绕

吴王崮周围可谓是山林密布，群峰耸立。天宝山、和尚崮、三角崮、马家崮、观音山等环绕簇拥，但无论是高度还是山势，吴王崮都有一种与生俱来的王者之气，令其他山峰望尘莫及。看来，春秋时期吴王前来攻打鲁国选择在这座山崮之上屯兵驻扎，自然是有一定道理的。

紧挨着吴王崮的山峰是轿车山，站在山下看，轿车山像是只比吴王崮矮了一头，当登上轿车山再看吴王崮，此山的个头也仅到吴王崮的胸部罢了。

轿车山的东面是数丈高、如斧劈刀削般的悬崖峭壁，西面与吴王崮连在一起，没有沟壑，不分彼此，如一对连体兄弟。登上轿车山顶，这里一马平川，让人感觉又到了平原之地。山顶上坐落着一个小山村，叫轿车山村，错落有致的民房，整洁的街巷，让人感觉这不是在山顶之上，更感觉不到村子的下边就是万丈峡谷。也正是出于安全的考虑，村庄临近悬崖的周边都装上了防护栏。

在村子北边的崖壁之上，修有一处观光亭，站在这里，可以赏四周群崮风光。在亭子的一侧，有一辆水泥雕塑的轿车，车头朝着吴王崮方向，这大概是轿车山村或是轿车山的标志吧。

对于轿车山这个名字，总觉得怪怪的。轿车是现代社会的产物，一座耸立了千万年的山峰，怎么会

观光亭

以轿车来命名呢？后听人介绍，说这轿车山其实叫教场山。为什么叫教场山呢？是因当年吴王在吴王崮上驻扎时，这个山顶是他用来练兵的地方。叫着叫着，后来山里人不知教场山的来历，也不知为何意，就被叫成他们能够认知的轿车山了。有这么一讲，也就说得通了。如果吴王真的在此安营扎寨，崮下这平坦的轿车山顶，岂不正是操练兵马的好地方？

关于吴王伐鲁时驻扎在这一带，并非只有吴王崮有其传说。在离吴王崮不远的观音山上，有一处点将台，传说是当年吴王点将列兵之地。

如果考究一下历史，吴王夫差伐鲁至此或许真有其事。

吴王崮所在的平邑县这方土地，在西周春秋时期属于鲁国。鲁国是公元前11世纪周初最早分封的几个重要的诸侯国之一，开国君主是周公旦的长子伯禽。鲁国的都邑设在曲阜。鲁国在西周时期国力还算强盛，但到了春秋中后期国势渐衰，到了战国时期就沦为了一个小国弱国，最终在公元前256年被楚国给灭了。

春秋后期，在鲁国日渐衰微的同时，建都于今江苏苏州的吴国却开始强盛起来。公元前506年，吴王阖闾曾一度率师攻破了楚国。后来，他的儿子吴王夫差又于公元前494年打败了越国，迫使越王勾践屈服求和。吴国大将伍子胥请求夫差灭越以除心腹之患，但夫差因胜利而越发骄傲自满，不听伍子胥建议而与越国议和。紧接着，吴王夫差率师北上伐鲁，与晋国争夺春秋霸主。公元前487年三月，吴国军队正式出发，北上讨伐鲁国。

《左传·哀公八年》载："吴伐我，子泄率，故道险，从武城。初，武城人或有因于吴竟田焉，拘鄫人之沤菅者曰：'何故使吾水滋？'及吴师至，拘者道之，以伐武城，克之……吴师克东阳而进，舍于五梧，明日舍于蚕室……明日舍于庚宗，遂次于泗水。"按此记载，吴军是首先攻破了平邑郑城镇曾子山附近的武城而进入鲁国。夫差率领吴军继续前进，又攻破了费县西北的东阳，驻扎在平邑西。记载中所提到的武城、东阳、五梧、蚕室等地均位于现在的平邑县境内。虽然"吴王伐鲁"在平邑境内驻扎交战有历史记载，但伐鲁之时是否在吴王崮上屯兵，是否在观音山上点将，这就全凭传说，没有任何佐证了。

吴王崮南北狭长，南低北高。和其他圆圆的帽子崮顶不同，其长长的崮顶崖

壁如一条长龙盘卧，这大概就是又称此崮为盘龙山的缘故吧。从轿车山村西行，沿吴王崮东南侧一个相对不太陡峭的垭口，可攀上吴王崮顶。崮顶开阔，密植松柏。环顾四周，东面的天宝山青翠欲滴，西面的昌里水库波光粼粼，南面的观音山青峰奇秀，北面的蒙山巍峨连绵。

因吴王崮顶部开阔，过去崮顶长期有人居住，至今留有石头屋子、用来加工粮食的石臼等生活遗迹，让这座巍峨的山崮仍飘荡着些许烟火气息。

吴王挥师伐鲁，结局虽是虎头蛇尾地撤退，但在这吴王崮上到处留下夫差的"影子"。此崮绝壁之上有吴王妹妹的绣花洞，有用于军队吃水的回马泉，有兵败后吴王痛心跺脚留下的大脚印，有吴王悠闲赏戏的看戏台，还有与意中之人幽会的情人谷。既有金戈铁马，又有浪漫柔情。吴王夫差征讨鲁国，春风得意，但最后还是陷入被越国灭掉的悲惨境地。

群雄争霸的战马嘶鸣和古老的权贵早已被历史的长河湮灭，而吴王崮的风采依旧，气势磅礴地屹立在这群山之中，这里已被打造成供人休闲游玩的旅游景区，吸引着八方来客。电视连续剧《沂蒙》曾在此取景，黄渤主演的电影《斗牛》也将高耸的吴王崮作为背景收入画面之中。

吴王崮下的山楂熟了，果农们正忙着采摘。这红艳艳的果实，是山里人汗水的结晶，更是这片大山对山民无私的馈赠。

悬崖上耸立的石柱

岁月沧桑大圣堂

在吴王崮的东面，有一个离崮很近的山村，叫大圣堂。听人说，吴王崮附近有一处古泉叫灵泉，灵泉前面有一座建于元朝的灵泉观。这座灵泉观后来就被称为大圣堂，且遗址尚存。

凭着想当然，便在大圣堂村里四处打听灵泉和道观的所在之处，但久寻不得。最后，在吴王崮对面天宝山的南麓，寻见了这古老的灵泉，见到了大圣堂遗址。

从山下拾级而上，至半山腰，有一处藤萝洞，洞旁生长着一棵紫色的古藤萝树。此树树龄已达千年以上，藤石相抱，盘曲缠绵，枝柯交错，冠幅可达百余平方米。盛花之时，如串串宝石缀满枝头，赏心悦目。千年古树自然会被人们奉为神树，藤萝树的枝枝蔓蔓上，挂满了善男信女们祈福的红丝带。

顺藤萝洞往上走不远，就是大圣堂遗址。

大圣堂创修于元代，位于半山腰处，背靠山崖，朝阳而立。据知情人介绍，这大圣堂原来还是颇具规格的，道观有正殿、配殿等20余间，还有一处山门。现在这些都已倾塌无存。在正北的方位，有重修的玉皇阁，供奉着玉皇大帝。玉皇阁的西侧，一股泉水汩汩地涌出，顺着沟渠流到了山下。这个地方就是灵泉，而大圣堂正是因此泉而生。

大圣堂最早叫灵泉观，是因泉而得名、因泉而创修

古藤萝树

的一处道观。此道观先是称小圣堂，后又称大圣堂，在明代和清代都有过重修，重修石碑尚有遗存。

在玉皇阁的东侧，立着一块古老的石碑，碑身高2米有余，碑文除了少数残缺，基本还算完好。这块石碑是大明万历三十五年三月二十五日所立，碑上面为"重修灵泉观记"，下面一行略小一些的文字为"修建玉皇阁碧霞宫记"。从此碑的文

玉皇阁

字上可知，当年在重修这个创修于元代的灵泉观的同时，又在这个地方修建了玉皇阁和碧霞宫。石碑上依稀可看清一些文字："乡进士魁吾主人曹应科书于云翠山房。"碑文是当地一位叫作曹应科的进士在云翠山房写的。云翠山房在哪？是在这天宝山上，还是在吴王崮上？后人不得而知。按照现在的说法，这云翠山房相当于曹进士的工作室吧。

碑文记载："自周初迄今于当代，费为兖旧属侯封定鼎设畿，毓翠治西长峰以岫嶂……灵泉观离城五十里许，地雄胜，烟斜雾横，云空缭绕，严木苍苍。祈雨而雨应。"碑文很多字均因年代久远而残缺，但略能知其大意。既表达了灵泉观所处的位置和优美的自然环境，也讲述了此道观是一个非常灵验的祈福之地，"求雨而雨应"。

在遗址的前方，立着一块石碑。此碑为大清道光年间年立，为"创修小圣堂碑记"。

古石碑

从明到清，原来的灵泉寺已被称作小圣堂了。

自古名山有名泉。天宝山上的这股泉水也被百姓视为神灵所赐一般，当这灵泉前面建了这座道观，便成了方圆十里百姓前来烧香祈福的道教圣地。道观建有玉皇大殿，供奉着玉皇大帝。

在中国民间，玉皇大帝便是天上的皇帝，是万神世界的统治者。传说每年的正月初九是玉皇大帝的生日，这个时辰恰是"一阳初始"，是大自然开始"万象回春"的时刻。所以，过去每逢农历正月初九这一天，山下百姓都要携全家来到此处"朝观"，也称"上九会"，人们来到灵泉观里虔诚进香。这一天也是灵泉观最为热闹的一天，观内各殿堂灯火通明，香烟缭绕，钟磬齐鸣，一派祥和之气。道士们衣冠整洁，诵经拜忏。百姓们到这里祈降福、除病灾、求吉祥。灵泉观在百姓的心里就是一个吉祥福瑞之地。

"圣人神道设教所，以作民敬也，必谓庙所。"这也许便是灵泉观改为小圣堂的初衷本意吧，至于再后来改称为大圣堂，自然是建筑多了，规模大了，以"大"谓之可能更贴切一些吧。

★★★ 红色崮事

红色金融朝阳洞

从大圣堂西行，约 1 公里，便是朝阳洞。

朝阳洞是一个位于半山腰的石钟乳洞，洞口朝南，四面环山，仅有一东西走向的山谷可通往此洞。

从外观看，朝阳洞分上下两层，中间被巨大的石壁隔开。下层的空间并不大，外面的崖壁因常年滴水而形成各种各样的图案，似一幅巨大的浮雕。当沿台阶至上层，一个可容数百人的宽敞空间呈现在眼前。洞内凉爽，不时有水滴落下来。

对于朝阳洞，在光绪二十五年续修本《费县志》中有记载："咸丰之季，山人避寇于此，烬于火，石乳无存。"

另据史料记载，在朝阳洞口西侧，曾立有一石碑，上面镌刻着明代进士、诗人王雅量游此洞时所作《朝阳洞留题》诗。诗云："冒险途容足，探奇山尽头。悬崖千尺峻，古洞四时秋。泼泼泉连灶，层层石作楼。不嫌云湿重，竟日作淹留。"

而现在，同样是在洞口的西侧，虽然没有刻着王雅量题诗的石碑，但依然立着另一块石碑，上面刻着"北海银行鲁南分行印钞厂旧址"的文字，背面的碑文，将时光回溯到抗日战争时期那个战火纷纷的岁月。

通往朝阳洞的山谷

北海银行是中国人民银行的三大奠基行之一，经历了抗日战争与解放战争两个历史时期。该行所发行的纸币在抗日战争时期是山东革命根据地的主币，在解放战争时期成为山东解放区乃至华北、华中解放区的本位币。为新中国金融系统的建立和完善奠定了重要基础。

抗日战争全面爆发后，中国大片国土被日本侵略军占领，物资匮乏，物价飞涨，民众陷入水深火热之中。

1938年11月1日，中国共产党在山东掖县创

朝阳洞

建北海银行。因当时共产党控制的蓬莱、掖县、黄县3县地处胶东地区北部，面

临渤海，故名北海银行。

1940 年 8 月，山东省战工会成立。随后创建北海银行总行。1942 年，成立滨海分行和鲁南支行。鲁南支行归滨海分行领导，鲁南区初期是不印钞票的，所发行的钞票最初由滨海分行调入，后来根据上级指示，鲁南支行也开始印制并发行加盖"鲳南"字样的北海币，有五元、十元、五十元等多种面值。因市面缺乏辅币，鲁南支行亦开始印制发行壹角、贰角、伍角辅币。

1944 年 4 月 8 日，北海银行鲁南支行决定在鲁南天宝山区的朝阳洞创建鲁南印钞厂。之所以把印钞厂设在朝阳洞，主要基于几方面的考虑。首先，这一带是稳固的抗日大后方。1939 年秋，八路军第一一五师抵达鲁南，创建鲁南根据地。1941 年到 1943 年，日军先后推行"治安强化运动"，集结兵力，由分进合击转为铁壁合围，疯狂大"扫荡"。沂蒙抗日根据地处于最困难的阶段。面对严酷的斗争环境，中国共产党党政军民同心同德，依靠"地瓜干加步枪"，同日伪军浴血奋战，殊死搏斗，到 1943 年下半年，在鲁南歼敌 1.3 万人，解放国土 2 万多平方公里，鲁中、鲁南、滨海三个战略基地扩展一倍以上，相继连成一片，天宝山区成为巩固的抗日大后方。其次，朝阳洞地处大山深处，洞体开阔，极其险要、隐蔽，易守难攻，容易撤退，保卫、保密条件都非常好。最后，朝阳洞一带群众基础好，社会稳定，交通路线畅通可靠，运输物资、钞票安全。

1944 年 4 月 8 日，北海银行总行委派刁如心厂长，率领 10 余名经过短训班培训的青年工人，从位于莒县杨家圈的总行印钞厂来到天宝山朝阳洞，创建北海银行鲁南印钞厂。当时，印钞厂设备简陋，条件极差，仅有 3 台石印机和两部脚蹬子。石印机印票面，脚蹬子打号码，用切刀手动裁剪钞纸。印制

当年朝阳洞外的防御工事

壹角、贰角、伍角等三种辅币，各种票面为一种颜色，不套印。版和纸均由驻莒县杨家圈的总行供给。印制好的钞票，用骡子驮运总行发行。除厂长、工人外，还有一个八路军的警卫班，日夜轮流放哨，保卫十分严密。

北海银行鲁南印钞厂在朝阳洞驻扎期间，全体干部职工及警卫战士齐心协力，艰苦奋斗，克服人力、物力、财力诸方面的困难，印制了大量的北海钞票，在中国共产党与日伪展开金融斗争，取代法币，取缔私钞，充裕财政，支援抗战，打击高利贷，扶持发展生产等方面，均发挥了重大作用。

日军投降后，鲁南印钞厂仍然设在朝阳洞，直到 1946 年 3 月，随着鲁南行署南迁，印钞厂才从朝阳洞迁到滕县上、下辛庄一带。在这个洞里印钞整整两年时间，为抗日根据地的经济发展作出了贡献。

1948 年 12 月 1 日，北海银行、华北银行、西北农民银行三家合并，在石家庄成立了中国人民银行。从创立到结束，北海银行历经十余年的奋斗历程，为中国革命的最后胜利和新中国金融事业作出了不可磨灭的贡献，历史功绩永载史册。

参考资料

鲁聪：《沂蒙山深处的红色印钞厂》，《沂蒙文化研究》第 1 期。

大天崮

大天崮
峰峦秀极
冲青天

崮乡崮事

　　大天崮，位于平邑县柏林镇天门村东北约 1.5 公里处，蒙山主峰龟蒙顶北面，海拔 893 米，面积 100 万平方米。大天崮裸岩壁立，山势险峻，沟壑纵横，风光旖旎，景色原始，是户外穿越爱好者乐选之地。大天崮所处的蒙山腹地，存有许多诸如万寿宫、明光寺、颛臾国故城等历史文化遗址。

山涧风清草木香

在巍然耸立的蒙山诸峰中，大天崮则显得默默无闻，融入在绵延起伏的群山之中，就连当地人恐怕都分不清，到底哪个山头是大天崮。

而在喜爱户外运动的"驴友"圈里，大天崮又小有名气，有驴友"磨道"之称，以山势陡峭、沟壑纵横、风光旖旎、景色原始而闻名。

之所以"盯"上大天崮，因为它有着"崮"的名称。从外观上看，大天崮一点也没有崮的特征，只有高高的山峰，头上没有圆圆的帽子。而它又确确实实是沂蒙崮大家庭里的一员，顶上也有平坦之地，也有人居的遗迹，或许头上的帽子让岁月侵蚀掉了；或许它压根长得就跟那些崮兄崮弟不一样，头上从来就没有戴过帽子，是人们随口给了它一个崮的名字。

在沂蒙地区的众多崮中，有的具有明显的崮的地貌特征，名字却称为山；而有的长得就是座山，却被称为崮。大天崮属于后者。大天崮并非独自耸立于这蒙山群峰之中，它身边还有两个兄弟：中天崮和小天崮。

由于防火封山，由明光寺前的大路去大天崮已行不通。大天崮下有个小山村叫天门，村东有一条小路，也可以通往大天崮。选择登山的路线不同，所看到的风景自然有异。

由这条小路上大天崮，是沿山涧蜿蜒而上，这条山涧，当地人称"天门沟"。

穿过大片山楂园，便进入天门沟。

这是一处山坳，密集生长着高大的槐树，所以，这条山涧也叫"槐花谷"。此时已是盛夏，槐树有叶无花，若在槐花盛开的季节，整个山谷肯定是一片雪白，整座山怕也是被这槐花香透了。

时下，没有槐花沁人心脾的香气相伴，这草木的清香倒也能让人神清气爽。

虽说前天刚刚下过一场雨，但不知是雨量太小，还是这长久的旱天已把这山干透，山涧里竟然没有水流下来，只有这大大小小的石块，横七竖八地躺在沟里。

上山的小路很窄，只有半米宽，从两边不时出现的饮料瓶、食品盒等垃圾判断，在气候适宜的季节，常有人沿此路上山。或许是天气炎热的缘故，此时却少有人到此，山谷显得十分幽静。虽然天晴日盛，但密布在山坳里的高大树木，犹如一把把遮阳伞，让人行走其中，可免受太阳的炙烤。偶有清风袭来，顿感夏日清凉。

沿天门沟行走的这段路程坡度不大，但路程较长。走了接近一个小时才开始向上攀登，手脚并用，才是正真意义上的爬山。

登上顶部，是一道山脊，由于前期的一场山火，此处的树木已被烧得一片漆黑，地上仍有大片大片灭火剂的残留。

站在山脊之上环顾四周，一座座山峰起伏错落，挺拔峻秀。由此向东延绵到王子岭一带，往西便是大天崮。往东南方向可见蒙山主峰龟蒙顶。崮的南面是平邑，北面便是蒙阴了。

沿山脊往右侧行走，可至天门框，这里有"飞龟神象"之自然景观，也是"驴友"们的打卡之地。左转西行奔大天崮也要经过一道天门，当地人把此处称作"小天门框"，虽没有大天门框的自然美景，却是欣赏大天崮东峰崖壁层叠耸立、挺拔峻秀的最近距离。

翻过一个桃子形的巨石，顺崖而下，两边是陡峭耸立的悬崖和深不可测的幽谷，对面则是大天崮的数百米高的崖壁，一层一层，如块块岩石垒起。山势之陡峭，足以让攀登者望而却步。难怪有"驴友"在登大天崮攻略上提醒，此处即使借助绳索都很难实现登顶，只有从坡度稍缓的北侧崖壁，借助绳索攀登而上。

看着近在咫尺的大天崮，宛如一位风姿绰约的美女，触手可及却又不能及，

险峻的大天崮

只能这样默默地看着，看她的优雅体态，看她的风情万种。也许，登山不在于最终要到达的目的地，而在于沿途的感受和风景。

深山藏古寺。沿着来时路，重走天门沟，便来到古树掩映下的明光寺。

明光寺是一处始建于元代的佛教建筑，清嘉庆年间进行扩建，古称"上元庵"，又名"鹿野苑"。后来因为明广和尚到此做住持，就改名叫"明广寺"，再后来就叫作"明光寺"了。

明光寺地处大天崮的前面，周围千岩竞秀、万木争荣，三面山溪环绕，素有"佛教圣地，禅修秘境"之称。

殿西侧一棵千年古槐，干粗3米，苍翠挺拔。殿后的参天枰柳，如塔般耸立。寺院东侧是坐北朝南的关帝

明光寺

庙，也称财神殿，供奉着关公神像。明光寺四周生长着许多古树名木，有金楸、银楸、银杏，树龄均达数百年。

大殿两侧是钟楼和鼓楼，深山古寺中，晨钟暮鼓声，佛乐悠扬，溪流淙淙，岂不是人间仙境？

★★★ 历史崮事

杨谢村北的蔡邕墓

大天崮南有个杨谢村，此村离蒙山景区不远。蔡邕墓就在村子的北岭上。

蔡邕是东汉时期的名臣，文学家、书法家，才女蔡文姬之父。河南杞县人，他去世后怎么会埋葬于蒙山脚下的杨谢村呢？

据史料记载，蔡邕早年拒绝朝廷征召之命，后被征辟为司徒掾属，任河平长、郎中、议郎等职，曾参与续写《东观汉记》及刻印熹平石经。董卓掌权时，强召蔡邕为祭酒。历任侍御史、治书侍御史、尚书、侍中、左中郎将等职，封高阳乡侯，世称"蔡中郎"。

东汉熹平六年（177年），蔡邕因上书朝廷，得罪了内宫宦官，自度难免于祸，便流亡在外12年之久。

蔡邕在流亡期间，经常往来并依靠泰山南城羊氏。

羊氏是泰山郡南城县也就是今天平邑县郑城镇武城一带的大族，该族的羊续当时担任南阳太守，落难的蔡邕受到羊续家族的庇护，躲避居住在蒙山。蒙山之阳有个"伯喈洞"，传说就是蔡邕的藏身之处。后来，蔡邕就把女儿嫁给了羊续的儿子羊道，从此，他与羊续也就成了儿女亲家。

董卓被王允设计诛杀以后，蔡邕因为在王允座上感叹"董卓被杀"一事而被下狱，不久便死于狱中。蔡邕膝下无子，他死后，羊氏便将其收尸，安葬在蒙山之阳、杨谢村北。

蔡邕精通音律，才华横溢，除通经史、善辞赋之外，还精于书法，他擅长篆书和隶书，尤其以隶书造诣最深，有"蔡邕书骨气洞达，爽爽有神力"的评价。所创"飞白"书体，对后世影响甚大，被《书断》评为"妙有绝伦，动合神功"。蔡邕生平藏书多至万余卷，晚年仍存四千卷。明代的张溥辑有《蔡中郎集》，《全后汉文》对他的著作也多有收录。

固城村里藏故城

在地处蒙山腹地的平邑县柏林镇固城村，有一座城垣轮廓清晰的古城，这便是春秋颛臾国都城。

在沂蒙地区，类似颛臾国故城的古城遗址有很多。据《临沂地区志》记载：现存规模较大者有莒国故城、郯国故城，保存较好的还有鄟国故城、鄑国故城、鄫国故城、鄅国故城、阳国故城、颛臾国故城等。

颛臾国故城东北是贾庄村，城南是固城村，中间隔着一条文泗公路。仅一路之隔的固城村，就是因颛臾方国故城而得名。而在固城村西南、县城东 4 公里处，有一个数千人的颛臾村，相传系古颛臾后裔在颛臾方国被灭后迁居于此，繁衍至今。

故城接近正方形，南北长 600 米，东西宽 550 米，城墙用当地黄土夯筑而成，现南面城墙残存较少，东、西、北面残墙高 3~4 米，最高处达 9 米。这些数据都是 1978 年文物普查时，平邑县史志办公室编审李常松带人拉着皮尺量出来的。

城墙断面满布 10~15 厘米的孔洞，这些孔洞随分层夯土横向成排，排与排之间距离大致相等。孔洞中常见碳化朽木，说明筑城时为加固放进不少木棒，天长日久木棒腐烂后形成了孔洞。城内地面陶片遍地，有商代绳纹加沙灰陶鬲的口沿、鬲足，有西周到春秋时期的黑陶罐、残豆柄等。故城东南部先后发现商代、西周墓葬各 1 座，出土商代后期铜鼎 3 件，西周时期铜鼎、铜戈、铜剑各 1 件。

坍塌的古城墙上生长着杨树，有一段城墙"农业学大寨"时在上面修筑了水渠，城墙外长长的洼地便是护城河的遗迹。据考古分析，城内的东北区有一高处，应是宫殿区，西部和南部是住宅，古代人白天都在城外种地，夜里才回城里居住，所以城池并不大。

故城残墙

　　"颛臾是太昊后裔建立的夏商方国，是古代以鸟为图腾崇拜的东夷文化的突出代表之一，西周春秋时期附庸于鲁，负责主祭蒙山，对以龙凤呈祥为标志的中国古代文明和华夏民族的融合统一作出了积极贡献。至今，人们在研究中国古代历史时经常提及。"这是著者 2012 年调研时，李常松给出的观点。

　　清朝光绪《费县志》认为，颛臾国建国于西周初期。事实上，颛臾早在夏商时期已是方国，并且到商代已相当发达。商朝的统治区域远远超过夏，经济、文化也具有了较高水平。商朝时，山东地区除还存留任、宿、须句、颛臾等古老的方国外，历代商王还册封了一些邦国，如薄姑、奄、微等。这些方国必须按时向商朝贡献财物，商王也靠其与各地奴隶主上下维系，实行统治。

　　西周初，山东夷族徐、奄、薄姑等方国参加了武庚与管叔、蔡叔反对周王室的"叛乱"。周成王和周公旦率兵深入东夷腹地，进行了长达三年的大规模的讨伐。结果，东夷溃败。为确保周在东方的统治，周成王封周公旦的长子伯禽于奄国旧地，建鲁国；封灭商功臣姜太公于薄姑旧地，建齐国。对原商代东夷各国，或灭国，或迁民，或毁社，或存其国重新加封。颛臾国是在此时被重新加封的一个方国，并规定"附庸于鲁"，负责"主祭蒙山"。

　　颛臾国主祭蒙山的具体情况因时代久远不得而知。大体上讲，每年在几个相对固定的日子，如新年、立春、立秋等，颛臾国王代表周天子，率文官武将一行前往蒙祠，在用黄土夯筑的祭坛前虔诚叩拜，敬献祭品，宣读祭文，祈求蒙山神显灵，保佑人畜平安，五谷丰登，天下安定康宁。

　　颛臾亡国后，战国至清代官方主持祭祀蒙山的活动时断时续，其规格、规模、仪式等不尽相同。1981 年 4 月，古蒙祠遗址中出土一件重达 2000 克的宋代亚腰形银锭。该银锭是宋元时期官方到古蒙祠祭祀蒙山神时，按礼仪埋入祭坛前边土中的证据。专家鉴定为国家二级文物，现藏于平邑县博物馆。

　　位于蒙山南麓颛臾国到底有多大？李常松根据多年的研究考证认为：从夏商经西周到春秋末，虽建国早，存世长，但其疆域范围相对较小。据明万历《兖州府志》，清康熙《沂州府志》《费县志》《蒙阴县志》和光绪《费县志》中关于颛臾及颛臾王庙的记载，可推知颛臾国疆域主要位于今平邑县北部，鼎盛时还包括今平邑县中部、费县北部和蒙阴县西南大部分地区。其东边最远可达今费县、沂

南、兰山三县区交界处，西部到达今平邑、泗水、新泰三县市交界处，东西长七八十公里。南边到今平邑县的张里、流峪，北边到今蒙阴县联城镇北部，南北宽四五十公里。夏商时期范围稍大但不够固定，西周春秋时期范围较小，但相对固定，于今平邑县柏林镇固城村颛臾国故城遗址及其周围地区。

1979 年 8 月颛臾方国故城遗址，被平邑县"革命委员会"定为第一批县级重点文物保护单位。1992 年 6 月 20 日，山东省人民政府将颛臾国故城列为省级重点文物保护单位。颛臾国故城有着很重要的历史文化价值。

其一，颛臾国作为东夷古国之一，是古老东方文明的证明，反映了沂蒙悠久的历史和灿烂的文化。颛臾与蒙山地区其他原始氏族部落、方国同源，有着自成一体的东夷文化，创造过光辉灿烂的历史文明，是中华民族传统文化的重要组成部分。按《尚书·禹贡》"海、岱及淮唯徐州，淮、沂其乂，蒙、羽其艺"的记载，蒙山地区属古代九州之中的徐州，是全国少有的古文化发祥地之一。徐州之东夷属淮夷，颛臾及蒙山地区其他原始氏族部落、方国各为东方淮夷的一支。他们携手从原始社会末期率先进入阶级社会，夏商时又建立了具有特异文化面貌的东夷方国。西周初年鲁侯伯禽东征结束后，名分上置于周王朝的控制之下，但实际上仍保持着相当大的独立性。后经西周、春秋、战国，长时期交互融合，至秦朝大一统后才融汇于中华民族文化。

其二，颛臾国故城与古文化相印证。想必很多人在中学时期都学过一篇《季氏将伐颛臾》的古文，这篇文章出自《论语》。据《论语·季氏》记载，季康子时，季氏将伐颛臾，季氏的家臣冉有、子路将此事告诉了他们的老师孔子。孔子反对讨伐，他说："夫颛臾，昔者先王以为东蒙主，且在邦域之中矣。是社稷之臣也，何以伐为？"当冉有推说伐颛臾是季氏的主意，他们不好劝阻，并争辩"今夫颛臾，固而近于费。今不取，后世必为子孙忧"时，孔子指出他们作为家臣不能制止季氏应负的责任，说：你们"相夫子远人不服，而不能来也，邦分崩离析而能不守也，而谋动干戈于邦内，吾恐季孙之忧，不在颛臾，而在萧墙之内也"。季氏最终伐没伐颛臾，史籍中没有明确记载。

其三，"颛臾国主祭蒙山"的历史，为当今蒙山旅游开发注入了深厚的文化内涵。颛臾国主祭蒙山，主祭处为蒙祠，位于蒙山主峰南麓今平邑县柏林镇万寿

宫西邻，为游览蒙山龟蒙景区和登临主峰的起点之处。蒙祠亦称古蒙祠，始建于西周初期，距今已有 3000 多年的历史。对此，《水经注》"治水（今浚河）东流迳蒙山下，有蒙祠"等有明确记载。千百年来，古蒙祠历代崇祀蒙山神的祠址、沿革十分清楚。古代（特别是宋宣和五年以后）蒙山地区祭祀蒙山神的颛臾王庙很多，但颛臾国主祭蒙山的蒙祠只有一个（如同泰山上只有一个主祭泰山的岱庙），即今平邑县万寿宫西邻的古蒙祠。这些历史遗迹和典故，都将为蒙山旅游开发增加无限遐想。

红色崮事

黎玉住过的小山村

在蒙山群峰南侧、龟蒙景区内，有一个叫柘沟的小山村。抗日战争时期，时任山东省委书记的黎玉曾住在这里，而省委的办公地就在柘沟村东的万寿宫。如今，柘沟村成为中共临沂市委党史研究院、临沂市文化和旅游局命名的第二批"沂蒙红色堡垒村"。

据中共平邑县委党史研究中心和平邑县地方史志研究中心编纂的《红色平邑》记载：1938 年 2 月，山东省委决定创建蒙山抗日根据地，由黎玉、赵杰、景晓村、程照轩等带领部队，在蒙山一带及沂水地区活动。3 月 3 日，部队进入蒙山万寿宫及柘沟村，这是中共山东省委第一次来到蒙山。

由于当时这一带交通

柘沟村

不便，消息闭塞，老百姓对于这支武装队伍的到来表现出恐慌，有些人四处躲避。省委和四支队驻下后，派出工作组，访贫问苦，安抚民众。又派宣传队到武安、杨谢、柘沟一带，演出抗日救亡剧，宣传中国共产党的抗日方针。在党的强大政治思想工作感召下，万寿宫郭道长自愿拿出千余斤储粮，布鞋四五十双，还交出了护庙的3杆长枪，再三表示拥护中国共产党的抗日路线。

中共山东省委和四支队二大队在省委书记黎玉的带领下，3月中旬在万寿宫召开了党的活动分子会议，组织恢复了当地党组织，领导成立了中共费县工委，张若林任书记。安排部署发展党员队伍、建立抗日武装、创建蒙山抗日根据地等工作。省委书记黎玉就住在柘沟村的一处民房里。

纵观黎玉的一生，他在抗日战争和解放战争期间为山东根据地的建立壮大发挥了重要作用。

1936年5月1日，重建中共山东省委的第一次会议秘密召开，与会者除黎玉本人外，还有组织部部长赵健民、宣传部部长林浩等人。省委和四支队在蒙山一带驻扎了20多天。在山东省委召开的紧急会议上，根据《抗日救国十大纲领》和当地的客观实际情况，黎玉制定了多项措施并推动执行。为了抗战的需要，要尽快且有效率地组织发展自己的部队，那就是抗日游击队。黎玉直接领导了徂徕山起义，山东抗日游击第四支队自此诞生。到1938年底，根据党中央的决定，山东各地的抗日武装整编为游击兵团，也就是八路军山东纵队。这支队伍由张经武任指挥，黎玉担任政委，旗下辖10个支队和3个团，共2.45万人，另有地方武装万余人。八路军第一一五师主力入鲁之后，山东纵队与之并肩作战，发挥了重要的作用，黎玉本人也曾经在对崮峪反"扫荡"战役中负伤。

1938年3月28日，住在柘沟村的黎玉，从万寿宫出发，到延安向党中央、毛泽东汇报山东抗战形势，并请求派干部到山东工作。

参考资料

①杨佑廷：《费邑古迹考》，清光绪二十二年八月。

②蒙山文化研究会：《蒙山历史文化》，内部资料准印 2007 年第 12 号，2010 年版。

観音山

观音山
花果飘香地
天成观音山

观音山

观音山，因主峰神似观音坐像而得名，崮顶两块巨石，一大一小如同母子，也称母子崮，是一座非常有灵气的山，位于平邑县城东南 25 公里处的郑城镇桃峪村附近，海拔 641 米，面积 300 万平方米，与天宝山、偏头崮、和尚崮等诸峰相连，构成母子山系。观音山山水相连，植被丰茂，花果飘香，景色秀丽。

崮乡崮事

观音山上观山水

远眺观音山，巨大凸起的崮顶中间有个凹陷，凹陷处的中间有一高大的石柱直冲云霄，这石柱神似一尊观音，这大概就是观音山名字的由来吧。而这石柱还像是一个怀里抱着个孩子的母亲，所以当地老百姓也称此山为母子崮，或母子山。如果把整个观音山的崮顶作为一个整体去观看，更像是一尊仰卧的大佛，不同的视角则会看出不一样的形象。

从观音山下的桃峪村进山，有修筑的盘山公路能绕至山半腰。首先经过"八路军第一一五师桃峪高干会议旧址"，当地政府对这个地方进行了精心打造，如今成为红色文化教育基地。

绵延数十里的观音山有着丰茂的植被，山上山下被山楂、梨树、松柏、槐树等树木覆盖。

半山腰处，生长着一棵树冠巨大的山楂树，被称为"桃峪山楂王"。此树已在这里经历了 280 多年风雨，树高约 11 米，冠幅东西、南北均达十余米，面积百余平方米，每年产山楂果 300 多公斤，是这片山楂林中当之无愧的"王者"。

山楂王生长于观音山东南山崖的背面，此处背阴多树，崖边洇水成泉，常绿阔叶树种的天然灌木林汇集成片，新绿簇拥，山中泉水叮咚，此景在北方较为罕见，

远眺观音山

有人形容"观音山一个小山弯，一夜春风唤醒了半个江南"。因而，此地此景被称为"半个江南"。

山楂王

不远处的观音亭和观音台，皆为人们观赏、祈求、礼拜观音的场所，在此远望山顶两崮之间的巨石，恰如观音坐于莲花宝座之上，手持玉净瓶，遍洒菩提水，显现普度众生之相，又似怀抱婴儿之姿，这也是又被人们称为母子山的原因。从信奉菩萨的角度，人们又将此观音称为送子观音。其形态逼真，神情若现，栩栩如生。观音圣像端正庄严，在晨雾暮霭中若隐若现，吸引着善男信女前来求拜。

在我国民间，观音是一位极受崇拜的菩萨。观音信仰自魏晋时代传入我国，2000多年来长盛不衰。观世音菩萨身上，凝聚了人民群众的智慧和才华，寓含了佛教哲理，充分体现了中华民族仁民爱物、崇尚和平的精神，寄托了人民群众的美好理想。因而，观音信仰的发展对于化导、抚慰人心、稳定社会有着积极的作用。

观音亭

如果说观音山上的观音像是自然天成，那么坐落在观音山南麓的吕祖东岳庙则是历史延续。据了解，这座庙宇建于元代，供奉的是吕洞宾，人们耳熟能详的故事"八仙过海"里的八仙之一。吕洞宾的神像有多种面貌，有穿道袍的，还有穿龙袍以唐明皇面貌示人的。因为有一种说法，认为吕洞宾附身于李隆基。但也有人说吕洞宾不是唐朝人，而是五代宋初人。相传吕洞宾原来是一名儒生，40岁遇到郑火龙真人学习了剑术，后来被尊为剑祖、剑仙、天下剑仙之首；64岁时遇钟离权学习了炼丹之法，道业学成之后，普度众生，元朝时被封为"纯阳演政警化孚佑帝君"，故称吕祖。

由观音亭上行，转至观音山的北侧，便是点将台。传说此处是吴王夫差点将列兵之地。这与吴王崮的名称来由及传说大致相似。据《左传·哀公八年》记载：公元前487年，吴国攻打鲁国。吴军在攻克了武城后，北行至观音山中，人困马乏，见此处山势嵯峨，风景秀美，果树飘香，于是，吴王便下令将士在此休整，点将列兵，犒赏三军。

站在点将台，可一览观音山下的美丽乡村，波光粼粼的昌里水库，山周围的马家崮、吴王崮、九顶莲花山等尽收眼底，点将台堪称观景台。

从点将台绕环山路转一大圈，绕到观音山的东南侧，有蜿蜒山路，可达崮顶。观音山东南崮顶面积宽阔，长有稀疏的柏树，其余便是荆棘和杂草，山顶一片绿色。开阔之地有一养牛场，大大小小的黄牛，三三两两地分散在崮顶，啃食着地上的野草。

观音庙在崮顶的高处。一座石墙红瓦的小屋，周围一圈用碎石垒起了院墙，庙里供奉着观音像。观音庙虽然面积不大，但因是红顶，在山下即可看见山顶上这一抹红。观音庙前、后各长着一棵榆树，虽不十分高大，但由于周边没有其他树木，便格外明显、唯其独尊了。

从观音庙下行，再翻上一个崮顶，就可到达天然观音石像所在的位置。此段山脊十分狭窄，宽处有五六米，窄处则只有两三米，两边是悬崖峭壁，恐高胆小之人行走其上绝对"两股颤颤"。但要想领略观音山之险峻，一睹观音坐像之风采，只能沿此山脊前行。走到山脊的尽头，对面的崮顶巍然耸立在眼前，在山下看似

观音的高大石柱立于两个崮顶之间，坐东面西，虽是近观，依然神似。此处最为险峻，北端只有一块岩石的宽度，但这里又是观景的最佳位置，正可谓"无限风光在险峰"。

此处是观音山的主峰，站在这里环顾四周，又是另一番景致。远处的水库似一颗蓝宝石，与一个个山峰融为一体，可以想象为挂在观音山的一串配有宝石的项链，让这座灵山显得更加秀美。但更多的想象是观音山四周的山峰，似观音座下的莲花瓣，这也是此处山脉被称为"九顶莲花山"的缘故。

崮顶上的观音庙

极其险峻的北崮顶

站在巅峰，放眼东北方向的山坡，两棵大树后面的两间草房清晰可见。那里，就是83年前八路军第一一五师召开高干会议的地方。

501

小草屋里的"高干会"

观音山下北侧，是郑城镇桃峪村。村东的山坡上，有一个石头垒起的高大石碑，上书"八路军第一一五师桃峪高干会议旧址"。如今，这里已经被打造成为一个红色景区，景区内建有桃峪高干会议陈列馆、会场旧址、纪念广场，广场有当年参加会议的八路军第一一五师领导雕像。

当年开会的地点，在桃峪村林化吉家一棵大梨树旁的两间草房内。这个地方东临悬崖峭壁，南靠观音山，北面一览无余，西侧视野开阔，且居高临下，又极具保密性，这也正是当年选择在这里召开高干会议的原因。

在召开会议的草房前，生长着一棵楸树和一棵梧桐，这两棵树见证了当年会议的召开，也寓意着"求同存异"。这两棵树历经80多年的风雨，依然枝繁叶茂。如今，第一一五师高干会议旧址已成为当地重要的党性教育基地。

桃峪高干会议是山东抗日根据地抗日武装在抗日战争比较艰苦的时期，召开的一次非常重要的会议，它对加强党对根据地抗日武装的统一指挥和领导发挥了

召开八路军第一一五师桃峪高干会议的草房

草房前的楸树和梧桐

关键作用，为争取山东抗日形势的根本好转奠定了思想上和组织上的坚实基础。

据中共山东省委党史研究室相关资料记载，八路军第一一五师主力遵照中共中央和毛泽东主席的命令，1939年，毅然挺进山东。首战樊坝，旗开得胜；东进泰西、陆房，成功突围，越过津浦铁路进入鲁中，继而又挺进鲁南，插入抱犊崮山区，开辟抗日根据地。

面对日、伪、顽重重包围的严峻形势和山区物资匮乏、生活条件极为艰苦的困难局面，八路军第一一五师在中国共产党发动和领导的鲁南地方抗日武装的配合下，高举抗日救亡大旗，军民同呼吸、共命运、心连心，英勇顽强，浴血奋战，不断给日、伪、顽以沉重打击。

首战拔除位于滕县山亭、白山和上、下石河等地的日伪据点。接着，进军郯马地区，一度攻入郯城。继而"三打白彦"，解放鲁南山区重镇白彦。1940年春，又取得粉碎日军大"扫荡"的重大胜利。这一连串的胜利，有力地巩固和扩大了以抱犊崮山区为中心的抗日根据地。1941年初，根据中共中央指示，八路军第一一五师主力部队离开鲁南，转移到鲁中、滨海地区，与中共中央山东分局、八路军山东纵队靠拢。

这一时期，山东抗日根据地由于存在着八路军第一一五师和地方武装的山东纵队这两支平行的党的武装，山东抗日根据地的统一指挥问题一直得不到解决，八路军第一一五师工作中出现的一些缺点错误也开始受到中共中央山东分局、八路军总部的批评。为此，1940年9月、10月，八路军第一一五师在桃峪村召开了为期3周的八路军第一一五师高干会议。

这次会议由罗荣桓和陈光主持，各支队和师直机关各部门的主要负责人，以及鲁南区党委的负责人，中共中央山东分局的负责人出席了会议。罗荣桓在大会上作了关于第一一五师在山东的总结报告，同时也指出了第一一五师存在的缺点。在这次会议上，罗荣桓提出要在部队中普遍开展建设铁的模范党军的活动，并制定了铁的模范党军的五项条件和《关于营连党组织的规定》《建立模范党军的支部工作》两个文件。从此，建立模范党军的活动在第一一五师入鲁部队中普遍深入地开展起来，这对于加强部队的军政建设，保证人民军队的性质和宗旨，保证党对军队的绝对领导起了重要作用。

会上，罗荣桓用"争、插、挤、打、统、反"6个字生动概括了已经在各根据地采用的工作方法。这六字方针经验，既包含了军事打击的手段，也体现了政治斗争的策略。特别是结合反"扫荡"的实践，罗荣桓根据毛泽东关于人民战争和游击战争的一系列重要指示，深入分析研究了鲁南抗日游击战争的特点和规律之后，创造性地提出了"敌打进我这里来，我打到敌那里去"的"翻边战术"，论述了分散性游击战争的一系列政治、军事理论问题，进一步丰富了毛泽东关于游击战争的军事思想。上述六字方针经验和"翻边战术"，对于在敌强我弱的形势下，提高抗日武装力量的军政素质和战斗力，彻底扭转山东抗战的被动局面，起了重大的指导作用。

会议期间，八路军总部来电，对桃峪高干会议作出指示，批评了第一一五师军队纪律和干部教育方面存在的问题。对于这些问题，第一一五师已经作了严肃处理，罗荣桓也在会议上作了自我批评。由于当时条件的限制，在桃峪会议上暴露出的各种分歧，在会议期间没有形成统一认识。

桃峪高干会议结束后，为了便于实行山东军事上的统一指挥，第一一五师决定按照中共中央山东分局的意见，将师部转移到沂蒙山区。但考虑到鲁南地区是通向华中的枢纽，又是沂蒙山区的屏障，不能放弃，于是，又把教导二旅一部转移到沂南县青驼寺以西的聂家庄。将分散在鲁南、滨海、鲁西南、冀鲁边和苏鲁豫坚持抗战的主力部队实行统一编制，编为7个教导旅。这支入鲁之初不足万人的部队，已发展到7万余人，成为共产党领导和坚持山东抗战的骨干力量。

桃峪高干会议是一次统一思想的会议，第一一五师和山东地方武装本着"求同存异"的精神，建立了统一领导机构，从而在山东取得了一个又一个胜利。

旧会址上八路军第一一五师领导人雕像

苗庄村的庄户剧团

抗日战争期间，观音山下的苗庄村创办了一个庄户剧团，通过编演文艺节目，宣传抗战，唤醒民众。

1942 年秋末，毛主席《在延安文艺座谈会上的讲话》发表之后，鲁南军区司令部和所属的鲁南剧社驻在了苗庄村。剧社的同志根据抗战形势需要，编演一些文艺节目。排节目的时候，苗庄村的年轻人就跟着学，节目排完了，他们也基本都学会了。剧社的同志见苗庄村里青少年这么热爱文艺，就单独给村里的年轻人排练了《小放牛》《儿童团站岗》等小节目，并让他们登台演出。演出非常成功，八路军第一一五师教导旅政委张国华还上台接见了村里的这些演员。之后，张国华向八路军第一一五师罗荣桓政委汇报了培养苗庄村青少年演节目的事情，并建议组建苗庄剧团，罗政委非常赞同。

张国华回到苗庄后，按照罗荣桓的指示，挑选演员，组建领导班子，并给剧团取名"苗庄庄户剧团"。部队给剧团配备了服装道具、乐器等。就这样，以区文教助理员陈夫吉、抗日小学教员陈如钦、村青救会会长陈如坤、儿童团团长陈汉吉和青年游击队队长焦念才等为骨干组成的近 40 名演员的剧团诞生了。

庄户剧团在鲁南剧社负责人之一王灿章的指导下，配合抗战形势编演了许多深受民众欢迎的现代时装戏，宣传抗日救国，揭露日伪罪行，慰问前线将士，鼓励群众参军参战。当时比较有影响的剧目有《儿童团站岗》《地雷战》《抗属光荣》《军民一家》《反霸诉苦》等。为配合"减租减息"运动，剧团排演了《谁养活谁》《一笔血债》《大减租》。为教育逃兵归队，教育家属别扯后腿，陈汉吉主演了《李二牛归队》。这些剧目，既配合了党的中心工作，又贴近生活，深受群众的欢迎。

当时，苗庄庄户剧团的活动范围很广，演出任务很重，几乎天天有演出任务，而且影响也很大。他们有时在本区内巡回演出，有时应邀到外区、外县演出，有时随军到前线慰问演出。每到一村演出，就辅导有剧团的村排演新戏或节目，还帮助郑城区郑城村成立了剧团。

1943年初冬，费南县在临涧举行会演，苗庄庄户剧团演出的《反霸诉苦》和舞蹈《快乐舞》受到好评。费南县县长马健称："一个庄户剧团，演到这样的水平，太好了。苗庄庄户剧团演新戏，鼓实劲，是全县各剧团学习的榜样，是今后剧团发展的方向，一定要坚持到底。"苗庄庄户剧团在抗日战争、解放战争中，配合党的中心工作，编演了许多剧目和文艺节目，成绩卓著，受到了领导的表彰、群众的赞扬。

1946年，剧团实行了军事编制，编为一个排三个班，进行军事训练，配发了10支步枪和弹药。解放战争时期，庄户剧团随部队南征北战，参加了孟良崮、济南、淮海、渡江等重大战役，先后编演了《蒋敌伪合流》《送郎参军》等节目，揭露蒋介石发动内战阴谋，动员群众参军参战。

中华人民共和国成立初期，配合抗美援朝，编演了《鸭绿江边》《歌唱王大娘》等剧目；配合《土地法》《兵役法》《婚姻法》的实施，编演了《土地证》《军属光荣》《小女婿》等。这些剧目结合实际，思想性强，教育意义大，深受广大群众的欢迎。

庄户剧团还是一个培养锻炼干部的大熔炉。先后有200多人参加剧团，其中68名演员加入了中国共产党，53人成为国家干部，14人成为县团级以上领导干部。

1969年3月，苗庄庄户剧团受到临沂军分区的表彰奖励。同年5月，《大众日报》发表了关于庄户剧团的长篇通讯。

参考资料

①中共临沂市委党史研究院：《红色堡垒村·桃峪村》，临沂党史史志网2022年3月8日。

②中共平邑县委党史研究中心：《红色平邑》，齐鲁音像出版公司2021年版，第49页。

曾子崮

弥漫着文化
的馨香

崮乡崮事

曾子崮，又称曾子山、孝子山，典型的"岱崮地貌"特征，位于平邑县城南40公里处郑城镇南武城村村西，海拔487.4米，面积1200万平方米。因山下有曾子墓而得名。曾子以孝著称，故当地人又称其为孝子山。曾子崮峰怪石奇，植被丰富，松柏常绿，自然景观优美奇特，自南向北依次有牛鼻山、大苍山、榔子崮、曾子崮、富贵顶、透明崮、印盒顶等诸峰。

山势峭拔　峰奇石怪

虽是崮，但当地人很少称其崮，一直以来都称其为山。

曾子山在古代就很有名气。明代杨涟在他的传世之作《杨忠烈公文集》中，有一首写曾子山的诗作："远将秋送目，天与碧争铺。借此山中月，看犹汶上吾。云腴瓜不断，石种棘宁枯。一片春秋色，登登到得无。"

站在曾子崮东侧的山下，能尽览其山全貌。自南向北依次有牛鼻山、大苍山、橛子崮、曾子崮、富贵顶、透明崮、印盒顶等诸峰。除了凸起的崮顶，山上植被茂密，郁郁葱葱，景色秀美。中间的山峰之所以叫富贵顶，是因为看起来极像一尊仰卧的大佛。头枕南峰、脚伸北坡、仰面而卧。如果没人说像什么，观者也多不在意。当听说像什么了，就感觉真是像，越看越像。卧佛的眼睛、鼻子、口、颈、身、脚，层次分明，形态逼真，就连大佛的脚趾竟也由五块从大及小的山石组成，不由感叹大自然的鬼斧神工竟如此绝妙。

这天然的佛像不是现在人们观之极像，古代人早就发现了。据《平邑县志》记载，富贵顶在明清以前称佛观顶。而位于富贵顶和印盒顶之间的高高耸立酷像仙姑的石峰，人们称之为"仙姑参佛"。

远观有远观的山景，近看有近看的妙处。有一条窄窄的步行道，可以沿此直接登上最北的印盒顶。

悬崖峭壁

顶峰之下路虽陡峭，但并不难行。当到达崮顶之下，想由此攀越数十米高的崖壁到达崮顶，还真需要一些胆量和勇气。一条几乎垂直于山壁之上的单行道，台阶是从崖壁上凿出来的，只容一人上下。好在一侧有铁索可借助，让攀登的难度系数减小，拽着铁索，登越崖壁，便到达印盒顶。

印盒顶北侧有一条东西向的深沟，翻过架在沟上的铁桥，便站在了顶峰的宽敞之处。崮顶面积不大，全部裸露的岩石地面，北宽南窄，寸草不生。四周皆为悬崖峭壁，所以为确保安全，在周边安装了一圈的铁索护栏。传说此处曾是明末清初农民起义首领王肖武的营寨。现在岩石地面上，还清晰地存有凿出的房基、排水道、饮马槽、石臼、旗杆孔、石门等。从地面的痕迹看，这些房间大小不一，或间间相连，或纵横贯通。关于义军首领王肖武和他妹妹王肖荣的传说有很多，当地人耳熟能详，王肖武"垂柳称王""负母上山""神骡驮水""神蜂护山""倒穿草鞋"以及王肖武妹妹的爱恨情仇，都为曾子山增加了很多谈资和神秘色彩。曾子山下有叫"大营""小营"的村子，据说曾是当年围剿王肖武的清军驻扎营地，所以才取了这么个名字。

下了印盒顶，沿西侧峰下密林中的小道南行，就到达了透明崮。半腰有一山洞，洞口高大，越往里越矮小。通过洞里侧的一个圆孔，能看到山的东侧，这个山洞让此山峰变得通透起来，这就是透明崮名称的由来。透过圆孔，能够清晰地看到位于曾子山东面的曾子墓，但要想看清，人必须行跪拜之礼。之所以要跪着看，是因为靠近圆孔的地方太矮，人无法站立，只能跪着。

关于这个洞有很多说法。这处透明洞又叫康成石室，传说东汉经学家郑玄曾在此研学，郑城镇来历也与郑玄有关。但还有另外一些传说。有传说上古颛顼帝的玄孙彭祖在此

印盒峰上的房基和排水道

洞内修道，不知不觉一睡 800 年，醒来时一伸腿，竟把原来不通的洞东石壁蹍掉了一块大石头，就有了里面那个能望东面的小洞。另有传说，一个懒汉不愿劳作，躲在洞内睡觉，并扬言太阳照不到他的屁股绝不下山，二郎神担山路过此地，知道后十分气愤，一扁担将洞捣了个窟窿，让早晨的第一缕阳光射进洞内，使懒汉不得不下山干活。还有传说，有一对恩爱的男女分别居住于崮东崮西，相会要绕几十里山路，尤为不便，于是两人便动手从东、西两面挖洞，打通了一条爱情通道。

透明崮的西侧，有一块明代万历年间石碑，是《创建玉皇宫碑记》。因年代久远，字迹模糊难辨，从左侧碑刻文字上可知，此碑立于大明万历岁合丁巳壬子月（1612 年）。

曾子山顶的亭子

富贵顶方圆约有 30 亩，山顶地势平坦，南山门下岩壁上有摩崖造像三处，一为南宋时所刻的菩萨、武士，当地人俗称"把门将军"，此像为费县妙胜禅院尼姑等住持镌刻，有"大宋国沂州费县和顺乡佛观顶……"字样。二为金代的坐式观音菩萨。刻于金朝天会七年（1129 年）十一月三日，为沂州费县和顺乡故县村民众所造，其上有刻字。三为驾云观音之像。刻画精致，造型生动别致，至今清晰可辨。

下了曾子山，往东北方向走，便是南武城，此处有武城古城遗址。这里不仅是曾子、曾晳父子的故里，还是孔子的另外一位学生澹台灭明的老家，也是三国

时期大将羊祜的故里。澹台灭明，字子羽，是孔门七十二贤之一。由于相貌比较丑陋，孔子不喜欢他，后到楚国豫章（今南昌市），从事教书育人工作，名气很大，江西进贤县之名由此而来。孔子曾经说过：吾以貌取人，失之子羽！

进入南武城村的路口处，有一个墓地，便是曾子墓。此墓是一高大土丘，封土高 6.5 米，直径 20 米，上植松、槐树等。曾子名曾参，16 岁受业于孔子，著有影响后世的《大学》和《孝经》，是儒家思想的重要传人，"曾子杀猪""曾子锄瓜""简丧其父"等故事仍在当地流传。有关历史资料表明，该墓背负曾子山，脚蹬温凉河，占尽风水玄机，是曾子真正的埋葬之地。与之相邻的还有其父曾点墓。

回望曾子山，心生感叹。此山不仅自然景观优美奇特，连绵起伏的群峰透溢着秀美之气，而且文化气息浓郁，苍老的石壁弥漫着古老文化的馨香。

★★★ 历史崮事

南武城的历史文化名人

山东共有两处南武城，《史记》、《括地志》、清《一统》志、《读史方舆纪要》均记载，鲁有两武城即费之南武城与嘉祥武城。现存南武城故城遗址位于平邑县郑城镇境内，城址内现有南武城、北武城两个自然村。城遗址东、北两面有用黄土夯筑的城墙，构成半圆形城郭，遗址东边有曾子墓和澹台灭明墓。

南武城遗址其残墙高低不一，低的已不可见，最高处有 9 米。目前已被当地政府用铁栅栏圈围保护起来。据《左传》等史料记载及现藏于平邑县博物馆的南武城故城出土的巨型青铜弩机和大批青铜剑、戈、箭镞等兵器证明，此处遗址就是春秋鲁襄公十九年筑的武城。

南武城故城遗址在 1979 年 8 月被平邑县"革命委员会"定为第一批县级重点文物保护单位。2013 年 5 月被国务院公布为第七批全国重点文物保护单位。

南武城故城是澹台灭明和曾子故里。澹台灭明，字子羽，鲁国武城人。其长相额低口窄，鼻梁低矮，不具大器形貌。子游做武城宰时，曾向孔子推荐澹台灭明。《大戴礼记·五帝礼》记载："澹台灭明投师孔子门下，孔子见他相貌丑陋而勉强收为弟子。后发现澹台灭明品德高尚、学风端正，于是发出：'以容取人乎，失之子羽；以言取人乎，失之宰予'的感慨。"澹台灭明听从孔子的教诲，刻苦学习，终于学有所成，跻身于知名学者之列。他到吴国讲学时，其门徒达300人，成为享誉大江南北的一代名师，孔子七十二贤之一。

澹台灭明去世后，其弟子将他安葬于武城故里，土桥村西300米处，与曾哲墓东西相望，紧靠温凉河。当地人称"澹台墓，离河十八步"。澹台灭明重义轻财，在当地流传着斩蛟投璧的典故。一次，澹台灭明身带一块价值连城的宝玉渡过温凉河。舟至河心，忽有两条蛟龙从河中跃出，欲抢夺宝玉。澹台灭明挥剑将二蛟斩于河里，并将宝玉投入水中，以示既不屈从权势又不贪爱财宝的品德。

曾子，名参，字子舆，鲁国南武城人。春秋末年思想家，儒学大师，孔子晚年弟子之一，儒家学派的重要代表人物，夏禹后代。其父曾点，字皙，七十二贤之一，与子同师孔子。

曾子倡导以"孝恕忠信"为核心的儒家思想，"修齐治平"的政治观，"内省慎独"的修养观，"以孝为本"的孝道观，至今仍具有极其宝贵的社会意义和实用价值。曾子参与编制了《论语》，撰写《大学》《孝经》《曾子十篇》等作品。曾子在儒学发展史上占有重要的地位，后世尊为"宗圣"，成为配享孔庙的四配之一，仅次于"复圣"颜渊。

曾子著作《大学》，开宗明义提出了三纲：明德、亲民、止于至善；八目：格物、致知、正心、诚意、修身、齐家、治国、平天下。"古之欲明明德于天下者，先治其国；欲治其国者，先齐其家；欲齐其家者，先修其身；欲修其身者，先正其心；欲正其心者，先诚其意；欲诚其意者，先致其知。致知在格物。格物而后知至，知至而后意诚；意诚而后心正，心正而后身修，身修而后家齐，家齐而后国治，国治而后天下平。"构成了一套完整的封建伦理道德的政治哲学体系。

《曾子·天圆》中指出："阳之精气曰神，阴之精气曰灵，神灵者，品物之本

也。""阴阳之气，各从其所，则静矣。偏则风，俱则雪，交则电，乱则雾，和则雨。阳气胜，则散为雨露；阴气胜，则凝为霜雪。阳之专气为雹，阴之专气为霰。霰雹者，一气之化也。"《曾子·天圆》认为毛虫羽虫是阳气化生的，介虫、鳞虫是阴气化生的。人是倮生的，无羽毛鳞甲，乃是禀阴阳精气而生。这就明显地突出人在万物天地中的地位。这正是儒家思想的特点。《曾子·大孝》说："天之所生，地之所养，人为大矣。"认为人是天地间最伟大的，"天地之性人为贵"（《孝经》）。《小戴礼记·礼运》中说："人者五行之秀气也。"荀子继承并发展了这一思想，认为人不是顺应自然，屈从于自然，而是能动地改造自然。"从天而倾之，孰与制天命而用之"（《荀子·天论》）。发现并重视人的作用，这是儒家思想的精华。

曾子一生不苟权贵。《韩诗外传》卷一记，曾参为养活父母仕于莒，曾当过"得粟三秉"的官职。虽有从政经历，但综观其一生，仍然是一个孔子式的知识分子形象。其根源在于他那尽守礼约、躬守孝道、不苟同权贵的思想品格。他曾声言道："士不可以不弘毅，任重而道远。""仁以为己任，不亦重乎？死而后已，不亦远乎？""可以托六尺之孤，可以寄百里之命，临大节而不可夺也。君子人与？君子人也。"

曾子给后人留下了很多至理名言。"君子立孝，其忠之用，礼之贵。""孝有三：大孝尊亲，其次弗辱，其下能养。""吾日三省吾身：为人谋而不忠乎？与朋友交而不信乎？传不习乎？""鸟之将死，其鸣也哀；人之将死，其言也善。君子所贵乎道者三：动容貌，斯远暴慢矣；正颜色，斯近信矣；出辞气，斯远鄙倍矣。笾豆之事，则有司存。"……都是人们涵养道德的思想精华。

不论是修齐治平的政治观，省身、慎独的修养观，还是以孝为本的孝道观，千百年来一直被世人所推崇弘扬。在当今和谐社会的建设中也具有极高的价值。

从古至今，曾子的孝道观一直深深地根植于华夏大地，哺育了一代又一代纯孝之人和仁智之士，父慈子孝、尊老爱幼、忠孝爱国的美好风尚和优良传统，成为推动我国社会文明进步的巨大精神力量。尽管当今社会在进步，文明程度在提高，但也存在子女不赡养父母，甚至虐待父母的不良现象，弘扬中华民族爱老敬老之美德，加强对青少年的孝道教育，发扬孝道的独特作用，显得极为迫切和现实。

曾子的修养观更是值得我们当代人学习和借鉴。曾子讲求诚信，言行一致，甘于清贫，易于知足，严于律己，勇于自察，特别注重自身的修养。他教育人们要善于协调自己与环境，自己与集体，自己与他人以及其他各种矛盾和利益的冲突，始终保持平静、和谐、友善心态的一种境界。他"省身、慎独"的观念可以提高人的自身修养，只有修养好，才能拥有一个和谐的心态，心态和谐的人越多，社会的和谐程度就越高。

曾子的修养观对中国共产党的自身建设有着极高的指导意义。修身便要自身建设，共产党员修身首先就是要讲党性，没有党性，其他便无从谈起。党性是中国共产党自身生存和发展的基础，是中国共产党领导全国各族人民以经济建设为中心、取得伟大成就的见证，没有党性，则党的发展将成为泡影。古人且注重自身品行修养，我们没有理由不去修身，不去讲党性，不去重品行，不去做表率。

对于做人，曾子的修养观更是值得推崇，他要求人们弘扬仁爱之心，博爱为怀，同类相亲；保持平常之心，淡泊名利，安贫乐道；倡导诚信之心，内外相符，言行一致；拥有宽容之心，豁达大度，胸怀坦荡。能达到如此种境界，我们的精神文明建设将会上升到一个新的高度。

因此，研究和弘扬曾子修身之道，对于人们的道德修养，构建社会主义和谐社会，具有重大的现实意义和深远的历史意义。

★★★ 崮事传说

"九山王"王肖武

在曾子山一带，关于王肖武的传说可谓是家喻户晓。虽然很多是传说，但作为王肖武这个人，历史上确有记载。

据史料记载，明崇祯十三年（1640年），山东大旱，蝗灾蔓延，赤地千里，

哀鸿遍野，颗粒无收，饥民无数。居于曾子山西麓的王肖武，揭竿而起，啸聚山林，与其他几路山王一起号称"九山王"。王肖武劫获济宁送往北京进贡的御衣，穿在身上自称皇帝。反清长达12年。1652年(清顺治九年)，清军大军压境，围剿义军山寨，血染山野。起义军被清兵围困两个月，拼力抵抗，王肖武兵败而亡。

民间关于王肖武的传说，只是有了诸多的神话色彩。

据传，王肖武的父亲曾经搭救过一位风水先生，先生为报恩，在河边给他指了一块风水宝地，称其死后一丝不挂葬于此地，在坟前栽一棵柳树，等柳枝子垂到水里，其后代便可造反，坐上皇位。

王肖武的老爹临终前，将这些身后事给儿女们做了交代，王肖武一一照做。只是王肖武的妹妹在给老人安葬时，觉得父亲光着身子不雅，便给穿了条裤衩。王肖武将父亲葬在河边，并在坟上种上柳树，只等什么时候柳枝垂到河里触水，就可以造反称王了。后来，垂柳发芽抽枝，但是一直垂不到水中。王肖武心急，就逆天而行，在柳枝上拴块石头，这样便出现柳枝触水，他便开始造反了。

王肖武成为义军头领，率民众与朝廷作对，自然会被当朝镇压。

清军多次攻打王肖武位于曾子山顶的山寨均不能取胜。起义军居于山顶，易守难攻，但山上无水，需要去山下取水上来。于是官兵就将曾子山团团围着，如果没有水往山上输送，义军就会渴死在山上，不打自败。

然而，尽管清军在山下围困数月，但山上的王肖武部士气丝毫不减，一切训练、生活照常进行。原来，王肖武有神灵相助，虽然官兵封锁了曾子山，但每天晚上都会有一头神驴往山顶上驮水，供山寨饮用，所以根本就困不着山上的这些人。神驴驮水的秘密只有山寨的人知道。而山下的清军都很纳闷，不知道明明山上无水，却没影响起义军生存的原因。

王肖武有个妹妹叫王肖荣，也追随兄长加入了起义军的行列，是一位有情有义的女子。在一夫当关、万夫莫开的印盒峰上，王肖武给她打造了一处闺阁，就在峰顶那道石沟的南侧，据说那条沟是王肖武为了防止妹妹被扰，专门令人凿山开的。当清军重兵铁桶般围剿山寨，起义军却安然无恙之时，清军也派人乔装打扮到山下探听起义军的情况。

有一次，王肖荣到山下集市上赶集，遇到一个风度翩翩的男子，让她一见钟情。情窦初开的王肖荣就经常下山与这位男子相约幽会，两人如胶似漆、情意绵绵。可她万万没有想到，这个让她情牵魂绕的男子，竟是清军的密探。

便衣探子在和王肖荣的一次幽会中，得知了清军围剿义军期间，每晚半夜有神驴往山上驮水的秘密。

密探回去后，马上把这一情况报告给头领。神驴最怕狗叫，于是清军每天晚上都在山脚下学狗叫，听到狗吠之声，神驴就不敢来了。义军营寨缺粮断水，士气锐减，清军趁机血洗了山寨。王肖武就此惨败，起义军被清军全部剿灭。

清军打败了起义军后，直捣曾子山附近王肖武的老家，掘了王肖武父亲的坟墓。结果发现，棺材里的尸体头和尾都已经变成了龙，只有中间部分被一条裤衩勒着，没有变。如果当年埋葬时，若不是王肖武的妹妹自作主张给父亲穿了一条裤衩，父亲就能变成一条龙，柳枝便会入水。此时王肖武再揭竿而起，便真的能坐上龙椅了。

参考资料

①李常松:《曾子故里武城考辨》，平邑曾子文化网。

②平邑文化:《王肖武》，平邑县人民政府网 2014 年 8 月 13 日。

云天崮

云天崮

云天崮，位于费县朱田镇西北方向8.7公里，苑上村西，元宝石村北，海拔568米，是费县和平邑的界山。海拔632.8米，面积约200万平方米。因山势高耸，常年云雾缭绕而得名。该崮垂直悬崖峭壁50~60米，是沂蒙崮崖壁最高的一座崮，在崖壁的水平面上呈现出颜色不同的条带，为在不同地质年代海水长期侵蚀所遗留的痕迹。据《费县志》记载，该崮又名云台崮、云彩崮，崮中间风化断缺10余米，形成东西两个山头。云天崮上有古山寨，分别叫穷人寨和富人寨。该崮西、北为平邑县地界，北与九间棚隔山相望。

崮乡崮事

两座崮顶两山寨

穿过元宝石村，便来到了云天崮下。

元宝石村的名字，传说源于从云天崮上滚落下来的一块形似元宝的巨石。著者在村里村外寻找，想一睹这块元宝石的风采，结果未能如愿。也许只是个传说，也许那块石头真的有，或是年久掩入了地下。

站在山下端详了云天崮很久，始终找不到"高耸入云"的感觉，因为崮顶东西向有些绵长，反而让人觉得云天崮并不算高。或许是雨后初晴的缘故，天格外蓝，崮顶有朵朵白云点缀，倒是给云天崮增添了不少灵气。

山脚下的土地庙似乎是刚修建不久，庙门两侧"土能生万物，地可发千祥"的对联最能代表山民对土地的敬仰。

云天崮顶层的岩石由于风化，出现数十米的断缺，这样就出现了两个崮顶。

过去，两个崮顶上都有山寨。西面的山寨人们称为"穷人寨"，东边顶上的山寨被称为"富人寨"。

据当地知情人介绍，相传在清朝咸丰年间，云天崮周边的老百姓为抵御安徽来的捻军，纷纷上山结寨。

"捻"在北方方言中的意思是一股一伙的意思。捻军的前身是"捻党"，捻党最早出现于康熙时期，是民间反清的一个团体，成员主要是普通民众、手工业者、盐贩、饥民，活动区域在皖北地区，后来逐渐扩张到山东、河南、江苏、

崮顶高耸的悬崖

湖北各地。

　　东边的崮顶虽然面积小，但地势险要，只有一条路可上下，易守难攻。有钱人觉得住在这个崮顶上更安全，于是就在这上面建了房子，修筑围墙，依崮而居。

　　西面的崮顶虽然面积大，但登上崮顶的路有很多条，而且比较容易上去，富人自然不会选择这样的地方居住，而穷人又上不了富人的东崮，只好选择在西面的崮顶上建寨居住，以防捻军和土匪骚扰。

　　正所谓"物以类聚，人以群分"，两个崮顶，两座山寨，云天崮中间的断坳，隔开了穷人和富人两个阶层。

　　如今，东崮顶上还有很多过去山寨遗存房屋的残垣断壁、乱墙石堆，而西边面积广阔的崮顶上已经没有了山寨遗存痕迹。想必当年穷人寨上居住的百姓因为贫穷无力建房，或许只是搭建简易草棚来遮风避雨吧。当然，因为西崮顶地势平坦面积大，历代山民都在上面垦荒种地，即使有山寨房屋遗存也渐渐被毁掉了。

　　从两个崮顶之间的缺口处，往南绕到崮前，可见一山洞。山洞面积不大，只能容身三五人，洞顶呈螺旋锥形，洞内长年有水流出，当地人就在山下面修了一个蓄水池，将山洞流出来的水蓄起来用于农田灌溉。虽然现在依然有水流出，但水量极小，山下那个蓄水池也几近干枯了。人们根据洞的形状，给山洞取名"呜喽牛子"洞。"呜喽牛子"是当地人对田螺的俗称。仔细端详，这山洞还真的像一个大田螺，所以又叫田螺洞。

　　关于这个"呜喽牛子"洞，民间还有一个传说。

　　在远古时期，云天崮一带是一片汪洋大海，只有云天崮凸出水面。当年有位娘娘，曾经在云天崮驻留过，所以云天崮西头的大平顶当地人又称之为"娘娘顶"。

　　传说当年娘娘登上云天崮的时候是乘船而来，娘娘下船的地方就是现在云天崮西侧的小崮子。云天崮顶部的悬崖底下有一个洞，就是如今的"呜喽牛子"洞。相传

"呜喽牛子"（田螺）洞

当年海水退却以后，有一只"鸣喽牛子"钻进了这个洞里。正因如此，直到现在，洞里还常年有水外流。据说过去这个山洞的泉水很旺，穷人寨和富人寨上居住的人都靠这洞里的泉水生活。

还有传说，在"鸣喽牛子"洞西边山顶上的林子里，住着一个蜘蛛精，蜘蛛精在林间织出一张大网。每当起风，风吹得这蜘蛛网呼呼作响，老百姓在山下都能听得到。

如今，站在悬崖之下的"鸣喽牛子"洞旁，依然可听到呼呼的声响，并非蜘蛛精作祟，而是风吹树林的声音。

★★★ 历史崮事

贤良清官王雅量

在云天崮东面不远处，有一个村子叫苑上村。明代监察御史王雅量及其后人的乡间居所"芳林苑"就在这个村里。

虽然现在"芳林苑"已难觅遗迹，但"芳林苑"门前的旗杆窝仍然存在，村里人称"芳林苑"所在的那个巷子为"瓦屋巷"。并且王雅量及其后人在苑上村生活，留下了诸多遗迹和佳话。

王雅量，字有容，号左海，又号襟海，费县人。他是明万年三十二年（1604年）甲辰科进士，授山西阳城县令，历任广西道监察御史、辽东监察御史、陕西巡按、广东参政、四川道监察御史、京畿道御史等。万历四十三年至四十五年曾以山东巡抚使的身份

瓦屋巷

巡辽东，后历任太仆寺、大理寺少卿、光禄寺卿等职，崇祯六年去世后，被追封为户部右侍郎。

王雅量一生忠诚清廉、孝顺友善，刚正不阿，仕佐过万历、泰昌、天启、崇祯四朝，官至户部右侍郎，位列九卿。他是一位令人敬仰的清官，著有《长馨轩集》存世。

明嘉靖四十五年（1566年），王雅量出生在费县的一个教育世家，他的父亲王慎曾经在淄川教学，后官至天长县教谕。教谕在明朝是负责一县教育之职的官员。

王雅量天资聪颖，7岁就能写诗作文，在十里八乡很有名。15岁应童子试，就考了第一名。甲午年（1594年）赴省试考了个第三名，甲辰年（1604年）考取进士。后被朝廷选派到山西省阳城县做了县令。

初入仕途，他的父亲王慎便告诫他为官之道，并叮嘱："廉生公，公生明，明生断。"王雅量跪着接受父亲的教诲。到了阳城就任知县以后，他断案公正，全县百姓没有冤情；对鱼肉百姓的小吏，一经查实必将严惩不贷，除暴安良，救济穷人。因出身教育世家，所以他特别注意人才的培养，忙完公务之后，利用业余时间教授学生，培养造就了很多贤士，他教的学生先后有5名中了进士，在当地兴起重教之风。他的学生张慎言官至南明吏部尚书、张雨苍官至大中丞。

王雅量在阳城当了5年县令，在他的治理下，阳城县经济繁荣，社会秩序安定，他也深得百姓的爱戴。他的顶头上司、时任泽州太守对王雅量的评价是："仁明间左归心，廉威豪右敛迹。"

万历三十八年（1610年），王雅量调离阳城升为京官御史。消息传出后，阳城父老倾巷相送，依依不舍，"攀卧车轫，不得发"。王雅量走后，老百姓不忘他的功德，为他建立了生祠，年年为他祭祀祈福。由此可见，王雅量这位清官在老百姓心里有多重的分量。

王雅量不仅是位清官，还是位重情重义之人。他离开阳城20年后，听说那里的百姓还思念着自己，心生感慨，于是就写下一首诗寄给了阳城的父老："回首行山梦一场，飞鸿几度意何长。犹怜父老牵裾泪，更入公卿华衮章。自愧劳心输卓茂，敢期遗爱系桐乡。邑人若问吾何状，似旧愁眉鬓又霜。"诗寄到阳城县后，

当地人就把这首诗刻在石头上并镶在了墙壁上。

王雅量不仅是位好官，还是一位孝子。他在外为官几十年，不带家眷，留下妻儿在老家侍奉双亲。他在父丧、妻亡，家中仅有孤寡老母亲一人时，因担心老母亲寂寞，他五上《乞养亲疏》，奏请回家伺候母亲。万历四十五年（1617年）冬，王雅量巡抚辽东期满，万历四十六年，又奉命巡抚陕西，同年十二月十二日，忽然听到母亲有病，于是立即草疏请告，缴印缴批，日夜兼程回到故乡。回家后，他天天守候在母亲的身边，亲自喂饭喂药，看着母亲的病渐渐好转，心情才有些许宽慰。

王雅量在外为官，却仍心系家乡。他在巡抚辽东时，听说家乡费县灾荒，即上疏皇上请求赈济。他又写信给费县张知县，传授帮助百姓度过灾荒之策。同时，也给家里人寄信，在信中命长子旌贤将家中银两、粮食分别赈贷故乡饥民，救活了数百人。王雅量在外为官却不忘故土乡亲，面对家乡灾情不惜倾资相助，让家乡的父老乡亲们十分感动。

崇祯五年，王雅量退出仕途回到家乡，耕读教书，服务乡梓。在家乡他主持重修县学明伦堂、县学宫等。原来破旧的教学场所，被修葺一新。他在《重修学宫碑记》中说："费自某鼎新泮者而士予自濯砺，洒然追古。"他重视教育之精神为后人称颂。

王雅量去世之日，全城悲恸，"途举嗟哭，如丧所亲"。朝廷赐葬，神位入"乡贤祠"。他的文章、诗作，载入县志。

★★★ 崮乡风情

苑上村里有五泉

王雅量及其后人居住的苑上村，是一个历史文化底蕴深厚的小山村，这里有商代遗址，有汉墓群，有唐代的银杏树，有五处古泉。

在苑上村，已找不到"芳林苑"的建筑物，但"芳林苑"里的三块奇石仍在村中矗立。最南边立在竹林处的一块因形如一朵含苞欲放的莲花，取名"青莲朵"；中间的最大，莲花石底座背阴处刻竖排篆字，有洞朝天，洞内有山，故名"洞天石"；还有一块石座的背阴处刻有"铜池竞秀"四字，落款为"琅琊黄祚昌"。而这个黄祚昌，就是王雅量的长婿，临沂人，是当时苑马寺卿黄和的儿子。

奇石"青莲朵"，正是"清廉"的谐音；石，也是"实"的谐音。可见当年王雅量及其后人建设"芳林苑"的良苦用心。其子王旌贤精心选出的这些石头，不仅仅是为了装饰庭院，而是有更深的寓意：一方面彰显父亲王雅量清正廉洁的高尚品格；另一方面教育子孙以王雅量为榜样，为官要清廉，做事要实干，品质要高尚，以此为家风家训，世代相传。

苑上村的这五眼泉，都是当年王雅量给命名的，分别是琴泉、百花泉、龙泉、珍珠泉、天镜泉。

琴泉位于村子东边，是五个泉中泉水最旺的一眼。每天泉水哗哗流个不停，久旱不枯，村妇都在此用泉水洗衣。琴泉边上有一古老的石碑，上书"琴泉"二字，系明代崇祯元年王雅量的儿子王学海题，郯城县人卢照京所书。

当年"芳林苑"里的奇石

村里有一棵唐朝时期栽植的银杏树，树干苍老枝叶依然繁茂。这棵银杏树的所在之处，就是龙泉寺旧址。而龙泉就在这棵古树的东面

琴泉

523

不远处。现在能看到被石头砌起的龙泉的样子，但已基本被水淹没。因为龙泉所在之地是一处洼地，村民将这片地围起了一个塘坝用来蓄水，过不了几日，龙泉也便消失在这片塘坝里了。

天镜泉还在，就在龙泉的北边，和琴泉一样，均已被列入"重点保护水利工程设施遗迹"。这里，也是村妇日常洗衣的地方，泉的下方出水口有很多的搓衣石板。泉边的一块老石碑，上刻"天镜泉"三个大字。右上方刻"西园居士朱泰来和交父书"，右下方刻"苑上王令王雅量左海父题"。天镜泉名字与王雅量的经历有关。明代天启年间，王雅量受宦官魏忠贤迫害，回到家乡。崇祯帝即位后起用旧臣，王雅量奉诏回京复职。为感谢皇恩浩荡，明如天镜，所以就把这个泉取名叫天镜泉，并立碑表示对皇帝的感恩和为自己洗清冤屈感到自豪。传说该泉能辨善恶，谁若做了亏心事，在此一照，立现原形，如同神话中的宝镜。

珍珠泉是因泉水中有气泡沸然状若珍珠而得名。但现在看不到此泉，因为已经被村里的建筑所掩埋覆盖。

百花泉在哪？有村民指着村中路西一块休闲之地说，百花泉大概就在这个位置，泉的石碑还在附近。

果然，在路东的一棵大槐树下，一块上面刻着"百花泉"三个字的老石碑，正静静躺在那里，任人踩踏，看了着实有些心疼。

龙泉旁边的千年银杏树

参考资料

中共费县纪委、费县监委：《王雅量：清廉立身公正明断》，清风费县公众号2019年7月19日。

柱子山

柱子山

天柱一峰 擎日月

柱子山

柱子山，位于费县城西南 17 公里，新庄镇后柱子村东，也是一座崮，海拔 426 米，面积约 200 万平方米，古称冠石山，也称柱子崮。崖壁两侧，原来各有粗大石柱，人称"石卫兵"。远眺俩"卫兵"犹如罐子的两个耳朵，整个山体似个大罐子，所以柱子山又被称为"罐山"。山顶有山寨遗迹，遍布石墙断壁。明末清初，由王肖武率领的农民起义军据此抗击清兵，这里也是混世恶魔刘黑七覆灭的地方。

崮乡崮事

横空出世柱苍穹

　　远观柱子山，其崮的特征还是非常明显的。翠绿的山体之上，戴着一顶端端正正的"帽子"，"帽子"之上是一层绿色。

　　柱子山以前叫柱子崮，史书上多有记载。清代《康熙费县志·卷之一·地理》记载："柱子崮：县南四十里。周围悬崖数丈，峭削如柱。"柱子山又叫"冠石山"。据《光绪费县志·卷二·山川》记载："冠石山：今名柱子崮。县西南四十里，海清崮之西北。"这"冠石"的理解，应该是指这山戴着个石头"帽子"吧。这也正是岱崮地貌的典型特征。

　　山下是村民开垦的层层叠叠的梯田，山因田而青，田因山而秀。选择从柱子山的南坡登顶，虽然没有人工修筑的台阶，但有一条并不明显的弯曲向上的小路。整个山体之上少有乔木，多为荆棵子、野山枣等灌木和杂草，非常密集。因柱子山的海拔并不算高，用时不多便来到崮顶之下。

　　首先映入眼帘的便是高耸的石柱。石柱距离崮顶数米，孤零零地耸立于平地之上，如破土而出的石笋。高大粗壮的石柱，在巨大的山崖面前，又显得格外纤细，似乎来一阵风，便会将其吹倒，下一场大雨便会把它泡塌一样，但它却在此屹立了千万年之久，成为柱子山的名称来由，成为这座山的标志性景观。

　　站在石柱之下，著者想起白居易的《题天柱峰》："大微星斗拱琼宫，圣祖琳宫镇九垓。天柱一峰擎日月，洞门千仞锁云雷。玉光白橘相争秀，

俯瞰柱子山南侧的石柱子

金翠佳莲蕊鬪开。"不过，诗人咏的不是此山，而是安徽的天柱山。但"天柱一峰擎日月"的佳句，用于这山这柱也是再恰当不过了。

据说在柱子山崖壁的南北两侧，原来各有一个这样的高大石柱，远远望去，就好像守卫这座山的两个卫兵，所以人们便称这两侧的石柱为"石卫兵"。远眺此山，两个如罐子口般的崮顶岩石两侧的"石卫兵"，又如同罐子两边的俩耳朵，因此人们又把柱子山称为"罐山"。如今石柱只剩下南侧的，而北侧的那根已不见踪迹，少了一个耳朵的罐子就不像个罐子，所以"罐山"这名字也就很少有人提起了。

从此处可登山顶，只是多少得有点攀岩的功夫。崖壁陡峭，蹬石而上，需要手脚并用。正值盛夏，火辣辣的太阳将岩石晒得滚烫，穿着鞋子的脚倒是没啥感觉，手扶到岩石就像按在烙铁之上，不由得缩了回来。爬至半程再回望石柱，那柱子已不再高大，尽收眼底。这才看清楚，那高耸的石柱顶端竟然是平的，所以常有艺高胆大的登山者会站在顶端拍照打卡。

临近顶处，极为险要。崖壁和下面的岩石上，有凿出的长方形石坑，想必此处以前有防御的山门，石坑应该是固定门框所用。如果在此处有门锁住，想登顶是很难的。

山顶四周的峭壁

越过这道山门，便轻松绕到了山顶。

顶平坦，灌木丛生，有柏树、椿树、槐树等杂树生长。上面荆棘遍布，没有路径，到处都是乱石头堆，可以想象过去这里都是人们居住的石头房子。

整个山顶面积不大，也就十余亩地的样子。在西面的岩石之上，有加工粮食的石臼。崮顶只要有山寨遗存的地方，都会有它的存在，这是人们生活当中必不

可少的工具。放眼山下，便是碧波荡漾的许家崖水库。

许家崖水库又叫天景湖，周围是连绵起伏的群山，山水相依，与田野、村庄融为一体，构成了一幅瑰丽绝美的山水画卷。

据说，以前在柱子山的山顶有一眼山泉，不论旱涝，泉水不增不减，水满泉口。想必这泉应该是有的，不然居住在山顶之人靠啥生活？

在柱子山南侧悬崖间，有一山洞，传说当年土匪头子刘黑七居住此洞，还传说后来有人在这个洞里挖出过财宝。

其实，这个山洞并非人工凿出来的，而是一个溶洞，叫"冠山石洞"，史书上有记载。据《光绪费县志·卷二·山川》记述："冠山石洞：悬崖数十丈，南有石室，居崖之半，四面石壁如削。由石室折而西行，有方洞，内置石坑、石林，宛如人工。亦名朝阳洞。""宛如人工"指的是"就像人工雕琢的一样"，但并非人工，一切都是纯自然形成。

不管刘黑七是否住过此洞，但他却是在这里终结了罪恶的一生。1943年，八路军在此山上将这名恶贯满盈的巨匪击毙。

当地老百姓认为，刘黑七之所以死于此地，是"犯了地名"。刘黑七是土匪，老百姓俗称土匪为"马子"，柱子就是专门用来拴马的，"马子"到了柱子山，那还有跑吗？不管是不是被高大的石柱给拴住了，刘黑七这个"马子"是被正义的力量所消灭，罪有应得。

★★★ 历史崮事

乱世恶魔刘黑七

刘黑七本名刘桂棠，刘黑七是其外号。原籍是平邑县铜石区南锅泉村，长得一身力气。他出身贫寒，父亲32岁才和邻村一个寡妇成婚，随后就生下了他。刘黑七出生后，家里吃了上顿没下顿，没有办法，母亲只得带着他沿街乞讨、到

处流浪……

直到他 8 岁那年，才找了个给大户人家放牛的差事，一干就是 8 年。由此看来，他的童年很悲催。

在苦难中长大的刘黑七并没有成为一个"板正人"，他经常纠集本村的一些恶徒，在一起舞枪弄棒。后来搞来些刀枪，跑到苍山湾富贵顶山一带，干起了土匪的勾当。不久又联合当地流氓地痞夏兴德、李满、苏四等共八人烧香结盟。从此，这八个恶人以他为首，抢劫绑票、打家劫舍。刘桂棠排行第七，因天生皮肤黝黑，再加之心狠手辣，所以人们就给他起了个外号叫刘黑七。

从 20 世纪 20 年代至 40 年代，刘黑七为匪 29 年，聚匪最多时达 3 万余人。他先后追随何应钦、阎锡山、宋哲元、韩复榘、于学忠等当过师长、军长、副司令，还两次投靠日寇当皇协军司令。在此期间，他流窜为害山东、河南、江苏、安徽、河北、天津、山西、吉林、热河、辽宁、绥远、察哈尔等十几个省市。所到之处，烧杀奸淫，抢劫掳掠，无恶不作。起初，主要是抢劫绑票，后来发展为烧杀掳掠，公然向所控制的农村派款、要粮、要枪，如抗拒缴纳，即残忍地进行烧杀。

据记载，1925 年至 1928 年，沂蒙山区百里之内被土匪烧杀的竟有 1000 多个村庄，烧毁房屋 20 多万间，杀害群众 1.2 万多人。在土匪严重摧残下，这一带村落凋敝，田园荒芜，许多村庄绝了人烟。同时，邹县、滕县、泗水、蒙阴、莱芜以及淄博也无不遭其蹂躏。

1927 年 2 月 10 日，刘黑七向南孝义村（今山东省平邑县柏林镇）勒索钱粮。连续三年的大旱让当地百姓颗粒无收，自己都没得吃，哪里还有钱粮交？刘黑七来了，见村里村外都躺满了人，很多人饿得都走不动了，有些人快要饿死了。但就是在这样的情况下，刘黑七还是下了黑手。拿不出粮食、银圆就杀。他带领土匪包围村子，杀人放火。村民一想，反正是个死，与其等着被刘黑七杀死，还不如反抗，或许还有一线生机。

手无寸铁的村民，怎斗得过土匪？刘黑七很快攻破村子，见房就烧，见人就杀，展开了一场大屠杀。一些妇孺因不愿受辱，纷纷投井自杀，尸体把井都填满了。刘黑七见状，防止有人活着，就把碾砣子滚进井里。村里有个姓宋的人因为带头反抗，落到了刘黑七的手里，被割去了耳朵、鼻子，砍去了双手双腿……宋

529

家的两个孩子则被刘黑七放火活活烧死，老婆也被 20 多个土匪轮奸而死……据当地史料记载，南孝义村共 136 户、735 人，除在外面逃荒的 300 多人外，在村里的 346 人，不到半天工夫，就被刘黑七全部杀害。

1927 年 3 月，刘黑七率匪数千窜到莱芜，仅在红山寨一处就杀了 1300 多人，还有一批男女被掳。被掳的青壮男子除被逼入伙从匪外，其余则当作勒赎之肉票。从此，刘黑七的土匪势力得以扩张，到 1928 年急剧扩展到 1 万多人。

刘黑七在烧杀抢劫的过程中，见了漂亮的女人就霸占，不从的奸后杀掉，从了的就带到土匪窝做姨太。据说，他曾有过 72 个老婆，但娶了丢、丢了娶，最终只剩下了 12 个，而被他强奸过的妇女则有千人。

刘黑七是一个朝秦暮楚、反复无常的小人，看看他的经历便知。他 1915 年潜入山中为匪，罪恶滔天。1928 年投靠何应钦，所部被编为新四师，任师长。1930 年中原大战中又投靠了阎锡山，被任命为第二十六军军长。1931 年投靠张学良，成为第六混成旅旅长。旋即又投奔山东韩复榘。1932 年从山东窜到热河。1933 年春投靠日满，任伪满第三路军总指挥。6 月又通电参加察绥抗日同盟军，8 月被何应钦改编，任察东"剿匪"司令。1934 年，刘黑七回到山东，被韩复榘击败，只身逃亡到天津，寓居日租界。1935 年复出，在宣化招兵买马。1936 年投靠日本侵略军。1937 年任皇协军前进总司令。1938 年又反正，开进鲁中山区，投靠于学忠，重任师长。1939 年移驻平邑县，勾结日伪军，疯狂袭击八路军和抗日根据地，成为一名铁杆汉奸。

抗战爆发后，平邑广大地区在共产党的领导下，已建成抗日根据地。刘黑七这时以"反正抗日"的名义进入鲁南，共产党执行抗日民族统一战线的政策，对其持欢迎态度。

但是，刘黑七所谓"反正抗日"不过是个骗术，当他脚跟站稳以后，从1940 年春便开始疯狂地向抗日根据地进攻。当年的柘沟战斗，刘匪袭击八路军津浦支队三团，200 多名指战员牺牲。同年冬，刘匪曾纵火把费南 60 多个村庄烧成灰烬，制造了蒙山无人区。1941 年 5 月，刘匪又勾结日伪袭击费南二区，区中队和工作干部 50 多人牺牲。同年秋，刘匪再次配合日伪袭击抗日根据地一干校，鲁南三团为保卫干校安全转移，100 多人牺牲。

刘匪对抗日人民极其残忍，凡被认为有共产党、八路军嫌疑的人，捉到必定活埋，仅大井村一处就活埋了200多人。

红色旧事

柱子山剿匪

刘黑七匪徒的疯狂进攻，激起了抗日军民的英勇反击。1943年，人民武装集中力量打击该匪。1943年7月，刘黑七率残兵窜逃柱子山一带，修筑工事，妄图凭险固守。

1943年春，八路军第一一五师教一旅政委王麓水调任中共鲁南区党委书记兼鲁南军区政治委员。临行前，罗荣桓单独和他谈话，叮嘱他一定要完成消灭刘黑七的任务。

王麓水不负重托，到鲁南后，在根据地腹背受敌、春荒严重的困难形势下，他主持区党委和军区，深入发动全区军民坚持抗日反"扫荡"，组织生产自救，很快打开了局面。7月，他又联合鲁中军区，集中8个主力团，配备了多门野炮，一举捣毁了刘黑七的据点南锅泉。刘黑七部在战斗中损失惨重，仓皇逃窜到费县西南的柱子山一带，原本1万多人的队伍，此时只剩下1500人。

刘黑七遭到八路军的沉重打击，一改过去四方流窜的旧习，投靠驻崮口山区的伪军荣子恒部，被编为第三师，龟缩在费县柱子山一带，建立了新的巢穴。

刘黑七在柱子山周围选择了几个地势险要的地方，修建了几个碉堡和据点，与伪一、伪二师互为依托，成为插在山东抗日根据地鲁南、鲁中两区间的一颗新钉子。

1943年11月初，鲁南军区为配合鲁中军区反"扫荡"，决定发起围歼刘黑七的柱子山战役。

罗荣桓看了鲁南军区报送的这一战役计划后，再次向鲁南军区司令员张光中、政委王麓水下了"死命令"："刘黑七过去多次受重创都重新拉起队伍，这次一定

要活捉他，没有活的，死的也行。"

鲁南军区领导根据山东军区司令员罗荣桓"务求全歼"的指示，经过充分准备之后，于1943年11月15日晚打响了柱子山战役。

11月15日，鲁南军区政委王麓水和司令员张光中命令三团从泗彦，五团从保和庄，费滕独立营和军区指挥所从马口，长途奔袭，当晚包围了敌人。

晚8时许，五团首先在村东南几辈崖打响剿匪第一枪，切断了敌人与东面伪二师的联系。三团跑步前进，直捣柱子山刘黑七的司令部。

刘黑七见大势已去，便带着他的书记官和两名亲兵悄悄借助绳子溜出炮楼，向西南方向的一道山岭逃跑。

负责在炮楼外围包围敌人的鲁南军区三团四连通信员何荣贵等八路军战士，见有几个敌人从炮楼上溜下来，便开枪追击。两个亲兵中弹后倒地身亡，刘黑七和书记官分头向两个方向逃跑。

刘黑七一边逃跑一边回头射击，何荣贵一边追一边还击。刘黑七身中两枪，重重地跌倒在地上。

何荣贵见死者五短身材，脸黑得像黑炭团一样，浑身长毛，很像传说中的刘黑七。经被俘的伪军辨认，这具尸体是刘黑七无疑。

此战役共毙敌伪军224人，俘虏匪军1000余人，同时解救了被抓被押的壮丁、妇女500余人。

柱子山战役一举击毙惯匪刘黑七，为民除了害，在山东乃至全国引起了很大反响。鲁南和山东人民为感谢八路军为他们除此大害，纷纷带慰问品慰问参战部队，还特地制作了一把万民伞送到八路军第一一五师司令部。延安新华广播电台新闻节目，每4小时广播一次鲁南军民击毙刘黑七的消息。《解放日报》也发表了《山东军民反"扫荡"胜利》的社论。山东军区特令嘉奖了鲁南参战部队。击毙刘黑七的功臣何荣贵获山东军区甲等战斗英雄称号。

参考资料

①费县志编纂委员会：《费县志》，中国广播电视出版社1992年版，第206页。

②王贞勤：《八路军鲁南军区部队柱子山为民除害》，《人民政协报》2021年4月1日。

海清崮

海清崮，位于费县新庄镇驻地北2公里，宋家山湾村东，许家崖水库东岸，海拔414.6米，面积125万平方米。海清崮古时称燕尾崮，清初取"海晏河清"之意，改称海清崮。光绪年间改称蒇北崖，现在取其谐音，称为几辈崖。崮之南有一座春秋时期的古邑——虚丘城。

崮乡崮事

碧水映山崖　红果暖山坡

古往今来，享太平盛世是百姓最朴素而真实的向往。

古人常把太平盛世的景象喻为"海晏河清"。唐代郑锡在《日中有王子赋》中曾写道："河清海晏，时和岁丰。"抱着对太平盛世的美好愿景，原本叫作燕尾崮的这座山，在清初取"海晏河清"之意，改称为海清崮。这座山就在费县新庄镇境内，崮的西侧便是风光秀美、被称为天景湖的许家崖水库。

如果你向当地人打听去海清崮怎么走，他们都表示没听说过有这个崮；当你说出几辈崖，他们熟悉得不能再熟悉。对于当地百姓来说，他们祖祖辈辈都叫这座山为几辈崖，没人称其为海清崮。但它"官方"的称谓就叫海清崮，而且有史料记载。清光绪《费县志》中有这样的记载："海清崮，在大山西北，今名薂北崖……"由此可知，在清光绪年间，海清崮便改称薂北崖了，今天人们口中的几辈崖是不是由薂北崖的谐音而来？应该如此吧。

由南北望海清崮

534

海清崮在新庄镇驻地北不远的位置，站在崮的南侧北望，崮顶是东西走向，长长的崮顶像一条巨龙。但由南侧登崮很困难，顶上一长溜都是刀削斧劈般的悬崖，根本寻不见登顶的路径。转到崮的西侧，眼中的海清崮又变成了另外一番模样，崮顶的帽子方方正正。崮顶西侧有一个比它略矮一头的小山包，坡度较缓，由此处登崮，更为便捷。

崮下有一块木牌，上面的文字记述了这座山的名称由来和历史："几辈崮原名蒇北崖，因处蒇国北，故名。《左传》载：公及齐大夫盟王蒇。去鲁庄公与齐大夫在蒇地会盟事。蒇北有虚丘，即今新庄，蒇同暨，故又作暨北崖，后又讹作既北崖，又名燕尾崮、海清崮，列七十二崮。相传黄石公避秦时乱，隐于此。"

由木牌处，可以登上崮西侧的这座小山。小山并非孤立存在，更像是几辈崮往西伸出的一条腿，沿着这条腿可以攀上它的肩膀，进而迈上它的头顶。

崮的西侧，就是碧波荡漾的许家崖水库。站在山上，可将这颗不规则的蓝宝石尽收眼底。阳光的照射之下，这颗宝石的光芒似乎映照到几辈崮高大耸立的崖壁之上，置身这湖光山色之中，如入仙境，令人心醉。此时不由想起宋代理学家朱熹的一首诗："半亩方塘一鉴开，天光云影共徘徊。问渠那得清如许？为有源头活水来。"不过眼前的可不是"半亩方塘"，而是"万亩湖水"。也有人曾写下"海晏河清天气晴，舟行徐远潮水平"的诗句，表达了对美好环境的向往和赞美。

崮顶青松戴帽，崮下的山坡布满各类杂树灌木。时值深秋，荆棵的叶子渐已残败，谷穗一般的果实已成黑褐色，很快就会有山里人到这里，将荆棵籽采了去，这可是填充枕头的好材料。山坡上成片的野生构树挂满了橙红色的果实，极像热带水果红毛丹，许多成熟的果实被风摧至树下，挂在树上的果实晶莹剔透，色泽红艳，摘一颗纳入口中，味美甘甜，透着一种山野的清香。

山海棠也掉光了叶子，只剩下一串串红亮圆润的红宝石般美艳的果实。豆粒大小的果实核大肉少，酸中带涩，没有食用价值，倒是极耐观赏，和构树果相互映衬，把这片山坡染成暖色。

西山顶并不尖，平平坦坦一直连到几辈崮高耸的崖壁之下，往北绕到一个较缓的坳口，便可攀至崮顶。

顶上是密集的柏林，西、南两侧是高耸直立的数十米的悬崖，往北侧是数百米长的山脊，上面长着郁郁葱葱的侧柏，很像是几辈崮甩出的一条长长的尾巴。崮顶之上立起的用于发射信号的铁塔，是唯一不能融入这片山崖自然风光的，这自然的美景可以随着季节的变换而焕发出不同的迷人风采，而这铁塔，就这么一直冷冰冰地立在那里，没有任何变换的姿态和表情。

和其他的崮顶一样，几辈崮上面也有山寨的遗迹。传说在清同治年间，一伙以王洪平为首领的农民起义军占了此山，对抗朝廷。这一时期，平邑、费县一带占山造反的幅军还有岳相林、程四虎、马传山等部，这时的幅军仿效捻军，蓄长发，以幅巾扎头，设置红、兰、黑、白、黄五旗。组织仿古制，设百夫长。出征"打粮"时屠牲祭旗，叩头祷告："天老爷，地奶奶，俺到北方做买卖。不管挣钱不挣钱，但愿人马回来全。"他们把外出攻打地主围寨叫"做买卖"。发展势力依靠"散旗"，哪个围寨接受了幅军的旗，一切便需听幅军指挥，否则即行攻打。若无战事，老百姓可出围子、下山寨耕种。众山寨之间设集市贸易。山寨内修筑戏台，逢年过节或打胜仗，唱戏庆贺。占几辈崮筑山寨对抗朝廷的王洪平后来被官府招安，再后来又被官府杀害，落了个可悲的下场。

望着眼前的残墙碎石，遥想当年的刀光剑影，这海清崮哪有太平日子可言？生逢乱世的民众越是饱受战乱之苦，越是对太平生活充满着向往。

山间的鸟鸣欢唱着自然之美，山下公路车流的轰鸣诉说着盛世繁华，山坳里村落五颜六色的民居显示着这方百姓生活的安宁与富足。几辈崮叫了一辈又一辈，以至于忘记了那个最为雅致的名字——海清崮。而海清崮所盛载的海晏河清的太平盛世之夙愿，老百姓盼了一代又一代，终于在今天变为现实。

岚南有座虚丘城

在费县新庄镇太和庄村东南 1 公里左右的岭上，有一处春秋时期的古邑遗址，叫虚丘城。当地人称其为"东岭子"。《费县文化志》称之为"尹家岭遗址"。

该古城遗址长 240 米，宽 210 米，近似正方形，总面积 50400 平方米，城垣轮廓依稀可见。遗址南、东两侧各有一条水沟，遗址采集到的文物标本有夹砂灰陶绳纹鬲足、泥质灰陶瓦片盆沿等。据当地村民讲，这里曾出土过箭头之类的器物。

"丘"字的本义是指自然形成的小土山，其特点一为自然形成，而非人工筑成；二为土山，而非石山；三为小，而不是巨大、巍峨的山。而"丘"又是我国古代东方特有的地名用字，周秦以来，在东方齐、鲁、宋、卫、曹等国，以丘为地名的地方很多，如临沂古代就有乘丘、即丘、中丘等，现在临沂市区的即丘路、中丘路等路名就是由此而来。

虚丘城遗址

虚丘城遗址位于费县与兰陵县交界处，北边是费县的新庄镇，南侧就是兰陵县的车辋镇。

据史料记载，虚丘城是春秋时期邾国城邑。据《左传》载，鲁僖公元年，也就是公元前659年，"九月，公败邾师于偃，虚丘之戍将归者也"。大致意思是：鲁僖公在偃邑打败了邾国的军队，这支队伍是戍守在虚丘将要返回的军队。

那么，虚丘城到底属于邾国还是属于鲁国？对此归属，史上是存有争议的。

东汉经学家服虔认为属于鲁国。他说："虚丘，鲁邑。鲁有乱，邾使兵戍虚丘。鲁与邾无怨，因兵将还，要而败之，所以恶僖公也。"

西晋学者杜预则认为属于邾国。他说："虚丘，邾地。邾人既送哀姜还，齐人杀之，因戍虚丘，欲以侵鲁。公以义求齐，齐送姜氏之丧。邾人惧，乃归，故公要而败之。"

春秋时期，费县的北部与东南部属于鲁国，而南部与西南部则是邾国的疆土。邾国，史称邾子国，是周代东方著名方国之一，建都于邾，就是现在的山东邹城境内。其疆域大致相当于今天邹城全境和周边济宁、金乡、滕州、兖州、费县的部分地区。邾国是鲁国的附属国，北边与鲁国接壤，两国毗邻，既有利害矛盾，又相互影响。

从春秋初年开始，邾国与鲁国的关系就一直不睦。因为鲁国是周王室的同姓国，在周代各诸侯国的位次排列顺序上，亦即所谓"周班"，有"鲁之班长"的说法。鉴于鲁国的地位高、影响大，又与邾国为近邻，邾国为了自己的生存，千方百计想要搞好与鲁国的关系。在春秋时期，邾国国君多次到鲁国结盟朝见，以结好于鲁。但是，鲁国为了扩展领土，经常加兵于邾。仅《左传》记载，短短的200余年里，鲁国对邾国的入侵就达十几次，先后夺取了邾国大量的土地。邾有时也不示弱，经常与当时的强国如晋、齐、楚结交，求得保护，与鲁国对抗。

邾国之所以在虚丘城屯兵，又在偃邑莫名其妙地被打，其主要是与鲁国的一次内乱有关，这就是"庆父之乱"。

庆父是鲁庄公的二弟，却与鲁庄公的妻子哀姜私通。庆父为了篡夺王位，与哀姜合谋，杀死了鲁国的两个君王。鲁庄公的四弟季友带着鲁庄公的儿子鲁僖公

逃到了邾国。后来季友扶助着鲁僖公登上王位，除掉了庆父。庆父死了以后，失去靠山的哀姜在鲁国是待不下去了，也逃到了邾国。

哀姜是齐国人，是齐国前任君主齐襄公的女儿。公元前 670 年她从齐国嫁到鲁国，成为鲁庄公正娶夫人。哀姜虽然是齐桓公的亲侄女，但她在鲁国与庆父联手杀两个君王，这让齐桓公也非常生气，假意迎哀姜回齐国。邾国送哀姜回齐，并在虚丘城驻兵，准备攻打鲁国。不过齐国人在中途就把哀姜杀死了，然后将尸体送回鲁国。

邾国接受季友和鲁僖公的逃难，后而又接受了季友之敌哀姜的逃难，主要是考虑到哀姜的娘家是齐国，此举也主要是想讨好齐国罢了，哪知齐国并不领情，还将哀姜杀死并送还给鲁国，结果是鲁国、齐国修好了，邾国则落了个出力不讨好的尴尬境地，也只好将本打算攻打鲁国的在虚丘城的驻军撤回。结果鲁国却不善罢甘休，鲁僖公亲率大军袭击邾国军队，在"偃"这个地方大败邾军。

邾国历史上比较开明的君主是邾文公。在邾文公之前，邾国逐渐被分为 3 个国家，即邾、小邾和滥，历史上被称为"邾分三国"，在春秋前后通常所说的邾国，不包括后两者。邾文公在列国纷争的情况下求得了一个短暂的安宁，社会经济也得以发展，国力得到提升，这时他便开始对外采取军事行动，以拓疆土。

邾文公对外进行的第一次军事行动就是在虚丘城驻兵。鲁国对于邾国的军事图谋其实早有察觉，无奈因有内乱尚未平息，没有顾及反击邾国。当鲁僖公元年鲁国内乱平息之后，鲁国正式对驻在虚丘城的邾国军队开打，结果邾军大败。

居住在遗址附近的 86 岁老人张广顺，能说一些关于虚丘城的事

（2023 年 9 月 18 日拍摄于虚丘城遗址）

经历了 2000 多年的风雨，昔日郑国驻兵的虚丘城，变成了一个黄土丘。土丘之上，长满了百姓种的庄稼，百姓们不知道这里曾是一座城池，只有了解过这段历史的人才知，这里叫虚丘城。

崮事传说

烂鱼店子几辈崖

关于"几辈崖"地名的来历，《费县地名志》有这样一段记载："据神话传说，余家店的高逢去东海贩鱼，龙王托他给莪北崖黄泥洞的老道捎信一封。他到洞中送信，饭后出洞回家，他的第七代孙已 83 岁，故以此得名几辈崖。"

在费县新庄镇，有一些村名让人捉摸不透，比如余店子、东各郎、西各郎等。其实，这些村名都与一个传说有关。

传说从前有一个叫高逢的青年，是个鱼贩子，平时就干一项营生：从东海的海边买鱼，然后运到费县新庄一带的集市上卖。作为买卖人，高逢头脑灵活肯吃苦，倒也混个衣食无忧。

有一年夏天，高逢从东海购得两筐鱼，正准备挑着往费县赶。

这时，走过来一位白胡子老头和高逢搭讪。老头说他知道高逢要往费县去，问高逢能否帮他捎封书信。高逢觉得反正是顺路，又不耽误他做买卖，就爽快地答应了。

老头告诉高逢，他的朋友就住在费县境内的一座山崖壁下面的山洞里。"你到了山崖下面就连说三遍：石门开，石门开，东海朋友捎信来。这时洞门就会打开，自有人出来见你。"

高逢接过书信，挑着鱼就上路了。

当来到费县的时候，天色已晚，他又进了以前常去歇脚的那家坊店，从守店

的老太太那里买了一碗茶水。这时高逢想起帮人捎信一事，就问老太太此山在哪。老太太告诉他，山就在店的北边不远处，只知道山崖很高，没听说山里有洞啊！

受人所托，不能不办。高逢决定把鱼先放在店里，让老太太给照看着，自己去山里找找看，把信给送过去再回来，也误不了第二天挑鱼赶集。

走了一段路，高逢感到有些口渴，就趴在一处泉子上喝了一肚子泉水。也许是生水喝多了，他肚子突然痛了起来，于是就胡乱拔了几棵山草放在嘴里嚼碎咽下。一会儿，肚子竟然不痛了。

高逢一路打听，终于来到了山崖之下。这里只有悬崖峭壁，哪里有山洞？这时他想起老头给他说的话，于是对着山崖说："石门开，石门开，东海朋友捎信来。"连说三遍，果然，山崖上突然出现了一个山洞，一位老者站在洞口迎接他。

高逢说明来意，老者热情地把他请进洞内。听说高逢只顾赶路还没吃饭，他就从口袋里掏出几个麦粒，抓了把泥土把麦粒放在里面，浇了点水，一转眼的工夫麦子就出苗、拔节、抽穗、成熟了。老者揪下几个麦穗，搓出麦粒，放在他平时抽烟的烟袋锅里，放了点水，用火烤了一会儿，递给高逢让他食用。

高逢一看，这点麦子怎么能吃得饱呢，可是眼下也只有这点，先填填肚子吧。高逢把麦粒放进嘴里，慢慢吃了起来，可说来也怪，直到他吃饱了肚子，烟袋锅子里的麦粒一点也没见少。

吃饱了饭，老者又邀高逢在山洞里下了几盘棋。下棋的过程中，高逢就发现洞外的树木绿了变黄，黄了又绿，不停地变化。下完棋后，高逢还惦记着卖鱼之事，于是起身告辞。老者也不再挽留，临行前送给高逢一包豆芽和一截秫秸秆，说是豆芽等晚上饿了吃，以后拿着这根秫秸秆，随时都可以进得洞来。

走出山洞，天色黑暗。高逢走得急，不小心被石头绊倒摔了一跤，豆芽撒了一地，手里的秫秸秆也甩到了山沟里。

他起身去捡撒在地上的豆芽，此时豆芽不见了，地上出现了几根黄澄澄的金条。高逢揣着金条来到他存鱼的那个店。而此处的那间简陋的草屋不见了，而是一个颇具规模的大车店。高逢疑惑地问店里的一个小伙子："这里不是老太太卖茶的店吗？"小伙子告诉他，那位卖茶的老太太是他的祖宗。他听家里的老人讲过，

541

以前有个贩鱼的把鱼放在她的店里再也没有回来，鱼也烂在了店里。这里的人口慢慢繁衍生息，就有了这个村落，村名就叫烂鱼店子。

高逢这才恍然顿悟：他是遇到神仙了。洞中一日，人间百年啊！其实，东海托他捎信的那个白胡子老头是东海龙王，而居住在山洞里的那位老者，是一位仙人。

他回到自己的村子里，已完全不是以前的模样，他熟悉的宅院已没有了，他的妻儿早已过世多年，生活在这里的人已经是他的七世孙了。对于他的到来，家人自然不会相信是真的，于是把他赶出了家门。

走投无路的高逢打算再回山洞找那位老者。可那根秫秸秆没有了怎么进得了山洞呢？于是他又回到下山的那条路上，来来回回找了多少遍，连犄角旮旯都寻了，就是没有找到那根秫秸秆。

他来到山崖下，又一遍一遍地喊："石门开，石门开，东海朋友捎信来。"可无论他怎么喊，山崖就是山崖，再也没有山洞出现，不见那位老者。

高逢回不了人间，也到不了仙界，绝望至极，一头撞死在山崖之下。

就是因为这个传说，这座山周边的村庄便有了这样的名称：高逢撞崖的这座山叫作几辈崖；喝水的那个泉子附近的村子叫大泉村；他吃草医好腹痛那个地方有个村庄叫药山庄；存鱼的那个店所在村子就叫作烂鱼店子，现在叫余店子村；摔掉豆芽变金条的地方叫大钱庄，后改为现在的大前庄。他寻找秫秸秆的那山旮旯，东边的村叫东旮旯，西边的村叫西旮旯，后来就改成了现在的东各郎、西各郎了。

参考资料

①平凡：《虚丘城遗址》，《沂蒙史志》，2016年第2期，第53页。

②葛文峰：《费县有趣的村名传说》，网易号2018年10月14日。

刘家崮

刘家崮
不屈的民族脊梁

崮乡崮事

　　刘家崮，又名龙君崮、东流崮，位于费县新庄镇东北 8 公里，东流村北，海拔 409 米，面积 50 万平方米。因为山上曾有一座天禧寺，住持和尚姓刘，故名刘家崮。抗日战争期间，崮前的东流村自发组织抗日力量，痛击日寇，打响了沂蒙山区村民自发抗日第一枪，用鲜血和生命捍卫了民族尊严。

小河弯弯向东流

崗名由来，各有不同，有的因形，有的因人。东流村北的刘家崗，闻其名必猜想是以前有刘姓人家在崗上居住过。其实不然，它的得名，却是因为以前山上有座寺庙，明朝时期庙里有个姓刘的和尚做了住持，是他自作主张，将这座龙君崗改称为刘家崗。又因紧靠着东流村，当地人习惯称它为东流崗。

站在东流村北望，刘家崗山脉连绵起伏，轮廓分明。山上长满了各种树木，松柏成林，一片绿色海洋；山脚下绿树成荫，生机勃勃。

山林茂密的刘家崗

刘家崗顶植被丰茂，西南侧的山是凤凰山；东侧两个山头依次为小崗、尤大子山；而山前的小山包被称为龙珠山，刘家崗与环抱的山峦形成怀中抱珠之势。如此地貌，也成为阴阳先生眼里的绝佳风水。据村民讲，前些年很多城里人都到这个地方购买墓地。风水先生说，刘家崗南这片地，随便选个位置都是好风水。如今，到刘家崗前购买墓地之风已被明令禁止。

也许正是因为刘家崮的风水好，以前这个地方有好几座寺庙，最有名的当属崮南半坡上的天禧寺。

相传，天禧寺由唐代胡敬德所建。胡敬德何许人也？他就是唐朝名将，官至右武侯大将军，被封为鄂国公的尉迟恭。此人别名胡敬德，纯朴忠厚、勇武善战，一生戎马倥偬，驰骋疆场，屡立战功，玄武门之变助李世民夺取了帝位。传说尉迟恭面如黑炭，被民间尊为驱鬼辟邪、祈福求安的中华门神。尉迟恭为何要在刘家崮上建天禧寺不得而知，但这座寺庙历经了唐、宋、元、明，香火一直很旺盛，是费县八大佛教圣地之一。

到了明代成化年间，据说有一位叫刘彦隆的恶僧，依仗皇帝是他的表兄弟，做了天禧寺的住持，不仅将龙君崮改名为刘家崮，还在老龙潭西面的黄龙岗上建了北庵子、南庵子两处尼姑庵，尽干些欺男霸女、残害生灵的勾当。每逢三、六、九日，刘彦隆就在老龙潭东面的小山上打响场来寻欢作乐，因此，这座小山被称为刘家场。他的喽啰在东边擂鼓山、笛子山上把守要道，如遇过往富商，就以擂鼓和吹笛为号，告知和尚下山抢劫。成化末年，恶贯满盈的刘彦隆被王子龙和余子龙所灭。

在老龙潭的东北角，曾经有一座龙君庙，是村民们祈雨之地，且非常灵验。清代文人张开泰在《光山头张柳桥忆书》中有这样的描述："一到老龙潭，肃然起恭敬。老龙亦多情，带雨而相送。天禧寺前石塔高，荒烟错楚自寂寥。寻幽不觉归去晚，老龙潭上雨萧萧。"

如今，天禧寺南侧的老龙潭，下游修筑了一道拦水坝，成为东流水库。天禧寺遗址曾残留下许多石碑，在 20 世纪六七十年代都被砸碎垒了梯田，一对高大的鼓塔和升塔也都毁于"破四旧"的年代。如今，历经千年的天禧寺已被村民种植的黄烟所湮没，没有任何遗存。

先登上凤凰山，再沿山顶北行，便可到达刘家崮顶，顶上的树木多为柏树。以前，这里留有很多的残墙断壁；如今，崮顶建设了风力发电项目，这些历史遗存已经看不到了，不知刻于什么年代的"神""龙君崮""南天门""龙泉"等摩崖石刻依然还在。

刘家崮 不屈的民族脊梁

刘家崮西侧常年奔涌的龙泉之水与东侧的汇龙沟的流水，汇入半坡的老龙潭，老龙潭的水流到山下，汇成小河，经村庄缓缓向东流去。

河水清澈见底，底部的鹅卵石和青苔清晰可见。小河中央有一些突出水面一个个大小不一的小洲，洲上长满了野花和芦苇，小鸟在洲上嬉戏，不时发出悦耳的叫声。

两岸的民居错落有致，河边的树木随风摇曳，倒映在河面上，形成一幅美丽的画卷。

村中的小河

历史崮事

金东流，银崮口

东流村位于费县县城南 25 公里处，是一个三面环山的山村。村后刘家崮山半坡有个龙潭泉，常年流水，汇成小河，从村子里向东流去，所以这个村子便叫

东流村。

东流村有着悠久的历史，北宋时建村，村民守忠好义，为保家护院，村民大都习武练功，村内防匪御寇设施完备，因此被十里八乡誉为"金东流"。

明代后期时，东流村为伊、夏两大姓居住，到明末时孙姓迁来，这孙家的祖先就是被誉为"百世兵家之师""东方兵学鼻祖"的孙武，有巨作《孙子兵法》十三篇，为后世兵法家所推崇，被誉为"兵学圣典"。但迁到东流的孙家，由于纳不上钱粮，只好到南豹窝村请来了吴家。吴家在历史上是个赫赫有名的大家族，吴家先祖为大明开国将领吴良、吴祯，都是早年随朱元璋起兵的帐前先锋，吴良镇守江阴十年，抵御张士诚的进攻，成为朱元璋政权的东南屏障，封江阴侯，吴祯先后参与明朝平定张士诚、方国珍、陈友定等割据势力的战争，封靖海侯。

村民习武的雕塑
（2023 年 9 月 18 日拍摄于东流村）

当时迁到东流居住的吴荆仲曾受康熙皇帝御笔题"忠孝节义"。吴氏家族也被称为"教育世家""忠义世家""武术世家"。

后代吴广涵娶刘氏为妻，生下一女二子，长子吴保珍、次子吴保全。吴保珍有地三顷，家境殷实，婚后添丁生下一名男孩取名吴恩增，1914 年又添一子，取名吴恩庆。

但吴恩庆刚出生不久，父亲就去世了，母亲孙氏、哥哥吴恩增和叔父吴保全

也相继去世了。至此，幼小的吴恩庆成了家中唯一的男丁。因祖母年龄已大，不能再照料恩庆，便交由婶母杨氏抚养。

吴恩庆长到 6 岁的时候，家人把这唯一的独苗送入学堂。一来学做人做事之道，增长见识；二来为将来支撑吴家家业，后继有人。

吴恩庆 18 岁时，娶南坡村王守卫之女王世英为妻。后来生了 4 个女儿。

那个时候，东流村分前庄后庄，恰似汉字"吕"字的形状，前庄是吕字的上口，后庄是吕字的下口。当时，从临沂到滕县的临滕大道，就是从前庄的东门进、西门出，因此东流村是到滕县的必经之地。到 1938 年底，前庄有 63 户、273 人；后庄大一些，有 112 户、563 人。

过去，东流村整个村子是被圩墙圈起来的。自清朝末年起，村民为预防土匪就开始建圩子、设机关。前后庄当时都筑有圩子。前庄设东西北三门，后庄除设东、南、北三门外，又设前西门和后西门。木质门板有二指厚，圩子内有更道，共设 29 处机关，后庄的圩子相比之下比前庄的更加坚固。

东流自古就有好武之风，清末时期就有义和团在村内活动，后来村里成立"大刀会"。在与土匪、兵患的长期斗争中，东流村涌现出了"神枪手"吴恩庆、"双刀"吴恩堂、"掌中雷"吴相勇、"大力士"孙义实等一批身手非凡的勇士，极大地震慑了附近的土匪。

为了保卫家园，东流村村民常常自发练武健身，所练的武术为当时清政府组织民团时规定的太祖拳，这是赵匡胤时代所流传的拳种。村民组建的自卫组织大刀会纪律严密，会员胸前围有放子弹的大包带，大刀插在背后，距敌远时用枪，近战用大刀、匕首。

当时的东流村和相近的崮口、大井头被誉为"金东流，银崮口，铁打的大井头"。

大刀向鬼子们的头上砍去

　　1931 年"九一八"事变后，日本帝国主义加紧侵华步伐，不到半年就占领了东三省。抗日战争全面爆发后，日军从陆地和海上分三路进攻山东，国民党山东省主席兼第三路军总指挥韩复榘率省府 10 万大军稍作抵抗后南逃，使山东很快沦陷。日军所到之处，烧杀抢掠、无恶不作，山东人民处在水深火热之中。

　　1938 年 4 月，日军攻占临沂城，在大街小巷密布岗哨，架上机枪，挨户搜查，堵门枪杀群众，一时间临沂"满城哭喊满城泪，满城瓦砾满城血"。

东流阻击战陈列馆，记录着那场惨烈的战斗

　　日军占领临沂以后，为了满足扩张野心，在"建立大东亚共荣"的幌子下，到处培植汉奸势力，建立所谓的"维持会"，达到以华制华，占领全中国的狼子野心。日军入侵后，崮口村成了国民党费县政府顽固县长李长胜的驻地，大井头村则由伪军驻守，只有东流村依然令日、伪、顽不敢轻易染指。

　　东流人知道日军占领临沂城，是从本村村民吴保合那里获悉的。吴保合是最

早进入临沂城的东流人之一。那一天，吴保合惊慌失措地回到村里，向很少走出山里的东流人描述了他经历的那场屠城。

那是东流人第一次听到鬼子的暴行，原来总感觉鬼子离他们很远，现在说着说着鬼子已经来到他们家门口了。在听吴保合讲述临沂被日军屠城的人当中，吴恩庆最为愤怒。他与村中有威望的 24 人研究，制定各项御敌策略，并达成了组织东流村民抗日的主张。

为了凝聚人心，吴恩庆采用了传统的动员方法——把酒盟誓。地址选在东流村后圩子南门里吴广德的大院。他鼓舞动员村民保卫家园，在群情激昂中，村民们共同推举吴恩庆担任"大刀会"的总会首，吴广成、吴广慎、吴保佑为大刀会教师，吴廷信为村长，吴广孝为圩主。

随后，村民们有钱出钱，有力出力，加固圩子，修复道路。他们还四处购买武器，仅吴恩庆自己就买了 3 长 1 短 4 支枪，其他户也各尽所能，买了枪弹，算上之前村子里原有的枪，全村共买枪 50 多支，又花钱请来了外地的匠人，制造手榴弹 800 多枚，土炮 50 多尊，大刀 60 多把，买子弹 3500 多发，碾制土药 500 多斤。就这样，东流村建起了坚固的防御围城。

东流村村民孙宗喜讲述东流阻击战
（2023 年 9 月 18 日拍摄于东流村东流阻击战陈列馆）

1939 年 1 月 30 日，东流阻击战打响。

这天，驻守临沂的日军调集了近 200 人的队伍，从临沂城出发，一路西行无阻。在走到南坡东凤凰岭上的时候，日军分成两路。一路 30 多人的马队向西南进发顺黄家馆河而上，另一路 160 多名日军继续西进。这一路西进的日军要路过东流，但也忌惮东流，于是让大井头的联络员张振文到东流当说客。

上午 8 点钟，张振文到东流村说明来意，就被在岗台上值守的村民给骂了回去。张振文虽被骂得灰头土脸，但还怕东流村不知道鬼子的厉害，鲁莽行事，于是一再声明："千万打不得，全是真鬼子。"

汉奸走后，吴恩庆等人马上下了决心：打鬼子！

第一枪是 1939 年 1 月 30 日上午 9 点多打出去的。当时，埋伏在村外的吴恩庆能够看到鬼子模样时，扣响了扳机，打响了沂蒙人民主动抗日、正面交锋的第一枪。骑马的鬼子指挥官当即中弹，一头栽倒在地。

这突如其来的枪响令鬼子十分震惊，但鬼子毕竟是受过正规训练的，他们卧倒在地，那声枪响让他们意识到，他们遇到了正规部队的袭击，立即散开队形，向枪响的地方集中起了火力。

敌我力量是悬殊的，鬼子开始反击后，村民被子弹压得抬不起头来，被迫撤回前庄。吴恩庆等 26 人一起发誓，一定让鬼子知道东流的厉害。

当大刀会成员宣誓完毕以后，吴恩庆又简单进行了分工，及时调整兵力，充分利用有限的武器，狠狠打击鬼子。

战斗一开始的时候，前庄的百姓是站在了第一线，他们在和日军交了一阵火之后，在吴恩庆的指挥下，向村内撤退。当日军终于弄清这是一伙老百姓的时候，便肆无忌惮，从原来掩体的后面大模大样地走了出来，争先恐后地向村子进攻，日军认为东流大刀会不像张振文说的那么神勇，此地民众也是一样不堪一击。

日军进攻的首要目标是前庄，打开前庄就打开了东门，只要东门打开，东流就不堪一击了。

东流村东有一条小河，这条小河不宽，正好和临滕大道垂直相交，小河上面架了一座小桥，桥离村子不足百米远。日军要想进入前庄，这座小桥是必经之路，

那些迫不及待西行的日军在小桥上挤成了人疙瘩。而此刻，日军正好处在土炮的射程之内。

吴恩庆见时机成熟，大喊开炮。三根火绳几乎同时点燃了炮捻子，守护东门的三门土炮喷出的炮火，夹杂着铁犁铧翅子、铁弹、铁耙齿等杀伤物，铺天盖地向日军通过的小桥飞去，当时有 20 余名日军倒成一堆……

这三声炮响，给了日军迎头痛击，大长了村民的士气。

炮响之后，日军迅速调整了战术，在对东门进行围攻的同时，有几个日军在距村 800 米之外，迅速向村北跑去，老百姓肉眼看得清楚，但不在他们手里土枪的射程之内，只能干着急。

村民当时也不明白这几个日军的意图，但过了一袋烟的工夫终于明白了。原来这几个日军是向东流村北面的山上跑去，他们站在了山上的制高点，向攻击村内的日军发信号。日军站在山顶上，把村子内的一切看得一清二楚，特别是到后期突围的时候，老百姓往哪个方向跑，日军就往哪个方向指，哪个地方就挨炸，老百姓一心想把发信号的日军除掉，但无能为力。

日军离开了公路又回到临时找到的掩体后面，他们在村外架起了钢炮，轰击圩墙和炮楼。炮弹在圩子上和炮楼附近接连爆炸。

日军的机枪打个不停，疯狂轰击，压制村民火力。突然一声炮响，东流村前庄东门楼被炸塌，战斗人员吴保贵随着爆炸的气浪从墙头栽出墙外，架在门楼上的土炮也被震裂。日军的狂轰滥炸，使圩墙多处倒塌。日军在机枪的掩护下向圩墙和东门逼近。

形势万分危急，守卫人员随时都有牺牲的危险，吴保贵、吴廷保等人坚守岗位，对敌还击，瞄准目标，不放空枪。这时，一颗炮弹袭来，69 岁的吴廷保壮烈牺牲。47 岁的吴保仁手持大刀，守住圩口与敌肉搏，直至阵亡。村民季现德端着一小筐土药往炮楼上送，这时，日军的一枚炮弹在距离季现德不远的地方炸响，炸飞了他手中的小筐。身受重伤的吴保贵依然顽强战斗，不幸的是，他与试图保护他的妻子陈氏一起被日军残忍杀害。

上午 11 时，前庄失守。村民的鲜血也没有白流，在固守前庄的两个多小时，

有几十个日军丢了性命。

前庄的失守给后庄的防守带来了压力，当前庄的人聚拢到后庄的时候，大部分适宜藏身的地方都给了那些老人、妇女和孩子，这无疑给抗敌人员带来更多的伤亡，还有一点就是后庄距村北的山头更近，日军把钢炮也架到了山上，后庄全部在小钢炮的有效射程之内。

日军使用的"小钢炮"是日军研制的"八九式掷弹筒"。它的最小射程是120米，最大射程达700米，而后庄恰恰就是700米以内的最佳射击距离。所有的圩墙、炮楼、岗台、四门等，都成了日军小钢炮的靶子。

战斗在继续，全村男女老少，同仇敌忾，相互支援。日军集中大量的火力进攻南门，又派小部兵力对东门和北门进行夹击。坚守南门的33岁的吴广信，从庄墙内爬上一棵大核桃树，居高临下向日军射击。日军则用机枪扫射，吴广信落地身亡。守卫炮楼的吴广臣、吴相鼎面对日军的炮火攻击和机枪扫射，无所畏惧，坚持战斗。日军久攻不下，便用小钢炮将炮楼打穿，吴广臣、吴相鼎相继负伤，被救下阵地。吴大中隐蔽在短墙后面，在炮火中冲进村子，挥刀向日军砍去，日军当场毙命。这时躲在暗处的一个日军举枪向他瞄准，吴相勇眼疾手快地掉转土炮，将日军送上了西天。29岁的吴保进，揣着一怀土手雷，抱着一串子弹，给战斗在一线的人们补给弹药，因战场混乱，不慎在圩墙的岗台上滑倒，摔响了怀里的土手榴弹，自爆牺牲。孙义山、孙义实坚守东门，炮楼被轰塌后，孙义实手持大刀，躲在炮击炸塌的圩墙豁口旁，守住缺口杀日军，最后牺牲在圩墙下。孙义山腿部被砸断爬进炕洞，被日军发现后刺杀。虽然村民伤亡惨重，但大家依然坚守阵地，他们在吴恩庆的动员下，誓与日军血战到底。

此时北门和东门的日军利用占据了村后面群山的优势，发挥其钢炮的远距离有效杀伤力，但东流村的土炮却打不到日军，在日军密集的炮火中，圩墙大片倒塌，庄内房屋着火，浓烟滚滚。

在日军炮火停息和要进村的间隙，东流的百姓开始加固已经被炮火轰塌的圩墙，这些纯朴的村民坚信：只要圩墙能守住，日军就进不了村。

一白发老人看到圩墙倒了一大缺口，他义无反顾地冲上去，抱起石头就去垒

豁口，心想着不能让日军冲进村子。日军看到老人的举动，连打几发炮弹，老人牺牲在炮火中。这是此次战斗中牺牲的年龄最长者，时年 74 岁的吴清英老人。

69 岁的刘氏是吴恩庆的祖母，在炮火中抢送弹药，牺牲在日军的枪下；68 岁的吴清璧老人，在村民眼中是身着大褂、儒雅的教书先生，当日军进村的时候，他扔掉手中的笔，拿起了长矛，从学堂到了战场，最后阵亡在村口。

吴广盛、吴广营兄弟二人在战斗最激烈的情况下，依然在阵地上坚守圩墙，射击日军，不幸被日军击中，双双壮烈牺牲。

20 岁刚出头的"双刀"吴恩堂，在巡查岗哨时看到了躺在血泊中被日军轮奸剖腹致死的孕妇周氏，他破口大骂，被愤怒烧红了眼睛，纵身跳到一个日军面前，将这个日军的手臂砍断后，又向头顶上劈下去。吴恩堂用双刀一连劈死了数名日军。终因寡不敌众，被一颗子弹击中后，不幸被俘，后来被日军残忍烧死。

日军趁着村里浓烟烈火，在机枪的掩护下，最终冲进后庄，巷战开始了。

这时，北门也被攻破。吴恩庆临危不惧，他及时到各个战点巡视指挥。村长吴廷信、大刀会教师吴广慎、吴保佑率领大刀会成员，与日军进行着激烈的拉锯战。他们利用熟悉的地形，抓住时机，狠狠地打击日军，尽全力减少伤亡和损失。

圩主吴广孝，怀抱土药支前负伤，后来被捕与妻子刘氏、四子吴保府一起被烧死。

28 岁的吴广盛，战斗中坚守圩墙，瞄准日军就射击，但不幸被日军的子弹击中，壮烈牺牲。弟弟吴广营悲痛之余抓起石头砸向日军，被日军一阵排枪击落，倒在圩墙旁。

吴恩庆在得知自己祖母惨死在日军手中时，他的悲愤到达了极点，国恨家仇交织在一起，向日军疯狂射击。据幸存者吴树成老人回忆，他当时 11 岁，跟着吴恩庆身后拾弹壳，吴恩庆弹无虚发，一枪一个，一连撂倒 17 个日军。

下午 3 时许，大刀会成员已牺牲 10 多人，200 多名老少从北、东、南三个方向被日军赶压着，往村子里包围，吴恩庆决定带领村民从西门突围。他让大刀会员在前开路，好武器放在前头，后面由大刀会员顶住，利用熟悉的地形掩护乡亲们突围。

大刀会教师吴保佑，见村民不断倒在日军的枪炮下，剩余的大刀会成员复仇心切，几乎是杀红了眼，赤膊冲向日军拼命激战。他果断指挥人们撤离阵地，争取保存一定的实力，留下抗日的火种。

突围当中，54岁的吴廷元被日军用刺刀逼近，他眼疾手快，一个撤步躲过日军刺刀，双手卡住日军的脖子，把手中的枪头直插日军，但不幸被身后日军的刺刀刺中。孙开勤、吴相玉等大刀会成员为掩护村民献出了年轻的生命。

吴宝善、吴保成、吴保容兄弟三人与敌拼搏，先是刀枪，后又肉搏，最后壮烈牺牲。

吴相运、吴保民、李二朴等人誓死掩护村民突围，誓死捍卫尊严，不当俘虏，他们打光了子弹后，持刀和日军展开肉搏战，掩护群众突围，坚持到最后，全部壮烈牺牲。

吴保辰的妻子王氏，见日军瞄准自己的丈夫，为掩护丈夫，用自己的身体挡住了日军罪恶的子弹，日军见状，连发数枪，吴保辰夫妻双双遇难。

神枪手吴广昌，用老套筒借墙壁和驴栏作掩护，接连击毙十几名日军。他眼疾手快，利用熟悉的地形掩护，在日军密集的枪声中，甩开日军，机智突围，后被日军追到村西南沟中，子弹从他头顶蹿过，他倒在沟底，仰面朝天，把枪架在脚上，准备迎战扑上来的日军。然而日军发现他躺在沟底，误以为已被打中，便没再追来。吴广昌在这次战斗中，机智勇敢，幸免于难。

为掩护村民突围，吴恩庆端枪向日军射击，一连打死20多名日军。此时他的腿部也已经受伤。等耗尽了日军的子弹，他让村民赶紧往村外冲，但前边的人刚冲出村门几步远，日军的机枪又响起来，村民又倒下去一大片，吴恩庆也身中数弹倒在地上，再也不能挺身掩护乡亲。

守在西门外的日军见村内再无村民出现，便停止射击，端着刺刀走进村内，与另外三面的日军会合，开始屠村。

惨无人道的日军见人就杀，见房子就烧。一部分村民突围出去了，一部分人在庄内血战牺牲了，但还有30多人被日军逼进了吴树祯的小园子里。吴相勇为了保护村民，不顾个人生死，他把住园门，架起小土炮，利用土手雷击退了日军数次进攻。弹尽后，便用大刀和石头坚守园门。狡猾的日军迂回到吴树祯宅院，

悄悄地把西墙拆了一个窟窿，在背后用枪射击，夺去了他的生命，同时放火烧着了屋内的地瓜秧，顿时，吴树祯的宅院火光冲天。另一处，日军在屠村时发现有几十名村民躲藏在屋子里面，就用机枪封锁了门口，点燃了房子，把里面的人全都活活烧死。

打算从东流西进的日军，或许做梦也没想到会遭到东流村民如此顽强的阻击。

傍晚，枪声停止了。东流村辛劳十几年修筑的炮楼、圩墙、庄门、岗台，有的坍塌，剩余的弹痕累累，到处断壁残垣，村内一片狼藉。

悲壮的东流阻击战，历时一天，歼敌96人，沉重打击了日军的嚣张气焰。东流村也蒙受了巨大损失，村民共牺牲73人，受伤14人。全村损毁房屋90多间，十几座炮楼被炸毁，粮食、农具、家具及衣物等生活用品被烧毁。

东流战斗期间，附近村子的"大刀会"试图增援，均被火力强大的日军阻击回去。日军撤走后，附近各村的村民纷纷赶来，将牺牲的勇士和被日军杀害的村民进行收殓、掩埋。

四处逃亡的东流村村民也得到附近村民的尊重和善待。同年秋天，吴保秀痛恨日军的惨无人道，自发组织抗联二十团；随后，吴庆余等人参加了八路军，继续投入艰苦的抗战。

1946年，为纪念抗战胜利一周年，原中共温河县委宣传部部长朱奇民代表县委、县政府，召集了青年民兵来到东流村，为东流村抗日阵亡村民召开追悼大会。会上，朱奇民充分肯定了东流村民的抗日战绩。

1999年10月1日，中共费县县委、费县人民政府在东流立碑纪念东流阻击战。2015年2月，东流村抗日自卫战遗址被临沂市人民政府列为临沂市第一批重点抗日战争遗址。

参考资料

①新庄镇宣传办：《东流阻击战陈列馆讲解词》。

②东流村：《东流阻击战陈列馆展厅介绍》。

穷汉崮

穷汉崮
穷人的山寨
民族的悲壮

岗乡崮事

穷汉崮，位于费县薛庄镇马头崖村西 2.5 公里处的马田公路南侧，海拔 519 米，面积为 600 万平方米，古称"冲汉崮"。清末，此崮是从姓的山场，曾称从家崮。1928 年，土匪横行乡里，穷人在崮上修围墙筑房屋避难，故名穷汉崮。崮顶有磨台、碾台、臼窝、寨墙等古山寨遗存及飞来石等自然景观。

飞来之石

登穷汉崮有多条路径，从薛庄镇北的鲁峪沟登顶比较便捷。

穷汉崮虽是一座崮，但从外观上看，它应该是最不像崮的，头上的"帽子"几乎没有，和平常的山没有什么区别。站在东北方向远望，怎么端详都不是崮该有的模样。但它的确是崮，有着平平的山顶，陡峭的悬崖，不然，过去穷人又如何在上面筑寨生活呢？

海拔 500 多米，穷汉崮在沂蒙地区群崮当中算是中等个头吧。若是慢悠悠地往上攀行不会太吃力，无奈太阳暴晒之下，挥汗如雨，体能消耗得很快，走上一段，便需要休息。

穷汉崮的植被茂密，山上长满了松树。据说这些树是 1957 年搞封山育林运动时栽植的。当时费县调集了几万农民在山上栽植马尾松、黑松等树，半个世纪过去后，整个山体被松柏覆盖，风光秀美。如今这片山林属于费县国有塔山林场。

登上山脊，远远便看见以前在高处修筑的围墙残留孤存于崮顶之上，树林之下。这些都是过去山下村民为防御土匪侵扰修筑的。

穷汉崮在清《费县志》上有记载。穷汉崮最早因为在附近山中显得较高，被称为冲汉崮。在清光绪末年，这里成为从姓家的山场，因此也曾称为从家崮。民国十七年（1928 年），蒙山一

崮顶上的围墙残存

带被大股土匪占据，如蒙阴的石增富、峄县的郭马蜂等，他们横行乡里，窜扰山民，住在山下的老百姓只得跑到附近山上修筑围墙，重建居所，以求自保。

在贫富不均的旧社会，穷人和富人是有阶层之分的，富人瞧不起穷人，更不愿与穷人交往，所以富人往往会联合几家富人一起去山上筑墙修寨，不允许穷人掺和进来。穷人也需要生存啊，他们同样需要地方避难。所以，穷人们就结伙在一座山上修寨御匪。在这座冲汉崮上，建房筑寨的都是一些穷人。所以，以后冲汉崮便被人们称为穷汉崮了。

不管是穷人的山寨还是富人的山寨，房子的残留是少不了的，临崖险要之处的围墙还在，宽敞平坦的岩面上，一个直径五六十厘米的石臼，里面存满了雨水，这是过去生活在山上的穷人必不可少的日常用具，不管是什么粮食，都要通过它进行加工，才能做成果腹的饭食。

在兵荒马乱的岁月，穷人们即便是躲在这崮顶之上的山寨里，也没能过上安生的日子。据说这穷汉崮最终还是被土匪攻占，成为这伙歹人欺压乡民的巢穴，许多人被当作肉票绑到崮上，有的被折磨致死，有的被土匪榨干了家产，穷困潦倒。

当地曾有传说，当年土匪占据穷人崮搜刮了大量民脂民膏。土匪头子把这些财宝装了"九缸十八罐"埋藏起来。后来，这伙土匪被剿灭，这些财宝从此便不知所终了。

石臼处往前行不远，一块四五米高的巨石立于崖边，形状极像一个风帆。巨石的一侧是悬崖，底部有缝隙，是平摞在岩石面上的。这一自然奇观引来人们的无限遐想：是谁把这么大的一块石头立在了山顶？是什么力量将其挪到了这个地方？于是，人们给这块巨石取了个名字，叫飞来石。既然找不出这块石头的来源，那权当它是飞来的吧。

很多年前，曾有一位有才之人在这块巨石上题诗一首。这张上面有诗的石头图片如今在网上仍然能够看到，字是用蓝色油漆所写，从图片上可辨诗的内容："穷汉崮巅现奇观，天外飞物落崖边。要问神石哪里来，玉皇大帝亲手搬。"不仅诗写得文采飞扬，书法也挺有功底。如今这首诗早已被岁月冲刷得没有半点痕迹，要是当年能把这首诗刻下来，也能为这穷人崮增添一些人文元素。

穷汉崮上的飞来石

离穷汉崮不远，就是发生过举世闻名的"大青山突围战"的大青山。穷汉崮也是那场突围战的战场。

站在穷汉崮顶，心头涌起一股莫名的悲壮。在那场战役中，有 30 多名民兵在穷汉崮顶与日军展开决战，全部壮烈牺牲。虽然有关"大青山突围"的史料中没有留下他们的英勇事迹，但《费县县志》中，记载了他们的战斗过程。他们是民族英雄，他们的壮举值得后人铭记，也必须铭记。

★★★ 红色崮事

崮顶的亮剑

大青山突围是山东沂蒙抗日根据地军民反击 5.3 万日军"铁壁合围"大"扫荡"中的一次著名战斗，是抗日战争时期津浦铁路以东山东敌后战场一次极为惨烈悲壮的战斗。

1941 年 11 月 30 日，抗大一分校及中共中央山东分局、省战时工作推行委

员会和八路军第一一五师机关各部共计 5000 多人，在大青山地区遭日军"扫荡"部队合围，最终成功突围。

但在成功突围的过程中，有 30 多名民兵，在穷汉崮顶，用大刀与日军决战，展示了中华民族不屈之魂魄。

抗日战争时期，沂蒙山区是山东抗日根据地的指挥中心，八路军第一一五师师部和中共中央山东分局、山东省战时工作推行委员会、八路军山东纵队指挥部均曾驻扎在这里。

中共领导的华北敌后抗日根据地的发展，引起了日本侵略者的高度重视。日本侵华军总司令部制定"华北治安战施策大纲"，并下达了 1941 年度的《肃正建设计划》，决心把华北变成第二个"伪满洲国"，从而掠夺资源，腾出兵力，准备发动太平洋战争。在军事上，日军由华中向华北增兵，对各主要抗日根据地实施"铁壁合围"大"扫荡"。在山东，从 1941 年初开始，日军先后"扫荡"了鲁西、湖西、鲁南、冀鲁边、清河、胶东、鲁中泰山区及冀鲁豫边，重点为平原地带的鲁西、湖西、冀鲁边、冀鲁豫边。从下半年开始，日军将"扫荡"重心转入山区抗日根据地。沂蒙山区作为山东抗日根据地的指挥中心，是八路军第一一五师师部和中共中央山东分局、山东省战工会、八路军山东纵队指挥部的驻地。因此，这里成了日军"铁壁合围"的重点。

大青山，位于蒙山主峰东麓，海拔 686.2 米，山势险要，系东蒙山主要山峰之一，因树茂草丰、四季常青而得名。在抗战烽火中，这里成了八路军沂蒙抗日根据地的中心区，这一带也是抗日军政大学第一分校主要办学地。

大青山胜利突围纪念碑

1941年，日军集结重兵，对山东沂蒙山根据地中心区进行了为期两个多月的疯狂大"扫荡"，妄图将山东抗日首脑机关及主力作战部队一网打尽，一战而定山东。

1941年9月中旬至10月上旬，日军先"扫荡"了沂蒙山区周围的鲁中泰山区和鲁南郯城、马头地区，之后，调集5.3万余兵力，以多路多梯队的分进合击，形成对沂蒙山区的"铁壁合围"。侵华日军总司令畑俊六亲自到临沂、汤头坐镇指挥。从11月12日起，日军将主力集结于沂蒙根据地中心区，安据点、修公路，反复进行"清剿"。

11月29日，在根据地内与敌周旋的抗大一分校3000多人从泰莱根据地转移到大青山区，驻在胡家庄、杨家庄、大谷台、李行沟、梧桐沟等十几个村子里。然而就在此时，日军正秘密进入大青山四周，布置了一个要消灭进入这一带的抗大一分校的合围圈。这一严重敌情，抗大一分校并没有发现。与此同时，为了集中精力作战，顺利消灭由日军特种部队和伪军在八路军沂蒙根据地——绿云山建立的据点，罗荣桓、朱瑞等领导人得知大青山安全时指示，由师部第五科科长袁仲贤带领师部及直属队人员、省战工会副主任兼秘书长陈明带领中共中央山东分局、省战工会、省群团组织、报社、医院、被服厂、银行等单位人员共千余人，于29日黄昏后过临(沂)蒙(阴)公路向大青山以北转移。这样，部队可以轻装上阵，准备战斗结束后，再分别到指定地点会合。

这支庞大的机关队伍连夜行军，长途跋涉，拂晓前风尘仆仆到达大青山东北一带。

日军参与"扫荡"的主力部队一部5000余人，加上配合作战的刘黑七部伪军和反动派部队数千人，总共上万人悄悄尾随，对抗大一分校驻地区域形成一个合围圈，抗大一分校却并未发现这一严重敌情。同时陷入包围的还有医院、服装厂、报社等一大批非战斗人员。

包围圈的火力部署完毕后，日军一个中队携带二步兵炮，向八路军前哨发起急袭。抗大一分校校长周纯全听到密集的枪声后，预感到情况危急："全校紧急集合，抢占大青山！向山东纵队和第一一五师发报告急，这里出现大批鬼子，我

们被包围了，正组织突围。"

第五大队大队长陈华堂、政委李振邦都是久经沙场的老红军，他们听到枪声后，当机立断，命令担负警卫全校重任的第五大队迅速抢占2号和3号高地。日军突破前哨后，快速扑向2号和3号高地，同抢先一步的第五大队展开激烈的争夺战。

2号高地的争夺进入白热化，几经易手。2号高地如果守不住，3号高地就成了大青山主峰下坳谷里的数千人突出重围的唯一屏障。这些人大部分都是非战斗人员，3号高地如果失守，后果不堪设想。

抗大一分校第二大队为建国大队，学员是山东各根据地县区乡政权干部，战斗经验不足；第三、第五大队是军事大队，学员由八路军第一一五师和八路军山东纵队营连排级干部组成，战斗经验丰富，但他们大部分是赤手空拳，仅有几百条破旧步枪，还没有刺刀，弹药也不足。第五大队的将士们和日军拼死搏杀，一批批倒在了血泊之中，2号高地上的争夺战正猛烈地进行着，枪炮声、喊杀声撕心裂肺、惊心动魄。

大青山南坡的一个村庄里，费县汪沟区委书记孙波被枪炮声惊醒。他从枪声中判断，八路军正和日军主力激战，形势不容乐观。

此时，孙波面临着两个选择。一是置身事外，他身处日军的合围圈外，也没有接到上级让他增援的作战命令，可以根据险情选择撤退或者隐蔽；二是组织民兵武装前去增援，这明摆着是九死一生，也可以说是有去无回。

孙波却没有丝毫犹豫，他立马召集民兵队伍，向大家说明战斗意图。民兵中有人提出不同意见："我们只有30多个人，连像样的衣服都没有，更别提武器装备了，咱们的武器只有20来杆'土压五'，大多数人还配备了大刀片子，割草都会卷刃，怎么给日军拼啊！"

孙波说："前方在打仗，从枪声上判断，肯定是日军的重兵跟咱们八路军干上了。咱们得去帮忙，在小鬼子的屁股上捅一刀，帮咱们主力部队分担些压力。"见队员们还有些迟疑，孙波接着说："狭路相逢勇者胜。虽然我们的逞强不一定能换来胜利，但是我们的牺牲一定能唤起更多人的斗志，我们革命是为了什么？

不是为了活命，而是用牺牲换取国家的新生、亲人的安全、后人的幸福。危难之际，我们不挺身而出，还算是个（革命的）人吗？"

说完，孙波手朝着大青山方向一挥："立即出发！" 30 多个人不再犹豫，手握大刀奔赴战场。他们循着枪声潜行，到达战场附近的一处高地时，被眼前的惨烈场景惊呆了。上万名日军密密麻麻地向大青山进攻，逐步缩小包围圈，负责阻击的抗大学员正死命为突围人员杀开一条血路。

大量非战斗人员试图从缺口处突围，被日伪军布置的火力封锁，倒在了战场上。西河沟里的尸体密密麻麻、横七竖八地倒着，鬼子不时还向八路军伤员补枪扫射。孙波和民兵队员们恨得牙痒痒，队员们纷纷请战："这太欺负人了。书记，我们和小鬼子拼了吧！"

孙波心里明白，就凭他们的 20 支破枪和卷刃的大刀，只能搞搞骚扰，如果正面硬碰硬，只有死路一条，而且死得很惨。但是只是骚扰的话，他们的行动又毫无意义。怎么办呢？孙波心里左右为难，他转身看了一眼民兵队队员，民兵队队员们的眼睛里射出愤怒的光芒，高喊着："与鬼子拼了，为同志们杀出一条血路！"

他们找准鬼子包围圈的一个薄弱之处，悄悄靠近鬼子，然后使用"土压五"从鬼子背后一通排射，十几个鬼子当场毙命。孙波等人趁鬼子还没有反应过来，又扔出几颗手榴弹。

鬼子不知道情况，腹背受敌，还以为被八路军增援部队包围了，一时间有些惊恐，趴在地上不敢抬头，就在这短暂的瞬间，一大批八路军突围出去。日军指挥官很快反应过来，他们的对面只是几十个战斗力薄弱的非主力部队。孙波他们知道，和鬼子对射下去，只有被动挨打的份，干脆冲向鬼子，和鬼子白刃血战，搅乱他们，杀一个是一个。

鬼子还未组织好阻击火力，孙波率领 30 多名民兵高声呐喊着，怒目圆睁，举着大刀冲向上万人的鬼子阵地。面对这种视死如归的气势，鬼子兵竟然慌神了，握枪的手不由自主颤抖起来。转眼间，孙波等人冲到鬼子阵前，挥刀就砍，有的鬼子兵向后退缩，被其指挥官击毙。孙波等人乱砍一通后，便向附近的穷汉崮撤退。

孙波等人熟悉地形，很快撤到了崮顶上，日军派出一支精锐紧追不舍，双方在崮顶展开决战。此时，孙波等30多个人死的死、伤的伤，心中清楚已无生还可能，他们围成一圈和端着刺刀的日军来了一场白刃战，悲壮惨烈。

在这场大青山战役当中，主动向围攻八路军的鬼子开火的30多位民兵全部阵亡。正是孙波等人这场集体自杀式的袭击，配合了罗荣桓派出的增援部队阻击，在那段短暂的战斗期间，大批非战斗机关人员趁机突围而出，冲出绝境。

民间的颂扬与谴责

古往今来，民间都流传很多的传说，这些故事是百姓茶余饭后的谈资，就如今人闲暇之时的瓜子。故事中蕴含道德观念，或颂扬，或谴责，使听者得到心理上的快乐和安慰，并在快慰中受着熏陶。

在穷汉崮下，也有穷人口口相传的故事。

挂心橛子

在离穷汉崮不远的费县大田庄乡境内，有一座山峰，名叫玉柱峰，海拔1026米，是蒙山第二高峰，当地人们都叫它"挂心橛子"。

传说很久以前，在蒙山脚下的三连峪一带住着一位田寡妇。她的丈夫在年轻的时候就去世了。她含辛茹苦把儿子养大，平时有一口好吃的，也要留给儿子吃。

儿子名叫田猛，直到30出头，才娶上媳妇。

媳妇过门之后，对婆婆非常不孝。不仅把老人赶出家门，还把猪食送给老人吃，最后把她的婆婆活活气死了。

玉柱峰上有一个仙狐楼，传说里面住着成仙的老狐狸。狐仙得知此事后，决

定下山惩治这个不孝顺的媳妇。

狐仙把这不孝媳妇的心肝扒了出来，挂在这座山峰上，以示众人，这就是不肖子孙的下场。

从此以后，这座山峰就被人们叫作"挂心橛子"。

金壶嘴子

穷汉崮下是鲁裕沟，传说鲁裕沟里有两兄弟，老大叫杨懒，老二叫杨勤。杨懒娶妻李氏，杨勤娶妻周氏。

老大两口子不孝顺，心眼不好，凡事爱贪个小便宜。

老二家两口子孝敬父母，待人实诚，勤劳能干。只因父母多病，加上孩子多，家里很穷，整天吃了上顿没下顿。

有一年夏天，老二天不亮就到鲁裕沟南金壶嘴子山上打柴，日头偏西，老二又累又饿，来到壶嘴子下喝水，自言自语道，要是壶嘴子里能流出金元宝多好。话音刚落，就见从壶嘴子里往外掉金元宝，他赶紧接了两个，并随手拔了一棵万年青堵住了壶嘴。

老二家得了金元宝，翻盖了房子，买了地，剩下的都周济了穷人。

老大听说后，赶紧与李氏拿着口袋上了金壶嘴子山，接了满满一口袋，见元宝还在不停地往下掉，两口子赶紧脱下褂子去接，接满后，累了个半死才抬回家，满心欢喜地往柜子里一倒，顿时傻了眼，金元宝全部变成了癞蛤蟆。

这个传说是在教育人们，做人要行孝道，不孝之人没有好的回报。

参考资料

①山东抗日战争纪念馆:《大青山突围战》，中华网 2015 年 6 月 13 日。

②诗意世界:《大青山突围:30 个民兵向上万日军主动进攻》，百度号 2021 年 12 月 23 日。

③胡怀友、刘中堂:《蒙山金壶嘴子》，在临沂客户端 2012 年 7 月 26 日。

利尖崮

崇岩幽谷
吐清气

利尖崮

利尖崮，位于费县费城街道王山头村西、利山涧村南，海拔405.5米，面积260万平方米，因山峰有尖顶，故名利尖崮，亦称立尖崮。据《费县志》卷二《山川》记载："望山，县南15里，梁山之北，山西北为利尖崮，东北崇文山。"数百米长的平整崮顶，被称作晾马台，顶有多处石墙、围子等战争、生活遗迹。据传，清代农民起义领袖张九仔曾占此山称王。1946年6月2日，利尖崮上发生了一场由国民党特务组织并发动的武装暴乱，被费县人民政府仅用6小时就彻底平定。

崮乡崮事

山涧古村寄乡愁

利尖崮周边有很多山峰，可谓山头挨着山头。其山脚下坐落着许多小山村，但即便是祖祖辈辈生活在这座山脚下的村民，当你问起哪座山是利尖崮，他们都茫然不知，似乎利尖崮离他们很遥远。

原来，利尖崮是这座山峰的"官方"叫法或是"书面"称呼，而当地村民对利尖崮一直沿用民间叫法——北门北侧的山叫北山，而与其相连的南北走向的山峰叫东山，所以当询问"利尖崮"在哪，他们根本就听不懂。

是的，利尖崮本来就不是一座独立的山，站在西侧的温凉河边看，利尖崮没有崮的形态，好像就是一座普通的山，因为看不到崮顶耸立的崖壁。但当你从西面山脚下绕到山的南面北望，典型的岱崮地貌特征非常明显地呈现在眼前。

利尖崮有两个崮顶，西面的崮顶略低矮，人们称之为小崮顶，而东面的那个山头顶部略高，面积也大，被当地人称为大崮顶。

连着小崮顶的这座呈东西走向的山，当地人称为北山，而与北山相连接的，是一座被人称为东山的南北走向的山，北山和东山围成了一个马蹄形的山涧，这就是利山涧。山涧西面的开口横着一条南北流向的河，山涧的流水最终汇入这条河。

利山涧里，曾坐落着一个有着 700 多年历史的小村庄，就是利山涧村。村庄的民房建在北山的南坡上，被高大茂密的树林所覆盖，十分隐秘。这个只有几十户人家的小山村，初建于元代大德年间。从前这荒凉的山涧里没有人烟。有一年，一户朱姓人家的一位老妇，因丈夫早逝，独自带着三个幼年的儿子外出讨饭。拖家带口走到这里，因天寒地冻，一家老小衣单体寒，实在走不动了，就在利山涧避风朝阳的地方，就地取材，搭了个草棚，暂时住下来，躲避风寒。

568

老妇人有一手纺线手艺，平日里靠到山脚下的村子里替别人纺线，勉强养育着三个未成年的儿子。有时实在填不饱肚子，就只能带着儿子到山下村里讨饭，日子过得很凄惨。

山下村里的百姓见老妇人一家子可怜，也都想帮帮他们。老族长给老妇人出主意：你家三个儿子都大了，靠要饭也不是常法，不如花钱买几亩地种着，将来好成个家。

老妇满脸愁容地说，倒是想种点庄稼，也看上了山涧里的这片荒地，可家里只有纺线挣的两吊钱，拿什么买地呢？

善良的族人和村民商量后，就把整个山涧一吊钱卖给了老妇。

老妇人花一吊钱就买下整个大山涧，这可太便宜了。其实，是纯朴的山里人真心在帮老妇一家。从此，人们就把这个山涧称为利山贱，后来改成利山涧了。

有了山涧里的这些地，老妇人一家生活就有了奔头。他们起早贪黑开荒种粮，整个山涧长满了绿油油的庄稼。从此，娘四个终于过上了衣食无忧的好日子。

再后来，三个儿子渐渐大了，也都娶上了媳妇。随着人口的增多，这里渐渐成了一个小村庄，就是利山涧村。

在20世纪七八十年代，利山涧村居住着30多户人家，百余口人。这里虽然山清水秀，自然环境优美，但由于交通不便，无法供水供电，大多数人家开始搬到温凉河西岸居住。2017年，随着这里的最后一户人家搬走，利山涧村彻底成为历史。

如今，这个有着700多年历史的村落，只剩下了镌刻着沧桑岁月的石头房子和石板小路，人已搬迁到交通便利的山下，此处被开发为盛载着乡愁记忆的旅游景区，供生活在城里的人们到此寻找乡间生活的乐趣。

利山涧三面环山，唯一的出口横着一条河，历史上几乎与世隔绝。生活在这里的山民通过勤劳的双手，开山造田，沿山势开辟出一层层梯田，春播秋收，一代代在此繁衍生息。

在利山涧的南面，生长着一片古老的樱桃林。以前只有几棵，慢慢长成了一片，最老的树龄已有数百年；在利山涧的西北角，有一眼很旺的泉水，一直供着

整个村子生活用水。如今，吃水的人走了，泉水依然在奔涌，哗哗地绕过古村，流到山下，汇入利尖崮下的河中。

利山涧唯一的出口，就是被这条河挡住。河水由南往北流，因此也就有了"蒙山九回头，费县水倒流"的说法。并且还流传着这样的顺口溜："利山涧，靠河东，三面环山门西走。温凉河，傍山脚，溪水从南往北流。"这条河，造成了生活在利山

古泉

涧里村民的出行不便。他们开始是用山上的松树架桥，可桥架好了，夏季洪水一来，桥便被冲垮了。再建起又被冲坏，年复一年，费时费力费材料。

后来，聪明的村民想出一个一劳永逸的办法：他们用厚木板做成十几个两米多高的长木凳，把木凳放在河里，就组成了一座桥。汛期将木凳收起放在岸边，洪水一过再把木凳放入河里搭起一座桥。

这座活动木桥一直用了很多年，直到20世纪70年代，全村人一起上山采石，建起了一座过水石桥，一直用到今天。

★★★ 历史崮事

张九仔占了利尖崮

清咸丰年间，利尖崮曾一度被张九仔领导的农民起义军占领，这伙人是幅军的一部分。

幅军起义是发生在清末年间太平天国时期山东南部的一场农民起义，主要分布在兰、郯、费、峄四县的山区。这次起义从清咸丰三年（1853 年）公开武装起义到清同治二年（1863 年），闹腾了 10 年，最后还是败了。

幅军最初活跃在苏北地区，因为当地的统治势力比较强，后来就逐步转入鲁南山区。这伙人形成武装组织以后，夜聚昼散，杀富济贫。据清《赣榆县志·兵事》记载："奸民蹈瑕抵隙，召号亡命，假息百里之内，俾倪群盗之间，所至驱略牛马，纵索金帛酒肉，以餍饕餮。旗志以大布为之，名曰幅匪。"

幅军最初是打着"杀富济贫，替天行道"的口号，以索取财富为目的，后来随着势力增强逐渐有了政治目的，和统治阶级对抗，斩杀贪官污吏。

幅军由小而大的发展形势，震动了社会各阶层，参加幅军的人员阶层非常广泛，连清朝进士、举人、廪生、秀才等有地位的人，财主、商人、艺人、僧道等有财产的人也都纷纷参加。

1861 年后，在兰、郯、费、峄四县山区的幅军主要有四股力量。分别是运南山区的侯孟、刘平；抱犊崮山区的刘双印；临费山区的孙化祥；还有一股就是费滕山区的程四虎。而占据在利尖崮的张九仔为首的这部分幅军是隶属于孙化祥还是程四虎，还是独立的一支幅军起义队伍，史料没有记载。

据史料记载，咸丰十一年（1861 年）二月，安徽捻军进攻山东，幅军乘势向北扩张，占山称王者骤增。周克生占大青山，丘春占黎墟、黄路山，宋斌、宋三冈占车辋崮，万甲申占城墙山，孙化祥占岐、旺二山，程四虎占水寨马头崮，岳相林占阴阳寨，张九仔占利尖崮，王洪平占几辈崖山，刘淑愈、李宗堂占耿家埠圩，他们之间互相策应，与官军斗争，四处进攻地主团练，不断地向附近的圩、寨扩张自己的势力。运河以北，蒙山以南，西至滕县，东到沂河，仅剩几家地主圩寨如峄县夹谷山、费县东单、徐庄铺、天保山固守不降。而幅军活动区域却远至运河南，北到淄川，西到滕县，东到海滨。

长期占据在利尖崮的幅军张九仔部，经常出击袭扰官府。咸丰十二年（1862年）四月二十三，费县令王成谦命巡检龚绳武、军功陈玉川买通寨民侯成基、陈学林等做内应。当晚，由侯成基、陈学林这两名内奸带路，官兵于黎明之时直逼

寨门。利尖崮山寨里的幅军奋起拒敌，但此时寨内大火突起，寨门大开，清兵呼喊着一拥而上，幅军虽然奋力抵抗，但最终不敌清军，有数百人阵亡，利尖崮山寨被攻陷，以张九仔为首的这股幅军就此灭亡。

始建于隋代的丛柏庵

从利尖崮南行不远，有一座玉环山，山里有座始建于隋朝的丛柏庵。庵内有千年银杏、响水泉、连理柏与古藤、碑廊、三圣殿、仙人洞等，具有较高的观赏价值、历史价值和文化价值。

丛柏庵门上的"丛柏庵"题字出自全国四大名僧之一、山东省佛教协会原副会长能阐手笔。庵内有大雄宝殿、三圣殿、钟楼、鼓楼，以及碑廊、亭、塔等建筑，庄严肃穆。

丛柏庵

丛柏庵是佛教女众道场。清代改为道教，康熙、乾隆、道光年间，多次修建，都有碑文记载。20世纪60年代，丛柏庵遭到人为破坏，各种建筑被毁。1994年，费县许家崖乡政府重建三圣殿。自仁莲法师入住丛柏庵后，才彻底恢复佛教。如今，殿堂重重，信众云集；晨钟暮鼓，佛号声声。

庵内一棵枝繁叶茂的银杏树，树龄已有1200多年。院外有两个山洞。大殿西侧是极乐洞，东侧是仙人洞，此洞是玉环山最大最深的溶洞，有上、下两个洞口，下洞口一侧书有"仙人洞"三个字。据说，人称张阁老的明代武英殿大学士张四知曾在洞中避暑，并留下一首诗："四面青山一线天，古洞深藏峭壁间。远隔咸阳三千里，避秦何必进桃源？"

丛柏庵保留下来的历代碑碣共有18幢，其中明朝3幢、清朝12幢、民国3幢，都是历次重修碑记。

2006年12月，作为临沂市唯一的一处尼姑庵，丛柏庵被临沂市人民政府列为市级文物保护单位。

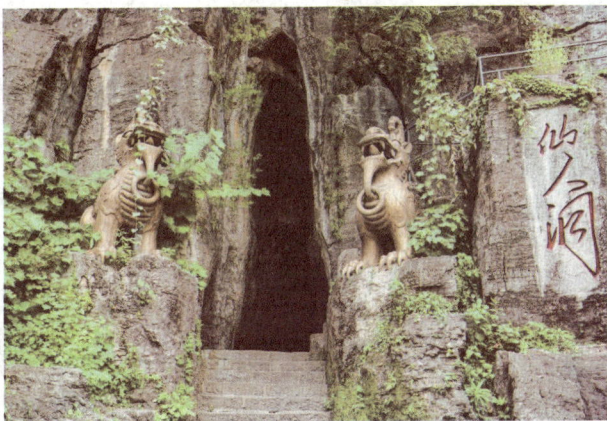

仙人洞

★★★ **红色崮事**

平定反革命武装暴乱

1946年7月19日的《大众日报》上，刊登了这样一篇文章，标题是《费县民兵在政府紧急号召下，六小时内扑灭特务暴动》。这篇文章报道的就是发生在利尖崮上的一起反革命武装暴乱，事情还要从头说起。

　　1945 年 8 月，费城日军逃走，费县全县解放。

　　1945 年 8 月 7 日，八路军鲁南军区主力一部收复费县城，周边一些新解放区陆续开展了反奸诉苦运动，没收地主土地，建立群众组织。而国民党残余势力贼心不死，他们明里叫嚷"正统"的国民党费县流亡政府"回归"，暗里趁新解放区百业待举、群众思想尚未提升统一之际，派遣特务大做手脚，搞颠覆活动。

　　这次利尖崮暴乱的策划、组织者张传印就是国民党特务。

　　张传印是费县张家山湾人，曾在伪军和国民党军队任职，他作恶多端、十恶不赦。在当地老百姓的眼里，张家这小子压根就不是什么好鸟，"好事一点不干，坏事一件不落"。费县解放后，他又窜到了济南，受到国民党特务机关器重，接受了秘密组织暴动的任务，怀揣着"国民党山东保安第一团"的委任状，伪装成棉花贩子，潜伏回乡，四处活动。

　　张传印先后勾搭上暗藏的国民党特务、曾任伪职的陈保善，因病被假释的汉奸朱志信，"三番子"会道门头目朱玉坤，汉奸、特务侯占荣，伪军官陈保深等人，这群乌合之众又分头在费县新解放区的数十个村庄活动，陆续笼络了 250 余人，并将费县城关派出所公安队队长邢秀双、九区胡家村支部书记刘怀良等干部也拉下了水。

　　到了 5 月，这群匪特分子自以为时机成熟了，于是便蠢蠢欲动，暴乱的矛头直指费县城。

　　5 月 31 日晚，张传印等人在官庄村秘密集会，商定行动细节，计划分为三路人马行动。

　　第一路由张传印带领，由费县城南门进攻，被策反的邢秀双带他能指挥的两个班做内应，迎接引导该部进城攻打县政府。

　　第二路由侯占荣带领由东门攻打县公安局。

　　朱玉坤率第三路武装占领四区，作为"国民党山东保安第一团"的后方基地。成事后固守等待国民党空运部队前来接应，再由城内向周围各区进攻；一旦有变，将县城西南 6 公里的利尖崮作为退守据点。起事时间定为 6 月 2 日夜 12 时。

　　然而，不知是迫不及待，还是兴奋、慌乱，或者就是一头蠢猪般的"队友"，侯占荣竟然记错了起事时间，他带领的这一路于 6 月 1 日子夜整整提前一天就出

动了。他带人摸到费县城外，既不见内应来接头，也不闻张传印那一路的动静，倒是城门下站岗的民兵严阵以待。

侯占荣不敢妄动，遂派人与张传印联络，他自己率一部分人退往利尖崮，陈保善、陈保深等则窜回特务重点活动的官庄村，伙同被拉下水的 20 多名村民，连夜抓捕了村党支部书记朱化清、公安员张玉启、自卫团团长陈玉贵、农会委员相明法、妇救会会长闫庭勤、宣传委员程玉存等 7 人。暴徒们刀砍棒打，朱化清当场被杀害，其他 6 位村干部被绑上了利尖崮。

在张家山湾的张传印得信后，情知偷袭县城已成泡影，不得不仓皇拉起人马也连夜上了利尖崮。

6 月 2 日凌晨，张传印命人竖起了两面"青天白日"旗，宣布"国民党山东保安第一团"成立，这时山上已聚集起特务、暴徒加上被他们欺骗裹胁来的群众 300 多人，共有 90 多支枪。

其实，匪特们在各区的活动因群众举报早已引起费县政府的警觉，5 月中旬，埠下区一个连的民兵被抽调进费县城，充实保卫力量，而举止反常的邢秀双也被县公安局调离关键岗位，严密监控起来。

县委书记孙黎明得知暴乱消息后，立即命令公安局局长刘琦带领公安武装和民兵 60 多人赶赴利尖崮围剿，同时火速向周围各区调集民兵增援。

利尖崮山势陡峭，砌有石寨，易守难攻，张传印指挥暴徒凭险顽抗。中午前，费县先头围剿队伍两次进攻均未奏效。下午 1 时，从各区紧急驰援的 500 多名民兵齐集山下，在 25 岁的刘琦的指挥下，合力围攻，张传印、侯占荣等少数死硬分子自知难逃法网，遂孤注一掷，用石块将绑架的 6 名村干部砸死 4 人，重伤 2 人，欲顽抗到底；怎奈大势已去，被他们欺骗裹胁来的民兵和群众拒绝为其卖命，仅约一个小时，费县清剿队伍即攻上山顶，暴徒们四散，向山下溃逃，又遇费县清剿队伍事先布置的伏兵堵截。至下午 5 时许，暴徒基本被肃清，张传印、侯占荣、陈保深等匪特头目被活捉。这时离匪特发起暴乱还不到一昼夜，而费县公安和民兵的清剿从行动到胜利结束只用了 6 个小时。

经过县公安局一个月的审讯、清查，此次暴乱内幕全部弄清。7 月，费县政

府在官庄村召开了数千人参加的公判大会，张传印、侯占荣、陈保深、邢秀双等17名主要罪犯被判处死刑。

最美田园利山涧

潺潺流水，巍巍高山，幽幽峡谷，如镜平湖，这就是利山涧。

风景优美，但因三面环山，唯一的出口又被河流阻隔，原来居住在利山涧的村民渐渐搬离了这个地方，留下了居住几代人的石砌老屋，留下了弯弯曲曲走了一年又一年的窄窄碎石板路，留下了山间滋养了代代山民的奔流不息的泉水，留下了这个承载着山里人艰苦记忆和乡愁的古村落。田园阡陌、古屋错落……斑驳的绿苔青石，一道道时光的印痕，摩挲着利山涧村700多年的时光。700多年的历史传承赋予了利山涧村绵绵古韵，流逝的岁月都被镌刻在这个闹中取静的古村落里。

在乡村振兴的号角声中，利山涧开始进行旅游开发，过去的古村落被打造成供人休闲的旅游度假区。整个度假区分为千年古村、乡野乐园、温和谷休闲带三部分。开发建设者秉持"文化兴旅、传承历史"的理念，把对于民族文化的重视和对费县乃至临沂红色历史的探寻和传承，作为一种自觉担

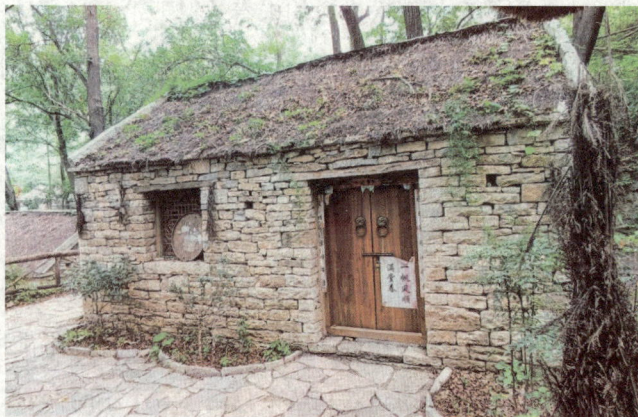

古村的民房

起的责任。

在利山涧景区内，人们可以看到两座博物馆，分别是费城乡村记忆馆和费城红色记忆馆。两座博物馆坐落在古村落之中，分别对乡村历史与民俗和临沂的红色文化做了大量的展现，使游客更加深刻了解利山涧千年的文化。

原来的古村落保留至今，经过修整和完善，度假区依托古村、深涧和山寨，保留现在以石头建筑为主体、房屋依地形分层布局的格局；保留烤烟房、石碾、山涧、古树等自然环境所构成的村庄意境。以明代生活化场景为基础，构筑村落骨架，恢复完整的利山涧古村落肌理，充填古村落的生活空间和生活方式，营造"古村一日，人间百年"的生活化体验。

古村落的街巷

在利山涧，有几处老宅均已年久失修荒废，古老的屋檐已经塌毁，仅剩的一根朽木撑着砖块，在风雨飘摇中摇摇欲坠，却依稀能看见那沧桑的岁月和流年的印记，它如史书，记录着古村的历史，墙头的草木也仿佛昭示着平和的村落，正在蓬勃生长。这几处老宅虽然已经破旧不堪、断壁残垣，但景区一直保留原貌未做任何改动，因为这就是古村活着的历史，虽然她是破旧的，却是最美的。

在绿色发展理念的指引下，景区梳理了古村内的水系，引水上山入村，构建"清泉绕古宅、飞流唱深涧"的动态场景。按照"高起点规划、高水平设计、高标准建设"的要求，坚持以"宜居宜游·最美田园"为定位，着力建设水源地保

护湿地、利山涧古村、山坡护林、现代生态农业示范区、南坡民俗村等项目，打造"宜居、宜业、宜游"美丽乡村；依托利山涧、温河谷地及南坡村农田，打造具有沂蒙古村落文化体验、温河谷地休闲度假、现代农庄康体养生等特色的综合空间。利山涧目前已修复完成煎饼坊、馒头坊、辣椒坊、豆腐坊等古院落，建设了戏水广场、石磨广场、戏台、小吃街等功能区，并完成亲子厨房、乡野乐园、农夫集市、地质长廊、戏雪广场、鱼菜共生馆等景点的建设。

在这里，人们可以体验彩虹滑道、星空漂流，乘竹筏渡河，可以到市集品味老式羊肉汤、瓦片烧烤、吊炉烧饼等美食，深度体验利山涧的田园氛围。

古村落的石板路

今天的利山涧依托现有山水脉络等独特自然风光，最终实现望得见山、看得见水、记得住乡愁的美好愿景，闯出企业发展与乡村振兴相互融合的新路子，谱写了乡村振兴的新篇章。

参考资料

《1946年6月利尖崮"激烈"6小时》，《大众日报》2020年10月14日。

抱犊崮

抱犊崮
鲁南擎天柱

崮乡崮事

　　抱犊崮，位于枣庄山亭区、临沂市费县、兰陵县三地交界处，离枣庄市区20公里，距兰陵县城33公里。抱犊崮海拔584米，面积1350万平方米，山形雄伟险峻，地质奇特，是华北寒武纪岩层发育和"崮"形山的典型代表。《山亭区志》载：为枣庄市山亭区北庄镇所辖，但《临沂地区志》载：三分之二位于临沂地区境内。抱犊崮属沂蒙山脉——尼山山系，旧称鲁南第一峰，有"鲁南擎天柱"之誉，是集自然景观与人文历史景观于一体的名山，曾称"楼山""仙方山""君山""豹子崮"等。明末清初农民起义领袖"九山王"王俊和民国时期制造震惊中外的临城劫车案的孙美瑶就曾盘踞在抱犊崮。

君山苍翠多秀色

　　登抱犊崮有两条路可选，一是枣庄市山亭境内，那里已被开发成较为成熟的景区；二是走临沂市兰陵县下村乡，虽没有走景区舒适，却多了些登山的野趣。

　　抱犊崮自古以来有多种叫法，"楼山""仙方山""抱犊山""君山""豹子崮"等都是它的名字。兰陵下村乡一带的百姓仍习惯称之为君山，所以兰陵将抱犊崮这片山区称为"君山旅游风景区"。

　　其实，每个称呼都有其缘由。因为远观崮峰像一位正襟危坐的君子，所以在明清年间人们称抱犊崮为君山。

　　雨后的抱犊崮苍翠、朦胧，头上的"帽子"被云雾所笼罩。因时值盛夏，又刚刚下过雨，天热多雨的时节，是很少有人登山的。

　　山下，一处写有"云中天台，人间福地"的山门，过此门便是人工修筑的登山台阶。

　　独自行走于被侧柏等树木所覆盖的山里，叽叽喳喳的鸟叫声，还有蝉们不停歇地合唱，让这本该寂静的山林变得异常热闹。

　　丰茂的植被把抱犊崮包裹得严严实实，山上没有看到果树，几乎清一色的侧柏。树间夹缝里，低矮的酸枣树枝头已挂满圆润碧绿的果实，这该是崮上唯一的果树了吧。

　　其实不然。目不及处自然会有

兰陵境内的进山之门

更多的果树生长，不然，抱犊崮怎会有"花果山""药山"之美誉。

在半山腰，有一个六角亭矗立在万木丛中，格外醒目。本以为是古迹，走近细观，才知现代所建，不过亭子建得也算精美，顶部绘有"松鹤延年""鸳鸯戏水"等图案，既是一处小景点，也是供登山者歇息之地。

虽然现在修了登山道，登上崮顶已不再艰难，但抱犊崮之陡峭险峻仍令人为之生叹。若不险，明末清初农民起义领袖"九山王"王俊以及民国时期孙美瑶等又怎会盘踞于此？

崮峰四周陡峭，崮顶林密平阔。高大雄伟的寺庙旁边，耸立着一块由沈鹏题写的"天下第一崮"的石碑。崮顶上很多的人文景点，历史上早有记载。据清光绪年间《峄县志》载："君山有抱犊崮，壁立千仞，去海三百里，天气澄朗，海上望之宛然在目，一曰抱犊山，平田数顷。昔有王老抱犊耕其上，后仙去，因得此名。山上有池深数尺，旱涝无所增减，雨加之水出焉。"

志中所述"海上望之宛然在目"说的是"君山望海"处，而"山上有池深数尺"的两个长方形的水池依然存在，被今人称为"天池"。两个水池是直接从崮顶的岩石上凿出，非常规整，从边缘的磨损程度看，年代久远。水池是何年何人所凿，无从考证。

在水池的边上，还有一个长形的碾槽，是加工粮食所用。离水池不远，有一口古井，井旁的石碑上刻着"天福井"。有道是山有多高水就有多高，在这高耸的崮顶，这井里的半筒井水清澈照人，井壁的石头上长满青苔和一些绿植。

这些都是古代人在崮顶上生活的遗迹。

在天池、古井的周围，有百年古藤，有揽月之亭，还有清代诗人雷晓为抱犊崮而作的一首诗："遥传山上有

位于抱犊崮之巅的大殿

良田，锄雨耕云日月偏。安得长梯还抱犊，催租无吏到天边。"这首诗的意思与《峄县志》所记载的是一致的："昔有王老抱犊耕其上，后仙去，故而得名抱犊崮。"

崮顶上的古井

　　传说从前在山下住着一位老汉，因无法忍受官府的各种苛捐杂税，压榨盘剥，便决定到又高又陡的山上去躲清静，度余生。农民的生活总是离不开耕种，开荒种粮离不开耕牛，可老汉家的成年耕牛无法弄到山顶上去，于是老汉只好抱着一只小牛犊上了崮顶，在这里开荒度日。后来老汉竟然得道成仙。抱犊崮的名字也就是这么来的。

　　不过，关于抱犊崮名字的由来，还有另一种说法。

　　《临沂地区志》《苍山县志》载，据山左灵峰寺碑文载，东晋道家葛洪（字牙川，号抱朴子）曾在山下投簪弃官，抱牛犊上山隐居，垦荒种地，修身养性，"浩气精淳，名闻帝阙"，皇帝敕封其为抱朴真人，又因山头四周陡峭，山顶平整，抱犊崮由此而得名。两种说法都有出处，到底哪个是真的？信哪个说法，哪个便是真的吧。

　　记得曾有人这样描述"君山望海"感受："伫立崮顶，东眺黄海，宛然在目，海天一色，蔚为人现。"其实，这只是一种臆想罢了。抱犊崮虽高，但断不能望见东海的，更别说什么"海天一色"了。当真的站在"君山望海"之处，虽看不见大海，却能将风景如画的乡村、田野尽收眼底。有这般美的享受，也就够了。

灵山秀水灵峰寺

　　在抱犊崮东麓，有一座古老的寺庙——灵峰寺。寺庙坐落在兰陵县下村乡下双沟峪村境内，坐北朝南，寺院占地约 5000 平方米。三面环山，前面是一汪碧水，周围是参天古树和茂密的山林。

　　灵峰寺历史上号称"佛刹丛林，清虚盛景"。相传为天下三十六福地之一。庙门前两棵高大的楸树，树龄已达 200 余年。庙院内竖立着许多古碑，从残存的碑文看，寺庙为如来佛行宫，历代王朝"敕封榜渝"。

　　据现存的古碑记载，灵峰寺经过历代多次修葺，在元至正五年（1345 年）、明朝成化五年（1469 年）、万历十年（1582 年）、清乾隆四十一年（1776 年）等都进行过重修。现存遗址佛楼门匾上，有清雍正皇帝亲笔御书"释迦文佛"，被古今渴求功名的善男信女顶礼膜拜。

　　唐宋时期，灵峰寺殿宇轩昂，气势宏丽，香火最为鼎盛。据寺碑记载，曾有 300 余名僧人咸集于此，拜佛诵经，虔心修行。现尚存的古迹有清雍正年间佛楼三座，为石木结构，东配殿房门两侧各镶嵌有石碑，北为乾隆六年立的"重修灵峰寺碑记"。院内立有明、清重修碑刻 10 余通，多数残损。其中，在寺大门内西侧，立有"重修鲁府天台山灵峰寺碑记"，是万历十年（1582）立，额篆 12 字，

灵峰寺

碑文 650 余字，楷书，记述灵峰寺的地理环境，抱犊崮的得名，元至正五年（1345年）重修寺院后兴盛情况及本次重修事宜；其北，立有一通雍正十三年立"天台山灵峰寺碑"。通过这些石碑上残存的文字，大致可了解灵峰寺的前世今生。整座寺庙环境清幽、山水相依、幽深静谧。后来，灵峰寺毁于战乱。

从 2002 年开始重修灵峰寺，在各级地方政府支持和四方信众的努力下，陆续建成了天王殿、大雄宝殿、观音殿、地藏殿、念佛堂、斋堂、客堂等殿堂和数十间寮房，塑造了庄严的全堂佛像，成为兰陵县唯一一座合法对外开放的寺院，满足了当地信众的信仰需求。

重建后的灵峰寺，以弘扬佛教正法、利益大众为己任，不应酬经忏佛事，道风端正，教理、实修并重。每年在佛菩萨的圣诞或成道

重修后的大雄宝殿

日，都要举行盛大的法会，并组织佛七、六字大明咒七、供天，及每月一次的 12 小时精进念佛等重要佛事活动。

2014 年 10 月，灵峰寺遗址被临沂市人民政府列为市级文物保护单位。

盘踞抱犊崮的孙氏兄弟

有一部电视连续剧，名字叫作《民国大劫案》，讲述的是号称民国第一悍匪孙美瑶所制造的震惊中外的临城劫车案的故事。孙美瑶的盘踞之地正是抱犊崮。也正是这部电视剧，让更多的人知道了孙美瑶这个人，知道了抱犊崮这个地方。

孙美瑶是枣庄市山亭区北庄镇白庄村人，在家排行老五，人们都称其孙老五。

孙家在当地算是富户，家有良田 300 亩，他的哥哥孙美珠自幼读私塾，满腹经纶，善于结交朋友。

1917 年，孙美珠受族叔孙桂芝的影响和官府的迫害，变卖家产与孙美瑶一起当了土匪。不久便与抱犊崮主要首领周天伦结成盟好，公开对抗官府，劫富济贫。

兄弟俩在一起混了时间不长，因性格不一样，就各拉一伙人单干了。孙美珠这伙土匪纪律严明，对山区百姓友善，当地人称其为仁义马子。而孙美瑶所领的团伙被称为红头马子。

1920 年，孙美珠联合了西部山区五伙马子，在龙门观扯旗放炮，敲锣打鼓，公开建立山东建国自治军五路联军，自任总司令，孙美瑶任副总司令。

1922 年 8 月，孙美珠伙同孙美瑶夜间偷袭西集红枪会，因孙美瑶途中贪赌误事，孙美珠歼敌心胜，率领本部 200 余人先行到达西集，身先士卒攻进北门，不幸"出师未捷身先死"。死后其头颅被敌方割下悬挂临城火车站示众。

孙美珠死后，孙美瑶当上了总司令。当时的北洋政府，为了消灭山东建国自治军，委任山东督军田中玉为剿匪司令，对抱犊崮山区继续进行围剿。山上水粮俱绝，随时有被消灭的危险。在这种情况下，"自治军"为求得生存，决定由孙美瑶等率领一股力量，突出重围，在津浦铁路拦劫常有英美等帝国主义国家来华人员乘坐的特别快车，抢劫"洋人"，以便对直系军阀进行要挟，打退官兵对他们的围剿。

孙美瑶在沙沟、临城间的姬庄附近，把路轨拆开。1923 年 5 月 6 日凌晨 2 时 50 分，由浦口开出的第二次特别快车，至此出轨，孙美瑶绑走外国旅客 19 人，中国旅客 100 余人。被掳的中外肉票，都被押往匪巢抱犊崮山麓。

云雾笼罩的抱犊崮

临城劫车案，震惊中外。驻北京各国公使团，公推葡萄牙公使符礼德为领袖，向北洋政府提出口头抗议。北洋政府屈于外力，积极设法与孙美瑶谈判。

孙美瑶得手之后，便照着孙桂枝的主意，先把四个外国女客释放，同时教她们向官方转达三个条件：一是迅速将围山官兵撤出 10 公里以外；二是收编匪军为一个旅，由孙美瑶任旅长；三是补充军火。绑匪的目的在于解抱犊崮之围，收编他们为国军，并不是要赎款。

田中玉、郑士琦等人在领事团的压制下，答应于 13 日上午 9 时前把官兵撤离。谈判达成了协议：围剿"自治军"的官兵一律撤回原地，并将"山东建国自治军"改编为"山东新编旅"，委孙美瑶为旅长。

曹锟为了彻底消灭孙美瑶部，于 12 月 19 日通过新任山东督理郑士琦，指使兖州镇守使张培荣，在枣庄中兴煤矿公司摆下"鸿门宴"，将孙美瑶诱至枪杀。

对于孙美瑶，鲁迅评价他是抱犊崮的英雄豪杰；冰心则把孙美瑶在抱犊崮的行动看作英雄行为；瞿秋白还称赞孙美瑶一伙的行动是对野蛮列强的坚决打击，指出"只有颠覆军阀，颠覆世界帝国主义列强才能有文明"。

红色崮事

抗日战争时期的抱犊崮

在抱犊崮下的枣庄市山亭区北庄镇双山涧村，有一处占地 6000 平方米的八路军抱犊崮抗日纪念园，这里不仅是缅怀革命先烈、追忆抗战历史的纪念场所，还是开展党的群众路线教育实践活动和爱国主义教育的重要载体。

纪念园 2014 年 8 月 1 日正式开园，共建有八路军第一一五师纪念馆、八路军第一一五师政治部、八路军第一一五师司令部、王麓水纪念馆、鲁南区党委、鲁南行署、鲁南军区等 7 个历史展馆，主要展示八路军第一一五师在鲁南的光辉历程和鲁南军民的抗日革命历史。

抱犊崮下的八角亭

1939年9月，八路军第一一五师东进支队挺进鲁南抱犊崮山区，开辟了根据地。

当时的抱犊崮山区在行政区划上是临（沂）、郯（城）、费（县）、峄（县）四县边联地带，抗战爆发后，这里燃起了抗日斗争的熊熊烈火，到处拉起了抗日武装组织。台儿庄大战期间，整个山区成为中国军队的后方基地和数万民众避难场所。

为支援鲁南人民抗日武装，创建扩大抗日根据地，八路军第一一五师师部及六八六团和萧华（纵队）一部开赴鲁南，进入抱犊崮山区，以巩固鲁南根据地。9月1日到达抱犊崮山下的大炉。

为坚持敌后抗战，东进支队与遭受日伪顽势力围困封锁的鲁南人民抗日义勇总队胜利会师，在抱犊崮山区外围的峨山口、阎王鼻子山、文王峪、石河等地与日军激烈战斗，扩展了根据地面积。鲁南人民抗日义勇总队脱离国民党张里元部保安二旅十九团的番号，正式改编为八路军第一一五师苏鲁支队。

八路军第一一五师主力进驻抱犊崮山区后，罗荣桓制定了向北向西北连接大块山区，向南向东南发展大块平原，建立以抱犊崮山区为中心的抗日根据地的战略构想。决定向南控制郯（城）马（头）平原，打通与华中区新四军的联系；向西与微山湖西区连接在一起；向北与鲁中沂蒙区打通联系，并东进向滨海地区发展。

为实现这一目标，罗荣桓率领八路军第一一五师主力，首先向北与敌三次争夺交通要地白彦，开辟了峄、滕、曲（阜）、泗（水）边区。八路军第一一五师东进支队、苏鲁支队和八路军山东纵队陇海南进支队，东进临（沂）郯（城）边区，支援地方抗日武装，攻克马头、郯城，建立了以涌泉为中心的临郯边区抗日根据

地，抗日烽火燃遍临郯平原。

八路军主力在与日伪军、国民党顽军、地主武装、土匪势力斗争的极其错综复杂的环境中，纵横驰骋、所向披靡，终于建立起巩固的鲁南抗日根据地。

1940年4月中旬，日伪集中近8000人的兵力，从邹县、滕县、枣庄、峄县、临沂、费县等据点出动，对抱犊崮山区根据地进行大规模的春季"扫荡"，企图乘青纱帐未起之前，一举歼灭八路军主力。

各路日军互相策应，从4月21日起，开始向大炉中心区合围，主要目标是八路军第一一五师的指挥中心。

八路军第一一五师正在吴家沟召开全师政治工作会议。罗荣桓率师政治部机关、特务团配合边联支队坚持内线，陈光率师司令部和鲁南区党委分散活动，其他主力均置于外线拖住日军。

为缩小目标，罗荣桓仅带领师政治部机关和一个连，在抱犊崮群山之中与日军周旋。八路军第一一五师主力与边联地方武装，运用罗荣桓制定的"翻边战术"，在抱犊崮外围地区展开反"扫荡"战斗，持续一个月，共进行大小战斗32次，毙伤日军2200余人，俘虏伪军520人，保卫了以抱犊崮山区为中心的鲁南抗日根据地。

1941年底至1943年初，由于日军疯狂"扫荡""围剿"，加上1942年的天灾，根据地军民处于非常艰苦的阶段，抱犊崮山区抗日根据地不断被蚕食，至1943年春，只剩下临郯费峄四县边联、滕峄边、费南和邹东4小块地区。

1943年秋，八路军击退国民党第九十二军入鲁之后，抗日形势大有好转，尤其是沉重地打击了伪十军荣子恒部之后，不断取得反击敌伪顽斗争的重大胜利，人民抗日武装不断发展壮大，抱犊崮山区抗日根据地不断巩固和扩大。

参考资料

①张环泽、戴玉亮、侯化成：《孙美瑶与临城大劫案》《大众日报》2011年11月1日。

②王兆虎：《创建鲁南抗日根据地》，《枣庄日报》2021年2月2日。

③《抗战时的抱犊崮：八路军主力在山东的首个根据地》，抗日战争纪念网2017年12月19日。

听崮在说

崮，戴着"帽子"的山。四周陡峭，顶部较平，形状独特。在临沂市境内主要分布在蒙阴、沂水、沂南、平邑、费县、兰陵等地，以蒙阴、沂水最为集中，有群崮连绵之胜景，有"崮乡"之美誉。

不是每个人都能够在一段时间内连续走进山崮，与它们亲密接触，静下心来听它们诉说。著者有幸用一年的时间走进它们的怀抱，从春走到夏，从秋走到冬。山一程，水一程，每日身向崮乡行。

春天，树木刚长出嫩绿的叶子，花儿开遍山野，片片山色逐渐变得柔嫩，座座山崮也被春色渲染得格外柔和。就是在这春意盎然的日子，著者来到蒙阴岱崮，从此便全身心地融入崮乡，开始了寻崮之旅。

以前对于崮没有太多的感触，远远望见，或是擦肩而过，觉得不过是一座山而已。可当你静静地走近它、仰望它、聆听它、翻阅它，才发现每一座崮，都有它与生俱来的独有气质。有的威武雄壮，有的温温尔雅，有的敦厚淳朴，有的风姿绰约……

在著者看来，崮乡耸立的每一座崮，分明都是一个具有生命活力的巨人，岩石为筋骨，泥土为血肉，草木为外衣。它有博大的胸怀，孕育江河湖泊，生养万物生灵，包容世间万象。站立在它的臂膀，你可以俯瞰大地，洞察万千变幻；依偎在它的怀中，可以倾听它的诉说，感受它节奏有力的脉动。

一座座山崮，它们是那样的相似，相似的崎岖山路，相似的颓废山寨，相似的悬崖耸立；它们又是那样的不同，不同的传奇故事，不同的人文历史，不同的乡野风情。

登临每一座山崮，著者都心怀一份敬畏之心。到此不是一游，不是赏景，而是拜谒。它伟岸挺拔的身躯，无处不散发着千年历史人文气息和精彩传奇。来到它的身边，就是为了聆听属于它的那段历史文化，寻找它所经历的繁华与落寞、苦难与悲壮。

崮乡的崮，是有着独特"个性"的山，它汇聚天地灵秀而成美景，汇聚鬼斧神工而成其貌。回眸中华历史长廊，中国文化历来就与山有着不解之缘。上古时代，人类活动于山林之中，神话故事中的仙人无不居于山里。孔子曾有"登泰山而小鲁"的感慨，杜甫亦有"会当凌绝顶，一览众山小"之感叹。从古至今，有多少文人墨客在纵情山水中获得了灵感，创作出流传于世的诗画作品，可以说，一座座大山，

演绎了太多的中华传奇,承载了太多的文化和历史,赋予了人们太多的智慧和灵感。

寻崮之旅,著者除了倾听到崮的诉说,目睹到它们迥异的身姿,还有幸结识诸多的爱崮之人、饱学之士。因为有崮这条纽带连接,他们都成为著者的良师益友。

蒙阴县文化馆退休干部张昌军曾带着儿子张淏然跑遍蒙阴的崮,挖掘整理关于崮的民间传说,对蒙阴的崮都熟烂于心。他曾不厌其烦地给著者介绍他所了解到的那些崮的历史文化。蒙阴县作家协会原主席、民俗专家公衍余的老家就在黄山崮下,他对山崮情有独钟,对崮文化孜孜以求,不仅陪着著者登上黄山崮,还将黄山崮所承载的历史文化娓娓道来。早在2005年,在公安机关工作的丁军国就发起成立了崮文化研究会,并开办了中国崮文化网,为崮文化爱好者搭起学习交流的平台,也为著者此次寻崮之旅提供了很大帮助。瞭阳崮上,著者有幸遇到老教师彭传福,从他那里获得诸多关于这座崮的历史,甚至在分别数日后,热心的老彭还用手机给著者发来他又想起来的关于瞭阳崮的故事。蒙阴司法局退休干部公丕成同样对崮文化饶有兴趣,是他给著者提供了十字涧蚕姑庙的碑文,才有了文中"岱崮曾是桑蚕之乡"的推断……

沂水作为崮分布较为集中的大县,同样有一批热爱山崮之人。泉庄镇西郭庄村的山东省民间文艺家协会会员李春桢、泉庄文化站的李春晓、崔家峪镇文化站的王斌玉、黄山镇政府的刘振良、沂水县农业银行的陈少杰、沂水县应急管理局的闫方勇等,他们身在崮乡、情系山崮,多年来一直登崮写崮。在著者行走崮乡期间,他们既是著者的向导,更是著者的良师,他们帮著者找线索,对著者说历史,给著者讲故事……

岱崮地貌独特,山水相映成趣,形成了优美的自然景观;崮乡人杰地灵,民风古朴淳厚,积淀起独特的地域文化,这便是当地居民在长期生活实践中形成的山崮文化。崮乡的景色古朴、沧桑、清新、自然;崮乡的人民勤劳、智慧、坚韧、包容。历史文化的传承与积淀,使得山崮文化充满了厚重感。这份厚重,让崮乡变得愈加美丽。

结束寻崮之旅,心中仍念念不忘一座座耸立的崮和崮乡那些热爱崮文化、探寻崮文化的人。

[注:《崮乡崮事》一书是临沂大学横向科研项目《岱崮地貌与崮文化研究》(研究编号:SKHX2022067)的结项成果]

作　者

2024年8月